성공하는 기업들의 8가지 습관

BUILT TO LAST
BY JIM COLLINS, JERRY I. PORRAS

COPYRIGHT ⓒ 1994, 1997 by Jim Collins, Jerry I. Porras

This Korean language edition is published by arrangement with
HarperCollins Publishers, Inc.
Translation Copyright ⓒ 1996, 2002 by Gimm-Young Publishers, Inc.
Printed in KOREA.

국립중앙도서관 출판시도서목록(CIP)

성공하는 기업들의 8가지 습관 / 짐 콜린스 ; 제리 포라스
〔공〕지음 ; 워튼 포럼 옮김. ─서울 : 김영사, 2002
 p. ;   cm

원서명 : Built to last
원저자명 : Collins, Jim
원저자명 : Porras, Jerry
ISBN 89-349-1064-X 03320 : ₩13900

325-KDC4
658-DDC21   CIP2002000114

성공하는 기업들의 8가지 습관

BUILT TO LAST

짐 콜린스·제리 포라스 지음 / 워튼 포럼 옮김

김영사

성공하는 기업들의 8가지 습관

1판 1쇄 발행 1996. 7. 5.
1판 24쇄 발행 2002. 8. 26.
2판 1쇄 발행 2002. 10. 10.
2판 40쇄 발행 2025. 7. 28.

지은이 짐 콜린스·제리 포라스
옮긴이 워튼 포럼

발행인 박강휘
발행처 김영사
등록 1979년 5월 17일(제406-2003-036호)
주소 경기도 파주시 문발로 197(문발동) 우편번호 10881
전화 마케팅부 031)955-3100, 편집부 031)955-3200 | 팩스 031)955-3111

값은 뒤표지에 있습니다. ISBN 978-89-349-1064-0 03320

홈페이지 www.gimmyoung.com   블로그 blog.naver.com/gybook
인스타그램 instagram.com/gimmyoung   이메일 bestbook@gimmyoung.com

좋은 독자가 좋은 책을 만듭니다.
김영사는 독자 여러분의 의견에 항상 귀 기울이고 있습니다.

번식하라, 변화하라, 강자는 살고 약자는 죽게 하라.

― 찰스 다윈, 《종의 기원》

CONTENTS

차례

서문 | 8

1 *THE BEST OF THE BEST*
최고 중의 최고 | 11

2 *CLOCK BUILDING NOT TIME TELLING*
시간을 알려 주지 말고 시계를 만들어 주어라 | 39

사잇글 _ '아니면' 이라는 악령에서 벗어나
'그리고' 라는 영신을 맞아들여라 | 69

3 *MORE THAN PROFITS*
이윤 추구를 넘어서 | 73

4 *PRESERVE THE CORE/STIMULATE PROGRESS*
핵심을 보존하고 발전을 자극하라 | 119

5 *BIG HAIRY AUDACIOUS GOALS*
크고 위험하고 대담한 목표 | 135

6 *CULT-LIKE CULTURES*
사교(私敎) 같은 기업 문화 | 169

7 TRY A LOT OF STUFF AND KEEP WHAT WORKS
많은 것을 시도해서 잘되는 것에 집중하라 | 205

8 HOME-GROWN MANAGEMENT
내부에서 성장한 경영진 | 245

9 GOOD ENOUGH NEVER IS
끊임없는 개선 추구 | 271

10 THE END OF THE BEGINNING
시작의 끝 | 297

11 BUILDING THE VISION
비전 세우기 | 323

에필로그 | 357
〈부록1〉 조사의 한계 | 373
〈부록2〉 비전 기업과 비교 기업의 설립 기원 | 381
〈부록3〉 표 | 405
〈부록4〉 각 장의 주 | 436
옮기고 나서 | 470

PREFACE

서문

우리는 최고경영자, 관리자, 창업자(創業者)들이 모두 이 책을 읽어야 한다고 믿는다. 마찬가지로 기업의 임원, 컨설턴트, 투자가, 언론인, 경영학도와 세계에서 가장 생명력이 강하고 성공적인 회사들의 남다른 특징이 무엇인지 알고 싶은 사람들도 이 책을 읽어야 한다고 믿는다. 이런 주장을 감히 할 수 있는 이유는, 우리가 이 책을 썼기 때문이 아니라 이 책이 담고 있는 내용 때문이다.

우리가 알기로, 우리는 전에 한 번도 수행된 적이 없는 그런 연구와 저술을 했다. 평균 설립년도가 1897년인, 그리고 시련의 시대를 거쳐 온 매우 예외적인 회사를 선정하여 그 회사들의 설립 시기부터 발전 시기, 그리고 현재에 이르기까지 연구했다. 또한 이 회사들은 비슷한 시기에 활동했으면서도 같은 위치를 확보하지 못한 우수 기업들과 비교하여 연구했다. 우리는 창업할 때, 중견 기업일 때, 대기업일 때, 그리고 전쟁, 공황, 혁신적 기술의 등장, 문화적 변화와 같은 극적인 변화가 있을 때 그들의 모습을 살펴보았다. 그리고 "이 매우 예외적인 회사를 다른 회사들과 구분짓게 하는 요인은 무엇인가?" 하는 점에 계속 의문을 품었다.

우리는 요즘 유행하는 경영 기법과 유행어를 넘어서는 일을 하고자 했다. 우리는 초일류 기업들을 구분짓는, 시대를 넘어 일관성 있게 차별화시키는 경영 요소를 발견하기 시작했고, 오늘날의 '새롭고' '혁신적인' 경영 기법들이 결코 새롭지 않다는 사실을 발견했다. 종업원 지주제, 권한 이양, 지속적 개선, TQM, 공통 비전, 공유된 가치 등 많은 경영 유행어들이 어떤 경우에는 1980년대까지 거슬러 올라간 경영 기법을 재포장하여 내놓은 것이었다.

우리가 발견한 사실들은 우리를 놀라게 했고, 때로 충격적이기까지 했다. 널리 인정되어 온 신화가 부서졌다. 전통적 체계들이 무너지고 파괴되었다. 프로젝트를 진행하면서 우리의 선입관과 지식 앞에 새로운 증거들이 나타났고, 우리가 방향을 잘못 잡았음을 깨닫게 되었다. 배우기 전에 기존의 지식을 버리는 일부터 해야 했다. 우리는 낡은 체계를 버리고 새로운 것을, 가끔은 처음부터 만들어야 했다. 이 일에는 6년이 걸렸으나, 매시 매초가 가치 있는 일이었다.

우리의 작업을 되돌아보면 작은 깨달음 위로 큰 깨달음이 솟아오르고 있음을 알 수 있다. 즉, 누구나 초일류 기업을 만들 수 있다는 사실이다. 모든 계층의 관리자들이 이 회사들로부터 교훈을 얻어 자신의 회사에 적용할 수 있다. 한 회사의 성공이 희귀하고 신비한 자질을 타고난 사람들이 회사를 이끌었기 때문이라는 건강하지 못한 관점은 적어도 우리가 보기에 사라졌다.

우리는 여러분이 이 책에서 많은 교훈을 얻기 바라며, 이 책에 나온 수백 개의 사례들이 여러분을 자극하여 여러분의 조직에 적용하게 되기를 바란다. 이 책의 개념과 체계들이 여러분의 마음에 스며들어 사고의 방향을 제시하는 데 도움이 되기를 바란다. 여러분이 다른 사람과 공유할 수 있는, 진주 같은 지혜를 터득하기를 바란다. 그러나 무엇보다도 이 책의 교훈이 '다른 사람들'에게만 해당된다고 하는 헛된 자신과 영감에서 벗어나기를 바란다. 바로 여러분 자신이 이 교훈을 배워 조직에 적용할 수 있다. 여러분도 비전 기업을 만들 수 있다.

짐 콜린스, 제리 포라스

제1장

최고 중의 최고
THE BEST OF THE BEST

내 인생을 되돌아보았을 때 가장 자랑스러운 일은 내가 한몫을 한 회사의 가치관, 활동, 성공이 전세계의 기업 경영 방법에 엄청난 영향을 끼쳤다는 사실이다. 그리고 내가 떠난 뒤에도 오랫동안 모범으로 남을 영속적인 조직을 남기고 떠난다는 사실이 특히 자랑스럽다.
　　　　　　　　　　　　　　　　　　- 윌리엄 휴렛, 휴렛 패커드의 공동 창업자, 1990[1]

우리는 이 회사의 생명력 ― 물리적 성장과 조직으로서의 성장 ― 을 지속시키기 위해 노력해야 한다. 그리하면 이 회사, 이 조직은 앞으로 150년은 더 존속할 것이다. 정말 이 회사는 이 시대 내내 존속할 것이다.
　　　- 존 스메일, 프록터&갬블의 전(前) CEO, P&G의 150회 창립기념일을 축하하며, 1986[2]

이 책은 비전을 가진 카리스마적인 리더에 관한 책이 아니다. 이 책은 비전 있는 제품 개념이나 시장에 대한 비전 있는 통찰력에 대한 책도 아니다. 단순한 기업 비전에 대한 책은 더욱 아니다.

　이 책은 훨씬 더 중요하고 장기적이며 실제적인 것에 관한 책이다. 이 책은 **비전을 가진 회사**(visionary company, 이하 비전 기업)에 대한 책이다.

　비전 기업이란 무엇인가? 비전 기업은 그들의 업종 내에서 다른 동종 회사들에게 널리 인정받고 주위에 큰 영향을 끼치며 오랜 전통을 가진 우수한 조직이다. 중요한 점은 비전 기업이 조직(institution)이라는 것이다. 카리스마적이거나 비전 있는 모든 리더들 개인은 결국 죽고 모든 비전 있는 제품과 서비스, 즉 모든 위대한 아이디어들도 결국 쓸모 없어진다. 분명한 것은 시장 전체가 사라질 수도 있고 멸종할 수도 있다는 것이다. 그러나 비전 기업들은 여러 번의 제품 라이프 사이클과 여러 세대의 강력한 리더를 거쳐 오랫동안 번영을 누린다.

여기서 잠깐 멈추고 여러분이 마음속에 기억하고 있는 자신의 비전 기업 리스트를 만들어 보기 바란다. 즉, 다음과 같은 기준을 만족시키는 조직을 5~10개 정도 생각해 보기 바란다.

- 업종 내에서 뛰어난 조직으로 인정받는가?
- 알려진 비즈니스맨들이 칭찬하는 조직인가?
- 우리가 사는 세계에 지워지지 않는 흔적을 남겼는가?
- 여러 사람의 최고경영자를 거쳤는가?
- 여러 차례의 제품(서비스) 라이프 사이클을 거쳤는가?
- 1950년 이전에 설립되었는가?

  (우리는 이 연구에서 1950년을 설립년도의 기준으로 사용했다. 여러분은 설립된 지 최소한 50년 이상 된 회사들 중에서 비전 기업을 선정해 볼 수 있다.)

여러분이 만든 리스트를 검토해 보자. 그 회사들을 보고 어떤 생각이 드는가? 어떤 공통된 주제가 발견되는가? 무엇이 그들의 지칠 줄 모르는 질(質)과 번영을 설명할 수 있는가? 역사상 유사한 기회를 가졌으나 같은 성과를 거두지 못한 다른 회사들과 어떻게 다른가?

6년간의 연구 프로젝트에서 우리는 비전 기업들이 발전해 온 역사를 체계적으로 연구하고, 엄격히 선정된 다른 비교 대상 기업(comparison company,

이하 비교 기업)들과 그들이 어떻게 다른지 조사하여 비전 기업들의 특별히 긴 역사를 설명해 주는 기본 요소를 발견했다. 이 책은 우리가 연구 프로젝트에서 발견한 내용과 현실에 적용할 시사점을 담고 있다.

여기서 명확히 해둘 것이 있다. 우리 연구의 비교 기업들은 문을 닫아야 할 회사들도 아니고, 전혀 비전이 없는 기업들도 아니다. 사실 그들도 매우 훌륭한 회사들이며, 대부분의 경우 비전 기업들만큼 오래되었고, 후에 볼 수 있듯이 주식 시장에서 평균이 넘는 수익률을 보여 주었다. 여러분은 간단히 비전 기업을 금메달 회사들로, 비교 기업을 은메달이나 동메달 회사들로 생각하면 된다.

〈표 1-1〉 우리 연구에 사용된 기업들

비전 기업	비교 기업
3M	노턴(Norton)
아메리칸 익스프레스(American Express)	웰스 파고(Wells Fargo)
보잉(Boeing)	맥도넬 더글러스(McDonnel Douglas)
시티코프(Citicorp)	체이스 맨해튼(Chase Manhattan)
포드(Ford)	GM
제너럴 일렉트릭(General Electric)	웨스팅하우스(Westinghouse)
휴렛 패커드(Hewlett-Packard)	텍사스 인스트루먼츠(Texas Instruments)
IBM	버로스(Burroughs)
존슨&존슨(Johnson & Johnson)	브리스틀 마이어스 스퀴브(Bristol-Myers Squibb)
마리오트(Marriott)	하워드 존슨(Howard Johnson)
메르크(Merck)	파이저(Pfizer)
모토롤라(Motorola)	제니스(Zenith)
노드스트롬(Nordstrom)	멜빌(Melville)
필립 모리스(Philip Morris)	RJR 내비스코(Nabisco)
프록터&갬블(Procter & Gamble)	콜게이트(Colgate)
소니(Sony)	켄우드(Kenwood)
월마트(Wal-Mart)	에임스(Ames)
월트 디즈니(Walt Disney)	컬럼비아(Columbia)

우리는 비전 기업들이 다른 기업들과는 구분되는 매우 특별한 엘리트 조직이라는 사실을 나타내기 위해 '성공적' 또는 '생명력 있는' 회사라는 용어보다 '비전' 기업이라는 용어를 선택했다. 그들은 성공 이상의 것을 거두었고, 그것은 생명력 이상이었다. 대부분 그들의 업종 내에서 수십 년간 최고 중 최고였다. 그들 중 많은 회사들은 경영 기법의 세계적 모범을 보여 주어 우상으로 불리기까지 했다(〈표 1-1〉은 우리 연구에 사용된 회사들을 보여 주고 있다. 그러나 여기에 선정된 회사들만이 유일한 비전 기업들은 아니다. 앞으로 몇 페이지에 걸쳐 어떻게 이 회사들을 선정했는지 설명하겠다).

비전 기업들이 특별히 우수한 회사이기는 하지만 흠잡을 데 없이 완벽한 기록만을 가지고 있는 것은 아니다(여러분이 만든 비전 기업 명단을 살펴보기 바란다. 모두가 그런 것은 아니지만 대부분의 회사들은 창립 이후 적어도 한 번 이상 심각한 침체에 빠진 적이 있을 것이다). 월트 디즈니는 1939년 심각한 현금 부족에 직면했고, 결국 회사를 공개했다. 1980년대 초반에는 기업 매수꾼들(corporate raiders)이 월트 디즈니의 낮은 주가에 눈독을 들임으로써 독립 법인으로서의 생명이 거의 끝날 뻔한 적도 있었다.

보잉은 1930년대 중반과 1940년대 후반에 심각한 어려움을 겪었고, 다시 1970년대 초반에 6만 명 이상의 직원을 일시 해고하는 등 큰 어려움을 겪었다. 3M은 실패한 광산으로부터 회사를 시작했고 1900년대 초기에는 거의 도산할 뻔했다. 휴렛 패커드(HP)는 1945년 심각한 후퇴를 겪었고, 1990년에는 주식 가격이 장부가 이하로 내려가는 일까지 일어났다. 소니는 설립 후 첫 5년간인 1945~1950년까지 제품상의 실패를 반복했고, 1970년대에는 VCR 시장의 주도권 쟁탈전에서 자신의 베타 규격이 VHS에 패배하는 쓰라림을 맛보았다.

포드는 1980년대 초기에 미국 비즈니스 역사상 가장 큰 연간 손실액(3년간 33억 달러)을 기록한 후 감동적으로 재기하여 오랜 재건 기간을 거쳤다.

나폴레옹이 모스크바를 침공한 해인 1812년 설립된 시티은행은 1800년대 후반과 1930년대 대공황 때 고전했고, 1980년대 후반에 대출 포트폴리오에서 실수하여 다시 힘든 상황을 겪었다. IBM은 1914년과 1921년에 거의 도산할 뻔했고, 1990년대 초반에 다시 어려움을 겪었다.

우리의 연구 대상인 비전 기업들 모두가 침체에 직면했었고, 창립 이후 어느 시점에서 실수를 저질렀으며, 우리가 이 책을 쓰는 지금도 몇 회사들은 어려움을 겪고 있다. 그러나 이것은 중요한 점인데, 비전 기업들은 역경을 극복하는 데 대단한 끈기를 보여 주었다.

결과적으로 비전 기업들은 장기적으로 뛰어난 실적을 거두고 있다. 여러분이 1926년 1월 1일에[3] 일반 회사들의 주식으로 구성된 신탁 상품, 비교 기업들의 주식으로 구성된 신탁 상품, 그리고 비전 기업의 주식으로 구성된 신탁 상품에 각각 1달러씩 투자했다고 하자. 여러분이 모든 배당금을 재투자하고 투자한 회사들이 주식 시장에 상장되었을 때(우리는 상장될 때까지의 각 회사 수익률이 평균 시장 비율에 고정된 것으로 보았다) 적절한 조정을 받았다면 일반 주식 펀드에 투자한 여러분의 1달러는 1990년 12월 31일에 415달러까지 늘어났을 것이다. 나쁘지 않은 실적이다.

비교 기업에 투자한 여러분의 1달러는 일반 주식 펀드의 두 배가 넘는 955달러로 성장했을 것이다. 그러나 비전 기업 펀드에 투자한 1달러는 6356달러까지 성장했을 것이다. 이는 비교 기업 펀드의 6배 이상, 일반 주식 펀드의 15배 이상이다(〈그림 1-A〉는 1926~1990년까지 주식의 누적 수익률을 보여 주고 있고, 〈그림 1-B〉는 같은 기간 동안 일반 주식 시장에 대한 비전 기업과 비교 기업들의 수익률의 비를 나타내고 있다).

그러나 비전 기업들은 장기적인 재무상의 수익을 창출하는 것 이상의 일을 해 왔다. 그들은 자신들을 사회라는 조직의 일원으로 만들어 왔다. 다음과 같은 물건들이 없다면 세상이 얼마나 다르게 보이고 느껴질 것인가 상

〈그림 1-A〉 1달러 투자에 대한 주식의 누적 수익률
(1926. 1. 1.~1990. 12. 31.)

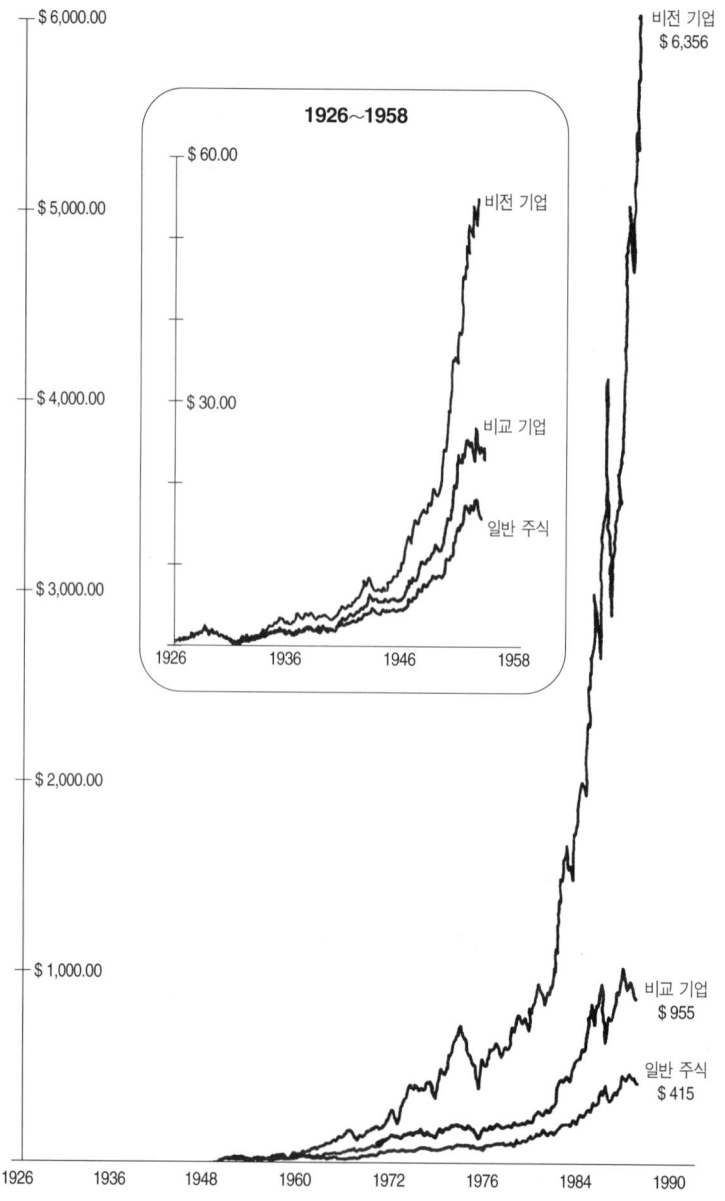

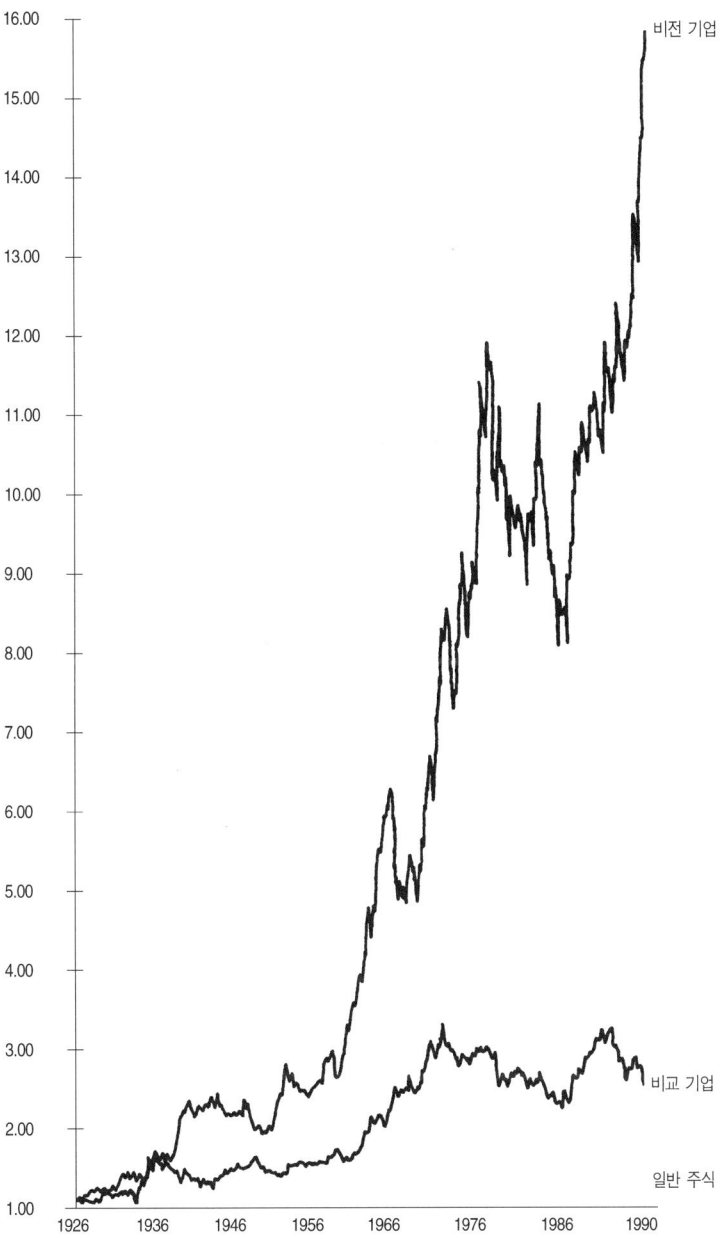

〈그림 1-B〉 일반 주식에 대한 비전 기업과 비교 기업의 수익률
(1926~1990)

| 최고 중의 최고 |

상해 보자.

스카치 테이프 또는 3M 포스트 잇 메모지, 포드 모델 T와 무스탕, 보잉 707과 747, 타이드 세제와 아이보리 비누, 아메리칸 익스프레스 카드와 여행자 수표, 시티코프가 대규모로 시작한 무인 예금 거래기, 존슨&존슨의 밴드 에이즈 반창고와 타이레놀, 제너럴 일렉트릭의 전구와 전자 제품, 휼렛 패커드 계산기와 레이저 프린터, IBM 360 컴퓨터와 선택식 타자기, 마리오트 호텔, 메르크의 항콜레스테롤 메바코, 모토롤라 휴대용 전화기와 무선 호출기, 고객 서비스의 기준을 높인 노드스트롬, 소니 트리니트론 TV와 휴대용 워크맨 등등.

얼마나 많은 아이들과 어른들이 디즈니랜드, 미키 마우스, 도널드 덕, 백설공주와 함께 자랐는지 생각해 보라. 말보로 담배의 카우보이 선전판이 없는 시골의 고속도로와 월마트 매장이 없는 미국의 시골을 그려 보라. 좋든 나쁘든 이 회사들은 이 세상에 지워지지 않는 자취를 남겼다.

그러나 흥미로운 일은 우리가 왜 이 회사들이 특별하고 비전을 가지고 있다고 생각하는가 하는 것이다. 그들은 어떻게 시작했는가? 그들은 갓 시작된 작은 회사에서 기업 진화의 어려운 여러 단계를 거쳐 어떻게 세계적인 조직으로 발전해 왔는가? 그리고 일단 대기업으로 성장한 후 그들은 다른 대기업들과 다른 어떤 특징을 공유하고 있는가? 그들과 같은 회사를 시작하고, 만들어 가고, 유지하고 싶은 사람들에게 도움이 되는 무엇을 그들의 발전으로부터 배울 수 있는가? 우리는 이 질문들에 대한 해답을 발견하기 위해 이 책에서 벌어질 여행에 여러분을 초대한다.

우리는 이 장의 다음 부분에서 우리의 연구 과정을 설명하고자 한다. 그 다음 2장부터 우리가 평소 느끼던 것과는 다른, 놀라운 발견을 포함한 여러 가지 발견 내용을 열거하겠다. 우리의 연구 결과를 먼저 들여다보는 의미로 부서진 12개의 신화를 살펴보자.

부서진 12개의 신화들

신화 1 : 일류 기업을 시작하려면 일류 아이디어가 필요하다.
현실 : '일류 아이디어'를 가지고 기업을 시작한다는 것은 좋은 아이디어가 아닐 수 있다. 일류 아이디어를 가지고 시작한 비전 기업은 거의 없다. 사실 몇몇 비전 기업은 특별한 아이디어 없이 시작했고, 몇몇 기업은 시작한 후 바로 실패를 겪기도 했다. 더욱이 우리 연구의 비전 기업들은 창업 정신과는 상관없이 비교 기업들보다 초기의 창업적 성공(entrepreneurial success)이 확실히 덜한 경향이 있었다. 토끼와 거북의 이야기처럼 비전 기업들은 대개 느리게 출발하나 결국 경주에서 이긴다.

신화 2 : 비전 기업에는 위대하고 카리스마 넘치는 비전 있는 지도자가 필요하다.
현실 : 비전 기업에 카리스마적인 리더는 절대로 필요하지 않으며, 오히려 장기적인 관점에서 회사에 해가 될 수 있다. 비전 기업의 몇몇 중요 CEO들은 카리스마적이고 오만한 리더의 모델과는 전혀 맞지 않았다. 독립 헌법 제정 당시의 미국 독립의 아버지들처럼 비전 기업의 CEO들은 개인적으로 위대한 리더가 되는 것보다 생명력이 긴 조직 구조를 만드는 데 더 신경을 썼다. 그들은 시계를 만드는 사람이 되려고 했지, 지금이 몇 시인지 알려 주는 사람이 되기를 원하지 않았다. 또한 그들의 이런 경향은 비교 기업의 CEO들보다 더 강했다.

신화 3 : 성공적인 회사들은 우선적으로 이익을 극대화하기 위해 존재한다.
현실 : 경영대학원에서 가르치는 원리인 '주주의 부의 극대화' 또는 '수익 극대화'는 비전 기업들의 역사를 볼 때 그들의 주요 목표나 그 목표를 달성

하게 하는 힘은 아니었다. 그들은 여러 가지 목표를 추구했는데, 돈을 버는 것은 그 중 하나였지 반드시 중요한 것은 아니었다. 그렇다. 그들은 이익을 추구했으나 동시에 핵심 이념─돈 버는 것 이상의 핵심 가치와 목적 의식─에 의해 인도되었다. 하지만 모순되게도 비전 기업들이 그들보다 더 이익을 추구한 비교 기업들보다 더 많은 돈을 벌었다.

신화 4 : 비전 기업들이 가지고 있는 '올바른' 핵심 가치 중에는 공통 부분이 있다.
현실 : 비전 기업이 되기 위해 가져야 할 '적절한' 핵심 가치란 없다. 사실 어느 두 회사가 극단적으로 다른 이념을 가질 수 있으나, 두 회사 모두 비전 기업일 수 있다. 비전 기업에서의 핵심 가치는 대개 '계몽적'이거나 '인간적'이지만 사실 그럴 필요도 없다. 핵심적인 변수는 기업 이념의 내용이 아니라 그 이념의 신봉자들이 얼마나 깊이 그 이념을 믿고 있으며, 모든 면에서 그 이념이 얼마나 일관성 있게 살아 있고 호흡되고 표현되느냐 하는 것이다. 비전 기업들은 "무엇에 가치를 두어야 하는가?" 하고 묻지 않는다. 그들은 "우리는 정말로 마음속 깊이 무엇에 가치를 두고 있는가?" 하고 묻는다.

신화 5 : 변하지 않는 유일한 것은 변한다는 사실이다.
현실 : 비전 기업들은 거의 종교적일 정도로 그들의 핵심 이념을 보존하고 있다. 변화가 있다고 해도 거의 바뀌지 않는다. 비전 기업들의 핵심 가치는 확고한 토대를 구축하고 있고 당시의 경향이나 유행에 따라 이리저리 흔들리지 않는다. 어떤 경우에는 핵심 가치가 100년 이상 다치지 않고 남아 있다. 또한 비전 기업의 기본 목적─존재 이유─은 수평선상에 오랫동안 떠 있는 별처럼 수세기 동안 길을 안내하는 등대 역할을 할 수 있다. 그러나 그들은 핵심 이념을 굳게 지키면서도 발전을 강하게 추구하여 그들의 소중한

핵심 가치를 타협하지 않고도 변화에 적응한다.

신화 6 : 우량 기업들은 안전 위주로 일을 한다.
현실 : 비전 기업들은 외부인들에게 딱딱하고 보수적으로 보이나, 그들은 크고 위험하고 대담한 목표(Big Hairy Audacious Goals, 이하 BHAGs)에 도전하기를 두려워하지 않는다. 높은 산을 오르거나 달에 가는 것처럼 BHAGs는 아마도 기를 꺾거나 위험할 수도 있지만, 거기서 나오는 모험, 흥분, 도전은 사람의 오기를 자극하고 피를 솟구치게 하며 전진하는 큰 힘을 창조한다. 비전 기업들은 역사상 중요한 시점에 BHAGs를 현명하게 사용하여 비교 기업들을 강타하고 발전을 자극해 왔다.

신화 7 : 비전 기업들은 누구에게나 일하기 좋은 직장이다.
현실 : 힘든 업무 요건과 비전 기업의 핵심 이념에 아주 잘 '어울리는' 사람에게만 비전 기업은 일하기 좋은 직장이다. 비전 기업에서 일할 경우 여러분이 비전 기업에 적응하여 크게 발전하지 않는다면―아마도 가장 좋은 경우일 것이다―아마 세균처럼 사라질 것이다. 두 가지 중 하나이지, 중간은 없다. 비전 기업은 사교(邪敎) 집단과도 같다. 비전 기업들은 그들이 나타내는 것과 얻고자 하는 것이 명확해서 그들의 기준에 딱 맞출 의사가 없거나 맞출 수 없는 사람에게 여유를 주지 않는다.

신화 8 : 크게 성공한 회사들은 보기 좋고 복잡한 전략적 기획에 의해 그들의 움직임을 결정한다.
현실 : 비전 기업들은 실험, 시행 착오, 기회, 글자 그대로 우연에 의해 그들의 움직임을 결정한다. 되돌아보면 빛나는 안목과 기획에 의한 것 같은 의사 결정들도 종종 "이것저것 많이 해보고 어떻게 되나 봅시다" 하는 것들의

결과였다. 이런 점에서 비전 기업들은 종(種)의 생물학적 진화를 흉내낸다. 우리는 전략 기획에 대한 어떤 책보다 찰스 다윈의 《종의 기원》이 비전 기업의 성공을 확실히 재현하는 데 더 도움이 된다는 것을 발견했다.

신화 9 : 근본적인 변화를 자극하기 위해 기업들은 외부에서 CEO를 고용해야 한다.
현실 : 우리는 비전 기업들의 역사를 다 합쳐 놓은 1700년 동안 CEO를 외부에서 데려온 경우를 단지 네 번 발견했다. 그것도 단지 두 회사였다. 내부에서 성장한 경영진이 회사를 경영하는 경우가 비교 기업들에서보다 비전 기업에서 훨씬—여섯 배—많았다. 이런 사례들은 중요한 변화와 신선한 생각은 내부에서 나올 수 없다는 기존의 생각에 일침을 놓았다.

신화 10 : 성공한 기업은 주로 경쟁 기업을 물리치는 데 관심을 둔다.
현실 : 비전 기업들은 일차적으로 자신을 이기는 데 중점을 둔다. 경쟁자를 물리치고 성공을 거두는 것은 비전 기업의 최종 목표라기보다 "어떻게 하면 오늘보다 내일 더 잘할 수 있지?"라는 질문을 계속 던지는 데 대한 결과다. 그리고 그들은 이 질문을 매일같이—늘상 해 온 생활 방식으로, 어떤 경우에는 150년 이상이나—해 왔다. 그들이 어떤 성과를 거두었고 그들의 경쟁자들보다 얼마나 잘했든지 결코 "이만하면 충분하다"라고 생각하지 않았다.

신화 11 : 두 마리 토끼를 잡을 수는 없다.
현실 : 비전 기업들은 '아니면'이라는 악령—A 아니면 B를 가질 수 있고, 둘 다 가질 수는 없다고 말하는 지극히 합리적인 견해—으로 스스로를 야만스럽게 만들지 않는다. 그들은 안정 아니면 발전 사이에서 선택해야 한다는 생각을 거부한다. 다른 선택들, 즉 사교 같은 문화 아니면 개인적 자율성,

내부에서 성장한 관리자 아니면 근본적인 변화, 보수적인 제도 아니면 BHAGs, 돈 버는 것 아니면 가치와 신념으로 사는 것 등의 선택을 거부한다. 대신 그들은 '그리고'의 영신(靈神)—그들로 하여금 동시에 모두를 추구하도록 하는 모순적인 견해—을 선택한다.

신화 12 : 기업들은 기본적으로 '비전 선언문'을 통해 비전을 갖는다.
현실 : 비전 기업들이 비전 선언을 했기 때문에(자주 그런 선언을 하기는 하지만) 그런 위치에 도달한 것은 아니다. 또한 오늘날 경영에서 유행이 된 비전, 가치, 목표, 사명, 야망 중 하나를 그들이 실제로 작성했기 때문도 아니다(비전 기업들은 유행이 되기 수십 년 전부터 비교 기업들보다 더 자주 그런 비전 선언을 작성해 왔다). 비전 선언을 만드는 것은 비전 기업을 만드는 데 도움이 되지만, 우리가 비전 기업에서 발견한 기본 특질을 표현하는 끝없는 과정의 수천 단계 중 하나일 뿐이다.

연구 프로젝트

출발 : 3M의 비전 있는 리더는 누구인가?
1988년 우리는 기업의 '비전'이라는 문제를 가지고 씨름하기 시작했다. 비전은 실제로 존재하는가? 그렇다면 정확히 비전은 무엇인가? 어디서 오는가? 어떻게 하면 비전 있는 조직이 되는가? 비전은 인기 있는 매체와 경영학자들 사이에서 관심을 모아 왔지만, 우리는 그들이 쓴 글을 읽어 보고도 크게 만족할 수 없었다.

'비전'이라는 용어는 많은 사람들이 이리저리 굴리고 여러 다른 방식으로 사용함으로써 혼란을 가지고 왔다. 어떤 사람은 "비전이란 미래의 시장을 수정공(crystal-ball)을 통해 보는 것"이라고 했고, 다른 사람은 매킨토시 컴퓨터 같은 기술 또는 제품의 발전이라는 관점에서 비전을 생각했다. 아직도 어떤 사람들은 조직의 비전, 즉 이상적인 직장의 가치, 목표, 사명, 목적 같은 것들을 강조하고 있다. 엉망이 된 일에 대해 얘기해 보자. 콧대 높고 현실적인 많은 비즈니스맨들이 비전의 완전한 의미에 대해 매우 비관적이라는 사실은 놀라운 일이 아니다. 그것은 매우 엉망이고 불명확하고 비현실적인 것으로 보인다.

더욱이―그리고 우리를 가장 괴롭히는 것―이른바 '비전 있는 리더(종종 카리스마적이고 고자세의)'라는 이미지는 비전에 관한 모든 토론과 저술의 배경에 숨어 있다. 그러나 '비전 있는 리더십'이 우수한 조직을 개발하는 데 그렇게 중요하다면 "누가 3M에서 카리스마적이고 비전 있는 리더인가?" 하고 자문해 보았다. 알 수 없었다. 여러분은 아는가? 3M은 수십 년간 널리 칭찬받는―거의 경외시되는―기업이었지만 현재 그 회사의 최고경영자 또는 그 전임자, 아니면 그 이전의 최고경영자의 이름을 아는 사람은 거의 없었다.

3M은 많은 사람들이 '비전 있는' 기업이라고 하는 회사이지만, 현재 고자세이고 카리스마적이며 비전 있는 전형적인 리더를 가지고 있거나 과거에 가졌던 회사는 아닌 것 같다. 우리는 3M의 역사를 살펴보고 이 회사가 1902년 설립되었다는 것을 알았다. 그래서 과거에 비전 있는 리더가 있었다고 해도 그 사람은 오래전에 죽었을 것이 확실했다(1994년 현재 3M의 회장은 10대째 최고경영자다). 또한 3M 성공의 원인이 비전 있는 제품 컨셉, 시장에 대한 직관 또는 운좋은 한 건에 있지 않다는 것은 확실했다. 제품이나 운좋은 한 건에 의해 그런 훌륭한 실적을 거의 100년간 낼 수는 없다.

3M은 비전 있는 리더십, 비전 있는 제품, 비전 있는 시장에 대한 직관 또는 감동적인 비전 선언문 이상의 무엇을 나타내고 있다는 생각이 들었다.

우리는 3M이 대표적인 비전 기업이라고 결론지었다. 그리고 우리는 이 책을 쓰는 밑거름이 된 대규모 연구 프로젝트를 시작했다. 간단히 말해서 우리는 이 연구 프로젝트에 두 가지 기본 목적을 가지고 있었다.

1. 비전 기업에 공통되는(그리고 다른 기업들과는 다른) 근본이 되는 특질과 역동성을 발견하여 이 발견을 유용한 개념적인 체계로 확립한다.
2. 이 발견과 개념을 효과적으로 전달하여 비전 기업을 만들고 유지하려는 사람들에게 도움을 주고 경영 제도에 영향을 준다.

단계 1 : 어떤 기업들을 연구해야 하는가?
잠깐 멈추고 생각해 보자. 연구할 비전 기업들의 명단을 여러분이 만든다고 하자. 어떤 문헌에도 그런 명단은 나와 있지 않다. '비전 기업'이라는 개념은 새로운 것이고 검증되지도 않았다. 여러분은 연구 대상을 어떻게 정할 것인가?

우리는 이 질문과 씨름한 후 우리가 (개인적으로) 이 명단을 만들면 안 된다는 결론을 내렸다. 우리는 어떤 회사를 다른 회사보다 크게 선호하는 경향을 가졌을 수도 있다. 우리는 회사의 모양새를 잘 모를 수도 있고, 캘리포니아에 위치한 회사 또는 기술 중심의 회사에 끌릴 수도 있다(우리가 더 친근하게 생각하는 회사들이기 때문에 그렇다).

따라서 이런 개인적인 경향을 최소화하기 위하여 다양한 규모, 업종, 종류, 지리적 위치 등 넓은 범위에서 상위권 회사의 최고경영자들에게 설문 조사를 하여 비전 기업들의 명단을 만들기로 했다. CEO들은 회사의 실제 경영자로서 자신들의 독특한 견해를 가지고 있기 때문에 회사를 선정하는 데 가장 통찰력 있고 원숙한 판단을 내려 줄 것이라고 믿었다.

우리는 학자들의 의견보다 CEO들의 의견을 신뢰했는데, CEO들은 회사를 만들고 관리해야 하는 현실과 도전에 항상 접하고 있기 때문이었다. CEO들은 그들 자신의 업종뿐 아니라 관련 업계의 회사들에 대한 살아 있는 탁월한 지식을 가지고 있을 것이라고 생각했다. 우리는 또한 우수한 최고경영자들은 그들의 회사들과 같이 일하거나 경쟁하는 회사들을 항상 가깝게 지켜보고 있을 것이라고 생각했다.

1989년 8월 우리는 다음과 같은 모집단으로부터 주의깊게 선정한 700명의 CEO를 대상으로 조사했다.

- 〈포춘〉지 선정 제조업 분야의 500대 기업
- 〈포춘〉지 선정 서비스업 분야의 500대 기업
- 〈Inc.〉지 선정 500대 사기업
- 〈Inc.〉지 선정 100대 공기업

업종간의 대표성을 확실하게 하기 위해 서비스 및 제조업 분야(각각 250개 사)의 모든 산업 분류를 통해 CEO를 선정했다. 〈Inc.〉지 리스트는 공기업 및 사기업 두 분야(우리는 이 두 모집단에서 200개 사의 대표 샘플을 조사했다)의 작은 회사들을 적절히 대표하도록 했다. 우리는 각 CEO들에게 '대단히 비전 있다'고 생각되는 회사들을 5개 사까지 선정해 줄 것을 요청했다. 특히 조직 내의 다른 사람이 응답하지 말고 CEO들이 직접 대답해 줄 것을 요청했다.

CEO들로부터 23.5%의 응답(165개 카드)을 받았으며, 카드당 평균 3.2개 사가 나왔다. 모든 목표 모집단으로부터 지리적으로 대표할 만한 샘플을 받았는지 확인하기 위해 통계적 분석을 실시했다.[4] 다시 말하면 한 그룹의 CEO가 최종 조사 데이터를 좌지우지한 것은 아니었다. 전 미국에 걸쳐 모든 종류와 규모의 회사들로부터 통계적으로 대표성이 있는 샘플을 뽑았다.[5]

조사 데이터를 사용하여 우리는 CEO들이 가장 자주 언급한 20개 사를 찾아내어 비전 기업의 리스트를 만들었다. 그 다음 리스트에서 1950년 이후에 설립된 회사들을 삭제했다. 1950년 이전에 설립된 회사들은 한 리더나 한 가지 좋은 아이디어에 의한 영향을 크게 받지 않았을 것이라고 생각했기 때문이다.

1950년 이전이라는 원칙을 엄격히 적용하여 최종적으로 18개의 비전 기업을 가려냈다. 이 연구에서 가장 역사가 짧은 회사는 1945년 설립되었고, 가장 오래된 회사는 1812년 설립되었다. 조사 당시 대상 회사들은 설립된 지 평균 92년이 경과했고 평균 설립년도는 1897년, 중간 설립년도(median)는 1902년이었다(〈표 1-2〉의 설립일 참고).

단계 2 : '빌딩이 있다는 사실을 발견하는' 오류를 피한다(비교 대상)

우리는 비전 기업들만을 우리에 가둬 연구하고 "이 회사들에게 어떤 공통적인 특징을 발견할 수 있는가?" 하고 물을 수도 있다. 그러나 단지 '공통 특질'을 분석하는 것에는 근본적인 오류가 있다.

단지 공통 특질만을 찾는다면 무엇을 발견하겠는가? 극단적인 예를 든다면 우리는 이 18개 회사가 모두 빌딩을 가지고 있다는 사실을 발견했을 것이다! 맞는 말이다. 비전 기업이 된다는 것과 빌딩을 가지고 있다는 것 사이에 완전한 100%의 상호 관계를 발견할 수 있다. 또한 비전 기업이 된다는 것과 책상, 급여 제도, 이사진, 회계 시스템을 가지고 있다는 데 완전한 100%의 상호 관계를 발견할 수도 있다.

자, 이제 아이디어를 얻었다. 그러면 비전 기업의 중요 요소가 빌딩을 가지는 것이라는 결론이 어색하다는 데는 동의할 것이다. 사실 모든 기업들은 건물을 가지고 있고, 따라서 비전 기업의 100%가 빌딩을 가지고 있다는 것을 발견한 것은 우리에게 중요한 것을 가르쳐 주지 못한다.

이 점을 자꾸 반복해서 말하는 것을 이상하게 생각하지 말라. 우리에게 뿐만 아니라 여러분에게도 확실하고 단순한 개념을 장황하게 설명하려는 것은 아니다. 경영학 분야의 많은 연구와 저술이 이 '건물을 발견하는' 함정에 빠지는 슬픈 사실 때문에 그것에 대해 자꾸 말하는 것이다. 여러분들이 성공을 거둔 기업들을 연구하고 그 회사들이 고객 중시, 품질 개선 또는 권한 위양을 중시한다는 것을 발견했다고 하자. '빌딩을 갖는 것과 같은 경영 기법'을 발견하지 않았다고 여러분이 어떻게 알 수 있는가? 성공한 기업들과 다른 기업들을 구분짓는 무엇을 여러분이 발견했다고 어떻게 알 수 있는가? 모른다. 여러분은 알 수 없다. 조정 집단, 즉 비교 집단이 없는 한 알 수 없다.

〈표 1-2〉 설립일

	1812년	시티코프
	1837년	프록터&갬블
	1847년	필립 모리스
	1850년	아메리칸 익스프레스
	1886년	존슨&존슨
	1891년	메르크
	1892년	제너럴 일렉트릭
	1901년	노드스트롬
중간 :	1902년	3M
	1903년	포드
	1911년	IBM
	1915년	보잉
	1923년	월트 디즈니
	1927년	마리오트
	1928년	모토롤라
	1938년	휼렛 패커드
	1945년	소니
	1945년	월마트

중요한 질문은 "그 기업들에게 공통되는 것은 무엇인가?"가 아니다. 오히려 중요한 질문은 "이 회사들은 근본적으로 무엇이 다른가?" 하는 것이다. 무엇이 한 기업 그룹을 다른 그룹과 구분짓는가? 따라서 우리는 비슷하게 시작한 다른 기업들과 비전 기업들을 비교·연구하는 것만이 연구 목적에 도달할 수 있는 길이라고 결론 내렸다.

우리는 각 비전 기업에 대해 체계적으로 고심하여 비교 기업을 선정했다(비교 대상은 〈표 1-1〉 참고). 즉, 다음과 같은 기준을 적용했다.

- **같은 설립 시기를 가진 회사들** : 각 경우별로 비전 기업과 같은 시기에 설립된 비교 기업을 찾았다. 비전 기업의 평균 설립년도가 1897년인 데 비해 비교 기업의 경우는 1892년이었다.
- **설립시 유사한 제품과 시장을 가진 회사들** : 각 경우별로 초기에 비전 기업들과 비슷한 제품, 서비스 및 시장에서 활동했던 비교 기업들을 찾았다. 그러나 비교 기업들이 후에도 똑같은 업종에서 활동한 회사일 필요는 없었다. 우리는 같은 위치에서 시작한 회사들이 필요했으나, 그 회사들이 나중에도 같은 위치에 있을 필요는 없었다. 예를 들어 비전 기업인 모토롤라는 가전 분야 밖으로 사업을 확대했으나, 제니스(모토롤라의 비교 기업)는 그러지 않았다. 우리는 이 두 회사가 매우 비슷하게 시작했지만 크게 다른 결과를 낳은 원인이 무엇인지 알고 싶었다.
- **CEO 조사에서 언급된 빈도가 낮은 회사들** : 각 경우에 CEO 설문 조사에서 비전 기업보다 확실히 덜 자주 언급된 회사들을 비교 기업들로 뽑았다. 비전 기업들을 뽑는 데 CEO 조사에 크게 의지했기 때문에 비교 기업들을 뽑는 데도 같은 자료에 의존하려고 했다.
- **형편없는 회사가 아닌 회사들** : 비전 기업들을 완전히 실패했거나 형편

없는 실적을 보이는 회사들과 비교하고 싶지 않았다. 우리는 보수적인 비교(즉, 다른 우수한 회사들과 비교하는)가 우리의 최종 발견을 훨씬 더 가치 있고 신뢰감 있게 한다고 믿었다. 비전 기업들을 실패한 많은 회사들과 비교한다면 확실히 그 차이를 발견하겠지만 그리 도움이 되는 차이는 아닐 것이다. 올림픽 우승팀과 고등학교팀을 비교한다면 확실히 어떤 차이를 발견할 것이다. 하지만 그 차이가 의미가 있겠는가? 그 차이들이 어떤 가치 있는 것을 말해 줄 것인가? 물론 그렇지 않다. 그러나 여러분이 올림픽 금메달팀과 은메달 또는 동메달팀을 비교하고 체계적인 차이를 발견한다면 무엇인가 유용하고 신뢰할 만한 것을 얻게 될 것이다. **우리는 가능하면 금메달팀을 은메달 또는 동메달팀과 비교하여 우리의 발견에 진정한 의미를 부여하고자 했다.**

단계 3 : 기업의 역사와 진화 과정

우리는 기업들의 역사 전체를 샅샅이 훑어보는 무모할 정도의 작업에 착수하기로 결정했다. 단순히 "현재 이 회사들의 특징이 무엇인가?"에 대해서는 묻지 않기로 했다. 그보다 더 중요하고 근본적인 질문을 했다. 예를 들어 "이 회사들은 어떻게 시작했는가? 어떻게 진화했는가? 작고 자본도 부족한 구멍가게에서 어떤 방법으로 커 갔는가? 창업 단계에서 대기업이 되기까지의 변화 과정을 어떻게 관리했는가? 창업주에서 2세 경영자로 전환할 때 무엇을 했는가? 전쟁이나 대공황 같은 역사적 사건에 어떻게 대처했는가? 혁신적인 신기술이 발명되었을 때 어떻게 대응했는가?" 같은 것에 관심을 가졌다.

기업을 역사적 측면에서 분석한 것은 세 가지 이유에서였다.

첫째, 기업 내면을 보기 위해서다. 그것은 대기업뿐만 아니라 중소기업에서 일하는 여러분에게도 소중할 것이다. 우리는 개인 사업이나 중소기업을 하려는 사람들이 필요로 하는 일에서 대기업의 조직을 변경하는 일까지 광범위한 분야에 대해 실질적인 경험과 학문적인 지식을 가지고 있다. 그리고 크든 작든 모든 분야에 유용한 지식과 해결 방법을 찾아내고 싶었다.

둘째, 더욱 중요한 이유는 비전을 가진 회사들의 내면을 이해하려면 진화적인 관점에서 접근해야만 가능하리라고 믿었기 때문이다. 그것은 독립전쟁, 미합중국 헌법의 이념, 남북 전쟁, 서부 개척사, 1930년대의 대공황 그리고 제퍼슨, 링컨, 루스벨트 대통령 같은 미국의 역사적 사건이나 인물에 대한 이해 없이는 그 누구도 미국을 완전히 이해하지 못하는 것과 비슷한 논리일 것이다. 우리의 관점으로는 기업도 창업 이래 일어난 여러 사건과 사람들의 행적에 의해서 이루어진다는 점에서 국가와 다를 바 없었다.

"약이란 환자를 위해 만드는 것이지, 돈 벌기 위해 만드는 것이 아니다. 이익이란 따라오는 것에 불과하다"라는 1920년대 조지 메르크(George Merck)의 경영 철학을 이해하지 않고 오늘날의 메르크를 이해하기는 불가능하다. 파산 지경에서 기업을 시작한 사실을 모르고 어떻게 현재의 3M을 이해하겠는가? 1900년대 초까지 거슬러 올라가는 제너럴 일렉트릭의 체계적인 후계자 양성과 선정 과정을 이해해야만 잭 웰치(Jack Welch)의 경영에 대한 이해가 가능하다. 1980년대의 타이레놀 독극물 사건에 대해 존슨&존슨이 대처한 자세도 1943년에 쓰인 '존슨&존슨의 신조(J&J Credo)'를 읽지 않고는 이해하기 어려울 것이다.

셋째, 기업의 역사적인 측면에서 보면 우리의 비교 분석 방법이 더욱 강력한 것이라고 여겨지기 때문이다. 비전 기업과 그에 비교되는 기업을 현 시점에서 딱 잘라 본다는 것은 마치 마라톤의 마지막 30초만을 보고 판단하는 것과 다를 바 없다. 그렇게 하면 누가 이겼는지는 확실하게 알 수 있지만, 그가 왜 이겼는지는 알 수 없기 때문이다. 경기 결과를 완전히 이해하기 위해서는 마라톤 전 구간을 주의깊게 봐야 할 뿐만 아니라 선수들의 훈련 과정, 준비 과정 그리고 1km, 2km, 3km 등의 각 구간마다 그들을 살펴보아야 한다. 마찬가지로 다음과 같은 흥미로운 질문에 대답하기 위하여 시간을 거슬러 올라가 보자.

- 모토롤라와 같은 시기에 비슷한 여건에서 사업을 시작한 제니스는 TV 부문에서만 성공을 거둔 반면, 모토롤라는 어떻게 해서 초라한 배터리 수리상에서 자동차 오디오, 텔레비전, 반도체, 집적 회로와 무선 통신 기기 사업으로 성공적인 전환을 할 수 있었는가?
- 대부분의 회사가 15년을 무사히 생존하면 행운이라고 하는데, 프록터&갬블은 무슨 비결로 150년 이상 번창하고 있는가? 그리고 경쟁 회사인 콜게이트보다 훨씬 늦게 동종 업계에 뛰어든 그들이 어떻게 업계를 석권할 수 있었는가?
- 한때 월 스트리트를 풍미하던 텍사스 인스트루먼츠는 팻 해거티(Pat Haggarty)가 사라지자 자멸하다시피 한 반면, 빌 휴렛(Bill Hewlett)과 데이비드 패커드(David Packard)의 은퇴 후에도 건강하고 생동감이 넘치는 기업으로 남아 있는 휴렛 패커드의 저력은 무엇인가?
- 월트 디즈니 사가 주식 매입을 통한 합병의 심각한 위협 속에서도 미국의 상징으로 살아남아 번영한 반면, 컬럼비아 영화사는 점점 입지를 잃어 가며 한 번도 미국의 상징이 되지 못한 채 일본 회사에 팔려 버린 이유는 무엇인가?
- 항공기 산업의 밑바닥에서 시작하여 맥도넬 더글러스를 왕위의 자리에서 밀어내고 그 자리를 차지한 보잉. 그들은 1950년대에 맥도넬 더글러스가 가지지 못했던 무엇을 가지고 있는가?

영원불멸의 법칙 발견 기업의 역사를 살펴봄으로써 과연 우리는 어떤 결론을 이끌어낼 수 있겠는가? 어떤 회사가 10년 전, 30년 전, 50년 전 혹은 100년 전에 무엇을 했는가를 통하여 무언가 유용한 것을 배울 수 있겠는가? 세상은 빠르게 변해 왔고, 또 앞으로도 그럴 것이다. 과거의 이런 성공 사례가 앞으로도 적용되리라는 법은 없다. 우리도 그것을 알고 있다.

그러나 우리는 연구 활동을 하는 동안 시대를 초월해서 적용할 수 있는 영원불멸의 근본적인 법칙과 틀을 찾아 왔다. 예를 들어 비전 기업들이 '핵심을 지키면서 변화를 자극하는' 데 사용해 온 특별한 방법들은 저변에 깔린 요소의 변화 없이 진화를 계속해 왔으며, 1850년에도 1900년에도 1950년에도 그리고 2050년에도 남아 있을 것이다. 우리가 추구하는 목적은 기업의 긴 역사를 통해서 무언가를 얻어 21세기, 아니 그 이후에도 비전 기업으로 남을 조직을 위한 어떤 개념이나 도구를 개발하는 데 있다.

> 이 책이 이전에 나온 경영 서적들과 다른 점은 기업의 전체 역사를 훑어보고 다른 기업들과 직접 비교했다는 것이다. 시공을 초월하여 산업 전반에 뿌리깊게 퍼져 있는 신념과 기본적인 규칙을 파헤치는 데는 이 방법이 가장 효과적이었다.

단계 4 : 방대한 자료, 수개월에 걸친 분류, 그리고 '거북 사냥'

연구 대상 기업의 선정을 마치고 역사를 통한 비교 분석적인 연구 방법을 채택했을 때 우리는 또 다른 문제에 직면하게 되었다. 기업의 역사 중에서 과연 무엇을 살펴야 할 것인가? 조직 구조? 경영 체제? 기업 문화? 가치? 시스템? 제품? 산업 환경? 비전 기업들이 무엇 때문에 계속 성장해 왔는지 모르기 때문에 우리는 몇 가지 부분에만 연구의 초점을 맞출 수는 없었다. 우리는 거의 전 분야에 걸쳐 자료를 모아야 했다.

연구 기간 동안 우리가 잊지 않고 있었던 것은 5년 동안 비글 호를 타고 갈라파고스 제도를 탐험하면서 많은 동물 중에서도 섬마다 다른 모습을 지닌 커다란 거북을 우연히 발견한 찰스 다윈의 이미지였다. 기대하지 않았던 거북의 발견이 배를 타고 영국으로 돌아오는 동안, 그리고 그 후 계속된 그의 연구 《종의 기원》에 씨를 뿌렸다. 다윈도 예상 밖의 관찰을 할 수 있었던 행운이 있었기에 새로운 영감을 얻을 수 있었다. 그는 서로 다른 모습의 거북들을 관찰하러 그 곳에 간 것이 아니라, 그냥 거기에서 어기적어기적 걸어다니는 커다랗고 괴상하게 생긴, 종의 기원에 관한 기존의 가설들과 맞지 않는 거북들을 보러 간 것이다.[6] 우리도 역시 《종의 기원》에 힌트를 준 예상치 않은 거북 같은 무언가를 우연히 발견하길 기대했다.

물론 우리는 아무런 목적 없이 왔다갔다하다가 거북 한두 마리와 마주치는 것보다는 체계를 갖추기를 원했다. 좀더 체계적이고 포괄적인 자료를 모으고 분류하기 위해 우리는 '조직 흐름 분석(Organization Stream Analysis)'이라는 기술을 바탕으로 분석의 틀을 마련했다.[7] 이 틀을 이용해서 우리 연구원들은 각 회사의 역사를 모아서 그 정보를 크게 아홉 가지로 나누었다(부록 3의 〈표 A-1〉 참고). 이 아홉 가지 범주는 궁극적으로 기업의 모든 면, 즉 조직, 전략, 상품과 서비스, 기술, 경영, 소유 구조, 기업 문화, 가치관, 방침, 그리고 외부 환경에 이르는 모든 부문을 포함한다.

이런 노력의 일환으로 우리는 1915년부터의 재무 보고서와 1926년부터의 주식 배당을 월 단위로 분석했다. 아울러 1800~1990년까지 미국의 정치·경제 등의 일반 사항과 기업 활동에 관련된 역사, 또 우리가 조사하는 회사가 속해 있는 산업의 역사도 훑어보았다.

평균 100년에 가까운 역사를 가진 36개 기업의 자료를 수집하기 위해 거의 100권이 넘는 책과 논문, 사례 연구, 공문서, 회사 출간물, 비디오 등 3천 개 이상의 자료를 모았다. 줄잡아 6만 페이지, 실제로는 10만 페이지 정도의 분량을 읽었다. 이번 연구를 위한 자료가 어깨 높이의 파일 박스 3개,

책장 4개를 꽉 채웠고, 20메가바이트가 넘는 재무 자료와 분석 결과가 컴퓨터에 저장되었다(부록 3의 〈표 A-2〉 자료 목록편 참고).

단계 5 : 노력의 결과를 거두다

전체 프로젝트에서 가장 어려웠던 일이 그 다음에 다가왔다. 우리는 엄청난 양의 정보들을 하나의 틀 안에 연결되는 몇 가지 중요한 개념으로 걸러냈다. 반복되는 형태와 저변에 깔려 있는 경향이나 힘을 찾아내는 데 혼신의 힘을 쏟았다. 우리의 목표는 비전 기업의 역사적 발자취를 설명해 주는 그런 개념들을 찾아내는 것이었고, 또 그것이 21세기를 향하여 회사를 만들고 있는 간부들에게 실질적인 지표를 제공해 주리라고 믿었다.

연구 성과의 근간을 이루는 대부분의 것은 비교 분석을 통해서 찾아냈다. 연구를 진행하는 동안 우리는 "그 오랜 역사 속에서 비전 기업과 그 비교 기업을 다르게 만든 것은 무엇인가?"라는 근원적인 질문을 항상 되뇌어 왔다. 우리가 어떤 범위 안에서 두 회사를 비교했는가에 대한 방법론은 부록 3의 표를 참고할 수 있을 것이다.

우리는 또한 이 비교 분석 과정을 독창적인 과정과 접목시켰다. 우리는 경영대학들이나 유명한 경영 서적들이 정설처럼 주장하는 독단적인 논리에서 가능하면 자유로워지려고 노력했다. 특히 겉보기에는 경영학과 전혀 상관없는 아이디어로 우리의 사고를 자극시켰고 연구를 통해 얻어진 것들에 이 아이디어를 접목하고자 노력했다. 그러기 위해서 생물학, 유전학, 심리학, 사회심리학, 사회학, 철학, 정치학, 사학 그리고 문화인류학 같은 경영학이 아닌 다른 분야의 학설들을 심도 깊게 읽기도 했다.

단계 6 : 현실에의 적용과 검증

이 연구 과제 전반에 걸쳐서 우리는 컨설팅이나 기업 이사회에 참여함으로써 우리가 찾아낸 사실과 개념들을 현실에 적용해 보는 검증을 계속해 왔다. 이 책을 쓰는 지금도 우리는 30개가 넘는 기업들에서 우리의 연구를 바탕으로 한 분석의 틀이나 도구들을 적용하고 있다.

그 기업들은 컴퓨터, 의료, 제약, 생명 공학, 건설, 소매, 통신 판매, 스포츠 용품, 전자 제품, 반도체, 소프트웨어, 극장 체인, 환경, 화학, 금융에 이르는 다양한 분야의 산업에 걸쳐 있고, 연간 매출이 얼마 안 되는 작은 기업에서부터 수십 조의 수입을 올리는 〈포춘〉지 선정 세계 500대 기업들까지 포함되어 있다. 대부분 대표이사나 최고경영층으로부터 요청을 받고 일하기 때문에 가장 예리하고 현실적이고 많은 것을 요구하는 경영인들에게 우리의 생각을 얘기해 줄 수 있었다.

우리는 우주선 시험 발사와도 같은 이러한 검증을 통하여 우리의 개념을 계속 발전시킬 수 있는 피드백 고리를 마련할 수 있었다. 예를 들어 한 제약 회사와 일하는 동안 그 회사의 어떤 중역으로부터 중요한 질문을 받은 경험이 있는데, 그 중역은 "기업의 핵심 이념을 좋고 나쁘다고 할 수 있는가? 다시 말해서 그 핵심 가치의 내용이 중요한가, 아니면 내용이야 어찌되었든 그 진실성이나 일관성이 중요한가? 비전 기업 전체를 통틀어 공통적으로 나타나는 핵심 가치가 존재하는가?"라고 물어 왔다. 그래서 우리는 연구 자료를 체계적으로 분석해서 그 질문에 대답해 주었다(자세한 내용은 3장에서 다루기로 하자).

그렇게 함으로써 우리는 연구, 실험, 검증, 다시 연구하는 피드백 고리를 완성시켰다(〈그림 1-A〉 참고). 이 피드백 고리 과정은 6년에 걸친 연구 과정의 여러 부분에서 수도 없이 행해졌을 뿐 아니라 이 책을 쓰는 데도 많은 기여를 했다.

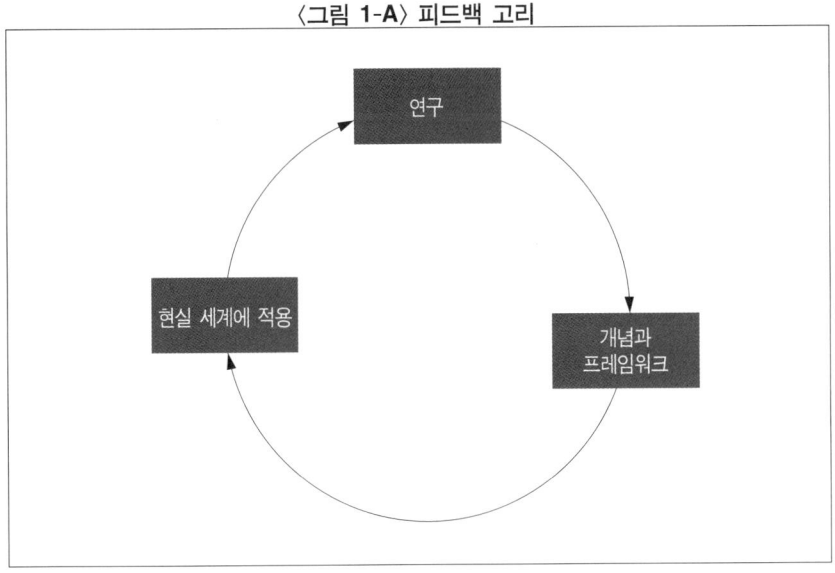

〈그림 1-A〉 피드백 고리

증인들의 이야기를 들어 보라

모든 사회과학의 연구 과제는 항상 그 자체에 내재해 있는 한계와 난점에 부딪치게 마련이다. 우리도 예외는 아니었다. 그 중 우리가 끝까지 해결하지 못한 하나는, 중요한 변수 하나를 제외한 모든 변수를 고정시켜 놓고 그 중요한 변수만을 변화시킬 때 나오는 여러 가지 결과를 평가하는 반복, 계획, 실험을 행할 수 없다는 것이었다. 우리는 기업들을 대상으로 실험하고 싶었으나 할 수 없었다. 결국 역사가 가르쳐 주는 무엇인가를 잡아서 그것을 잘 이용해야 한다. 부록 1에서 여러분이 우리의 연구에 대해서 제기할지도 모를 여러 가지 문제점들과 그 문제점에 대한 우리의 입장을 밝혀 놓았다.

이런 문제점을 다 고려한다 해도 연구와 검증을 수차례 거치면서 검토한 방대한 자료의 양은 우리의 결론이 합리적이고 훌륭한 기업을 만드는 데 도움이 된다는 자신감을 주기에 충분했다. '얼마의 자본으로 얼마의 이익을 낼 수 있다'라는 공식을 발견했다고 주장하지는 않겠다. 사회과학을 하는 어느 누구도 그런 말을 하지는 못할 것이다. 그러나 우리는 이 연구가 조직에 대한 좀더 나은 이해와, 과거보다 더 훌륭한 기업을 만드는 개념적 도구를 만드는 데 이바지했다고 생각한다.

이제 우리가 연구에서 얻은 것들을 나누어 가질 차례다. 여러 회사의 역사에서 우리가 배운 만큼 여러분도 이 책에서 많은 것을 얻기 바란다. 그러나 동시에 여러분이 이 책을 읽으면서 좀더 비판적이고 객관적인 시각을 가져 주었으면 한다. 맹목적이고 아무 의심 없이 받아들이기보다는 깊이 생각하고, 궁극적으로는 우리의 생각을 거부하는 단계까지 오르길 바란다. 증인들의 이야기를 들어 보라. 여러분은 판사나 배심원이 되는 것이다.

제2장

시간을 알려 주지 말고 시계를 만들어 주어라
CLOCK BUILDING NOT TIME TELLING

무엇보다도 그에게는 절대로 멈추거나 뒤돌아보지 않으며 지칠 줄 모르고 조직을 건설하는 재주가 있었다. 월트 디즈니의 가장 위대한 창조물은 월트 디즈니 사 그 자체다.
- 리처드 쉬켈, 《디즈니 버전》에서[1]

이제껏 나는 최고의 유통 회사를 만드는 일에만 주력해 왔다. 개인적인 부를 축적하는 것은 내 관심 밖의 일이었다.
- 샘 월턴, 월마트의 창업자[2]

밤이나 낮에 해 또는 별을 보고 정확히 날짜와 시간을 맞힐 수 있는 비범한 사람이 있다고 가정하자. 예를 들어 이 사람이 "지금은 1401년 4월 23일 오전 2시 36분 12초다"라고 우리에게 가르쳐 준다면 이 사람은 놀라운 재능을 지닌 '시간을 알려 주는 사람'으로서 많은 존경을 받게 될 것이다. 그러나 이 사람이 시간을 한 번만 알려 주는 데 그치지 않고, 그가 죽은 후에도 계속 시간을 가르쳐 줄 수 있는 시계를 만든다면 더욱 놀라운 일이 아니겠는가?[3]

뛰어난 아이디어를 가졌거나 카리스마적인 지도자가 되는 것이 '시간을 알려 주는 것'이라면, 한 개인의 일생이나 제품의 라이프 사이클을 훨씬 뛰어넘어 오랫동안 번창할 수 있는 기업을 만드는 것은 '시계를 만드는 것'이라고 할 수 있다. 우리는 2장에서 비전 기업을 만든 사람들은 '시간을 알려주는 사람' 이기보다 '시계를 만드는 사람들' 이었음을 보여 주고자 한다.

이들은 한 가지 뛰어난 아이디어로 일시적인 시장을 노리거나 한창 성장기에 있는 제품의 흐름에 편승하기보다는 마치 영원히 시간을 가르쳐 줄 수 있는 시계를 만드는 것처럼 조직을 건설하는 데 주력한다. 그리고 성공적인 지도자가 되기 위해 개인의 자질을 키우기보다는 비전 기업의 조직 구조를 갖추기 위해 보다 건설적인 접근 방법을 택한다. 그들의 가장 위대한 업적은 뛰어난 아이디어의 집행이나 카리스마적인 성격의 표출, 자아의 실현 또는 개인적인 부의 축적이 아니라 회사 그 자체다.

우리의 연구 결과는 이제껏 경영학적 사고를 지배해 온 뿌리깊은 두 가지 신화—뛰어난 기업에는 뛰어난 아이디어나 카리스마적 지도자가 있다—를 부정하고 있다. 이번 연구에서 도출된 가장 중요한 결론 중 하나는 비전 기업을 창립하고 건설하는 데 있어서 뛰어난 아이디어나 카리스마적 지도자가 필수 조건이 아니라는 점이다. 오히려 카리스마적 지도자의 뛰어난 아이디어는 비전 기업을 건설하는 데 있어 부정적인 영향을 끼칠 수 있다는 조사 자료도 발견되었으며, 이러한 뜻밖의 발견들은 우리로 하여금 전과는 완전히 다른 각도에서 기업의 성공을 살펴보게 했다. 또한 이런 결과는 기업의 경영진들에게도 큰 의미를 던져 준다.

'뛰어난 아이디어' 라는 신화

1937년 8월 23일 공대를 갓 졸업했고, 별다른 직장 경험이 없는 20대 청년 두 사람이 모여 새로운 회사를 세울 궁리를 하고 있었다(설립을 위한 회의는 1937년 개최되었고, 실제로 회사는 1938년 초 설립되었다). 그러나 이들은 그 회사에서 무엇을 만들어야 좋을지 확실히 정하지 못했으며, 다만 전자공학 분야와 관련된 회사를 함께 시작하고 싶다는 생각뿐이었다. 각종 제품 아이디어와 시장 가능성을 폭넓게 검토해 보았으나, 새로 탄생할 회사를 크게 성공시킬 '뛰어난 아이디어'는 떠오르지 않았다.

이에 빌 휼렛과 데이비드 패커드는 일단 회사를 차린 후 무엇을 만들 것인지 결정하기로 했다. 전기세를 내는 데 도움이 될 수 있고, 당시 사무실을 차렸던 차고에서 그들을 벗어나게 해줄 수 있는 일이라면 무엇이든 시도해 볼 생각이었다. 다음은 빌 휼렛의 말이다.

"우리가 처음에 아무런 계획도 없이 시작했으며 다만 기회가 있었기 때문이었다고 말하면 경영대학원 교수들은 놀라움을 금치 못한다. 우리는 볼링장의 파울선 장치, 망원경의 시계 구동부, 변기의 물이 자동으로 내려가도록 하는 장치, 살을 빼기 위한 전자 충격 장치 등 돈이 되는 것이라면 닥치는 대로 만들었다. 자본금 500달러를 가지고 사람들이 원하는 것이라면 무엇이든 시도했다."[4]

그러나 볼링장의 파울선 장치도, 자동 변기도, 지방 제거 기계도 모두 시장에서 별다른 호응을 얻지 못했으며, 거의 1년 가까이 고생한 끝에 첫 성공작을 내놓았다. 월트 디즈니의 〈판타지아〉라는 영화에 쓰일 8개의 역전류 검출관이 바로 그것이었다. 휼렛과 패커드는 1940년대 초 군수 물자 납품 덕분에 급성장하기 전까지 계속 한 가지 주력 분야도 없이 이것저것 다양한 제품들을 시도했다.

반면 텍사스 인스트루먼츠(TI)는 매우 성공적인 제품을 가지고 회사를 시작했다. 1930년 지오피지컬 서비스(Geophysical Service, Inc.)라는 이름으로 설립된 TI는 유전 개발용 반사 지진계를 만드는 최초의 회사가 되겠다는 목표를 세우고 텍사스의 연구실에서 개발과 생산을 시작했다.⁵⁾ 휼렛이나 패커드와는 달리 TI 창립자들은 특정 기술과 이에 관련된 기회를 잡기 위해 회사를 설립했다.⁶⁾ 다시 말해 TI는 '뛰어난 아이디어'를 가지고 회사를 시작한 데 비해 HP는 그렇지 않았다.

일본의 소니도 HP와 마찬가지였다. 1945년 8월 이부카 마사루가 회사를 창립할 당시 그는 특정 제품을 염두에 두고 있지 않았으며, 회사를 세운 이후 7명의 창립 멤버들과 함께 아이디어를 짜내기 위한 회의를 거듭했다. 이들보다 다소 늦게 입사한 모리타 아키오에 따르면 "몇 안 되는 사람들이 회의실에 모여 어떤 종류의 제품을 가지고 회사를 시작해야 할 것인가에 대해 몇 주 동안 끊임없이 토론했다"⁷⁾고 한다.

이들은 단팥 통조림에서부터 미니 골프 용품에 이르기까지 다방면에서 시장 가능성을 검토했다.⁸⁾ 뿐만아니라 소니의 첫 제품(간단한 밥솥)은 제대로 가동되지 않았으며, 그 후 시도한 녹음기도 실패했다. 초기의 소니는 천에 전기선을 꿰매어 이은 아주 초보적인 전기 담요 덕분에 겨우 명맥을 이어 갔다.⁹⁾

반면 소니의 이부카와는 달리 켄우드의 창립자는 특정한 분야의 제품을 구상하고 회사를 시작했다. 《일본 전자 연감》에 따르면, 그는 1946년 자신의 회사를 '가스가 무선 전신 회사'라고 명명한 이래 "항상 앞서가는 오디오 전문 회사의 자리를 지켜 왔다"¹⁰⁾고 한다.

그런가 하면 이부카나 휼렛처럼 샘 월턴도 특별한 아이디어나 유통업에 대한 지식 없이 개인 사업을 하겠다는 의지와 열정만을 가지고 회사를 시작했다. 어느 날 갑자기 "기발한 아이디어가 떠올랐는데 회사를 해볼까?" 하고 시작한 것이 아니었다. 월턴은 맨 처음 아칸소 주의 뉴포트라는 작은 도시에서 벤 프랭클린(Ben Franklin)이라는 잡화 체인점을 열었다. 그는 후에 〈뉴욕 타임스〉와의 인터뷰에서 "내가 그렇게 커다란 규모의 사업을 시작하리라

곧 상상하지 못했지만 항상 맡은 바 일을 열심히 하고 고객에게 최선을 다하면 무한한 가능성이 있을 것"[11] 이라는 확신이 있었다고 말했다.

그는 회사를 세운 지 약 20년 뒤에야 도심에서 벗어난 곳에 대규모 할인 매장을 운영해 보겠다는 '기발한 아이디어'가 자연적으로 떠올랐을 뿐이며, 그때까지는 작은 가게에서부터 차근차근 기초를 다져 나간 것이다. 다음은 그의 책 《메이드 인 아메리카(Made in America)》의 한 대목이다.

"사람들은 중년의 나에게 어느 날 갑자기 멋있는 구상이 떠올라 월마트를 세웠으며, 이 기발한 아이디어로 하룻밤 사이에 커다란 성공을 한 것으로 생각하고 있는 것 같다. 그러나 월마트 1호점은 1945년부터 우리가 해 오던 일의 자연스런 산물이고 또 다른 하나의 실험이었을 뿐이다. 하룻밤 사이에 이루어진 성공이라 생각되는 대개의 경우가 그렇듯이, 월마트도 20여 년에 걸쳐 만들어진 것이다."[12]

이와는 대조적으로 에임스 스토어(Ames Store : 월마트의 비교 기업)는 월마트보다 4년 먼저 지역 할인 매장을 시작했다. 밀턴 길먼과 어빙 길먼(Milton and Irving Gilman)은 1958년 지방 할인 매장이라는 '기발한 아이디어'를 실현하기 위해 에임스를 설립했다. 그들은 가격 할인점이 지방에서 성공할 것이라고 믿었으며 첫해에만 100만 달러의 매출액을 달성했다[3](샘 월턴은 1962년 할인점 1호를 열기 전까지 큰 길가에 작은 잡화상들을 여러 개 운영하고 있었을 뿐이다[4]). 월턴을 앞지른 회사는 사실 에임스뿐만이 아니었다. 월턴의 자서전을 집필한 밴스 트림블(Vance Trimble)은 "1962년에 그와 같은 일을 시도했던 사람들이 여럿 있었다. 다만 월턴은 다른 사람들보다 그 일을 월등히 잘했던 것뿐이다"라고 적고 있다.[15]

휼렛 패커드, 소니 그리고 월마트의 사례는 창립자가 기발한 제품 아이디어나 시장에 대한 뛰어난 통찰력을 가지고 회사를 시작함으로써 성공적인 기업이 탄생한다는 신화에 쐐기를 박고 있다. 매우 성공적인 기업들은 남들보다 먼저 기발한 아이디어(기술, 제품 또는 시장 가능성)를 가지고 시작하며 그 제품의 성공과 함께 성장 곡선을 그린다고 널리 알려져 있으나, 실제로 이것이 일반적인 경향이라고 볼 수는 없다.

사실 이번 연구에 포함된 비전 기업들 중 뛰어난 아이디어나 멋진 제품 하나로 시작하여 그 자리에 오른 회사는 별로 없다. 윌러드 마리오트(J. Willard Marriott)는 사업을 하고 싶은 의욕은 있었으나 어떤 일을 해야 할지 몰라 고민하다가 한 가지 가능하다고 생각되는 일을 떠올렸다. 체인점 허가를 받아 워싱턴에 A&W 루트 맥주(root beer : 맥주맛이 나는 청량 음료 - 옮긴이) 노점상을 설치한 것이다.[16]

노드스트롬은 창립자인 존 노드스트롬(John Nordstrom)이 알래스카의 금광에서 돌아와 무엇을 해야 할지 몰라 방황하던 끝에 시애틀 시내에 조그마한 구두 가게 하나를 차린 것이 그 시초가 되었다.[17] 메르크는 독일의 화학품을 수입하는 회사로 시작했으며,[18] 프록터&갬블의 초기 모습은 1837년 신시내티에서 흔히 볼 수 있는 비누나 초를 만드는 회사일 뿐이었다.[19] 모토롤라는 시어스(Sears)의 하청을 받아 라디오 수선을 해주는 일로 어렵게 시작했으며,[20] 필립 모리스는 런던 시내 본드 가의 조그만 담배 가게가 그 시초였다.[21]

소니처럼 크게 성공하기 전에 고전한 기업도 꽤 있다. 3M은 광산에서 크게 실패한 후 '주식 2장을 팔아 고작 싸구려 위스키 한 잔을 살 수 있을 정도로'[22] 주가가 하락하자 사포(sand paper)를 제조, 판매하기 시작했다. 3M은 두 번째 사장에게 11년간이나 월급을 제대로 지급하지 못할 정도로 초기에 어려움을 겪었다. 반면 3M의 비교 기업인 노턴은 급성장하는 시장에 앞선 제품을 선보임으로써 탄탄한 첫발을 내딛고 초기 15년간 자본금을 15배

나 늘렸으며, 그 중 1년을 제외하고는 꾸준히 이익 배당금을 지급할 수 있었다.[23]

빌 보잉(Bill Boeing)의 경우 그가 제조한 비행기 1호가 보기 좋게 실패한 이후(해군 시험 비행에 불합격한 마틴 비행기를 그대로 본뜬 어설픈 수공 비행기였다고 전해짐) 수년간 회사가 극심한 재정난을 겪게 되었고 기업의 명맥을 잇기 위해 가구업에도 뛰어들었다.[24] 그러나 더글러스의 경우 처음 제조한 비행기가 멋진 성공을 거두었으며, 미국 동서해안을 쉬지 않고 비행할 수 있을 뿐 아니라 자체 중량의 2배 이상을 적재할 수 있는 이 비행기를 뇌격기로 변형시켜 해군에 대량으로 판매했다.[25] 더글러스는 보잉처럼 회사문을 닫지 않기 위해 가구 제조업에 뛰어들어야 할 필요가 없었다.[26]

월트 디즈니의 첫 만화 시리즈인〈만화 나라의 앨리스〉(아마 대부분의 사람들이 들어 본 일도 없는 작품일 것이다)는 흥행에 실패했다. 디즈니 자서전 집필자인 리처드 쉬켈(Richard Schickel)은 "그것은 매우 싱거운 작품이었다. 평범한 만화에 사진 기술로 다소 입체감을 준 정도라고 말할 수 있다"라고 혹평했다.[27] 이와는 달리 컬럼비아 영화사는 처녀작이 상당한 성공을 거두었다. 영화〈비웃기보다는 불쌍한〉(1922)은 2만 달러를 들여 13만 달러의 이익을 남김으로써 이후 2년 남짓의 짧은 기간 동안 10여 개의 영화를 만들 수 있는 기반을 마련해 주었다.[28]

'기발한 아이디어'를 기다리지 마라

이 책에서 선정한 회사 중 혁신적인 제품이나 서비스(즉 '기발한 아이디어')를 가지고 시작하여 성공한 경우는 존슨&존슨, 제너럴 일렉트릭(GE), 포드 등 세 회사에 지나지 않는다. 더구나 GE와 포드도 완벽한 예라고는 할 수 없다. GE의 경우 에디슨이 직류 시스템을 개발했으나, 결국 미국 시장을 지배한 것은 웨스팅하우스의 교류 시스템이었다.[29]

포드 또한 흔히 사람들이 생각하듯 T 모델을 먼저 구상한 후 회사를 시작한 것이 아니라 오히려 그 반대였기 때문에 T 모델이 성공할 수 있었다. 그는 자신의 자동차 엔지니어링 기술을 살리기 위해 포드 자동차 회사(그의 세 번째 회사)를 세우고, 1908년 10월 그 유명한 T 모델을 발표하기에 앞서 5개의 모델(A, B, C, F, K)을 시장에 내놓았다.[30] 사실 포드는 1900~1908년 사이에 미국에 세워진 502개 자동차 회사 중 하나에 불과했으며 그 당시로는 특별한 기업이 아니었다.

이와는 달리 비교 기업으로 선정된 회사 중 11개 회사(에임스, 버로스, 콜게이트, 켄우드, 맥도넬 더글러스, 노턴, 파이저, R. J. 레이놀즈, 텍사스 인스트루먼츠, 웨스팅하우스, 제니스)는 오히려 '기발한 아이디어'로 시작한 것을 알 수 있다.

우리는 이번 연구를 통해 비교 기업들이 출범 당시 '기발한 아이디어'를 갖고 시작했던 반면, 비전 기업들은 그런 예가 적으며 회사 창립 초기부터 성공하는 경우가 비교 기업들에 비해 드물다는 것을 발견했다. 우리가 선정한 18개 사례 중 우열을 가리기 힘든 5개 사례를 제외하면 비전 기업이 비교 기업보다 출범 초기에 성공을 거둔 예는 3개밖에 없다. 다시 말해 초기의 성공은 비전 기업이 되는 것과 역상관 관계가 있다는 결론을 내리게 되었다. 장거리 달리기의 최종 승자는 토끼가 아닌 거북임을 다시금 확인하게 되었다.

부록 2에는 비전 기업와 비교 기업들의 출범 당시 전략과 초기 성과가 보다 자세하게 나와 있다(책 전체의 흐름을 깨지 않기 위해 부록에 포함시켰으니 참고하기 바람).

만일 여러분 중에 회사를 하나 시작해 성공 기업으로 키우고 싶은 욕망이 있으나 아직 '기발한 아이디어'가 떠오르지 않아 망설이고 있는 미래의 기업가가 있다면 '기발한 아이디어'의 신화에서 벗어날 것을 권하고 싶다. 앞에서 보았듯이 회사를 시작하기 전에 '기발한 아이디어'를 찾아야 한다고 조급해하지 않는 것이 오히려 좋을 수도 있다. 왜냐하면 '기발한 아이디어'로 시작하면 경영자가 회사 그 자체를 '궁극적인 창조물'로 생각하지 않고 특정한 아이디어에만 매달릴 수 있기 때문이다.

회사 자체가 궁극적인 창조물이다

경영대학원의 경영 전략 또는 기업가 정신 코스에서는 사업을 시작하기 전에 좋은 아이디어를 가지고 제품 또는 시장 전략을 제대로 세우는 것이 얼마나 중요한가를 강조한다. 그러나 경영대학원에서 이제껏 강의해 온 이론과 달리 성공적인 회사를 세운 사람들을 보면 그렇게 시작한 경우가 많지 않다.

따라서 우리는 이번 연구 초기부터 기발한 아이디어나 전략이 기업의 성공에 직결된다는 일반적인 견해에서 벗어나 새로운 관점에서 기업을 살펴보게 되었다. **제품의 수단으로 기업을 보던 시각에서 벗어나 기업의 수단으로 제품을 보게 되었다.** 앞서 말한 '시간을 알려 주는 것'과 '시계를 만들어 주는 것'의 차이를 깨닫게 된 것이다.

'시간을 알려 주는 것'과 '시계를 만들어 주는 것'의 차이를 쉽게 설명하기 위해 초기의 GE와 웨스팅하우스를 비교해 보자. 조지 웨스팅하우스(George Westinghouse)는 비상한 머리를 지닌 발명가로 웨스팅하우스 이외에도 59개의 회사를 가지고 있었다.[31] 뿐만아니라 교류 시스템이 에디슨의 직류 시스템을 누르고 세계 시장을 석권할 것이라는 선견지명도 가지고 있었

다.[32]

반면 GE의 초대 사장인 찰스 코핀(Charles Coffin)은 조지 웨스팅하우스와 같은 발명가가 아니었다. 하지만 그는 미국 최초의 기업 연구소인 GE 연구소를 창설했다.[33] 웨스팅하우스가 시간을 알려 준 데 비해 코핀은 시계를 만들어 준 것이다. 웨스팅하우스의 위대한 창조물은 교류 시스템이지만 코핀의 위대한 창조물은 GE라는 회사 그 자체였다.

끈기가 있어야 운도 따른다. 이것은 매우 단순하지만 기업가들이 성공하는 데 있어서 매우 근본적인 진리다. 기업을 성공시킨 사람들은 무슨 일이 있어도 절대 굴복하거나 포기하지 않았다. **아이디어는 포기, 수정하거나 다른 방향으로 발전시켜도 되지만**(GE는 당초의 결정을 번복하고 직류 시스템을 교류 시스템으로 교체했다) **회사는 절대 포기하지 말아야 한다**. 회사의 성공을 특정 아이디어의 성공과 동일시할 경우―사실 많은 기업가들이 그렇듯이―그 아이디어가 실패하면 회사 자체를 포기하는 수가 많다. 또한 그 아이디어가 성공하면 거기에 감정적으로 몰입되어 다른 가능성을 보지 못하고 그 제품에만 매달리기 쉽다.

하지만 회사를 특정 아이디어나 시장 기회를 위해서가 아닌 회사 그 자체를 위한 존재로 인식하면 특정 아이디어의 범주를 훨씬 뛰어넘는 탄탄한 기업으로 성장시킬 수 있다.

예를 들어 휼렛 패커드는 초기부터 실패를 경험했다. 그러나 빌 휼렛과 데이비드 패커드는 뛰어난 제품을 만들어 내는 혁신적인 회사로 만들기 위해 끊임없이 노력하고 시도하고 도전했다. 엔지니어 출신인 그들은 엔지니어로서의 역할에만 충실할 수도 있었다. 그러나 그들은 제품을 설계하는 대신 뛰어난 제품이 나올 수 있는 환경을 만들고 그런 조직을 설계하는 데 주력했다. 1950년대 초반 이미 빌 휼렛은 다음과 같은 사내 연설을 통해 그러한 견해를 나타냈다.

"우리의 엔지니어링 부서는 꽤 안정적이다. 이는 우연이 아니라 의도된 것이다. 엔지니어들은 창조적인 사람들이므로 우리는 고용할 때 이들에게 안정된 생활을 보장했다. 또한 이들에게 폭넓은 기회를 부여하고 각자 자신에게 적합한 프로젝트가 돌아가도록 배려했다. 그리고 엔지니어들이 항상 만족하고 최고의 생산성을 발휘할 수 있도록 관리했다. **엔지니어링이야말로 우리가 가진 가장 중요한 제품 중의 하나다.** 머지않아 우리는 혁신적인 엔지니어링 시스템을 도입할 것이다. 지금까지 잘해 왔다고 생각하겠지만 2, 3년 후 새롭게 바뀐 시스템을 보면 정말 놀랄 것이다."[34]

데이비드 패커드도 1964년 연설에서 같은 생각을 보여 주었다. "문제는 어떻게 창조적인 환경을 만들어 주는가 하는 것이다. 그런 환경을 만들기 위해서는 조직 구조에 대해 많이 고민할 필요가 있다."[35] 1973년 패커드는 기자로부터 회사의 발전을 위해 가장 결정적인 역할을 한 제품이 어떤 것이었느냐는 질문을 받은 적이 있다. 이에 그가 열거한 성공 요인들은 엔지니어링팀을 구성한 것, 종업원을 실적에 따라 보상한 것, 회사 이익의 분배, 인사 및 관리 정책, '휼렛 패커드적'인 경영 철학 등 오로지 조직의 관점에서 본 것들이었다.

그 기사의 제목은 다음과 같았다. "휼렛 패커드의 회장은 우연히 계산기를 만들었지만 회사 자체는 공들인 설계에 기초하여 만들었다."[36]

> 빌 휼렛과 데이비드 패커드의 궁극적인 창조물은 역전류 방출관이나 휴대용 계산기가 아니라 휼렛 패커드 기업 그 자체와 휼렛 패커드적 방식이다.

마찬가지로 이부카 마사루의 뛰어난 '제품'은 워크맨이나 텔레비전이 아니라 소니 회사 그 자체다. 월트 디즈니의 뛰어난 창조물은 판타지아나

백설공주 또는 디즈니랜드가 아닌 월트 디즈니라는 회사 그 자체와 사람들을 즐겁게 하는 신비한 능력이며, 샘 월턴의 뛰어난 업적은 월마트가 아니라 세계 어느 회사보다도 대규모 유통업을 운영할 수 있는 조직이다.

폴 갤빈(Paul Galvin)의 능력은 엔지니어나 발명가로서의 능력이 아니라—실제로 그는 정식 교육을 받은 적이 없으며 두 번이나 사업 실패의 경험을 지닌 사람이었다[37]—우리가 모토롤라고 부르는 혁신적인 엔지니어링 조직을 만들어 낸 데 있다. 윌리엄 프록터와 제임스 갬블의 중요한 업적은 곧 퇴조할 돼지 기름 비누와 램프 기름 또는 초를 제조한 사실이 아니라, 세대가 바뀌어도 변하지 않는 가치관을 정립하여 '정신적 유산'[38]을 가진 적응력 있는 조직을 만든 것이다.

여기서 우리는 여러분에게 인식의 전환을 통해 기업 그 자체를 궁극적인 창조물로 볼 것을 당부하고 싶다. 회사를 세우거나 경영하는 입장에 있는 사람들에게 이 인식의 전환은 어떤 일에 어떻게 시간을 할애할 것인가 하는 면에서 매우 중요한 의미를 지닌다. 즉, 특정 제품이나 시장 전략에 대해 생각하는 시간을 줄이고 조직 구조에 대해 고민하는 데 더 많은 시간을 쏟아야 한다. 다시 말해 조지 웨스팅하우스보다는 찰스 코핀이나 데이비드 패커드, 폴 갤빈처럼 생각하는 데 더 많은 시간을 할애해야 한다. 시간을 알려 주는 사람이 되기보다는 시계를 만드는 사람이 되는 데 더 많은 노력을 쏟아야 한다.

비전 기업에 뛰어난 제품이나 좋은 아이디어가 없었다는 이야기가 아니다. 물론 뛰어난 제품이나 좋은 아이디어가 계속 나왔으며, 제품이나 서비스가 고객의 삶에 중요하고 유익한 기여를 하는 것으로 생각했다(이 점에 대해서는 뒤에 다시 거론할 것이다). 이 회사들은 그냥 '회사가 되기 위해서'가 아니라 뭔가 유익한 일을 하기 위해서 존재한다. 하지만 **우리는 비전 기업에서 뛰어난 제품이나 서비스가 계속 나오는 것은 뛰어난 조직을 갖추**

었기 때문이며, 그 반대가 될 수 없음을 강조하고자 한다. 마찬가지로 제품이나 서비스, 아이디어가 아무리 혁신적인 것이라 하더라도 결국 퇴조하게 마련이다. 그러나 기존 제품의 수명을 뛰어넘어 조직이 지속적으로 변화, 발전한다면 비전 기업은 결코 퇴조하지 않을 것이다(뒤에서 이 점에 대해 보다 구체적으로 언급할 것이다).

마찬가지로 모든 지도자들은 아무리 카리스마적이고 뛰어나더라도 결국 사라진다. 하지만 한 지도자를 초월해서 세대가 바뀌고 세월이 흘러도 활력 있는 비전 기업으로 남을 수 있는 조직 능력이 있는 회사는 결코 사라지지 않을 것이다.

이제 두 번째 신화로 넘어가자.

카리스마적이고 뛰어난 지도자의 신화

경영자 또는 경영학도들에게 비전 기업의 특징이나 성공 요인을 분석하라고 하면 많은 경우 '뛰어난 지도력'을 꼽는다. 조지 메르크, 샘 월턴, 윌리엄 프록터, 제임스 갬블, 윌리엄 보잉, R.W. 존슨, 폴 갤빈, 빌 휼렛, 데이비드 패커드, 찰스 코핀, 월트 디즈니, J. 윌러드 마리오트, 토머스 왓슨, 존 노드스트롬 등을 예로 들며 그들이 매우 끈기가 있고, 많은 어려움을 이겨 냈으며, 능력 있는 사람들을 조직에 불러들여 공통된 목적을 향해 일하도록 동기를 부여했을 뿐 아니라 중요한 시기마다 회사를 올바른 방향으로 이끄는 데 결정적 역할을 했음을 강조한다.

하지만 비교 기업들의 지도자들도 이 점에서는 다를 바 없다는 사실이 중요하다. 찰스 파이저(Charles Pfizer), 길먼 형제[에임스], 윌리엄 콜게이트(William Colgate), 도널드 더글러스(Donald Douglas), 윌리엄 브리스틀

(William Bristol), 존 마이어스(John Myers), 유진 맥도널드[제니스], 팻 해거티[TI], 조지 웨스팅하우스, 해리 콘(Harry Cohn), 하워드 존슨(Howard Johnson), 프랭크 멜빌(Frank Melville) 같은 사람들도 끈기가 있었으며, 어려움을 이겨 냈고, 능력 있는 사람들을 조직으로 불러들여 동기를 부여했으며, 중요한 시기마다 회사를 이끄는 데 결정적 역할을 했다. 우리는 조직적인 분석을 통해 비교 기업들도 비전 기업들과 마찬가지로 초창기에 탄탄한 '지도력'을 갖고 있었음을 밝혀 냈다(부록 3의 〈표 A-3〉 참고).

결론적으로 우리는 비전 기업이 되기 위해서는 지도력이 결정적인 역할을 한다는 가설을 입증할 만한 자료를 찾지 못했으며, '뛰어난 지도자' 이론만 가지고는 회사들간의 차이를 충분히 설명할 수 없었다.

카리스마는 꼭 필요한 것이 아니다
비전 기업과 비교 기업의 초창기 지도자 사이의 중요한 차이점에 대해 설명하기 전에―분명히 차이점은 있다―한 가지 짚고 넘어가자. 즉, **비전 기업을 만들기 위해 개성이 강한 카리스마적 지도자가 있어야 할 필요는 절대 없다는 것이다.** 실제로 비전 기업의 중요한 시기에 매우 결정적인 역할을 했던 지도자들 중에는 개성이 강한 카리스마적 성격을 지니고 있지 않은 사람도 많다.

윌리엄 맥나이트(William McKnight)를 예로 들어 보자. 그가 누구인지 아는 사람이 과연 얼마나 될까? 20세기의 뛰어난 기업인을 꼽는다면 포함될 수 있는 사람일까? 그의 경영 스타일을 설명할 수 있거나 그의 자서전을 읽어 본 사람이 얼마나 될까? 대부분의 사람들은 그를 알지 못할 것이다.

1993년 현재 그는 〈포춘〉지의 '비즈니스 명예의 전당'에 이름이 올라 있지 않으며[39] 그에 관한 기사도 많지 않다. 《후버 핸드북(Hoover's Handbook)》의 회사 연혁 소개란에서도 그의 이름을 발견할 수 없다.[40] 부끄러운 일이지만 연구를 시작할 무렵에는 우리도 그가 누구인지 알지 못했다. 하지만 그가 42년 동안 경영한 회사는—1914~1929년에는 부장, 1929~1949년에는 이사, 그리고 1949~1966년에는 사장으로—세계적으로 널리 알려져 있고 많은 존경을 받는 3M(Minnesota, Mining, and Manufacturing Company의 약자)이었다. 3M은 유명하지만 맥나이트는 전혀 알려져 있지 않다. 이는 아마도 그가 그렇게 의도했기 때문일 것이다.

맥나이트는 1907년 장부 정리를 도와 주는 일로 입사한 후 원가 회계 업무와 영업 부장 자리를 거쳐 이사가 되었는데, 그가 카리스마적 스타일을 지녔다는 기록은 아무데서도 찾아볼 수 없었다. 3M에서 펴낸 50여 개의 책자는 그에 대해 딱 한 번 '부드럽고 온화한 사람'[41]이라고 언급했을 뿐이다. 한편 그의 전기에는 '상대방의 말에 귀기울여 주는', '겸손한', '신중한', '다소 구부정한 자세의', '강요하지 않으며 부드러운', '조용하고 사려 깊고 진지한' 사람으로 묘사되어 있다.[42]

비전 기업의 카리스마적 지도자라는 가설에서 벗어나는 것은 비단 맥나이트뿐만이 아니다. 소니의 이부카 마사루도 말수가 적으며 사려 깊고 내성적이라는 평을 받는다.[43] 빌 휼렛은 친근감 있고 소탈하며 친절한 아이오와의 시골 농부 이미지를 풍긴다. 프록터와 갬블은 딱딱하고 점잖으며 말수가 적은 나머지 무표정했다고 한다.[44] 보잉 역사상 가장 중요한 역할을 한 빌 앨런(Bill Allen) 사장은 '다소 수줍어하며 웃음이 많지 않으나 인자한' 성격의 매우 실용주의적인 법률가였다.[45] 조지 메르크는 메르크식의 자제를 직접 보여 준 사람이었다.[46]

우리는 카리스마적 지도력에 대한 많은 책과 기사들 때문에 고민하면서 "카리스마적 지도력이 내 스타일이 아닌 경우 어떻게 해야 하나?"라고 의문을 제기하는 지도자들을 많이 경험했다. 이에 대한 우리의 대답은 간단하다. 그런 스타일을 개발하려고 애쓰는 것은 에너지의 낭비일 수 있다. 왜냐하면 첫째, 심리학 연구 결과에 따르면 사람의 성격이란 유전과 경험을 통해 아주 어렸을 때 형성되며, 경영자의 위치에 있을 정도의 나이가 되어서 그러한 성격을 바꾼다는 것은 거의 기대하기 힘들기 때문이다.[47] 둘째, 더욱 중요한 이유는 그러한 카리스마가 필요 조건이 아니라는 우리의 연구 결과 때문이다.

> 당신이 강한 개성을 지닌 카리스마적 지도자의 자질을 갖추었다면 그건 좋은 것이다. 그러나 그렇지 못하다고 해서 나쁠 것은 전혀 없다. 3M, P&G, 소니, 보잉, HP, 메르크와 같은 회사를 건설한 이들도 카리스마적인 자질을 갖추지 못했음은 마찬가지다.

비전 기업의 건설자들이 리더로서의 자질을 갖추지 못했다고 오해해서는 안 된다. 우리는 다만 비전 기업을 만드는 데 있어서 강한 개성의 카리스마가 필수 조건이 아니라는 것을 지적하고 싶을 뿐이다(실제로 강한 카리스마는 성공적인 회사의 건설과 역상관 관계가 있다고 추측되지만, 그렇다고 단정짓기에는 우리의 자료가 부족하다). 또한 여기서 지적하고 싶은 것은—사실 이 절의 핵심이라 할 수 있다—비전 기업과 비교 기업 모두 회사를 이끈 것은 강한 지도자들이었으며(물론 카리스마적인 사장도 있었고, 그렇지 않은 사장도 있었지만), 이 사실은 왜 한쪽 회사들이 장기적으로 더 성공적이었는지 설명할 수 없다는 점을 대변한다.

물론 우리는 비전 기업들의 중요 시기마다 훌륭한 사장들이 지도자 역할을 했음을 부인하지 않는다. 또한 그저 그런 사람들이 사장직을 계속 이어 간다면 그 회사가 성공적이기는 힘들 것이라고 생각한다. 뒤에서 언급하겠지만 실제로 비전 기업의 경우 회사 내부에서 능력 있는 사람들을 키워 중역으로 승진시키는 일이 더 많았으며, 이로 인해 보다 오랫동안 여러 세대에 걸쳐 뛰어난 사람들을 계속 최고경영자의 자리에 앉힐 수 있었다. 하지만 **뛰어난 제품의 경우와 마찬가지로 뛰어난 기업이기 때문에 뛰어난 인재들이 계속 지도자 역할을 할 수 있었던 것이며, 결코 그 반대가 아니다.**

1981년부터 지금까지 제너럴 일렉트릭(GE)의 회장을 맡고 있는 잭 웰치(Jack Welch)를 예로 들어 보자. 웰치가 GE를 재건하는 데 큰 역할을 했으며, 그의 호감 가는 성격이나 놀라울 정도의 추진력과 에너지가 그 과정에 많은 영향을 끼친 사실을 부정할 수는 없다.

하지만 웰치의 지도력만 강조하는 것은 한 가지 중요한 사실을 간과하고 있다. 웰치는 GE에서 잔뼈가 굵은 사람이다. 웰치가 지금의 GE를 있게 했지만, 마찬가지로 GE가 있었기에 오늘날의 웰치가 있을 수 있었다. GE라는 조직이 웰치를 채용하고 키워서 지도자로 선택할 만한 능력이 있었던 셈이다. GE는 웰치의 임기 훨씬 이전에 이미 번성하고 있었고, 아마 그의 임기 이후에도 오랫동안 번성할 것이다. 웰치가 GE 역사상 최초의 뛰어난 사장이라고 할 수 없듯이 그가 마지막도 아닐 것이다.

GE에서 웰치의 역할은 매우 중요한 것이었지만, GE의 전체 역사에서는 아주 작은 부분에 불과하다. GE가 웰치라는 지도자를 선택할 수 있었던 것은 뛰어난 기업 설계에서 비롯된 것이며, 이러한 GE의 기업 설계는 조지 웨스팅하우스와는 달리 기업을 세우는 데 있어 건축적 접근법(architectural approach)을 택한 찰스 코핀 같은 사람에게서 비롯된 것이라 하겠다(웰치와 GE에 대해서는 8장 참고).

건축적 접근법 ― '시계를 만든' 실제 사례들

찰스 코핀과 조지 웨스팅하우스의 사례에서 보듯이 우리는 비전 기업와 비교 기업의 설립자 사이에 분명한 차이점이 있음을 발견했지만, 그 차이는 '뛰어난 지도자'와 '뛰어나지 못한 지도자'가 아닌, 그보다 훨씬 미묘한 것이다. 이 두 집단간의 가장 두드러진 차이는 방향 또는 접근법의 차이다. 연구 결과에 따르면 비전 기업의 초기 지도자들은 그들의 리더십 스타일을 막론하고 비교 기업보다 조직에 훨씬 더 중점을 두었다.

실제 연구가 진행될수록 우리는 '리더' 또는 '지도자'라는 단어보다 '설계자' 또는 '시계를 만드는 사람'이라는 호칭이 더 어울린다는 사실을 깨달았다(두 번째 차이점은 그들이 어떤 종류의 시계를 건축했는가로, 뒤에서 다룰 것이다). 다음은 여기서 말하는 건축적·건설적 접근법이 정확히 무엇을 의미하는지 실제 사례를 들어 설명한 것이다.

시티코프 vs. 체이스

1891년부터 1909년까지 시티코프의 사장을 역임했고, 그 후 1918년까지 회장을 지낸 제임스 스틸먼(James Stillman)은 전국적 규모의 은행을 설립하겠다는 그의 목표를 추구하기 위해 조직 개발에 중점을 두었다.[48] 그는 한 조그마한 지방 은행에 불과했던 회사를 하나의 '완전히 현대적인 기업'[49]으로 발전시켰다. 그는 지점망을 늘려 나가고 이들을 다변화, 분권화된 조직으로 편제했다. 여기에 선구적인 최고경영자들로 구성된 강력한 이사회를 구축하고, 경영 훈련 및 인력 관리 프로그램을 고안, 정착시켰다(이는 체이스 은행보다 30년이나 앞선 것이었다).[50]

《시티은행 1812~1970》이라는 책은 스틸먼이 자기 사후에도 발전을 거듭할 수 있는 기업을 건설하기 위해 노력한 과정을 다음과 같이 묘사해 놓고 있다.

"스틸먼은 그의 사후에도 시티코프의 전신인 내셔널 시티(National City)가 미국 내에서 최대, 최고의 은행으로 남기를 원했다. 이를 위해 그는 자신과 같은 기업관을 가진 사람들, 즉 조직의 건설을 중요시하는 사람들을 주로 채용했다. 자신은 뒷전으로 물러나고 이들이 은행을 이끌어 나가도록 할 계획이었던 것이다."[51]

그는 회사가 그의 영향력에서 벗어나 더욱 성장할 수 있도록 하기 위해 퇴진을 결정한 심경을 어머니에게 쓴 편지에서 다음과 같이 토로하고 있다.

"저는 사장으로 재임해 달라는 요청을 거절하고 우리 은행의 고문으로만 일하기 위해 지난 2년간 준비해 왔습니다. 저는 이것이 현명한 처사라고 생각하고 있습니다. 업무에 대한 부담을 덜 수 있어 저로서도 좋고, 다른 동료들이 명성을 떨칠 수 있는 기회도 될 것이며, 현재보다 나은 미래를 위한 무한한 가능성을 위한 초석이 될 것이라고 생각합니다."[52]

스틸먼에 비해 1911~1929년까지 체이스 은행의 사장이었던 앨버트 위긴(Albert Wiggin)은 반대로 권한 위임은 생각해 보지도 않았다. 그는 단호한 성격에 유머 감각이라곤 전혀 없는 야망가였다. 그의 관심은 주로 자신의 권한을 확대, 강화하는 데 있었던 것 같다. 그는 50개 회사의 이사회에 참여하여 체이스를 강력한 중앙집권 방식으로 운영했다. 이를 두고 〈비즈니스 위크〉지는 "체이스 은행이 곧 위긴이고, 위긴이 곧 체이스 은행이다"[53]라고 묘사한 바 있다.

월마트 vs. 에임스

샘 월턴이 화려하고 카리스마적인 성격을 지닌 지도자였다는 사실은 잘 알려져 있다. 그를 잘 아는 사람들은 (8% 수익률을 돌파하면 훌라춤을 추겠다고 한 약속을 이행하기 위해) 훌라춤 댄서들 앞에서 풀로 엮어 만든 스커트와 꽃 레이스 차림으로 요란하게 춤추며 월 스트리트를 행진하던 그를 잊지 못할 것이며, 월마트 응원단의 열광적인 연주 속에 매장 카운터에 뛰어올라 환호하는 수백 명의 직원들을 지휘하던 장면 또한 잊지 못할 것이다. 그렇다. 월턴은 분명 **강한 개성의 소유자였다. 그러나 강한 개성을 소유하기로 말하면, 월마트와 같은 기업을 이루지 못한 수천의 다른 이들도 마찬가지였을 것이다.**

샘 월턴이 에임스의 경영자들과 다른 점은 그가 보다 더 카리스마적이라는 사실이 아니라, 시계를 만드는 사람의 자질을 갖고 있다는 데 있었다. 그는 건축가였던 셈이다. 그의 독특한 개성은 이미 20대 초반에 형성되어 있었다. 그가 일생을 통해 노력한 것은 개성 있는 지도력 개발이 아니라 월마트 조직의 장래를 건설하고 개발하는 것이었다.[54]

월턴 자신도 위와 같이 생각했음은 그의 저서 《메이드 인 아메리카》에 나타나 있다.

"우리가 시작부터 최고의 기업가—최고의 전문경영인—가 되기 위해 노력했다는 사실은 당시 임원들을 포함하여 아무도 깨닫지 못했다. 나 자신이 사람들을 북돋아 주고 독려하는 재주를 가졌음을 부인하지는 않는다. 그러나 그 이면에 어떤 일을 함에 있어 더욱 잘할 수 있도록, 그래서 가능한 한 최선을 이루고자 하는 경영자적 성향을 나는 항상 가지고 있었다. 나는 단기에 무엇을 이루고자 하는 법이 없었다. 나는 평생에 걸쳐 최고의 유통 조직을 건설하고 싶었다."[55]

예를 들어 월턴은 변화와 실험, 그리고 끊임없는 개선을 시도했지만 그 자체만을 추구하고 장려한 것은 아니었다. 그는 변화와 개선을 장려하기 위한 구조적 장치를 구체적으로 마련했던 것이다. '매장 안에 또 하나의 매장'이라는 개념을 도입함으로써 각 부서의 담당자들로 하여금 자신의 비즈니스처럼 부서를 운영할 수 있는 권한과 자유를 부여했다.[56] 직원들이 비용을 절감하거나 서비스를 개선하는 아이디어를 개발하여 그 효과가 다른 매장에까지 확대될 경우 장려금을 지급하고 이를 회사 전체에 홍보하도록 했으며, 직원들의 창조적인 실험 정신을 진작시키기 위해 판매량 증가 아이디어 (VPI : Volume Producing Item) 콘테스트를 실시했다.[57]

또 새로운 아이디어의 효과를 점검하기 위해 제품 회의를 고안했고, 어떤 아이디어가 성공했을 경우 토요일 아침 회의에서 그 직원을 공개적으로 칭찬했다. 직원들이 아이디어 개발을 위해 노력하도록 인센티브를 주기 위해 이윤 분배 제도 및 종업원 지주제를 실시함으로써 회사 전체에 이익이 되도록 했고, 그 아이디어들을 월마트 사보를 통해 발표했다.[58]

월마트는 인공위성 통신 시스템에도 투자한 바 있는데, 이는 회사 내의 신속한 정보 교환을 위한 것이었다.[59] 증권 해설가 에드워즈(A. G. Edwards)는 1985년 '멈추지 않는 월마트 시계'에 대해 다음과 같이 묘사했다.

> "이 회사 직원들은 변화를 장려하는 환경에서 일하고 있다. 예를 들어 한 매장 직원이 (판매 증진 또는 비용 절감에 대한) 제안을 할 경우 이는 곧바로 매장 전체에 공고된다. 750개 매장의 8만 명의 직원들—이들도 물론 어떤 것이든 제안할 수 있다—을 거치면서 이 제안은 곧 실질적인 판매 증진과 비용 절감 및 생산성 제고로 직결된다."[60]

월턴이 이처럼 자체적으로 진화, 발전해 가는 조직을 건설하는 데 주력한 반면, 에임스의 지도자들은 상의하달식의 중앙집권적 운영을 고집함으로써 직원들이 창의성을 발휘할 여지를 없애 버렸다.[61] 또한 월턴이 유능한 후계자[데이비드 글래스(David Glass)]를 발굴, 양성하여 기업을 이끌어 가도록 한 반면, 길먼은 이에 실패하여 외부 인사에게 기업을 맡김으로써 경영 노선의 연속성을 기대할 수 없었다.[62]

월턴의 후임자가 시계를 만드는 사업 철학을 성공적으로 계승할 수 있었던 데 반해, 에임스 설립자 이후의 최고경영자들은 388개 매장을 일거에 집어삼키는 등 성장 일변도의 방만한 사업 확장만을 거듭했다. 장래의 사업 계획을 두고 월마트의 데이비드 글래스는 다만 "월마트 직원들이 알아서 할 일이다. 우리는 열심히 일할 것이다"[63]라고 말한 반면, 당시 에임스의 최고경영자는 "시장 점유율이 관건이다"[64]라고 말한 데서 그 차이가 잘 나타나고 있다.

1990년 〈포브스〉지는 에임스를 다룬 기사에서 "공동 설립자 허버트 길먼(Herbert Gilman)은 자신이 만든 회사가 붕괴해 가는 것을 지켜보아야 했다"[65]라고 썼다. 반면 샘 월턴은 자신이 건설한 회사가 건재함을 확인하고, 또 자신의 사후에도 기업이 더욱 번성하리라는 믿음과 함께 생을 마감할 수 있었다. 월턴은 스스로가 2000년대를 살아갈 수 없음을 잘 알고 있었으면서도, 1992년 죽기 직전에 2000년대를 위한 기업의 원대한 목표를 계획함으로써 설립자 이후에도 기업이 발전을 지속하리라는 자신감을 피력해 보였다.[66]

모토롤라 vs. 제니스

모토롤라의 설립자 폴 갤빈은 영속할 수 있는 기업의 건설을 최초로 그리고 가장 강력하게 꿈꾼 기업가였다.[67] 역사상 가장 성공적인 테크놀러지 기업 중의 하나를 건설한 갤빈은 과학 기술에 대한 지식이 전혀 없었지만, 대신 우수한 과학 기술자들을 고용하고자 노력했다. 그는 무엇이든 반대 의견을 제시하고 논의하는 것을 장려했고, '직원들 스스로 독자적인 능력을 발휘할 수 있는 자율성'[68]을 대폭 보장했다. 목표를 설정한 후 직원들에게 큰 자율성을 보장함으로써 시행착오를 통해 조직이 발전할 수 있는 역동성을 부여한 것이다.[69]

갤빈의 전기는 "그는 마치 인간을 청사진으로 삼은 건축가와도 같았다"[70]라고 전하고 있다. 그의 아들 로버트 갤빈은 "아버지는 직원들의 창조적인 리더십이 발휘되도록 해야 한다고 강조했다. 아버지는 오래전부터 경영권의 승계 문제를 고심해 왔는데 **아이러니컬하게도 죽음을 두려워하지 않고 오직 회사만을 염려했다**"라고 전했다.[71]

이에 비해 제니스의 설립자인 유진 맥도널드는 후계자에 대한 계획의 부재로 말미암아 1958년 그의 사후에 기업을 이끌어 갈 인재를 양성하지 못했다.[72] 그는 매우 카리스마적인 지도자였고 순전히 그의 뛰어난 역량만으로 회사를 이끌어 갔다. '쾌활하면서도 완고한 성격을 지닌 제니스의 지주'라고 묘사되는 맥도널드는 '자신감에 가득 차 있고 자기 주장을 굽힐 줄 모르는'[73] 인물이었다. 그는 친한 친구를 제외하고는 자신을 '사령관'으로 호칭해 주길 원하는 사람이었다. 자신의 많은 발명과 아이디어를 밀고 나갈 만큼 머리가 좋았던 그는 자신의 고집 때문에 제니스가 TV를 생산하는 것을 포기하게 만들 뻔하기도 했다.[74] 제니스의 한 기록은 다음과 같이 전하고 있다.

"맥도널드의 격정적인 스타일은 기업의 극적인 광고 방식에도 영향을 미쳤고, 그의 천재성, 대중의 기호 변화를 읽어 내는 뛰어난 능력과 함께 30년이 넘는 세월 동안 대중의 뇌리에 맥도널드가 곧 제니스의 전부인 것으로 인식하게끔 만들었다."[75]

맥도널드 사후 2년 반이 지나고 나서 〈포춘〉지는 다음과 같이 적고 있다.

"제니스는 지금도 죽은 설립자의 추진력과 창의력에 의존하여 이윤을 거두고 있다. 아직도 맥도널드의 강한 영향력하에 놓여 있는 것이다. 그러나 제니스의 미래는 새로운 환경에 적응할 수 있는 능력과 추진력 여하에 달려 있으며, 이는 맥도널드가 미처 간파하지 못한 점이다."[76]

제니스의 한 경쟁자가 지적한 것처럼 "시간이 갈수록 제니스는 맥도널드를 더욱 그리워하게 될 것[77]이다."

갤빈과 맥도널드는 1년 반 차이로 각각 세상을 떠났다.[78] 그 후 모토롤라는 갤빈이 상상조차 할 수 없던 새로운 도약의 시대로 성공적 순항을 하고 있지만, 제니스는 날로 쇠퇴해 갔고 1993년 현재 맥도널드 시대의 활기와 혁신적 역동성을 되찾지 못하고 있다.

월트 디즈니 vs. 컬럼비아 영화사

디즈니를 떠올릴 때 여러분은 먼저 무엇이 생각나는가? 디즈니 하면 떠오르는 어떤 생생한 이미지가 있는가? 그럼 컬럼비아 영화사에 대해서는 어떤가? 지금 이 책을 읽고 있는 여러분이 보통 사람이라면 디즈니에 대해서는 금세 떠오르는 어떤 이미지가 있겠지만, 아마도 컬럼비아 영화사에 대해서는 그렇지 못할 것이다.

디즈니 영화사를 만드는 과정에서 월트 디즈니의 개인적 창의력이 큰 역할을 한 것은 사실이다. 그는 백설공주(세계 최초의 장편 만화), 미키 마우스 클럽, 디즈니랜드, 그리고 EPCOT 센터 등 디즈니 영화사의 대부분의 간판 상품을 스스로 창조했다. 어느 모로 보아도 그는 뛰어난 '시간을 알려 주는 사람'이었음이 분명하다. 그러나 컬럼비아 영화사의 최고경영자 해리 콘과 비교할 때 월트 디즈니는 '시계를 만들어 주는 사람'으로서의 특징이 더욱 강했다.

콘은 강조할 사항이 있을 때 책상 옆에 놓아둔 승마용 채찍을 사용하는 등 전제 군주처럼 행세했는데, 컬럼비아 영화사가 기업 전체에 걸쳐 달성한 고도의 사업 성과들은 대부분 콘의 운영 방식에 의존한 것이었다.[79] 1958년 그의 장례식에 참석했던 한 인사는 1300여 조문객들이 "조문하러 왔다기보다는 그의 죽음을 믿기 힘들어 확인하러 온 듯했다"[80]라고 말할 정도였다. 사실 콘이 직원들을 위해 고심한 흔적은 찾아보기 힘들다. 또한 하나의 조직으로서 컬럼비아 영화사의 미래 또는 주체성 개발을 위해 노력한 흔적도 보이지 않는다.

콘은 무엇보다 자신이 영화 산업계의 거물이 되어 할리우드에서 막대한 영향력을 행사하기를 원했으며(그는 할리우드에서 사장과 제작자를 겸임했던 최초의 인물이다) 그가 물러난 이후 컬럼비아 영화사의 질적인 발전 및 독자적 색채 따위는 거의 고려한 바 없었다는 것만은 확실하다.[81] 콘의 개인적 야심이 컬럼비아 영화사를 오랫동안 성공적으로 이끈 밑거름이 되긴 했지만, 그런 개인 차원의 이기적인 동기로 운영된 기업이 사후에도 연속성을 갖고 발전하기란 힘든 일이었다. 결국 컬럼비아는 콘이 세상을 떠나자마자 방황하기 시작했고, 1973년 법정 관리하에 있다가 급기야 코카콜라 사에 매각되고 말았다.

반면 월트 디즈니는 임종을 앞두고도 플로리다의 디즈니 월드 건설 계획에 대해 고심했다.[82] 월트는 죽었어도 인간에게 행복을 나누어 주고 어린이들에게 즐거움을 가져다 주는, 웃음과 눈물을 창조할 줄 아는 그의 능력은 결코 죽지 않을 것이다. 생애 전반에 걸쳐 월트 디즈니는 콘보다 훨씬 더 자신의 기업과 장래에 대해 주의를 기울였다. 1920년대 초반에 이미 그는 뛰어난 직원에게는 자신보다 많은 보수를 지급했다.[83]

1930년대 초에는 만화 영화 제작자들을 위한 미술 강좌를 개설했고, 그들이 보다 생생한 느낌으로 만화를 그릴 수 있도록 작은 동물원도 마련해 주었다. 또 (스토리 제작팀과 같은) 새로운 과정을 개설하고, 최첨단 만화 영화 제작 기술에 대한 투자도 꾸준히 계속했다.[84] 1930년대 후반에는 만화 사업계에서는 최초로 파격적인 상여금 제도를 도입하여 훌륭한 인재를 발굴하고 그들에게 충분한 보수를 지급했다.[85] 1950년대에는 '기쁨을 창조하라' 는 직원 훈련 프로그램을 만들었고, 1960년대에는 직원 연수를 위해 '디즈니 대학' 을 설립했다.[86] 어느것 하나 해리 콘은 이루지 못한 것들이었다.

물론 이 책에서 연구한 다른 지도자들보다 월트가 더 뛰어난 시계를 만들어 주는 사람이라고 평가할 수는 없다. 그의 사후 15년 동안 디즈니 영화사의 사세가 쇠락한 것은 사실이고, 당시 디즈니 사를 아끼는 사람들은 "월트 같았으면 어떻게 했을까?"[87]라고 스스로 자문하곤 했다. 그러나 한 가지 분명한 것은 콘과는 달리 월트는 개인적 차원을 뛰어넘는 기업을 건설했고, 그 기업은 그가 죽은 지 수십 년이 지난 지금도 디즈니랜드를 방문하는 어린이들에게 '디즈니의 꿈과 환상' 을 심어 주고 있다는 사실이다.

컬럼비아 영화사는 독립적인 기업으로 살아남지 못했지만 디즈니 영화사는 기업 인수에 저항하는 영웅적인 투쟁을 꿋꿋하게 치루어 냈고, 결국 승리했다. 디즈니 영화사를 다른 기업에 매각함으로써 디즈니의 경영진들과 직원들은 수백만 달러에 이르는 주식 이윤을 얻을 수도 있었지만, 그들은 그 기업이 '디즈니였기에' 하나의 독립 법인으로 지키고자 끝까지 노력했다. 당시의 상황을 뛰어나게 묘사하고 있는 존 테일러(John Taylor)는 그의 저서 《마법의 성에 휘몰아친 위기》 서문에서 다음과 같이 전하고 있다.

"기업을 매각한다는 것은 상상조차 할 수 없었다. 월트 디즈니 영화사는 기업 자산을 매각하는 방법을 통해서라도 주주들의 이익을 보장하고자 하는 이른바 '합리적 경영'을 요구하는 일반 기업들과 격을 달리하고 있었다. 디즈니는 그저 흔해 빠진 하나의 브랜드도 아니었다. 디즈니 영화사의 최고경영진은 회사가 전세계 어린이들에게 상상의 세계를 제공할 사명을 가지고 있다고 생각했다. 이미 디즈니는 미국 문화에 깊숙이 뿌리 박고 있었던 것이다. 디즈니의 임무는 미국적 가치를 드높이는 것이었고, 경영진들은 이것을 높은 이윤보다 소홀히 해서는 안 되는 그들의 사명으로 믿고 있었다."[88]

수십 년 전 월트가 설립한 디즈니 영화사는 1980년대와 1990년대에 들어서면서 다시 명성을 되찾기 시작했다. 반면 콘의 기업은 소생할 여지를 남기지 못했다. 컬럼비아 영화사가 독립적인 존재로 길이 보존되어야 한다고 생각하는 사람은 아무도 없었다. 기업을 매각해서라도 주주들이 높은 이윤을 보장받을 수 있다면 그만이었다.

최고경영자, 관리자, 창업자들을 위한 메시지

비전 기업을 건설하려면 여러 가지 중요한 것이 있지만, 무엇보다도 중요한 것은 의식의 전환이다. 앞으로 이 책에서는 구체적인 기업 행위를 많이 다룰 것이다. 그러나 그 기업 행위들이 의미 있기 위해서는 올바른 의식을 갖추는 것이 선행되어야 한다. 이 책에서 우리가 강조하고자 하는 점도 바로 이것이다. 우리는 이 책을 통해서 다윈 혁명, 뉴턴 혁명, 그리고 미국의 건설을 이끈 것과 같은 본질적인 의식의 전환을 여러분에게 부탁하고자 한다.

다윈 혁명이 있기 전에 사람들은 모든 세계를 신의 섭리라는 관점에서 설명하려고 했다. 어린아이가 넘어져 팔을 다쳤어도 신의 섭리였고, 이삭이 떨어져도 신의 섭리였다. 전지전능한 신이 모든 구체적 사건들을 이미 결정해 두었다는 식의 철학관을 갖고 있었다. 그러나 17세기 들어 사람들은 "그렇지 않다. 신은 이 우주에 어떤 원리만을 부여했을 따름이며, 그 원리의 내용을 해석하고 이해하는 것은 인간의 몫이다"[89]라고 깨닫기 시작했다. 그 후 우주의 기본적 역학 체계 및 운동 원리에 대한 연구가 시작되었고, 그 연구의 결실이 곧 뉴턴 혁명이었다.

마찬가지로 생물학적 기원 및 자연의 역사에 대해 인식의 전환을 가져다 준 다윈 혁명도 비전 기업들에서 우리가 목격하게 되는 의식의 전환을 상기시켜 주고 있다. 다윈의 진화론 혁명 이전에 사람들은 신이 모든 생물들을 그 자체의 완전한 모습으로 창조했으며, 자연에서의 인간의 역할도 사전에 신에 의해 이미 결정되었다고 전제했다. 북극곰이 하얀 것은 신이 그렇게 창조했기 때문이고, 고양이가 야옹 하고 우는 것도, 그리고 붉은 가슴 깃털을 가진 물새도 모두 신의 창조에 의한 것이었다.

모든 것에 다 그럴 만한 이유가 있다는 가정하에 인간은 이 세계를 설명하고자 했다. 누군가 혹은 무엇인가에 의해 이건 이렇게 되었고 저건 저렇게 되었다는, 예를 들어 "무엇인가에 의해 이 생태계에는 붉은 가슴 깃털을 가진 물새가 존재하게 되었다"는 식이었다. 그러나 인간은 붉은 가슴 깃털을 가진 물새의 존재에 대한 이런 식의 논리―이는 '시간을 알려 주는' 한 예가 될 수 있다―이면에는 진화의 원리―유전 정보, DNA, 변종과 돌연변이, 적자생존 등―가 존재함을 밝혀 냈다. 그 물새의 가슴 깃털은 생태계에 가장 적합하도록 진화한 결과라는 설명이 가능해졌다.[90] '시계추의 움직임'에 대한 복잡한 원리를 성공적으로 체계화함으로써 비로소 자연의 아름다움과 생명력이 빛을 발했다.

여기서 여러분에게 주지시키고 싶은 것은 비전 기업들의 성공 비결이 단지 어떤 기발한 아이디어가 있었기 때문이거나 강력한 권위를 갖고 명쾌하게 의사 결정을 내리는 카리스마적인 지도자가 있었기 때문이 아니라, 조직 내에 정착되어 있는 체계적인 시스템과 그 역동성에 근거하고 있다는 점이다. 우리는 기업을 건설 중이거나 경영하는 모든 사람들이 기업의 특정 제품에만 몰입하거나 개인적인 차원의 카리스마적 지도력에 집착하지 말고, 비전 기업 자체의 개성을 건설한다는 **조직적** 안목과 시각을 갖기 바란다.

우리는 여러분이 1700년대 미국이 건설될 당시 요구되었던 의식 전환에 대해서도 한번 음미해 보기를 바란다. 17~18세기 극적인 정치 사상 변혁이 있기 이전에 유럽 국가들의 성쇠 여부는 대부분 군주—영국의 경우는 여왕—들의 자질에 의해 좌우되었다. 훌륭한 군주는 곧 훌륭한 국가를 의미했고, 훌륭한 군주를 가진 국가는 그 때문에 번영할 수 있었다.

유럽 국가들의 군주 중심 체제를 미국 건설 당시와 비교해 보라. 1787년의 제헌 의회에서 제기되었던 중요한 의제는 "누가 대통령이 될 것인가? 누가 우리를 이끌 것인가? 누가 가장 능력 있는 사람인가? 누가 과연 훌륭한 왕이 될 수 있을까?"가 아니었다. 미국 건설의 아버지들은 "우리가 죽은 이후에도 훌륭한 지도자를 선출할 수 있는 제도는 어떤 것인가? 우리가 건설하고자 하는 국가는 어떤 것인가? 어떤 원칙하에 그런 국가를 건설할 것인가? 그 국가는 어떻게 운영되어야 하는가? 우리가 꿈꾸는 국가를 건설하기 위해서 어떤 조직과 체계를 갖추어야 하는가?" 등의 문제에 심취했다.

토머스 제퍼슨(Thomas Jefferson), 제임스 매디슨(James Madison), 그리고 존 애덤스(John Adams) 등은 '모든 건 나에게 맡겨라'라는 식의 카리스마적인 지도자들이 아니었다.[91] 그들은 조직적 차원에서의 건설자들이었다. 그들은 그들 자신과 후임자들이 공히 준수해야 할 헌법을 제정했다. 그들은 한 국가를 '건설'하는 데 주력했다. 그들은 군주 중심의 모델을 지양하고 건축가적인 접근법을 택했다. 그들은 시계를 만드는 사람들이었다.

여기서 한 가지 주목해야 할 것이 있다. 미국 건설에 있어 시계는 뉴턴이나 다윈 혁명에서의 시계처럼 딱딱하고 기계적인 것이 아니다. 이것은 인간의 이상과 가치에 기반을 두고 있는 시계이며, 인간의 필요와 야망 위에 건설된 시계다. 인간의 정신이 깃들어 있는 시계인 것이다.

우리가 이 책을 통해서 강조하고 싶은 두 번째 요점이 바로 이것이다. 즉, 시계를 만들되 평범한 시계가 아닌 **특별한 시계**를 만들라는 것이다. 모양, 크기, 작동법, 연한 등은 모두 다르지만, 우리는 이번 연구를 통해 비전 기업들의 시계가 몇 가지 본질적 특성들을 공유하고 있음을 알 수 있었다. 이 특성들은 뒤에서 상세히 묘사될 것이다. 그러나 그 전에 여러분들이 명심해야 할 것이 있다. 여러분이 시간을 알려 주는 것에서 시계를 만들어 주는 것으로 의식의 전환을 이루었다면, 비전 기업을 건설하는 데 필요한 나머지 모든 것들은 이제부터 배워야 하고, 또 **배울 수 있다**고 하는 사실이다.

이제 여러분은 기발한 아이디어가 떠오를 때까지 앉아서 기다릴 필요가 없다. 뛰어난 지도력을 가진 지도자 없이 성공 기업을 이룰 수 없다는 잘못된 시각에 사로잡히지 않아도 된다. 여기에는 어떤 신비한 능력이 요구되는 것도 아니고, 어떤 환상적인 비법이 있는 것도 아니다. 단지 몇 가지 본질적인 요점들만 이해한다면 여러분—그리고 주위의 다른 모든 사람들—은 이제부터 자신의 기업을 비전 기업으로 건설하는 작업에 착수할 수 있을 것이다.

INTERLUDE

'아니면' 이라는 악령에서 벗어나 '그리고' 라는 영신을 맞아들여라

여러분은 이제 이 책의 곳곳에서 중국 철학에서 유래한 음양(陰陽) 문양을 보게 될 것이다. 우리는 비전 기업의 중요한 일면을 상징하기 위해 이 문양을 선택했다. 비전 기업들은 역설을 쉽게 받아들이지 않고 서로 상반된 2개의 힘이나 사상은 동시에 존재할 수 없다는 '아니면(or)' 이라는 악령에 사로잡히지 않았다. '아니면'의 악령은 많은 사람들에게 사물은 'A 그리고 B'가 아니라 'A 아니면 B' 라는 식의 흑백 논리를 신봉하도록 강요했고, 다음과 같은 불문율을 만들기에 이르렀다.

- 변화 '아니면' 안정, 둘 중의 하나를 선택하라.
- 신중한 전략 '아니면' 과감한 전략, 둘 중의 하나를 선택하라.
- 낮은 비용 '아니면' 높은 품질, 둘 중의 하나를 선택하라.
- 장기적인 투자 '아니면' 단기적인 수익, 둘 중의 하나를 선택하라.
- 치밀한 계획에 의한 성장 '아니면' 행운에 의한 성장, 둘 중의 하나를 선택하라.
- 주주를 위한 돈벌이 '아니면' 인류를 위한 봉사, 둘 중의 하나를 선택하라.

• 가치를 추구하는 이상주의 '아니면' 이익을 추구하는 실리주의, 둘 중의 하나를 선택하라.

비전 기업들은 여러 가지 극단을 동시에 포용하는 능력인 '그리고'의 영신(靈紳)을 맞아들임으로써 '아니면'의 악령에서 벗어났다. 비전 기업들은 A 또는 B에서 하나를 선택하는 대신 A와 B를 동시에 취할 수 있는 지혜를 터득했다.

앞으로 8개 장에서 여러분은 우리가 연구하면서 느낀 것처럼 많은 비전 기업들이 상반된 두 가지를 동시에 추구하는 것을 보게 될 것이다. 예를 들어 다음과 같은 것들이다.

여기서 말하는 균형은 단순한 균형이 아니다. 균형이라 함은 대개 중간, 50 대 50, 반반을 말한다. 예를 들어 비전 기업은 장기적인 면과 단기적인 면의 어느 중간을 택하지 않았다. 그들은 장기적인 면에서뿐만 아니라 단기적인 면에서도 유익한 방법을 찾고자 했다. 그들은 이상과 이익의 중간을 택하여 기업을 운영하지 않고 높은 이상과 높은 이익을 동시에 추구했

한편으로는 :		다른 한편으로는 :
이윤 추구를 초월한 목적	'그리고'	실질적 이윤 추구
변함없는 기업의 핵심 이념	'그리고'	격심한 변화와 변동
핵심 이념에 대한 보수 성향	'그리고'	활기 넘치는 변화와 개혁
명확한 비전과 방향 감각	'그리고'	운좋게 잡은 기회와 그 운영
거칠고 무모해 보이는 목표	'그리고'	점진적이고 진화적인 추진 과정
핵심에 치우친 간부의 발탁	'그리고'	변화를 촉발하는 간부의 발탁
기업 이념의 통제	'그리고'	운영의 자치권
극도로 폐쇄적인 기업 문화	'그리고'	변화하고 변동하고 적응하는 능력
장기적 안목에서의 투자	'그리고'	단기 업적에 대한 요구
철학적이며 비전을 가진 미래지향적	'그리고'	빈틈없는 일상 업무의 수행
기업 핵심 이념과 일치하는 조직	'그리고'	환경에 순응하는 조직

다. 또한 기업의 핵심 이념을 간직하는 것과 활기 넘치는 변화와 개혁 사이에 균형을 이루려고 하지 않고 양극의 모두를 이루고자 했다. 간단히 말하면 비전을 가진 회사는 음도 양도 아닌 음양을 섞은 것 같은 회색, 즉 구분할 수 없는 원이 아니라, 음과 양이 뚜렷이 구분되어 영원토록 공존하도록 한 것이다.

    비합리적일까? 그럴 수도 있다. 드문 경우일까? 그렇다. 그렇게 하기 어려울까? 물론이다. 그러나 스콧 피츠제럴드(F. Scott Fitzgerald)는 "일급의 지능을 테스트하는 것은 두 가지 상반된 생각을 하면서 동시에 두 가지 모두를 실행에 옮길 수 있는 능력을 조사하는 것이다"라고 지적한 바 있다.[1] 비전 기업만이 할 수 있는 것이 바로 이런 것들이다.

제 **3** 장

이윤 추구를 넘어서
MORE THAN PROFITS

휼렛 패커드의 창립 이념은 창립자가 그 이념을 세운 이래 변함없이 지켜져 왔다. 우리는 창립 이념을 영원히 변하지 않는 '핵심 가치(core values)'와 때에 따라서 변할 수 있는 '방침(practices)'으로 구분한다. 이익이란 그것 자체로 기업에게는 매우 중요한 것이다. 그러나 이익 때문에 휼렛 패커드가 존재하는 것은 아니다. 휼렛 패커드는 이익보다 더 소중한 이유 때문에 존재한다는 입장을 우리는 분명히 지켜 가고 있다.
- 존 영, 휼렛 패커드의 전 CEO, 1992[1)]

인류의 생명을 지키고 삶의 질을 향상시키는 것이 우리의 사명이다. 우리 사업의 성패는 이 사명을 얼마나 달성했느냐에 달려 있다.
- 메르크, 사내 경영 지침서에서, 1989[2)]

종업원과 제품을 이익보다 먼저 생각하는 것이 포드의 비결이다.
- 돈 피터슨, 포드의 전 CEO, 1994[3)]

창사 100주년을 맞아 메르크 사는 《가치와 비전 : 메르크의 1세기(Values and Visions : A Merck Century)》라는 책을 출간했다. 책 제목에 메르크가 무엇을 하는 회사인지조차 밝히지 않았다는 점에서 다른 책들과 좀 달랐다. '화학품에서 의약품까지 : 메르크 1세기'라든지 '1세기에 걸친 메르크의 성공기'라는 제목으로 책을 낼 수도 있었다. 그러나 메르크는 그렇게 하지 않앉다. 그 대신 메르크를 일으키고 오늘날까지 이끌어 온 경영 이념을 강조했다.

　　기업 경영에 있어서 가치관에 관한 논란이 유행하기 수십 년 전인 1935년, 조지 메르크 2세(George Merck II)는 "우리는 의료 과학의 발전과 인류 봉사를 위해 일하는 사람들이다"라고 밝힘으로써 그의 기업 이념을 명확히 했다.[4] 그 후 56년이 지나 사장이 세 번이나 바뀐 1991년에도 메르크의 최고경영자 로이 배젤로스(P. Roy Vagelos)는 "우리의 성공은 무엇보다도 질병에 대한 투쟁의 승리요, 인류에 대한 봉사였음을 명심해야 할 것이다"라고 변함없는 그들의 기업 정신을 밝혔다.[5]

　　이러한 배경을 생각할 때 메르크가 멕티잔(Mectizan)이라는 리버 블라인드니스(river blindness : 제3세계의 수백만 명이 감염되어 있는 병으로, 기생충이 신체 조직에 침투하여 실명에 이르는 병) 치료제를 개발하기로 했다는 것은 놀라운 일이 아니다. 수백만이라는 고객은 기업의 입장에서—그들이 치료약을 구입할 만한 능력이 없다는 점을 제외하면—매우 큰 시장임에 틀림없다. 메르크는 이 프로젝트가 많은 수익을 가져다 주지 못할 것임을 알고 있었지만, 치료약이 나오기만 하면 정부나 제3의 단체에서 이 약을 구입하여 나누어 줄 것이라는 희망을 갖고 프로젝트를 진행시켰다.[6] 그리고 메르크는 환자들이 이 약을 사용할 수 있도록 회사 자체 비용으로 약의 배포 활동에 참여했다.

　　"메르크는 왜 이러한 결정을 하게 되었는가?"라는 질문에 대해 배젤로스는 "멕티잔을 개발하지 않으면 '인간 생활의 개선과 보존'이 목표인 회사의 과학자들을 비도덕적으로 만들지도 모르기 때문이다"라고 말한 후 다음과 같이 덧붙였다.

　　"15년 전 일본에 처음 갔을 때 나는 일본 기업가들로부터 제2차 세계대전 후 일본이 결핵에 신음할 당시 스트렙토마이신을 제공한 곳이 메르크였다는 이야기를 들었다. 물론 메르크는 이익을 남기지는 못했다. 하지만 메르크가 오늘날 일본에서 가장 큰 제약 회사가 된 것은 우연이 아닐 것이다. 내 개인적으로는 그런 활동의 결과가 뚜렷한 것은 아니지만 장기적으로는 언제나 보답을 가져다 준다고 생각한다."[7]

실용적 경영 이념('아니면'이라는 악령에서 벗어나라)

1920년대 말 이후 회사의 존재 가치를 규정한 메르크의 경영 이념 때문에 멕티잔 프로젝트가 가능했을까? 아니면 사업과 홍보를 위한 장기적이고 실제적인 이유로 그런 결정을 내렸을까? **대답은 둘 다**일 것이다. 물론 메르크의 경영 이념은 결정에 있어서 중요한 역할을 했다. 왜냐하면 **장기적인 이익에 관계없이** 메르크가 멕티잔 프로젝트를 실행할 수 있었기 때문이다. 그리고 또 다른 관점에서 볼 때 메르크가 "선행은 언제나 보답을 가져다 준다"는 가정 아래 멕티잔 프로젝트를 실행했다는 점도 무시할 수 없기 때문이다.

이러한 사례는 '아니면'이라는 악령에서 벗어나 '그리고'의 영신을 맞아들인 전형적인 예라고 할 수 있다. 메르크는 회사의 역사를 통해 고귀한 경영 이념과 실용적인 자기 이익을 동시에 추구해 왔다. 조지 메르크 2세는 1950년 이러한 역설에 대하여 다음과 같이 설명하고 있다.

"나는 우리 회사가 지지해 온 원칙을 종합적으로 결론짓고자 한다. 우리는 의약품이 환자를 위한 것임을, 그리고 인간을 위한 것임을 잊지 않으려고 노력한다. 의약품은 이익을 위한 것이 아니고, 이익 자체는 부수적인 것임을 기억하는 한 이익은 저절로 따라다닌다. 이러한 점을 명심할수록 이익은 더욱 커졌다."[8]

실제로 메르크는 비전 기업이 갖고 있는 이념의 본질—실용적 이상주의—을 잘 응축하고 있다. 우리의 연구 결과는 비전 기업의 '째깍대는 시계'의 기본 요소가 조직 전체의 구성원을 이끌고 영향을 미치며 장기간 고정된 **핵심 이념**—이익 실현을 넘어선 핵심 가치—이라는 점을 보여 준다. 이 장에서는 비전 기업이 높은 이익을 실현하는 기업이라는 역설적인 사실에 대해 설명하고자 한다.

이제 여러분은 이렇게 생각할지도 모르겠다. '메르크는 사람의 생명을 구하고, 질병을 고치고, 고통을 덜어 주는 약품을 만드는 회사이므로 메르크와 같은 회사라면 그런 경영 이념을 추구하는 것이 쉬울 것이다'라고 말이다. 좋은 지적이다. 그리고 동의한다. 하지만 동일 산업 내에서 역시 의약품을 생산하고 있는 파이저(Pfizer)와 비교해 볼 때, 메르크가 더 이념 지향적임을 알 수 있다.

메르크가 사사(社史)의 제목을 《가치와 비전》이라고 한 데 비해 파이저는 《파이저… 비공식 역사(Pfizer An Informal History)》라고 이름 붙였다. 메르크가 4세대에 걸친 일련의 경영 이념을 뚜렷하고 명백하게 밝힌 데 비해 파이저에서는 1980년대 말까지 그런 흔적을 찾아볼 수 없다. 또 파이저에서는 멕티잔 프로젝트나 스트렙토마이신 제공 결정과 유사한 사건도 찾아볼 수 없다.

조지 메르크 2세가 이익에 관한 역설적 관점을 뚜렷이 밝힌 데 비해 존 매킨(John Mckeen)—조지 메르크 2세와 같은 시기의 파이저 사장—은 "가능한 범위 내에서 우리가 할 수 있는 모든 것을 다해 이익을 추구한다"는 편향된 관점을 보였다.⁹⁾ 〈포브스〉지의 한 기사에 따르면 매킨은 "돈을 놀린다는 것은 죄를 짓는 것이며 비생산적인 것이다"라는 말을 신봉하고 있었다. 메르크 2세가 연구와 의약품 개발을 위해 자본을 축적할 때 매킨은 미친 듯이 합병에 열을 올려 4년 만에 14개 회사를 사들였고 그 결과 농산품, 여성

용품, 면도 용품 그리고 페인트 용품에 이르기까지 사업을 다각화했다. 왜? 돈을 벌기 위해서였다.

매킨은 "나는 3억 달러 매출에 10% 이익보다는 10억 달러 매출에 5% 이익을 원한다"라고 말했다. 우리는 전략(매수를 통한 다각화 대 연구 개발을 통한 집중화와 혁신)에 대해 얘기하고 있는 것이 아니라, 당시의 파이저가 메르크에 비하여 실질적인 이익을 추구하는 성향을 보였다는 점을 말하고 있는 것이다.

물론 메르크 정도의 회사라면 경영 이념을 추구할 만한 능력이 있었을 것이다. 1925년 조지 메르크 2세가 아버지로부터 회사를 물려받았을 때 회사는 이미 기록적인 성공을 거두고 있었으며 상당한 재정적 안정을 누리고 있었다. 그래서 경영 이념을 추구한다는 것은 성공하여 능력을 가지고 있는 메르크와 같은 회사에 해당되는 사치스러운 일이었을 수도 있지 않을까? 아니다. 우리들은 비전 기업들이 성공적일 때뿐만 아니라 힘들게 생존 경쟁을 펼치고 있을 때도 경영 이념을 추구했다는 사실을 발견했다. 회사 창립 당시의 소니 사와 1983년 위기 때의 포드 사를 살펴보자.

1945년 전후의 잿더미 속에서 이부카 마사루가 소니를 창립했을 때 그는 도쿄 시내에 있는, 폭격으로 부서진 백화점의 전화 교환원 사무실을 빌려 7명의 종업원과 1600달러만을 가지고 사업을 시작했다.[10] 그때 최우선 순위는 무엇이었을까? 폐허 속에서 무엇부터 시작해야 했을까? 현금을 벌어들이는 것? 사업 구상? 제품 개발? 소비층 개발?

2장에서 살펴보았듯이 이부카는 밥솥, 당분을 가미한 콩 수프, 전기 방석 등의 제품 판매에 집중했다. 그러나 그는 또 다른 무엇인가를 했다. 매일 생존 문제와 부딪쳐야 하는 사업가에게는 엄청나게 중요한 일인 회사의 경영 이념을 수립했던 것이다. 도쿄에 온 지 10개월이 채 못 되었고, 이익을 내기 훨씬 전인 1946년 5월 7일 그는 다음과 같은 회사의 설립 취지를 만들

었다(원본은 무척 긴 내용이지만 여기에서는 일부분만을 번역한다).[11]

"종업원들이 확고한 단합의 정신으로 뭉치고 진심으로 기술을 발휘할 수 있는 직장을 만든다면, 그 조직은 무한한 만족과 이익을 실현할 수 있다. 그러한 마음들이 함께 모여서 자연스럽게 이러한 기업 이념을 만들게 되었다."

회사의 목적

- 기술자들이 기술적 혁신의 기쁨을 찾을 수 있고 사회에 대한 소명을 의식하며 마음껏 일할 수 있는 직장을 만드는 것
- 일본의 재건과 문화 고양을 위해 생산과 기술에 있어 역동적인 행동을 추구하는 것
- 진보된 기술을 일반인들의 생활에 적용하는 것

경영 지침

- 어떠한 부정직한 이익 추구도 하지 않고 중요하고 필요한 일에 매달리며 성장만을 추구하지 않는다.
- 기술적 난관을 환영하며 양과는 관계없이 사회에 유용한 복잡한 기술 제품에 집중한다.
- 각 개인이 능력과 기술을 최대한 발휘할 수 있도록 능력, 업적, 개성을 강조한다.

잠시 여기에 대해 생각해 보자. 얼마나 많은 기업들이 창업 취지에 이러한 이념을 포함시키고 있는가? 회사를 운영하는 데 필요한 현금 회수에도 어려움을 겪고 있을 때 이런 가치와 이념에 큰 관심을 기울인 창업자를 만나 본 적이 있는가? 무슨 제품을 만들어 낼 것인가에 대한 뚜렷한 계획도 없는 상태에서 회사 창립 때부터 뚜렷한 기업 이념을 명시한 기업들을 알고 있는가? (참고로 만약 여러분이 회사 창립 초기에 있으면서 성공을 거둘 때까지라는 명분으로 기업 이념을 뚜렷이 하고 있지 않다면, 소니의 경우를 생각해 보기 바란다. 초창기에 만들어진 이부카의 기업 이념은 소니의 발전에 많은 공헌을 했다.)

1976년 닉 라이언스(Nick Lyons)는 그의 저서인 《소니의 비전》이라는 책에서 회사의 설립 취지문 이념들이 지난 30년간 회사를 이끌어 온 힘이었고, 소니가 엄청난 속도로 성장한 데 비해 약간만 바뀌었다[2]고 말하고 있다. 이부카가 설립 취지문을 작성한 지 40년 후, 모리타 아키오는 회사의 이념을 '소니의 개척 정신'이라는 간단한 문장으로 재설명했다.

> "소니는 개척자이며 결코 남을 모방하지 않는다. 소니는 진보와 발전을 통해서 전세계에 봉사할 것이며 언제나 새로운 것을 추구한다. 소니는 개인의 능력을 존중하고 북돋아 주며 각 개인으로부터 최선의 것을 이끌어 내기 위하여 노력한다. 이것이 소니의 원천적인 힘이다."[13]

소니와 비교되는 곳으로 켄우드 사가 있다. 우리는 켄우드로부터 회사의 철학, 가치, 비전 그리고 이념 등에 관한 문서를 얻기 위해 노력했지만 켄우드는 "그런 종류의 문서는 없다"는 회신과 함께 최근의 연차 사업 보고서만을 보내 왔다. 그래서 우리는 외부 자료를 얻기 위해 노력해 보았지만 아무것도 찾을 수 없었다. 아마 켄우드도 소니처럼 회사 창립 때부터 일관되고 폭넓게 받아들여진 이념들을 가지고 있었을 것이다. 하지만 그 흔적을 찾을 수 없었다. 우리는 소니의 이념에 대한 내외부의 수많은 책, 기사, 문서들을 찾을 수 있었던 데 비해 켄우드에 대한 유사 자료는 전혀 찾을 수 없었다.

또한 우리는 소니의 기업 이념이 개인 위주의 문화, 여느 일본 기업과 다른 분권화된 조직 구조, 전통적 기법의 시장 조사를 기피하는 제품 개발 등 눈에 보이는 특징이나 관습으로부터 변화된 증거를 찾아낼 수 있었다. "우리의 계획은 소비자에게 무엇을 원하는지 묻기보다는 신제품으로 시장을 이끌고 개척하는 것이다. 시장 조사보다는 제품을 개량하고, 소비자와의 의견 교환과 교육을 통해 신제품에 대한 시장을 창조하기 위해 노력하자."[14]

이러한 기업 이념 때문에 수요가 확인되지 않은 제품을 출시하는 일련의 결정들도 내리게 되었다. 그 예로 일본 최초의 카세트 녹음기(1950), 최초의 트랜지스터 라디오(1955), 최초의 포켓 사이즈 라디오(1957), 최초의 가정용 녹화기(1964), 그리고 워크맨(1979) 등을 들 수 있다.[15]

소니도 성공적인 제품들을 만들려고 했을 것이고 망하기를 바라지는 않았을 것이다. 그럼에도 불구하고 '소니의 개척 정신'은 이익을 내기 훨씬 이전인 회사의 창립 초기까지 그 뿌리를 찾아 올라갈 수 있으며, 거의 반세기 동안 회사를 이끄는 힘으로 변함없이 남아 있다. 소니는 회사의 생존을 위해서 현실적으로 전기 방석이나 당분을 가미한 콩 수프와 같은 제품을 만드는 한편, 기업 이념에 입각한 창조적인 제품을 만들기 위해 끊임없이 노력했다.

이제 또 다른 면을 가지고 있는 회사—필사적인 변화의 위기에 처한 노쇠한 거인 같은 회사—를 살펴보자. 1980년대 초 포드는 일본의 경쟁 업체들로부터의 계속된 공세로 많은 상처를 입고 비틀거리고 있었다. 여기서 3년 동안 자산의 43%에 해당하는 33억 달러의 순손실을 입고 있는 포드 경영진의 입장에 잠깐 서 보자. 그들은 무엇을 해야 할까? 무엇을 최우선 순위로 두어야 할까?

당연히 포드의 경영진은 현재의 출혈을 멈추고 회사의 숨통을 트기 위한 긴급 대책들을 마련했다. 하지만 그들은 그 이상의 것도 했다. 그 조치들은 약간 낯선 것들이어서 거대한 위기에 직면한 팀에게는 오히려 이상한 것들이었다. 그것은 원칙을 마련하기 위한 잠시 동안의 휴식과 토론이었다.

1980년대 포드의 변화에 대해 연구하고 이를 책으로 쓴 로버트 슈크(Robert Schook)는 다음과 같이 말하고 있다. "포드가 표방하는 바를 명확하게 나타내는 선언문 작업이 그 목적이었다. 토론은 가끔씩 기업체의 회의라기보다 대학교의 철학 강의와 같은 분위기를 띠었다."[16] (우리는 동일한 경쟁 상태에서 역시 손실을 입고 있던 제너럴 모터스가 1983년 포드가 취했던 것과 같은 기본 원칙에 관한 토론을 가졌는지에 대한 증거를 찾지 못했다.) 이러한 과정을 통해서 포드의 사명, 가치, 지도 원칙이 정해졌다.

포드의 전 CEO인 돈 피터슨(Don Peterson)은 이렇게 말했다.

"3P(사람, 제품, 이익)에 대해 많은 이야기들이 오갔으며 그 중에서도 사람이 가장 중요하다는 결론이 내려졌다. 제품이 두 번째 그리고 이익이 세 번째였다."[17]

만약 여러분이 포드에 대해 잘 알고 있다면 이러한 순서에 회의적일지도 모르겠다. 하지만 섣불리 생각하지 말자. 우리는 포드를 전 역사를 통하여 노사 관계나 제품의 품질 측면에서 모범적인 회사였다고 생각하지는 않는다. 1930년대 노조와의 격렬했던 관계나 1970년대 포드 핀토(Ford Pinto) 등은 포드에 오점을 남겼다. 그러나 포드 경영진이 3P에 대해 심사숙고한 것은 회사 창립 초기에 헨리 포드(Henry Ford)가 제창한 기업 이념을 다시 일깨운 것이었다. 1980년대의 전환기를 맞아 경영팀은 새로운 이념을 만들어 낸 것이 아니라 오랫동안 잠자고 있던 기업 이념에 새로운 숨결을 불어넣었다.

회사 초기의 3P에 대해 헨리 포드는 1916년 다음과 같이 말했다.

"나는 자동차를 팔아 엄청난 이익을 남겨야 한다고 생각하지는 않는다. 적정 수준의 이윤이 타당하며 너무 많지 않아야 한다. 나는 자동차에 적당한 이윤을 붙여서 파는 것이 낫다고 생각한다. 이렇게 해야 많은 사람들이 자동차를 사서 이용할 수 있기 때문이며, 상당한 수준의 임금으로 많은 수의 종업원에게 일자리를 제공할 수 있기 때문이다. 이 두 가지야말로 내 일생의 목표라 할 수 있다."[18]

이것을 이상에 치우친 말장난이라고 생각하는가? 대중에게 위안을 주기 위한 냉소적 표현이라고 생각하는가? 아마 그럴지도 모르겠다. 하지만 포드가 1908~1916년까지 가격을 58% 내린 저렴한 모델 T(국민차)를 1500만 가구에 공급하여 미국식 생활 방식을 형성시켰다는 점을 기억하기 바란다. 포드는 생산 능력 이상의 차량 주문을 받고 있었고 충분히 가격을 올릴 수 있었다. 그러나 포드는 주주들의 소송에도 불구하고 계속 가격을 내렸다.[19] 그리고 당시 표준 임금의 두 배에 달하는 일당 5달러를 종업원들에게 지급하여 전 산업계에 충격을 주었다. [로버트 레이시(Robert Lacey)의 《포드》에서]

"〈월 스트리트 저널〉은 헨리 포드가 '범죄는 아닐지라도 경제적인 실수'를 저질렀다며 이 실수는 사회 전체뿐만 아니라 포드로 대표되는 산업계 전체에 나쁜 영향을 불러일으킬 것이라고 비난했다. 신문은 계속해서 사회 발전을 위한 포드의 순진한 소망이 이론적인 원칙을 실제 생산 현장에 적용시킴으로써 흉악한 범죄를 저질렀다고 비난했고, 산업계의 주요 인사들은 '산업계에서 행해진 가장 멍청한 결정'이라고 입을 모아 비난했다."[20]

헨리 포드가 행한 산업계에서의 가장 멍청한 결정은 철학자인 랠프 월도 에머슨(Ralph Waldo Emerson)의 영향을 받았음이 분명하다. 그 중에서도 특히 그의 저서인 수필《보상(Compensation)》이 많은 영향을 끼쳤다.[21] 그러나 포드는 '아니면'이라는 악령에 구속받지 않고 시간당 5달러의 고임금을 버는 노동자와 저렴한 자동차 가격이야말로 모델 T의 대량 판매를 가능하게 할 것이라는 믿음을 갖고 이를 시행했다. 실용주의일까? 이상주의일까? 모두 맞다.

우리는 포드를 메르크나 소니와 같은 이념 추구 집단에 포함시키고 싶지는 않다. 이러한 면에서 포드는 많은 결점을 안고 있기 때문이다. 그러나 제너럴 모터스(GM)와 비교해 볼 때 포드는 훨씬 더 이념 추구적이다. 사실 GM은 '시계 만들기'만으로는 충분하지 않다는 것을 보여 준 대표적인 경우다. GM의 경영자였던 앨프레드 슬론(Alfred P. Sloan)은 '시계 만들기'의 신봉자였다. 그러나 슬론의 시계에는 영혼이 없었다. 슬론의 시계는 냉정하고 무차별적이며 비인간적이고 사무적이며 철저히 실용적인 시계였다.

피터 드러커(Peter F. Drucker)는 기념비적인 그의 저서《기업의 개념》을 통해 슬론과 GM에 대해 깊이 연구했다. 요약하면 다음과 같다.

"조직으로서 GM의 실패는, 슬론의 책인《GM에서의 나의 생활》에 잘 나타나 있다시피 상당 부분 기술 관료주의(technocratic) 성향 때문이다. 이 책은 오직 정책, 의사 결정, 그리고 조직 구조에만 초점을 맞추고 있다. 아마 이 책은 여태까지 쓰인 비망록 중 가장 비인격적인 책일 것이며… 틀림없이 의도적이었을 것이다. 슬론의 책은 효율적인 생산, 시장 창조 및 판매, 이익 창출을 위한 기업 경영이라는 오직 한 가지 면만을 보고 있다. 공동체 내에서의 기업, 생계 수단이 아닌 생명체로서의 기업, 이웃으로서의 기업, 그리고 힘의 원천으로서의 기업이라는 개념은 슬론의 세계에는 없다."[22]

《경영 : 업무, 책임, 제도》라는 또 다른 저서를 통해 드러커는 "GM은 슬론의 그늘 속에 머물러 왔고, 슬론의 말대로라면 엄청난 성공을 거두어야 함에도 불구하고 끝을 모르는 실패를 거듭하고 있다"고 말하고 있다.[23]

핵심 이념—이익이라는 신화를 깬다

비전 기업 발전 단계의 중요한 요소인 핵심적인 기업 이념의 존재라는 공통점 속에서도 메르크, 소니, 그리고 포드는 각각 서로 다른 면들을 보여 주고 있다. 국가, 교회, 학교, 혹은 유서 깊은 단체의 기본 이념들과 마찬가지로 비전 기업의 핵심 이념이란 땅에 말뚝을 박는 것과 같은 일련의 교훈이라고 할 수 있다. 즉, 우리가 누구이고, 지향하는 바는 무엇이며, 우리의 존재는 무엇인가를 담고 있는 것이다. 미국의 독립 선언서처럼, 그리고 87년 후의 게티스버그 연설문처럼 핵심 이념이란 아주 기본적인 것으로 거의 변하지 않는다.

소니의 경우에는 이념이 회사 설립시에 도출되었고, 메르크의 경우에는 2세대에서 이념이 도출되었으며, 포드의 경우에는 이념들이 잠재해 있다가 후일 다시 빛을 발했다. 그러나 공통적으로 대부분의 경우 핵심 이념은 말로써만이 아니라 실질적인 힘으로 존재해 왔다. 뒤에서 우리는 핵심 이념과 이를 구성하는 두 가지 요소인 핵심 가치와 목적 사이의 미묘한 차이점에 대해 철저히 알아볼 것이다. 이에 앞서 가장 흥미 있는 결과에 대하여 먼저 살펴보기로 하자.

경영학에서 주장하는 바와는 반대로 **우리는 대부분의 비전 기업에서 주요 목표나 동인(動因)으로 '이익의 극대화'나 '주주의 부의 극대화'라는 개념을 찾아볼 수 없었다.** 비전 기업들은 여러 목표들을 추구하고 있었으며, 돈은 그 중 하나였을 뿐이다. 많은 비전 기업들은 기업 자체를 경제적 활동보다 의미 있게 생각했으며, 단순히 돈을 벌기 위한 수단 이상의 의미를 부여했다. 대부분의 비전 기업 역사를 살펴보면 단순한 경제적 의미를 뛰어넘는 핵심 이념을 발견할 수 있다. 그리고 가장 중요한 점은 비전 기업이 비교 기업에 비해 상당히 강한 핵심 이념을 지녀 왔다는 사실이다.

상세한 기업별 분석은 18개의 비교 그룹 중 17개 그룹에서 비전 기업이 비교 기업에 비해 덜 이익 추구형이며 더 큰 기업 이념 추구형임을 보여 주고 있다(부록 3의 〈표 A-4〉 참고). 이것이 비전 기업과 비교 기업의 가장 뚜렷한 차이점의 하나였다.

물론 비전 기업이 이익이나 주주의 장기적 부의 증대에 관심이 적다는 것을 말하는 것은 아니며, 이를 포함하여 더 포괄적이고 의미 있는 이념을 추구한다는 뜻이다. 비전 기업들도 이익을 추구한다. 그러나 이익 극대화는 불변의 법칙이 아니다. 비전 기업은 이익과 함께 그들의 목표를 추구한다. 두 가지를 모두 추구한다.

여기에서는 비전 기업이 어떻게 '그리고'라는 영신—이념과 이익—을 자신의 비교 기업보다 더 잘 받아들였는지에 대하여 몇 가지 예를 들어 보도록 하겠다.

> **이익** : 이익이란 존재를 위한 조건이며 보다 더 중요한 목표를 위한 수단이다. 하지만 많은 비전 기업에서 이익이 목적 그 자체는 아니다. 이익은 신체에 필요한 산소, 물, 음식, 혈액과 같은 것으로, 비록 자체가 인생의 목적은 아니지만 없으면 살아갈 수 없는 것이다.

휼렛 패커드 vs. 텍사스 인스트루먼츠

1960년 3월 8일 데이비드 패커드의 입장이 되었다고 가정해 보자. 여러분의 회사는 3년 전 처음으로 주식을 공개했다. 전자 기술 혁명은 회사의 급속한 성장을 보장하고 있다. 빠른 성장에 따른 여러 가지 문제점들을 해결하기 위해 씨름하고 있지만, 여러분은 뛰어난 능력의 내부 성장 경영 자원을 개발해 내는 휼렛 패커드(HP)의 능력에 대해 특별히 관심을 기울이고 있다(여러분은 '째깍대는 시계'의 관견으로 내부 승진 정책을 신봉하고 있다). 그래서 HP 경영 개발 프로그램―조직의 장기적인 건강 유지에 관건이 되리라고 생각하는―을 시작했다.

이제 그 프로그램에 관련된 HP 직원들에게 연설해야 할 때다. HP 직원들이 세대를 넘어 관리자들을 교육하고 조직에 적응시키기 위해 필요한 프로그램을 개발할 때 그 지표로 삼을 만한 중요한 메시지를 여러분은 HP 직원들의 마음속에 심어 주고자 한다. 과연 어떤 주제를 가지고 얘기해야 할까? 어떤 메시지를 기억하도록 해야 할까?

간단한 환영 인사에 이어 패커드는 연설을 시작했다.

"나는 가장 먼저 왜 기업이 존재해야 하는가에 대해 토론하고 싶다. 다시 말하면 왜 우리가 이 곳에 있는가 하는 문제다. 나는 많은 사람들이 기업이란 단순히 돈을 벌기 위해서 있는 것이라는 잘못된 가정을 갖고 있다고 생각한다. 이익 추구가 기업의 중요한 존재 이유이긴 하지만 우리는 더 깊고 진정한 기업 존재의 의미를 살펴보아야 한다. 이러한 과정을 통해 기업이란 사람들이 모여 있는 곳으로, 단체의 형태를 띠고 사람들이 개인적으로는 이루지 못할 일들을 집단을 통해 이루어 내는 곳이라는 점을 알 수 있다.

진부한 표현처럼 들릴지 모르지만 기업은 사회에 공헌한다. 주위를 둘러볼 때 여전히 돈을 버는 데만 관심이 있는 사람들이 있겠지만, 그러한 경우에도 제품을 만들거나 서비스를 제공하는 등의 무언가 가치 있고 중요한 일을 성취하려는 열망이 바닥에 깔려 있음을 알 수 있다. 그러한 관점에서 HP라는 회사가 왜 존재하는지에 대해 토론해 보도록 하자. 그 존재의 진정한 이유는 독특한 무언가를 제공하려는 것이다."[24]

데이비드 패커드와 함께 일한 경험이 있는 사람들은 그가 소매를 걷어붙이고 일을 시작하는 실용적이고 합리적인 경영 스타일을 가지고 있다고 말한다. 그는 대학에서 철학 교수가 되기 위한 공부가 아니라 기술자가 되기 위한 교육을 받았다. 그럼에도 불구하고 우리는 데이비드 패커드가 회사의 철학적·비경제적 존재 이유에 대한 깊은 사고를 통해 기업의 존재 의의를 가장 잘 설명할 수 있는 방법을 궁리하고 있었음을 알 수 있다. 그는 이익이란 경영의 적절한 목표나 목적이 아니라 그러한 목표나 목적을 가능하게 하는 수단이라고 말하고 있다.[25]

데이비드 패커드는 이익과 이익 이상의 목적에 대하여 뚜렷한 구분을 함으로써 '그리고' 라는 영신의 완벽한 예를 보여 주었다. 그는 HP가 사회에의 공헌을 가장 중요시하는 회사로 경영되어야 한다는 점[26]과 인류 복지 및 과학 발전을 위하여 최고의 전자 제품을 설계, 개발, 제조해야 한다는 점[27]을 분명히 하는 한편, 이익만이 회사로 하여금 보다 폭넓은 목표의 달성을 가능하게 하므로 이익이 회사의 가장 중요한 목적 중의 하나임을 인식하지 못하는 직원은 회사 경영진이 될 수 없음도 분명히 밝혔다.[28]

그는 이러한 개념을 제도화시켜 존 영(John Young : 1976~1992년 HP의 CEO)에게 전수했다. 존 영은 인터뷰에서 다음과 같이 말했다.

"주주의 부를 극대화한다는 개념은 언제나 중요한 것이었다. 이익은 우리 활동의 초석으로 회사의 성장과 사회의 공헌도에 대한 척도라고 할 수 있다. 하지만 결코 그 자체가 가장 중요한 것은 아니었다. 실제로 중요한 것은 이긴다는 것이며, 이러한 승리는 고객의 눈으로 평가할 수 있는 것이고, 스스로 자랑스럽게 생각할 수 있는 무엇인가를 성취함으로써 달성되는 것이다. 여기에는 균형 잡힌 논리가 있다. 우리가 소비자에게 진정한 만족을 줄 수 있을 때 이익은 자연히 따라온다."[29]

텍사스 인스트루먼츠(TI)와 HP를 비교함에 있어 우리는 40가지가 넘는 기사와 사례 연구를 검토했다. 하지만 TI 관련 자료에서는 이익 실현을 넘어선 존재 이유를 단 한 줄도 찾아낼 수 없었다. 그러한 문서들이 있었는지는 분명하지 않지만 중요한 것은 실제로 찾을 수 없었다는 점이다. 대신 TI는 기업 존재의 의의를 규모, 성장성, 수익성의 측면에서만 규정하려는 것처럼 보였고, 데이비드 패커드가 말한 기업의 존재 의의와 비슷한 내용은 거의 없었다.

TI 사장인 팻 해거티는 TI에 대한 공식 견해를 다음과 같이 밝힌 적이 있다. "우리는 작은 우량 기업이며 이제 보다 큰 우량 기업으로 변신해야 한다."[30] 이 같은 규모와 성장성에 대한 과도한 집착은 TI의 경우 전통이라 할 수 있다. HP와 달리 TI의 기업 목표는 재무적인 성장이라고 말할 수 있다.

TI의 주요 기업 목표

- 2억 달러 매출 달성(1949)[31]
- 10억 달러 매출 달성(1961)[32]
- 30억 달러 매출 달성(1966)[33]
- 100억 달러 매출 달성(1973)[34]

• 150억 달러 매출 달성(1980)[35]

공평하게 얘기하자면 이와 유사한 재무적 목표들은 월마트 등 몇몇 비전 기업에서도 찾아볼 수 있다. 그러나 대부분의 비전 기업과 달리―특히 HP와는 달리―TI는 매출 목표를 기업의 주요 추진력으로 삼고 있으며, '왜 그렇게 하는가'에 대해서는 별로 강조하지 않고 있다.

TI는 제품의 질이나 기술적 공헌도가 낮더라도 매출이 클수록 좋다는 입장을 갖고 있다. 이에 비해 HP는 어떤 공헌도가 있는 경우에만 큰 것을 좋은 것으로 간주하고 있다.[36] 예를 들어 1970년대에 TI는 '더 클수록 더 좋다'는 전략하에 싸구려 휴대용 계산기와 10달러짜리 디지털 시계를 만들었다. 반면 같은 기회에 접한 HP는 이러한 싸구려 저급 시장에 진출하지 않았는데, 기술적 공헌의 기회가 없다는 판단 때문이었다.[37]

존슨&존슨 vs. 브리스톨 마이어스

HP처럼 존슨&존슨(J&J)도 처음부터 이익을 넘어선 기업 이념을 명확히 했고, 이러한 기업 이념 범위 내에서 이익의 중요성을 강조했다. 로버트 존슨(Robert W. Johnson)은 1886년 J&J를 설립하면서 '고통과 질병의 경감'[38]을 이념으로 내세웠다. 1908년 그는 이러한 기업 이념을 고객에 대한 서비스, 주주의 이익에 앞선 종업원에 대한 관심을 포함하는 내용으로 확대했다.[39] J&J의 초창기 연구 관리자였던 프레드 킬머(Fred Kilmer)는 1900년대 초기에 이러한 이념이 연구 부서의 역할에 어떠한 영향을 미쳤는지를 다음과 같이 설명했다.

> "연구 부서는 상업적 관심, 배당금, J&J의 이익만을 추구하지 않았고, 질병을 치료하는 기술의 발전에 기여한다는 관점을 가지고 활동했다."[40]

1935년 로버트 존슨 2세는 이러한 기업 이념을 '계발된 자기 권익'이라 불렀으며, 첫째 고객에 대한 서비스, 둘째 **종업원 및 경영층**에 대한 서비스, 마지막으로 주주에 대한 서비스라는 우선 순위를 정했다.[41] 1943년 주주에 대한 서비스보다 우선하는 것으로 사회에 대한 서비스를 추가하여 J&J의 이념을 '우리의 신조'—양피지에 인쇄하고 미국 독립 선언서와 같은 문체로 쓰인—라는 문서로 성문화했다. 그는 이러한 것들이 성취되면 주주도 정당한 이익을 얻을 수 있다고 기술했다.[42]

1943년 이래 '우리의 신조'는 조금씩 어구가 수정되었지만, 고객에서 시작하여 주주로 귀착되는 우선 순위와 주주의 이익 극대화가 아닌 정당한 이익을 강조하는 핵심 이념은 변하지 않았다.[43]

우리의 신조

의사, 간호사, 병원, 어머니들 그리고 우리의 제품을 이용하는
모든 이들에 대해 우리는 최우선적으로 책임을 진다.
우리는 항상 최고 품질의 제품을 만든다.
우리는 항상 제품의 원가를 낮추기 위해서 노력한다.
모든 주문은 신속히 처리되어야 한다.
우리의 물건을 취급하는 사람들은 정당한 이익을 얻어야 한다.

우리의 두 번째 책임은 우리와 함께 일하는 공장과
사무실의 직원들에게 있다.
그들은 안정된 직업을 보장받아야 한다.
정당하고 적정한 수준의 임금을 받도록 배려한다.

종업원들은 공정한 경영, 합리적 근로 시간, 깨끗하고 질서 정연한
작업 환경과 제안과 고충 처리를 위한 조직 체계를 가져야 한다.
감독과 부서장은 필요한 자격을 갖춘 자로 공평 무사해야 한다.
자격이 갖추어진 직원은 승진의 기회를 갖는다.
모든 직원은 독립적 인격체로 대우받아야 하고
스스로의 권위와 실력을 갖추어야 한다.

우리의 세 번째 책임은 경영층에게 있다.
경영진은 재능, 교육, 경험과 능력을 갖춘 사람이어야 한다.
경영진은 상식과 사리 분별력을 지니고 있어야 한다.

우리의 네 번째 책임은 우리가 살아가는 사회에 있다.
우리는 열심히 일하고 자비로우며
정당한 세금을 부담하는 선량한 시민이어야 한다.
우리는 우리가 이용할 수 있는 권리를 지닌
사회 재산을 유지, 관리해야 한다.
우리는 시민 계몽, 보건, 교육, 자치 단체 활동에 참여해야 한다.
우리들은 활동을 통하여 사회와 함께해야 한다.

우리의 다섯 번째이자 마지막 책임은 주주에게 있다.
기업은 정당한 이윤을 내야 한다.
적립금을 만들어야 하고 연구 개발이 이루어져야 한다.
모험적 프로그램이 개발되어야 하며 실패가 보상받아야 한다.
역경에 대비하고, 적정한 세금을 지불하며, 새로운 기계를 구입하고,
새로운 공장을 건설하며, 신제품을 선보이고,

새로운 판매 방법을 개발해야 한다.
우리들은 새로운 아이디어를 실험해야 한다.
이러한 것들이 성취될 때 주주들은 정당한 이익을 얻을 것이다.
우리가 최선을 다해 이러한 규정을 완수할 수 있도록
언제나 신의 가호가 함께할 것이다.

이상이 로버트 존슨 2세가 1943년 작성한 '우리의 신조'의 원본 내용이다.

1980년대 초 CEO 짐 버크(Jim Burke)— 어떤 사람에 의하면 그는 회사 내에 '우리의 신조'를 전파하는 일에 자기 업무의 40%를 할애했다고 한다[44] — 는 신조와 이익의 상호 작용에 대해 다음과 같이 설명하고 있다.

"우리의 모든 경영 활동은 매일매일에 기초한 이익에 맞춰져 있다. 이것은 업계에서 살아남기 위한 수단이다. 그러나 이런 식의 사업을 계속하게 되면 사람들은 흔히 단기간의 수치에 집착하는 경향을 보인다. '우리의 신조'는 종업원들에게 '잠깐, 그건 할 필요가 없어'라는 말을 해주고 있다. 경영진들은 이러한 신조 아래 회사를 운영해 갈 것을 내게 요구하고 있으므로 마땅히 나는 그런 일들을 하지 않을 것이다."[45]

브리스틀 마이어스는 J&J보다 훨씬 덜 이념 지향적이다. J&J가 1900년대 초 기업 이념에 대하여 명확한 정의를 내리고 1940년대 초에 회사의 신조를 만들어 공표한 반면, 브리스틀 마이어스는 1987년이 되어서야 이와 유사한 '브리스틀 마이어스 선언'을 만들었다. 그러나 발표한 선언조차 회사 내에서 널리 인정된 행동 지침으로 발전하지 못했다. J&J의 종업원들이 신조와 의사 결정 사이의 연결을 확실히 얘기할 수 있었던 데 비해 브리스틀

마이어스 종업원들에게는 그런 경우를 발견할 수 없었다.[46]

하버드 경영대학원은 J&J가 어떻게 '우리의 신조'를 실행에 옮길 수 있었는가에 대한 사례 연구―조직 구조, 내부 기획 절차, 보상 체계, 전략적 의사 결정, 그리고 위기 상황에서 실제로 사용할 수 있는 위기 경영 지침―를 진행했다.

예를 들어 J&J는 1982년 누군가가 타이레놀 병에 시안화물을 넣어 시카고 지역에서 7명의 사망자를 낸 타이레놀 사건에 대처하기 위해 그 기본이 되는 지침으로 신조를 이용했다. J&J는 사건이 시카고 지역에서만 발생했음에도 불구하고 즉각 전 미국 시장에서 타이레놀을 회수했고 전 국민에게 위험을 알렸으며, 이런 일을 하는 데 모두 1억 달러의 비용과 2500명의 인력을 동원했다. 〈워싱턴 포스트〉지는 "이 사건을 통해 J&J는 비용이 들더라도 옳은 일이라면 반드시 한다는 기업 이미지를 소비자에게 심어 주는 데 성공했다"[47]고 보도했다.

타이레놀 사건이 있은 지 며칠 후 브리스틀 마이어스도 유사한 사건을 겪었다. 덴버 지역에서 누군가가 엑세드린(Excedrin)이라는 브리스틀 마이어스 제품에 독극물을 넣었다. 이때 브리스틀 마이어스는 J&J가 전국에서 약을 회수했던 것과는 달리 콜로라도 지역에서만 약을 회수했고, 소비자들에 대한 경고 활동도 하지 않았다. 브리스틀 마이어스의 회장인 리처드 겔브(Richard Gelb)―스스로 자신을 마지막 남은 콩 하나까지도 세어 보는 주의 깊은 경영자라고 표현한다―는 한 잡지와의 인터뷰에서 엑세드린 사건은 브리스틀 마이어스의 수익에 거의 영향을 미치지 못할 것이라고 강조했다.[48]

이 두 사건은 J&J가 위기 상황시에 회사에 좋은 영향을 미치든 아니든 간에 지침을 얻을 수 있는 성문화된 이념을 가지고 있었던 반면, 브리스틀 마이어스는 그렇지 못했다는 것을 암시해 주고 있다.

보잉 vs. 맥도넬 더글러스

보잉은 중요한 전략적 의사 결정을 하는 데 있어 전략적 실용주의 원칙에 못지않게 의사 결정의 기준으로 기업 이념을 사용했고, 이는 맥도넬 더글러스가 의사 결정의 기준으로 사용한 비중보다 훨씬 더 컸다. 특히 보잉은 첨단 대형 항공기 제작에서 엄청난 도박을 감행했다. 이러한 도박은 결실을 맺었고, 보잉은 매우 수익성 높은 기업으로—맥도넬 더글러스보다도 높은—자리잡았다. 주위의 말에 의하면 보잉은 이익 지향도 아니었고 장기 전략이나 다른 어떤 기본 원칙을 가지고 있지도 않았다.[49]

보잉은 항공업계의 개척자로서 크고 빠르며 성능 좋은 첨단 비행기를 통해 항공기 제조 기술의 영역을 넓혔으며, 모험과 도전 그리고 성취와 공헌을 이루며 올바른 제품을 만들어 왔다. 물론 보잉도 이익이 없었다면 이러한 일들을 해낼 수는 없었을 것이다. 그러나 이익만이 모든 것은 아니며, 그 이상의 무엇인가를 위하여 시험용 제트 비행기를 테스트했던 것이다. 빌 앨런(Bill Allen : 1945~1968년 보잉의 CEO)은 보잉의 목적을 다음과 같이 얘기했다.

> "보잉은 항상 미래를 추구하고 있다. 이것은 일과 함께 생활하고 숨쉬며 먹고 자는 사람들에 의해서만 달성될 수 있는 일이다. 나는 항공의 세계와 함께 숨쉬며, 지식을 갖추고 헌신적인 많은 사람들을 알고 있다. 인간의 목표는 위대한 업적과 보다 나은 서비스 기회의 제공과 관련되어 있으며, 인생에서 느낄 수 있는 가장 큰 기쁨은, 어렵지만 생산적인 업무에 참여함으로써 얻는 만족감일 것이다."[50]

보잉이 점보 747기를 만들 때의 의사 결정을 예로 들어 보자. 보잉은 경제적인 동기도 가지고 있었고 비경제적인 동기도 물론 함께 가지고 있었다. 보잉은 이익 실현의 욕구뿐만 아니라 자기 존재의 이유 때문에 747기를 제작했다. 보잉은 자신이 항공 수송의 선두 주자여야 한다고 믿고 있었다. 왜 747이었나? 대답은 바로 보잉이기 때문이었다. 보잉의 임원인 크로포드 그린월트(Crawford Greenwalt)가 경영진의 한 사람에게 747 계획의 예상 투자 수익률에 대하여 물어보았을 때, 그 경영자는 보잉은 이미 개발을 진행하고 있으며 그 결과는 알 수 없다고 대답했다. 로버트 설링(Robert Serling)은 《신화와 유산》에서 그린월트가 머리를 책상에 박고서 "하느님, 이 사람들은 이 프로젝트의 투자 수익률이 얼마인지도 모르고 있습니다"라고 중얼거렸다고 기록하고 있다.[51]

모토롤라 vs. 제니스

모토롤라의 설립자인 폴 갤빈은 이익이 회사의 목적을 달성하기 위한 수단이지만 최종 목표는 아니라고 생각했다. 실제로 그는 기술자들에게 회사의 이익을 위해 품질을 개선하는 한편 원가를 낮추도록 계속 강조했다. 또 기업가가 자신의 노력에 만족하기 위해서는 이익을 내야 한다고 믿고 있었다. 그렇지만 그는 이익 자체를 회사의 주된 목표로 삼지 않았고, 모든 기업이 그렇게 해야 한다고 생각했다.[52]

1930년대의 대공황기에 신생 회사였던 모토롤라는 기업의 재무 상태나 제품의 성능에 대해 유통업자들에게 과장하는 산업계의 공통된 관습에 부딪쳤다. 관습대로 행동하라는 압력을 받던 폴 갤빈은 업계 관습에 얽매이지 않겠다고 말했다. 그는 진실을 얘기하려고 했다. 왜냐하면 첫째 진실을 얘기하는 것이 옳기 때문이며, 둘째 유통업자들이 어떻게든 진실을 알게 될 것이기 때문[53]이라고 말했다. 많은 비전 기업에서 찾아볼 수 있었던 실용적 이상주의라는 원칙을 다시 한 번 보는 듯하다. 비전 기업들은 순수한 이념 또는 순수한 실용주의가 아닌 두 가지 모두를 추구한다.

> 모토롤라와 같은 비전 기업은 이념 및 가치의 추구와 실용주의를 양자택일해야 할 분리된 개념으로 생각하지 않고, 그들의 기본 가치에 부합하면서도 실용적인 해결책을 찾는 도전의 문제로 생각한다.

폴 갤빈은 이 역설적인 가치관을 모토롤라의 미래 지침으로 명문화했다. 1991년 로버트 갤빈(Robert W. Galvin : 폴 갤빈의 아들이자 후계자)은 종업원들을 대상으로 《존재 의의와 존재 이유》라는 제목의 에세이를 발표했다. 이 31편의 에세이에서 그는 창조성, 개혁, 총체적 고객 만족, 품질, 윤리, 혁신 등의 주제들을 다루었는데, 그 중 이익 극대화에 관한 것은 하나도 없었으며, 잠재적 목표인 존재 이유에 대한 내용에도 역시 없었다.[54] 모토롤라라는 회사에 대한 목표 규정—《우리의 존재 이유 : 목적, 원칙, 윤리 규범》이라는 사내 출판물에 포함된—도 이익 개념(적정한 이익이라는 표현으로 이익 극대화와 대비됨)과 함께 다른 포괄적인 목적들을 묶어 일관성 있게 다루었다.

"모토롤라의 목적은 고객에게 적정 가격의 제품과 서비스를 최고의 품질로 공급함으로써 사회에 명예롭게 봉사하는 것으로, 이는 회사의 성장을 위해 필요한 적정한 이익을 실현하고 종업원과 주주에게 그들의 개인적 목표를 이룰 수 있도록 한다."[55]

이와 반대로 제니스의 설립자인 유진 맥도널드 제독은 회사에 오랜 기간 적용할 수 있는 이념을 남기지 못했다. 맥도널드 시대에 제니스가 추구한 목표는 설립자를 위한 강령이나 사소한 것들이었고, 그의 사후에는 회사를 이끌어 가는 지침이 없었기 때문에 결국 일반적인 이익 추구로 흘러 회사가 쇠퇴하기 시작했다.

　모토롤라와 제니스에 관한 기사들을 검토해 보면 모토롤라는 무형의 자산—비관료주의, 평등주의, 기술 지향, 낙관주의—을 강조했고, 맥도널드 사후의 제니스는 재무 상태, 시장 점유율, 기타 재무적 상황 등을 강조했음을 알 수 있다. 모토롤라의 《존재 이유》와 같은 규정을 제니스에서는 찾아볼 수 없었으며, 실제로 1958년 맥도널드 사후의 제니스는 시장 점유율과 이익 극대화의 개념을 넘어선 중요한 기업 이념을 설정한 적이 없었다.

마리오트 vs. 하워드 존슨

모토롤라나 HP처럼 마리오트도 실리를 추구하는 이상주의라는 역설을 확실히 포용했다. 돈을 많이 벌기 위해서 혹은 제국을 건설하기 위해서 마리오트를 설립한 게 아니냐는 질문을 받을 때마다 윌러드 마리오트는 다음과 같이 얘기했다.

"아니다. 절대 아니다. 나는 똑같이 중요한 세 가지 생각들을 갖고 있는데, 하나는 손님들에게 다정한 서비스를 제공하는 것이고, 둘째는 적당한 가격에 질 좋은 음식을 제공하는 것이며, 셋째는 밤이든 낮이든 이익을 내기 위해 열심히 일하는 것이다. 나는 회사를 빠르게 키우고, 보다 많은 종업원에게 일자리를 제공하며, 가족과 좋은 일을 위해 쓸 수 있는 돈을 벌고 싶다.[56] 서비스업은 보람이 있으며 사회에 많은 공헌을 한다. 집을 떠난 이에게 맛있는 음식, 잠자리, 친절한 서비스를 베푸는 것이 그것이다. 집을 떠난 이들이 포근함을 느끼고 환영받는 느낌을 갖게 해주는 것은 매우 중요한 일이다."[57]

　위에서 말했듯이 마리오트는 이러한 경영 이념을 그의 사후에도 적용할 수 있도록 명문화했다. 그는 체계적인 종업원 교육 과정을 시작하여 종업원의 이념 수용 자세를 강화하고 마리오트의 경영 방식을 계속 지켜 가기 위해 경영 개발 프로그램을 만들었다. 그는 후계자인 마리오트 2세가 기업 경영의 모든 것을 배우면서 동시에 기업 이념의 수행도 배울 수 있도록 훈련시켰다.

1991년의 한 기사에 따르면 마리오트의 임원들은 윌러드가 그의 아들이 1964년 수석 부사장에 취임할 때 써 준 경영 지침을 엄숙하게 준수하고 있다고 한다.[58] 우리는 그 편지의 사본을 보고 그 지침과 20년 후 그의 아들이 채택한 지침의 유사성에 주목하지 않을 수 없었다(아래 표 참고).

1964년 윌러드 마리오트 1세[59]	1984년 윌러드 마리오트 2세[60]
인재가 제일이다. 개발, 충성심, 관심, 단체 정신을 보라. 인재 개발은 최우선 사항이다. 사람의 좋은 면을 찾고 그것을 개발하려고 노력하라.	우리는 사람을 관리하는 사업을 하고 있다. 그들을 가르치고 돕고 관심을 기울여라. 공평히 대우하고, 기술을 습득하고 성공할 수 있도록 도움을 주며, 그들 중에서 승자를 가려 내라.
권한을 이양하고 결과에 대하여 책임을 지워라. 만약 종업원의 능력이 명백히 부족하다면 그가 할 수 있는 일을 찾아 보거나 해고하라. 망설이지 마라.	능력 있는 직원을 채용하여 성과를 기대하라. 만약 선택이 잘못되었다면 해고는 신속하고 공정하게 처리하라.
시간을 잘 이용하라. 업무에서 모든 순간을 놓치지 마라. 유머를 잊지 마라. 자신과 남에게 일이 즐거울 수 있도록 하라.	열심히 일하되 기쁨을 찾으라. 일을 하여 완결짓는 것은 즐거운 것이다. 중요한 것은 일이 되도록 하는 것이다.

자신의 아버지가 수십 년 전에 만든 지침에 기초하여 마리오트 2세는 회사의 동인(動因)이 돈에 있지 않고 일을 통한 자부심과 성취감에 있음을 명백히 했다.[61] 그는 종업원을 잘 돌보고 고객에게 양질의 서비스를 제공하

면 주주의 이익은 상당 부분(최대가 아닌) 자연히 실현된다고 강조했다.[62]

하워드 존슨은 일관성과 품질에 관한 경영 이념을 가지고 있었다. 하지만 우리는 그가 이러한 이념들을 후계자인 아들에게 전수했거나 영원한 원칙으로 회사에 심어 놓았다는 흔적은 찾을 수 없었다. 1세대가 2세대에 물려준 이념적 지도는 없었으며, 마리오트와 같은 교육 프로그램의 흔적도 찾을 수 없었다. 1970년대 중반 하워드 존슨 2세는 고객과 종업원에 대한 강조 대신 재무적인 성과에 편향된 이념으로 회사를 운영했다. 〈비즈니스 위크〉지의 2개 기사와 〈포브스〉지의 1개 기사에 따르면 하워드 존슨 사는 비싼 음식, 조잡한 숙소, 저급의 서비스를 고속도로를 다니는 고객에게 제공했다.[63] 존슨 2세는 18배의 이득을 남겼지만 결국 영국의 투자가에게 회사를 처분해야 했다.[64]

필립 모리스 vs. R.J. 레이놀즈

레이놀즈와는 달리 필립 모리스는 주주의 부의 극대화라는 개념을 넘어선 기업 이념의 범위에서 업무를 규정하고 있음을 알 수 있었다. 1979년 필립 모리스의 부회장이던 로스 밀하이저(Ross Millhiser)는 다음과 같이 말했다.

> "나는 담배를 좋아한다. 담배야말로 인생을 인생답게 만드는 것이라고 생각한다. 담배는 열정을 불어넣고 인간의 기본적 평등함을 나타내기도 한다. 인간의 평등함이란 항상 균형을 유지하려는 것으로 볼 수 있고, 그런 면에서 담배는 중요한 역할을 한다."[65]

이것이 과연 이념일까, 아니면 자기 최면일까? 그것도 아니라면 멋진 광고 행위일까? 아마도 대답하기 어려운 문제일 것이다. 그러나 필립 모리스에는 지난 30년간 레이놀즈에서 찾아볼 수 없었던 공동의 목적 의식과 단체 정신이 있음을 알 수 있다. 필립 모리스의 경영진은 레이놀즈의 경영진보다도 훨씬 더 담배에 대하여 열정적임을 알 수 있다.(66) 필립 모리스의 경영진은 흡연에 관해 어떤 이념을 가지고 있는 데 비해 1960년경 이후의 레이놀즈 경영진은 돈을 버는 수단으로서의 담배라는 관점을 제외하고는 별다른 관심을 기울이지 않았다. 1971년 레이놀즈의 회장은 만약 회사가 담배 이외의 것에서 주주를 위해 이익을 낼 수 있다면 그것 자체로 좋은 일이라고 말했으며—밀하이저와는 달리—이는 그가 담배에 대해 이념 정립이 되어 있지 않음을 나타낸 것이다.

대조적으로 필립 모리스 경영진들은 스스로의 자의식에 입각하여 담배에 관한 논쟁—사람들은 담배를 피울 권리가 있으며, 그것은 선택의 자유에 속하는 문제이므로 담배를 치워 버리거나 흡연을 제한하지 말라는 주장—을 계속했다. 필립 모리스에 관한 기사를 검토하던 중 우리는 손에 담배를 든 채 자신 있는 자세로 카메라를 응시하며, "피고 있는 담배를 내려놓으라"는 말을 하기 힘들게 할 정도로 당당한 경영자들의 사진을 찾아볼 수 있었다. 〈포춘〉지는 한 기사에서 다음과 같은 내용을 실었다.

"거의 도전적인 흡연 문화—담뱃갑을 주머니에서 꺼내 담배에 불을 붙인 다음 담뱃갑을 모두 보란 듯이 책상 위에 던져 놓는 식—가 경영진이 있는 층 전체에 스며 있었다."[67]

그런 광경을 보노라면 마치 그들이 스스로를 저 유명한 말보로의 광고판에서 볼 수 있는 외롭고 처절한 카우보이처럼 생각하고 있는 것 같았다. 필립 모리스의 한 전직 종업원은 회사의 근무 분위기를 '흡연의 의식' 과도 같다고 말하며, 급여 명세표와 함께 담배를 집으로 갖고 가도록 강요하는 분위기였다고 털어놓았다. 필립 모리스 이사회의 한 사람은 담배를 만지작

거리면서 "이 곳은 정말 좋은 회사이며 자부심을 가지고 근무할 만한 곳"이라고 말했다.[68] 〈포브스〉지의 기사는 1971년 필립 모리스 회장이던 조셉 컬맨(Joseph Cullman)에 관한 이야기를 다음과 같이 소개하고 있다.

> "많은 사람들은 컬맨이 흡연을 적극적으로 지지하고 있음에 분개하고 있다. 그는 담배 제조에 대해 사과하기보다는 정신적인 측면에서 흡연의 유익성을 강조한다."[69]

오해하지 않기를 바란다. 우리는 필립 모리스가 인류의 행복을 위해 이타적인 활동을 하고 있다고 생각하지는 않는다. 필립 모리스의 경영 이념이란 주로 개인적인 선택의 자유, 진취성, 근면성, 공헌의 기회, 승리, 그리고 계속적인 자기 개발과 관련되어 있으며, 뛰어난 업무 처리와 성과에서 오는 자부심과 관계가 있다.

1991년 필립 모리스의 CEO로 취임했고, 〈포춘〉지가 실용적이고 무자비하며 집중력이 뛰어난 냉혈한[70]이자 언제나 사업밖에 생각할 줄 모르는 사업광[71]이라고 평한 바 있는 마이클 마일스(Michael Miles)는 "나는 절대 담배 산업이 도덕적으로 잘못이라고 생각하지 않는다. 또한 사람들이 필요로 하지 않는 물건을 파는 것도 잘못되었다고 생각하지 않는다"[72]라고 밝혔다. 이런 생각들이 특별히 인간적인 이념이나 가치는 아니다. 어차피 담배가 리버 블라인드니스 따위를 고칠 수 있는 것도 아니므로.

그러나 필립 모리스도 메르크가 가지고 있는 단체 정신을 핵심 이념으로 소유하고 있다는 사실은 아마 여러분을 깜짝 놀라게 만들 것이다. 필립 모리스의 기업 이념은 확실히 메르크의 그것과는 다르지만, 두 회사는 이념에 대한 지향성만큼은 대단히 비슷하다. 필립 모리스는 지난 40여 년간 레이놀즈보다는 메르크와 공통점을 훨씬 더 많이 가지고 있었다.[73] 그리고 메르크 역시 파이저보다는 필립 모리스와 훨씬 더 많은 공통점을 갖고 있다.

'올바른' 기업 이념이 과연 존재할까?

제품면에서 정반대의 성격을 갖고 있는 필립 모리스와 메르크가, 강력하지만 매우 상이한 기업 이념을 가지고 있으면서도 비전 기업으로 간주되고 있는 사실은 몇 가지 재미있는 의문점을 낳고 있다. 비전 기업이 되기 위한 '올바른' 핵심 이념이 존재하는가? 이념의 내용이 정말 문제가 되는가? 비전 기업의 핵심 이념들 사이에 공통 요소나 형태가 있는가?

우리는 비전 기업의 핵심 이념들을 〈표 3-1〉에 모아 놓았다. 그리고 어떤 이념—공헌, 정직성, 개별 종업원에 대한 관심, 고객 서비스, 창조성, 사회에의 책임 등—들은 많은 비전 기업들에서 공통적으로 나타났지만, **어느 하나라도 전체에 모두 공통된 이념은 없었다.**

- J&J, 월마트 등은 고객 서비스를 핵심 이념으로 생각하고 있었으나 소니 포드는 그렇지 않았다.
- HP, 마리오트 등은 종업원을 핵심 이념으로 생각하고 있었으나 노드스트롬, 디즈니 등은 그렇지 않았다.
- 포드, 디즈니 등은 제품과 서비스를 중시했으나 IBM, 시티코프 등은 그렇지 않았다.
- 소니, 보잉 등은 위험 추구를 중시했으나 HP, 노드스트롬 등은 그렇지 않았다.
- 모토롤라, 3M 등은 혁신을 중시했으나 P&G, 아메리칸 익스프레스 등은 그렇지 않았다.

> 간단히 말하자면 비전 기업이 되기 위한 필수적인 특정 핵심 이념이란 존재하지 않는다는 것을 알 수 있다. 우리의 조사 결과는 이념의 확실함과 그 이념에 부합하는 활동이 이념의 내용보다도 중요하다는 것을 말해 주고 있다.

다시 말하면 여러분이 필립 모리스의 직원이 아닌 이상 필립 모리스의 기업 이념이 마음에 드느냐 들지 않느냐 하는 것은 중요한 것이 아니다. 또 메르크나 마리오트, 모토롤라, 디즈니, HP의 직원이 아닌 사람의 경우에도 각 회사의 기업 이념에 동조하느냐 아니냐는 중요한 문제가 아니다. 중요한 것은 회사가 올바른 기업 이념을 가지고 있느냐의 여부가 아니라, 좋은 것이든 아니든 직원들에게 의식을 심어 주고 행동의 지침이 되어 줄 핵심 이념을 가지고 있느냐 하는 점이다.

〈표 3-1〉 비전 기업의 핵심 이념

기업	핵심 이념
3M[74]	• 혁신 : 새로운 제품 아이디어를 죽이지 마라. • 완벽한 정직성 • 개인의 창의성과 개인적 성장 존중 • 선의의 실수에 대한 관대함 • 제품의 품질과 신뢰성 • 문제 해결이 본질적 업무
아메리칸 익스프레스[75]	• 최선의 고객 서비스 • 세계적인 서비스 신뢰도 • 개인의 창의성 장려
보잉[76]	• 항공업계의 선두 주자 : 개척자가 되자. • 도전과 위험에 대처 • 제품의 품질과 안전 • 도덕성과 윤리성

	• 항공업의 세계와 늘 함께한다.
시티코프[77]	• 확장주의─기업 규모, 서비스, 지역이라는 면에서 • 1등주의─최고·최대의 혁신성, 수익성 • 자율과 기업가 정신(분권화를 통하여) • 능력주의 • 자기 확신 및 공격주의
포드[78]	• 종업원이 기업 경쟁력의 원천 • 노력의 최종 결과로서의 제품 • 성공의 척도이자 필요한 수단으로서의 수익 • 정직성과 도덕성 (이상은 포드의 1980년대 MVGP 순서에 입각한 것으로 시기에 따라 순서에는 변동이 있을 수 있음.)
제너럴 일렉트릭[79]	• 기술과 혁신을 통한 삶의 질 개선 • 고객, 종업원, 사회, 주주에 대한 책임 사이의 균형 유지 (순위 없음) • 개인의 책임과 기회 • 정직성과 도덕성
휼렛 패커드[80]	• 사업 분야에 기술적 공헌을 하는 회사 • 회사의 성공에 대한 몫을 나누는 것을 포함한 종업원에 대한 존경과 기회의 부여 • 자기가 속한 사회에의 공헌 및 책임 • 고객이 이용 가능한 품질 • 이익과 성장은 기업 가치 및 책임을 실현하기 위한 수단
IBM[81]	• 종업원에 대한 관심 • 고객 만족을 위한 시간 할애 • 일을 끝까지 바르게 수행─맡은 업무에 대해 완벽을 추구
존슨&존슨[82]	• 회사는 고통과 질병을 경감시키기 위해 존재한다. • 책임에 있어 우선 순위 : 첫째 고객, 둘째 종업원, 셋째

	사회, 넷째 주주(이 책에 있는 신조 참고) • 능력에 따른 개인별 기회와 보상 • 분권화 = 창조성 = 생산성
마리오트[83]	• 정감 어린 서비스와 최고의 가치 추구 : 집을 떠난 이들에게 정감을 느낄 수 있게 해주며 호텔로부터 환영받는 느낌을 주도록 한다. • 사람이 최고다 = 잘 대접한 후 보답을 기대하는 것이 순리 • 열심히 일하고 재미를 느껴라. • 지속적인 자기 개발 • 역경의 극복
메르크[84]	• 인류의 건강을 지키고 향상시킨다. 우리의 모든 활동은 이 목적을 얼마나 달성했느냐에 의해 평가된다. • 정직성과 도덕성 • 기업의 사회적 책임 • 모방이 아닌 과학에 기초한 혁신 • 모든 면에서 초일류인 회사 • 이익 추구, 그러나 인류에 봉사함으로써 얻는 이익
모토롤라[85]	• 회사는 적정한 가격에 최상의 품질을 지닌 제품과 서비스를 공급하여 사회에 명예롭게 봉사하기 위해 존재한다. • 지속적인 자기 혁신 • 잠재적인 창의성 개발 • 아이디어, 품질, 고객 만족 등 모든 회사 업무의 지속적 개선 • 모든 종업원을 인격체로서 품위 있게 대우 • 사업의 모든 면에 있어서 정직성, 도덕성, 윤리성 발휘
노드스트롬[86]	• 고객 서비스가 최우선 • 근면과 생산성 • 현실 만족이 아닌 지속적인 개선 • 초일류로서의 명성, 무언가 특별한 부분이 있다.

| 필립 모리스[87] | • 개인의 선택의 자유—흡연, 원하는 물건을 마음대로 사는 것—는 지켜져야 한다.
• 승리—경쟁 기업을 이기면서 최고를 추구
• 개인의 창의성 장려
• 성별, 인종, 계급에 구애받지 않는 능력주의
• 근면과 지속적인 자기 개발 |
|---|---|
| 프록터&갬블[88] | • 초일류 제품
• 지속적인 자기 개발
• 정직성과 공정성
• 개인에 대한 존경과 관심 |
| 소니[89] | • 소비자에 이익을 주는 기술 혁신, 응용, 진보를 통해 진정한 기쁨을 찾는다.
• 일본 문화와 국가 지위의 격상을 위해 노력
• 추종이 아닌 불가능에 도전하는 개척자 정신
• 개인의 능력과 창의성을 존중하고 장려 |
| 월마트[90] | • 회사는 고객에게 가치를 제공하기 위해 존재한다. 저렴한 가격과 다양한 선택을 제공하여 고객의 인생을 풍요롭게 만든다. 이 밖의 모든 것은 부차적이다.
• 상식에 도전하라.
• 종업원과의 동료 의식
• 열정, 헌신, 정열을 가지고 일하라.
• 단순하고 간편한 경영
• 더 높은 목표를 추구하라. |
| 월트 디즈니[91] | • 냉소주의는 금물
• 일관성과 세부적인 사항에 주의를 기울여라.
• 창의력, 꿈, 상상력을 통한 지속적 발전
• 디즈니의 환상적 이미지 보존 및 이를 위한 통제
• 다수에게 행복을 주고 건전한 미국적 가치를 고취한다. |

*이 표는 각 비전 기업들이 역사적으로 일관되게 가지고 있었던 이념을 나타내고 있다. 각 회사들의 가장 최근의 가치, 사명, 비전 또는 사훈을 단순히 옮기거나 한 가지 자료만을 참고하지 않았다. 역대 최고경영자를 통해 일관성 있게 보여진 이념들을 담았다.

말이냐? 행동이냐?

비전 기업들의 핵심 이념이 단순한 말잔치―내용이 없거나 단순한 위안, 조작 또는 오도하는 말―가 아닌, 무엇인가 중요한 내용을 가지고 있다는 것을 어떻게 확신할 수 있을까? 여기에는 두 가지 대답이 가능하다.

첫째, 사회심리학적인 연구 결과로서 사람들이 어떤 관점에 공공연히 접하게 되면 **그러한 관점에 동의하지 않고 있었다 하더라도** 그에 대해 일관성 있게 행동할 가능성이 훨씬 높다는 점이다.[92] 다시 말해서 핵심 이념을 일단 밝혀 놓으면 핵심 이념과 부합하는 방향으로 사람들이 행동하도록 영향을 미친다는 것이다.

둘째는 더 중요한 이유인데, 비전 기업들이 이념을 규정해 놓는 데 그치지 않고 그 이념들이 특정 지도자를 초월하여 조직 내에 침투할 수 있는 조치들을 취했다는 점이다. 이는 다음 장에서 살펴보게 될 것이다.

- 비전 기업은 비교 기업보다 종업원들에게 핵심 이념을 더 철저하게 주입시켰다. 이념에 대한 숭배의 수준으로까지 격상된 강한 문화를 창조해 냈다.
- 비전 기업은 비교 기업보다 종업원들을 더 주의깊게 교육했고, 핵심 이념에 부합하는 경영진을 선임했다.
- 비전 기업은 비교 기업보다 목표, 전략, 전술 및 조직 구조를 핵심 이념에 더 부합하도록 조정했다.

비전 기업이 그들의 기업 이념을 지키고 유지하는 것이 쉬운 것만은 아니었음은 틀림없다. GE의 잭 웰치 회장은 실용주의와 이상주의 또는 그의 말대로 실적과 가치의 혼재 속에서 생활하는 어려움을 다음과 같이 얘기했다.

"적어도 나는 실적과 가치에 대한 최종적인 해답을 가지고 있지 못하다. 실적도 좋고 가치 체계에 부합하는 이들이 최우선 순위이지만, 실적은 낮더라도 가치 체계에 부합하는 이들은 두 번째 순위라고 볼 수 있고, 실적도 낮고 가치 체계에도 부합하지 못하는 이들은 최하 순위로 볼 수 있다. 그렇지만 문제는 실적은 좋으나 가치 체계에 부합하지 못하는 이들이다. 우리는 그들을 설득하려고 노력하고, 그들 때문에 많은 고민을 하게 된다."[93]

사실 우리는 비전 기업이 항상 기업 이념의 완벽한 예를 갖고 있다고는 생각하지 않는다. 예를 들어 GE는 1950년대와 1960년대에 상당한 윤리적·법적 위반 사례—1955년 몇몇 회사와의 입찰 사기 등—를 범했다. 1991년에는 〈월 스트리트 저널〉 기자[94]의 사내 정보원을 찾아내기 위하여—아마도 처벌을 위한 목적으로—신시내티의 전화 기록을 추적하기도 했다. 이는 개인에 대한 존중이라는 회사의 이념을 위반한 것이다.

그 유명한 '우리의 신조'를 만들어 낸 J&J조차도 가끔은 기업 이념이 생명력을 갖고 기업의 모습을 형성하는 힘의 원천으로 작용할 수 있도록 많은 노력을 기울였다. 로버트 존슨이 '우리의 신조'를 작성한 지 36년이 지난 1979년, J&J는 신조와 관련된 광범위한 내부 의식 조사를 실시했고, 당시 CEO였던 짐 버크는 다음과 같은 말을 남겼다.

"나의 선배들은 신조의 존재를 확실하게 믿었다. 그러나 1979년의 관리자들은 신조에 전적으로 몰입해 있지 않았다. 그래서 나는 약 20명의 주요 경영진을 소집하여 다음과 같이 물었다. '여기에 우리의 신조가 있다. 만약 이것을 지킬 생각이 아니라면 아예 찢어 버리자. 신조를 지키든지 아니면 없애 버리든지 둘 중 하나를 선택해야 한다.' 회의가 끝나갈 무렵 경영진들은 '우리의 신조'가 내포하고 있는 믿음에 대한 열정을 깊이 이해하게 되었다. 후속 조치로 우리는 전

세계의 J&J 관리자들을 만나 위에서 말한 '우리의 신조'에 대해 질문을 던지게 되었다."[95]

비전 기업들이 언제나 완벽한 것은 아니다. 그러나 방금 살펴보았듯이 신조를 지켜 가기 위한 J&J의 노력, 실적과 가치에 관한 GE의 고뇌처럼 비전 기업은 핵심 이념의 중요성을 강조했으며, 회사의 모습을 형성하는 힘의 원천으로 핵심 이념을 보존하는 데 많은 노력을 기울였다. 그리고 우리의 연구에서 살펴보건대 비전 기업들이 그들의 비교 기업보다도 많은 노력을 기울였다는 점을 다시 한 번 강조하고 싶다.

최고경영자, 관리자, 창업자들을 위한 메시지

비전 기업을 만드는 가장 중요한 단계는 기업의 핵심 이념을 명확히 하는 것이다. 비전 기업에 대한 연구를 통해 우리는 핵심 이념을 구성하는 두 가지 부분의 정의를 이끌어 낼 수 있었고, 비전 기업들은 이 정의를 자신들의 기업 이념을 수립하는 데 유용한 지침으로 사용했다는 것도 발견할 수 있었다.

핵심 이념 = 핵심 가치 + 목적

핵심 가치 : 조직의 필수적이고 영속적인 신념. 특수한 문화나 운영 지침과 혼동되어서는 안 되며, 경제적인 이익이나 근시안적인 기대치와도 타협해서는 안 됨.

목 적 : 단순한 이윤 추구를 떠나 기업이 나아갈 길을 제시하는 근본적인 존재 이유. 특정 목표나 경영 전략과 혼동되어서는 안 됨.

핵심 가치

핵심 가치란 조직의 근본적이고 영원한 신념으로, 재무상의 이익이나 근시안적인 기대치와 혼동되어서는 안 된다. IBM의 전 CEO였던 토머스 웟슨 2세는 1963년 그의 저서 《사업과 그 신념》에서 그가 '신념'이라고 말한 핵심 가치의 역할에 대하여 다음과 같이 밝히고 있다.

"기업의 성패는 기업이 직원들의 재능과 열의를 얼마나 잘 이끌어 내느냐에 달려 있다고 나는 믿는다. 무엇으로 많은 사람에게서 공감대를 얻어 낼 수 있는가? 그리고 오랜 세월에 걸쳐 일어나고 또 일어날 수많은 변화 속에서 이 공감대와 방향 감각을 어떻게 지켜 나갈 것인가? 그 힘은 이른바 신념이라는 것에 있고, 또한 그 신념이 직원들에게 얼마만큼의 설득력을 지니고 있느냐가 중요하다. 어떤 조직이라도 살아남고 성공하기 위해서는 그 조직의 정책이나 활동에 항상 어떤 신념이 전제되어야 한다는 확고한 믿음을 나는 가지고 있다. 기업의 성공에 있어서 가장 중요한 요소를 든다면 신념에 대한 집착이다. **신념은 반드시 방침의 수립, 시행, 목적보다 앞에 있어야 한다. 방침의 어느 단계에서라도 기본적인 신념을 거스를 가능성이 있다면 반드시 그것을 바꾸어야 한다.**"[96]

거의 모든 경우에 핵심 가치는 확실한 지침을 제시하는 단순한 한 마디로 요약될 수 있다. 월마트의 핵심 가치를 이끌어낸 샘 월턴의 경우를 보자. "고객 제일주의… 만일 당신이 고객에게 봉사하고 있지 않거나 그 일을 하는 사람들을 도와 주고 있지 않다면 우리는 당신을 필요로 하지 않습니다."[97] P&G의 품질 제일주의와 정직한 기업이라는 간단 명료한 핵심 가치를 만든 제임스 갬블은 "만약 당신이 함량 미달의 제품을 만든다면 비록 돌을 깨는 일이라도 정직하게 일하는 곳으로 가십시오"[98]라고 말했다.

휼렛 패커드의 CEO 존 영은 HP가 추구해야 할 방향을 간단히 'HP는 한 사람 한 사람을 존중하고 그들에게 관심을 가진다. '남들이 네게 해주었으면 하고 바라는 만큼 너도 남들에게 베풀라.' 그것이 HP가 추구하는 전부다"[99]라고 말했다. 위에서 보는 바와 같이 핵심 가치는 여러 가지로 표현될 수 있지만, 항상 간단 명료하고 직설적이고 강한 힘을 가지고 있다.

비전 기업들은 보통 3~6개 정도의 핵심 가치를 가지고 있다. 사실 비전 기업 중에 6개 이상의 핵심 가치를 가진 회사를 본 적은 없으며, 대부분 그보다 적었다. 변하거나 타협하지 않고 깊숙이 뿌리내린 가치란 3, 4개밖에 없으며, 우리도 그러리라 예상했다.

이런 것들은 자신의 조직에 핵심 가치를 부여하려는 사람들에게 암시하는 바가 있을 것이다. 만일 여러분이 5, 6개 이상의 가치를 떠올리고 있다면 여러분은 진정한 핵심 가치를 포착하고 있지 못한 것이다. 만일 여러분의 회사가 핵심 가치를 가지고 있거나 그것을 만들려고 한다면 스스로에게 이렇게 질문해 보길 바란다. "과연 이 핵심 가치들 중에서 어떤 것들이 앞으로 수백 년 동안의 외부 환경 변화 속에서 득이 되든 실이 되든 변하지 않고 살아남아 있을까? 환경이 허락하지 않는다면 어떤 핵심 가치를 바꾸어야 할까, 아니면 버려야 할까?" 이런 질문을 던져 봄으로써 어떤 가치가 진짜 핵심인지 밝힐 수 있을 것이다.

중요한 점이 또 있다. 비전 기업의 핵심 가치를 가져다 쓰는 오류를 범해서는 안 된다(〈표 3-1〉 참고). 핵심 가치란 비전 기업의 것을 모방한다고 되는 것이 아니다. 외부의 조언을 받거나, 경영학 책을 보거나, 또는 어떤 가치가 가장 실용적이며 인기가 있고 이익이 많이 난다고 해서 될 일이 아니다. 핵심 가치를 밝히거나 명문화할 때 가장 중요한 절차는 다른 회사들이 세워 놓은 것이나 외부에서 이래야 한다는 것이 아닌, 조직 내의 모든 사람이 마음속에서 믿을 수 있는 것을 뽑아 내는 것이다.

핵심 가치는 외부 환경과는 무관한 조직 내부적인 요소로 존재해야 한다는 사실을 이해하는 것이 중요하다. 이와 비슷한 경우로 미국을 세운 사람들은 그 시기가 자유와 평등을 요구하는 때였기 때문에 자유와 평등을 국시로 두지 않았다. 또한 그들은 환경의 변화에 따라 국시를 포기하고 다른 것으로 바꾸는 나라를 만들려고도 하지 않았다. 그들은 자유와 평등을 외부 환경과 독립적인 영원 불멸의 사상, 앞으로의 모든 미국인에게 방향을 제시하고 그것을 향해 나아가야 할 사상으로 그려 놓았다. "우리는 이 진실이 당연히 받아들여지는 세상이 될 수 있도록 그것을 수호하고……." 이것은 비전 기업에서도 마찬가지다.

> 비전 기업에서 핵심 가치란 합리적일 필요도, 대외적으로 정당화될 필요도 없다. 시류에 따라 흔들리는 유행 같은 것은 더욱 아니다. 변화하는 시장 환경에 따라 변하는 것이어서는 더더욱 안 된다.

로버트 존슨 2세가 '우리의 신조'를 쓴 이유는 그것이 이윤과 연결되는 개념이거나 어느 책의 한 부분에서 그것을 읽었기 때문은 아니다. 그는 그가 간직하고 싶은 신념을 회사에 깊이 새겨 놓고 싶어서 그 글을 쓴 것이다. 조지 메르크 2세도 약은 환자를 위한 것임을 굳게 믿었고 메르크의 모든 사람들과 그 믿음을 공유하길 원했다. 토마스 윗슨 2세도 IBM의 핵심 가치가 아버지로부터 귀에 못이 박이도록 들어 온 이야기라고 말하면서 "아버지에게는 그 가치들이 바로 삶의 법칙이다. 어떠한 대가를 지불하더라도 지켜야 하고, 모든 사람들이 받아들여야 하며, 다음 경영자가 누가 되든 일생을 통하여 양심적으로 따라 주어야 하는 법칙이다"라고 강조하고 있다.[100]

데이비드 패커드와 빌 휼렛은 HP의 갈 길이나 기업을 하는 이유를 계획하고 만들어 낸 것은 아니었다. 그들은 단순히 사업이란 이렇게 해야 한다는 그들의 방법에 강한 믿음을 가지고 있었고, 그것을 명문화하는 분명한 단계를 거쳐 이를 널리 퍼뜨리기 위해 믿음을 지켜 갔고 그렇게 행동했다. 그들은 당시에 유행하던 경영 기법과는 무관하게 이런 믿음을 가지고 있었다. HP의 문서들을 쭉 훑어보다가 우리는 데이비드 패커드가 쓴 글 하나를 발견했다.

"1949년 나는 한 경영인 모임에 참석했다. 나는 거기서 경영인들은 자기 회사의 주주들에게 돈을 벌게 해주는 것 이상의 책임이 있다고 문제를 제기했다. 우리는 종업원들에게 인간으로서의 존엄성을 인식시켜야 할 책임과 그들의 노동의 결과로 얻어진 성공을 절대적으로 같이 나누어 가져야 한다는 확신을 갖게 할 책임도 있다고 말했다. 또한 더 나아가 우리의 고객에 대한, 즉 사회에 대한 책임도 있다고 지적했다. 그 발언을 통해 내가 놀라고 충격받은 것은 그 모임의 어느 누구도 나의 의견에 동의하지 않았다는 사실이다. 그들은 반대하는 이유를 정중히 얘기하긴 했지만 나를 자기들과는 다른 사람으로 생각했고, 나를 HP같이 크고 중요한 회사를 경영할 자격이 없는 사람으로 여기는 것이 분명했다."[101]

휼렛, 패커드, 메르크, 존슨, 그리고 웟슨 같은 경영자들은 "어떤 사업이 돈벌이가 될까?"라든지 "좋은 종이에 인쇄하려면 어떤 철학이 어울릴까?" 또는 "금융 회사들에게 잘 보이려면 어떤 철학이 좋을까?"라는 생각을 하며 그저 자리만 차지하고 있지는 않았다. 그들은 자신들의 내면에 있는 그들의 오장육부, 뼛속 깊은 곳에 있는 것을 찾아 명문화했다. 그들에겐 그것이 마치 숨쉬는 것과 같이 자연스러운 것이었을지 모른다. **그들은 진심으로 그것을 믿었고, 회사도 일관성 있게 그 믿음과 함께 살아가고 있다.** 다시 한 번 강조하고 싶은 말은 믿음이다. 향료도, 방부제도, 설탕도 들어 있

| 이윤 추구를 넘어서 | 113

지 않은 100% 순수한 믿음이다.

목적

목적이란 단지 이윤을 추구하는 것을 넘어선 기업의 존재 이유를 밝히는 하나의 기본적인 틀이다. 비전 기업들은 이 장의 앞에서 언급한 데이비드 패커드의 말("나는 우선 회사가 존재하는 이유에 대해서 토론해 보고 싶다. 다시 말해서 우리는 무엇 때문에 여기에 있는가? 많은 사람들이 돈을 벌기 위해서라고 잘못 생각하고 있을 것이다. 돈을 번다는 것은 회사가 존재함으로써 얻어지는 중요한 결과이긴 하지만, 좀더 깊이 들어가서 우리가 존재하는 진짜 이유를 찾아내야 한다.")과 비슷한 질문을 함으로써 목적에 접근하고 있다.

목적이 다른 회사와 전적으로 다를 필요는 없다. 두 회사가 성실이라는 똑같은 사훈을 가질 수 있는 것처럼, 회사들이 서로 비슷한 목적을 가질 수도 있다. 목적의 가장 중요한 역할은 방향을 제시하고 동기를 부여하는 것이므로 반드시 다를 필요는 없다. 예를 들어 많은 회사들이 첨단 과학을 이용한 전자 제품으로 사회에 공헌하고 인류 복지에 기여한다는 HP의 목적과 동일한 목적을 가질 수 있다. 문제는 HP처럼 깊이 있고 일관성을 가지고 그것을 지켜 나가느냐 하는 것이다. 핵심 가치에서와 마찬가지로 목적에서 중요한 것은 유일함이 아니라 믿음이다.

목적은 광범위하고 기초적인 것이며 변함없는 것이다. 좋은 목적은 수십 년 동안, 아니 수백 년 동안 조직에 동기를 부여하고 이끌어 간다. 100년 앞을 내다본 메르크 사의 로이 배젤로스(Roy Vagelos)는 메르크가 가지고 있는 목적의 변함없는 역할에 대해 다음과 같이 피력했다.

"우리 모두가 앞으로 100년 후인 2091년에 와 있다고 상상해 보자. 우리 회사의 경영 전략이나 전술의 많은 부분들이 상상할 수 없을 정도로 많이 바뀌어 있을 것이다. 그러나 회사 안에 어떠한 변화가 있다 하더라도 한 가지는 변치 않고 남아 있으리라고 나는 믿는다. 가장 중요한 것은 메르크의 정신이며 1세기가 지난 후에도 우리는 공동체 의식을 느낄 수 있으리라 믿는다. 내가 이렇게 생각하는 이유는 무엇보다 '질병과 싸우고, 고통으로부터 사람들을 해방시키고 돕는다'는 무언가 위대한 일을 하는 데 메르크가 기여하고 있다는 사실 때문이다. 그것은 영원한 목적이고, 또 다가올 100년 동안에도 메르크의 사원들로 하여금 위대한 업적을 남기도록 동기를 부여할 것이다."[102]

지평선을 따라가는 것이나 북극성을 찾아가는 일이 그런 것처럼, 사실 비전 기업들은 목적을 향해 끊임없이 다가가지만 그 목적을 완전히 성취하거나 완성한다는 것은 불가능하다. 월트 디즈니도 무한하면서도 정복할 수 없는 목적의 본질에 대해 다음과 같이 말했다.

"세상에 상상할 수 있는 것이 남아 있는 한 디즈니랜드는 완공되었다고 말할 수 없다."[103]

보잉은 항공 공학에 대한 연구의 고삐를 늦출 수 없을 것이다. 세상은 늘 뛰어난 비행사와 같은 기업을 필요로 하기 때문이다. HP도 "더 이상 우리가 사회에 기여할 것이 없다"라고 말할 수 있는 시기에 도달할 수 없을 것이다. GE도 "기술과 혁신을 통하여 생활에 풍요로움을 주는 일을 다했다"고 자신할 수는 없을 것이다.

마리오트는 진화할 수 있다. A&W 맥주 판매기에서 식당 체인점으로, 비행기 음식 사업, 호텔, 그리고 미지의 21세기의 사업으로 말이다. 그러나 "친구와 함께 있는 것처럼 집을 떠난 사람들에게 편안함을"이라는 본연의 사명을 완수했다고 말할 수 있는 시기는 아마 오지 않을 것이다.

모토롤라도 진화할 것이다. 가정용 라디오의 부품 회사에서 자동차 라디오로, 가정용 텔레비전, 반도체, 집적 회로, 무선 통신, 인공위성 시스템 그리고 21세기의 미지의 사업으로 진화할 것이다. 그러나 "우수한 제품과 서비스를 적정한 가격으로 공급하여 사회에 봉사한다"라는 본연의 임무를 완수했다고 말할 수 있는 날은 오지 않을 것이다.

디즈니도 진화할 것이다. 조악한 만화에서 장편의 완벽한 만화 영화로, 미키 마우스 클럽, 디즈니랜드, 유로디즈니 그리고 21세기의 미지의 사업으로 뻗어 나갈 것이다. 그러나 "모든 이에게 행복을"이라는 본연의 임무를 달성했다고 장담할 수 있는 시기는 오지 않을 것이다.

소니 또한 진화할 것이다. 전기 밥솥에서 전기 프라이팬으로, 녹음기, 트리니트론 컬러 텔레비전, VCR, 워크맨, 로봇 산업 그리고 21세기의 미지의 산업으로 진화할 것이다. 그러나 "누구도 경험해 보지 못한 즐거움과 혜택을… 그리고 일본 문화의 발전"을 가져다 주는 응용 기술의 혁신, 그것을 통한 짜릿한 즐거움의 경험이라는 본연의 목적을 완수하는 시기는 오지 않을 것이다.

간단히 말해서 비전 기업은 늘 새로운 사업으로 진화해 가면서 그 회사의 핵심 목적을 향해 나아가고 있다.

이런 것들이 암시하고 있듯이, 만일 여러분이 자신이 만들 조직의 목적에 대하여 구상하고 있다면 어느 특정 상품이나 고객층을 지칭하는 표현을 쓰지 않기를 바란다("우리는 X라는 고객을 위해 Y상품을 만들기 위해서 존재한다."). 예를 들어 디즈니 사가 "우리는 어린이에게 만화를 보여 주려고 존재한다"라는 목적을 상정했다면 그것은 지난 100년 동안 오늘날의 디즈니를 이룩한 추진력과 창조력을 주지 못하는 최악의 것이 되었을 것이다. "우리의 상상력을 총동원해서 세상 많은 사람들에게 행복을 가져다 준다"라는 목적은 100년 동안 디즈니를 이끌어 오기에 충분한 것이었다.

가장 중요한 단계는 조직의 보다 깊고 근본적인 존재 이유를 찾는 것이다. "왜 회사를 팔아 버리고 문을 닫지 않는가?"라는 질문을 던져 보고, 100년 후에도 통용될 답을 찾아보는 것도 효과적인 방법이 될 수 있다.

확실히 해둘 것이 있다. 우리는 형식적인 이유 때문에, 아니면 대외적인 명분 때문에 기업의 목적을 정해 둔 경우를 비전 기업들에게서 찾지 못했다. 가끔은 너무나 내부 지향적이고 형식이 없기까지 했다. 그럼에도 불구하고 우리가 밖에서 본 18개 회사 모두 목적은 그 역할과 취향이 핵심 가치와 확연히 달랐고, 또 13개 회사에서 목적 선언문(공식적이든 비공식적이든)이 존재했기 때문에 차라리 목적을 핵심 사상의 구분되는 한 성분으로 정의하는 것이 낫다고 생각했다.[104] 조사 결과에 따르면 모든 회사가 그들의 핵심 이념에 핵심 가치와 목적 모두를 명문화시킴으로써 많은 도움을 받았으므로 여러분도 그렇게 했으면 한다.

최고경영자가 아닌 분들에게 드리는 조언

비록 이 장이 회사의 전반적인 측면을 다루고 있기는 하지만 우리는 조직의 모든 계층에 같은 논리가 적용된다는 사실도 발견했다. 여러분이 일하고 있는 사업부, 부서 그리고 과 조직에서 핵심 이념을 명문화시키지 못할 이유는 없다. 여러분의 회사에 전체적인 기업 이념이 있다면 여러분의 단위 조직의 이념 또한 핵심 가치면에서 기업 이념의 영향을 받는 것은 당연하다. 그러나 여러분의 취향에 맞는 이념을 만들 수도 있고, 또 하부 조직만의 목적을 명문화시킬 수도 있다. 여러분은 무엇을 위해 존재하는가? 여러분이 없어진다면 무엇을 잃게 되는가?

회사의 전체적인 기업 이념이 없는 경우라면 그것이 있는 것보다 아마 더 손쉽게 여러분의 조직 단위에서 이념을 만들 수 있을 것이다. 회사에 기업 이념이 없다는 이유만으로 여러분의 단위 조직이 그것을 가져서는 안 된다고 말할 수는 없다. 오히려 단위 조직의 이념을 세움으로써 회사 전체의 이념을 수립하는 데 여러분이 중심 역할을 할 수도 있고 하나의 모델을 제시할 수도 있다. 우리는 단위 조직이 전체 회사에 그런 식의 영향을 행사하는 경우를 본 적이 있다.

창업자나 중소기업의 관리자에게 드리는 조언

비전 기업 모두가 처음부터 잘 정립된 핵심 이념을 가지고 창업한 것은 아니었다. 몇몇 회사는 그러한 경우도 있었다. 존슨&존슨의 로버트 존슨을 예로 들 수 있다. 그는 회사를 만들겠다고 생각했을 때부터 "질병과 고통을 줄여야 한다"는 회사의 목적을 분명히 가지고 있었다.[105] 소니의 이부카 마사루도 1946년 '회사의 전망'을 쓸 때부터 그랬다. 그러나 HP나 모토롤라 같은 다른 회사들은 대기업이 되기 전에 모두 핵심 이념을 정립하긴 했지만, 창업 단계를 지나서 안정기에 들어설 즈음이거나 10년의 세월이 흐르고 난 뒤에야 그 작업을 시작했다. 초창기에는 대부분의 비전 기업들이 터전을 잡기 위해 노력했기 때문에 그들의 이념도 회사가 발전할 때가 되어서야 명확해졌다.

그러므로 여러분의 회사가 아직 걸음마 단계에 있기 때문에 기업 이념을 정립하지 못했다고 해도 괜찮다. 그러나 빠르면 빠를수록 좋다. 사실 이 책을 읽을 시간이 있다면 책 읽는 시간을 조금 할애해서라도 기업 이념을 정립하는 작업을 시작하기 바란다.

제4장

핵심을 보존하고 발전을 자극하라
PRESERVE THE CORE/STIMULATE PROGRESS

폴 갤빈은 활동 자체를 위한 활동이 될지언정 항상 앞으로 나아갈 것을 우리에게 요구했다. 지속적인 개선을 강조했다. 변화 그 자체는 필연적인 것이다. 그러나 따로 떼어 놓고 생각해 보면 그것은 한계가 있다. 그렇다. 개선이 곧 변화다. 개선이란 뭔가 '다른 방법으로 하는' 것을 요구한다. 그것은 기꺼이 바꾸고 다시 시도하는 것을 의미한다. 물론 개선은 입증된 원칙을 기꺼이 수용하며 더욱 풍요롭게 한다.[1)]
- 로버트 갤빈, 모토롤라 전 CEO, 1991

그것은 우리에게 방향을 제시하는 일관된 원칙이다. 어떤 원칙들은 1837년 창업 이래 P&G의 중요한 특징이 되어 왔다. P&G가 발전과 성장을 지향하고 있지만 결과뿐만 아니라 그 결과를 어떻게 달성했는가에 대해서도 회사가 관심을 기울이고 있다는 사실을 종업원들이 이해하고 있다는 점이 매우 중요하다.[2)]
- 에드 하니스, P&G 전 사장, 1971

앞장에서 우리는 핵심 이념이 비전 기업의 필수 요소라고 주장했다. 그러나 핵심 이념이 그 자체로 중요하기는 하지만 그 하나만 가지고 비전 기업이 될 수는 없다. 어떤 회사가 세상에서 가장 훌륭하고 의미 있는 핵심 이념을 가지고 있다고 하자. 그러나 그 회사가 변화를 거부하고 조용히 안주한다면 세상은 그 회사를 지나쳐 버리고 말 것이다. 샘 월턴이 지적한 대로

"한때 좋은 결과를 거두었다고 해서 그것이 계속될 수는 없다. 왜냐하면 우리 주변의 모든 것들은 항상 변화하기 때문이다. 성공하기 위해서는 항상 변화의 최전선에 있어야 한다."3) 마찬가지 의미에서 토머스 윗슨은 그의 책 《사업과 신념》에 다음과 같은 중요한 경고를 담았다.

"만약 어떤 조직이 변화하는 세계의 도전에 직면한다면, **조직은 창업 이래 지켜 온 기본 신념 이외의 모든 것을 변화시킬 태세를 갖추어야 한다. 조직의 유일한 신성 불가침 영역은 사업을 하는 기본 철학 이외에는 아무것도 없다.**"4)

IBM은 1980년대 후반기와 1990년대 전반기에 걸쳐 비전 기업으로서의 위치를 상실했는데, 우리가 보기에 이는 IBM이 윗슨의 경고를 무시한 데 일부 기인한 것 같다. IBM의 '세 가지 기본 신념(종업원 개인을 존중하고, 고객 만족을 위하여 많은 시간을 할애하며, 업무를 올바로 처리하도록 마지막까지 노력한다)'의 어느 곳에서도 흰색 셔츠, 푸른색 양복, 세부 방침, 세부 절차, 조직 체계, 메인프레임 컴퓨터 아니면 그냥 컴퓨터에 대한 내용을 발견할 수 없다.

푸른색 양복과 흰색 셔츠는 핵심 가치가 아니다. 메인프레임 컴퓨터도 그렇고 세부 방침이나 절차, 관행들도 회사의 핵심 가치가 아니다. IBM은 회사의 핵심 가치를 제외한 모든 것을 더욱 적극적으로 변화시켰어야 했다. IBM은 전략상의 운영 실무와 핵심 이념의 문화적 표현에 너무 오랫동안 집착했다.

우리는 회사들이 핵심 이념과 '세세하고 중요하지 않은 일'을 혼동하여 곤란에 처했음을 알게 되었다. 회사들이 핵심 이념과 핵심이 아닌 일을 혼동하면 핵심이 아닌 일—회사가 적응하며 앞으로 나가기 위하여 변화시켜야 할 것들—에 너무 오랫동안 매달리게 된다. 이것은 우리에게 결정적인 시사점을 던져 준다. 비전 기업은 자신의 핵심 이념을 조심스럽게 보존하고 보호하는 반면 핵심 이념의 구체적인 표현 방식은 변화와 발전을 위해 열어 놓는다. 예를 들어 보자.

- HP의 '종업원 개인에 대한 존중과 관심'은 그 회사 핵심 이념 중 영원하고 변하지 않는 부분이다. 그러나 매일 아침 10시에 모든 종업원에게 과일과 도넛을 제공하는 일은 변화가 가능한 비핵심적인 관행이다.
- 월마트의 '고객의 기대를 능가하라'는 구호는 핵심 이념의 영원하고 변하지 않는 부분이다. 그러나 입구에서 손님을 맞이하는 일은 변화할 수 있는 비핵심적인 관행이다.
- 보잉의 '항상 항공 산업의 선두를 유지하고 개척자가 되는 것'은 핵심 이념의 영원하고 변하지 않는 부분이다. 그러나 점보 제트기를 만들겠다는 생각은 변화할 수 있는 비핵심적인 전략이다.
- 3M의 '개인의 창의력에 대한 존중'은 핵심 이념의 영원하고 변하지 않는 부분이다. 그러나 15% 규정(기술직 종업원들은 근무 시간의 15%를 자신이 선택한 프로젝트에 활용할 수 있다는 규정)은 변화할 수 있는 비핵심적인 관행이다.
- 노드스트롬의 '고객에 대한 최우선적인 봉사'는 핵심 이념의 영원하고 변하지 않는 부분이다. 그러나 각 지역별 특성의 중시, 로비에서 피아노를 연주하는 일, 재고 관리를 과도하게 하는 일 등은 변화할 수 있는 비핵심적인 관행이다.
- 메르크의 '우리는 인간의 생명을 지키고 연장하는 사업을 영위한다'라는 핵심 이념은 영원하고 변하지 않는 부분이다. 그러나 어느 특정한 질병에 대해 헌신적으로 연구하겠다는 결정은 변화할 수 있는 비핵심

적인 전략이다.

　　기업 문화, 전략, 전술, 사업, 정책 또는 다른 비핵심적인 일들과 핵심 이념을 혼동하지 않는 것이 매우 중요하다. 시간이 지남에 따라 문화적인 기준도 변해야 한다. 전략도 마땅히 변해야 한다. 제품의 종류, 단기 목표, 기업의 주요 능력, 행정 방침, 조직 구조, 보상 제도도 변해야 한다. 궁극적으로 변화해서는 안 되는 유일한 것은 그 회사의 핵심 이념이다. 즉, 회사가 영원한 기업으로 남기를 바란다면 말이다.

　　이러한 연구를 통해 우리는 이 책의 중심 사상에 도달하게 되었다. "핵심을 보존하고 발전을 자극하라"라는 말의 기저에 깔린 역동적 원칙이 바로 비전 기업의 본질인 것이다. 이 장에서는 이러한 기본 개념을 간단히 소개하고, 나머지 6개 장에서 다룰 여러 가지 상세한 이야기와 사례의 배경들을 이해할 수 있도록 조직적인 분석의 틀을 제시하고자 한다.

발전의 추구

비전 기업의 핵심 이념은 핵심 이념에 해당하지 않는 다른 부분에 대해 변화와 발전을 촉진하고자 하는 진보를 향한 끝없는 열정과 함께 작동한다. 발전을 향한 열정은 인간의 깊은—탐험, 창조, 발견, 성취, 변화, 발전하고 싶은—욕구로부터 일어난다. 그것은 "변화하는 세계에서 발전이란 건전한 것이다"라든지 "건강한 조직은 변화하고 발전하는 조직이어야 한다" 또는 "목표를 가져야 한다"라는 등의 단조롭고 지성적인 인식이 아니다. 오히려 발전을 향한 열망은 깊고 내재적인 그리고 충동적인—거의 원시적인—**열정**(drive)이다.

발전을 향한 열정이란 샘 월턴으로 하여금 귀중한 인생의 마지막 며칠을 병실에 들른 현지 점포 지배인과 그 일주일의 판매액을 논의하는 데 시간을 할애하도록 만든 그런 종류의 열정이다. 또 "임종을 맞는 그 순간까지 건설적인 인간이어야 하고 건설적인 일을 하라. 마지막 순간까지 하루하루 최선을 다하라"[5]를 좌우명으로 삼아 온 윌러드 마리오트의 그런 열정이다.

그것은 시티코프가 세계에서 가장 영향력 있는 금융 기관이 되겠다는 목표를, 그것도 그런 대담한 목표가 무모하거나 바보스럽게 보일 정도로 크기가 작은 은행일 때 설정하도록 만든 그런 열정이다. 그것은 월트 디즈니가 수요에 대한 시장 자료도 없는 상태에서 디즈니랜드에 그의 명성을 과감히 던진 그런 종류의 열정이다. 그것은 포드가 "자동차를 대중화하겠다"는 대담한 목표에 그의 미래를 걸고 그렇게 함으로써 이 세상에 영원한 업적을 남긴 그런 종류의 열정이다.

그것은 모토롤라가 "활동을 위한 활동이 될지언정 움직이자"라는 구호 아래 배터리 엘리미네이터(eliminator : 교류 전기를 직류로 바꾸는 전기 기구 – 옮긴이)와 자동차 라디오에서 텔레비전, 마이크로프로세서, 셀룰러 통신, 인공 위성으로 주력 사업을 전환하도록 하고, '6시그마(six sigma)'의 품질 표준(100만 개당 3, 4개의 불량)을 추구하도록 회사를 자극한 그런 열정이다. 로버트 갤빈은 '새롭게 하는 것(renewal)'이라는 용어를 사용하여 발전을 향한 모토롤라의 열정을 표현했다.

"'새롭게 하는 것'은 이 회사의 강한 추진력이 되고 있다. 1928년 회사를 설립하여 B형 배터리 엘리미네이터를 생산하기 시작한 바로 그 다음날부터 아버지는 대체품 개발에 착수해야 했다. 왜냐하면 그 엘리미네이터가 1930년에는 쓸모없게 될 것이라고 예측되었기 때문이다. 아버지는 새롭게 고쳐 나가는 것을 결코 멈추지 않았다. 우리도 마찬가지였다. 새롭고 창조적인 아이디어를 만들어 내는 사람들만이, 그런 무서운 아이디어들이 가지고 있는 위험과 그것이 주는 희망을 철저히 믿는 사람들만이 성공할 것이다."[6]

다른 기업들이 아직까지 문제로 인식하지도 않는 문제들을 3M으로 하여금 계속 실험하고 해결하도록 노력하게 해서 결국 방수 사포, 스카치 테이프 그리고 포스트 잇 같은 넓은 범위의 혁신을 가져오게 한 것도 다름 아닌 발전을 향한 열정이다. 그것은 P&G로 하여금 이익 분배와 주식 소유 제도가 유행하기 훨씬 전인 1880년대에 이 제도들을 도입하게 했고, 소니가 남들이 생각지도 않을 때인 1950년대에 트랜지스터 제품들을 상용화하도록 했다. 보잉이 매우 불확실한 시장 수요에도 불구하고 B-747의 생산을 결정하는 경영 역사상 가장 대담한 도박을 감행하도록 만든 것도 그런 열정이며, 윌리엄 보잉이 회사 설립 초기에 분명히 밝힌 그런 열정이기도 하다.

"좋은 아이디어를 '실행이 불가능하다'는 말 한마디로 간단히 처리할 자격이 있는 사람은 결코 없다. 연구와 실험을 끝없이 계속하고, 그 결과물들이 실현 가능해지는 순간 생산 체제로 바꾸어 항공 및 항공 장비에 대한 새로운 개선을 그냥 지나치지 않도록 하는 것이 우리의 일이다."[7]

발전을 향한 열정은 **현재 사업이 아주 잘 굴러가고 있어도** 그 현상에 결코 만족하지 않는 것이다. 마치 치료할 수 없는 만성 가려움증과도 같이 비전 기업의 발전을 향한 열정은 어떤 경우에도, 즉 회사가 크게 성공한 경우에조차도 결코 만족될 수 없다. "우리는 항상 더 잘할 수 있다. 우리는 항상 더 멀리 갈 수 있다. 우리는 항상 새로운 가능성을 발견할 수 있다." 헨리 포드가 말한 바와 같이 "우리는 항상 노력하고 앞으로 나아가야 한다."[8]

내부 추진력

발전을 향한 열정은 핵심 이념과 마찬가지로 내부적인 힘이다. 발전을 향한 열정은 외부 세계가 "변해야 할 때다"라거나 "개선해야 할 때다" 또는 "뭔가 새로운 것을 만들어야 할 때다"라고 말하기를 기다리지 않는다. 발전을 향한 열정은 마치 훌륭한 예술가나 발명가의 마음에 담겨 있는 정열처럼 밖으로, 앞으로 밀어붙이면서 존재한다. 디즈니랜드를 세우고, 보잉 747을 만들고, '6시그마'를 추구하고, 3M 포스트 잇을 발명하고, 1880년대에 종업원 지주 제도를 실시하고, 죽음을 앞두고 점포 지점장의 보고를 받는 것 등은 외부 환경이 그것을 요구했기 때문이 아니라 발전을 향한 내부의 욕구 때문에 생겨난 것이다. 비전 기업에 있어서 더 멀리 가고, 더 잘하고, 새로운 가능성을 창조하려는 열정은 **어떤 외적인 정당화를 필요로 하지 않는다.**

발전을 향한 열정을 통해 비전 기업은 자기 비판과 강한 자신감을 함께 보여 준다. 자신감이 있기 때문에 비전 기업은 대담한 목표를 설정하고, 때로는 산업의 전통적인 지혜나 빈틈없는 전략을 뛰어넘어 용감하면서도 과감한 행동을 할 수 있다. 차이를 좁힐 수 없다거나 뭔가 대단한 것을 해낼 수 없다는 이유 때문에, 아니면 비범한 그 무엇이 될 수 없기 때문에 비전 기업이 그런 일들을 하는 것은 아니다. 오히려 외부 세계가 요구하기에 앞서 자기 비판에 의해 스스로 변화하고 개선시켜 나간다. 따라서 비전 기업은 스스로에 대한 혹독한 비판가가 되는 셈이다. 발전을 향한 열정은 그것 자체로 핵심 이념을 제외한 모든 것에 대해 변화와 전진을 내부로부터 계속 유발시킨다.

노드스트롬의 고객 서비스 기준에 대한 칭찬에 대해 브루스 노드스트롬(Bruce Nordstrom)이 말한 반응을 보면 스스로 설정한 무자비한 규율을 알 수 있다. "우리의 서비스에 대해 얘기하고 싶지 않다. 우리는 명성만큼 훌륭하지 않다. 그 명성은 매우 무너지기 쉬운 것이다. 여러분은 매일 매순간마다 서비스 기준을 실천해야 한다."⁹⁾ 부하 직원들이 승리에 안주하도록 내버려두지 않는 휼렛 패커드의 마케팅 매니저가 있었다. 그는 '내부로부터의 열정'에 대해 이렇게 말했다.

"우리는 우리가 거둔 성공을 자랑스럽게 생각하며 이를 자축한다. 그러나 미래에 어떻게 더 잘할 수 있을까를 연구할 때가 정말 신난다. 우리가 얼마나 멀리 갈 수 있을까를 연구하는 것은 끝이 없는 과정이다. '드디어 도착했다' 라고 말할 수 있는 궁극적 종착역은 없다. 나는 우리들이 성공에 결코 만족하지 않기를 바란다. 왜냐하면 바로 그때가 우리의 운명이 기울기 시작하는 때이기 때문이다."¹⁰⁾

핵심을 보존하고 발전을 자극하라

핵심 이념과 발전을 향한 열정 사이에서 일어나는 동적인 상호작용을 살펴보자.

핵심과 발전 사이의 상호작용은 우리의 연구에서 발견한 가장 중요한 사실 중 하나다. 비전 기업은 '그리고' 라는 영신에 기초하여 핵심과 발전 사이에서 단순한 균형을 추구하지 않는다. 비전 기업은 핵심 이념에 철저하면서도 동시에 발전을 추구한다. 핵심 이념과 발전을 향한 열정은 마치 중국 이원론 철학의 음양같이 비전 기업 내에 동시에 존재한다. 서로가 서로를 가능하게 하고 보완하며 강화한다.

핵심 이념	발전을 향한 열정
• 지속성과 안정성을 제공한다.	• 지속적으로 변화를 추구한다(새로운 방향, 방법, 전략 등).
• 상대적으로 고정된 위치를 나타낸다.	• 계속 움직인다(목표, 개선, 이상적인 상태 등을 향해).
• 가능성과 회사의 방향을 제한한다.	• 회사가 고려할 수 있는 가능성의 숫자와 종류를 늘린다.
• 뚜렷한 내용을 담고 있다(이것은 우리의 핵심이고 우리는 이를 어기지 않을 것이다).	• 내용이 없을 수도 있다(우리의 핵심과 일치하는 한 어떤 발전도 좋은 것이다).
• 핵심 이념을 세운다는 것은 성격상 보수적인 일이다.	• 발전을 향한 열정을 표현하는 것은 극적이고 획기적이며 혁명적인 변화를 초래할 수 있다.

- 핵심 이념은 발전 자체를 가능하게 한다. 왜냐하면 비전 기업이 진화하고 실험하고 변화하는 데 기반이 되는 지속성을 제공하기 때문이다. 핵심을 명확히 함으로써 기업은 좀더 쉽게 핵심이 아닌 모든 것들에 대해 변화와 발전을 추구할 수 있다.
- 발전을 향한 열정은 핵심 이념을 가능하게 한다. 왜냐하면 계속적인 변화와 전진이 없다면 핵심을 보유하고 있는 회사라도 결국 변화하는 세계에 뒤처질 것이며, 활력을 잃고 사멸할 것이기 때문이다.

핵심 이념이나 발전을 향한 열정의 뿌리는 보통 특정 개인들에서 비롯되지만, 비전 기업은 그것들을 조직의 모든 계층에 엮어 **제도화**한다. 이런 요소들은 단지 일반적인 기풍이나 문화로서 존재하지 않는다. 비전 기업은 막연한 형태의 의도나 또는 핵심과 발전에 대한 막연한 열정만을 가지고 있는 것이 아니다. 분명히 말하자면 비전 기업은 이들을 가지고 있으면서 동시에 **핵심 이념을 보존하고 발전을 자극**할 수 있는 확실한 도구도 가지고 있다.

월트 디즈니는 핵심 이념을 운수 소관에 맡기지 않았다. 디즈니 대학교를 설립하여 모든 종업원들을 '디즈니 전통(Disney Traditions)'이라는 세미나에 참석시켰다. 휼렛 패커드는 HP 방식(HP Way)에 대해 얘기만 하고 끝나지 않았다. HP는 철저한 내부 승진을 제도화했고, 회사의 철학을 종업원 평가와 승진에 활용하도록 범주별로 분류했다. HP 방식에 따르지 않고는 어느 누구도 회사의 고위 경영층이 될 수 없다.

마리오트는 회사의 핵심 이념에 대하여 말로만 떠들지 않았다. 엄격한 종업원 선발 제도, 교육 과정 그리고 고객으로부터의 의견 청취를 위한 정교한 고객 피드백 제도를 실시했다. 노드스트롬은 그들의 광적인 고객 서비스를 이념으로만 만들지 않았다. 회사는 눈에 보이는 보상과 벌칙을 만들어 서비스 광신자들을 만들어 냈다. 고객에 봉사를 잘한 종업원은 고액의 보수를 받는 영웅이 되었고, 고객에 봉사를 잘못하는 종업원은 당장 회사에서 쫓겨났다.

모토롤라가 품질에 대하여 설교만 한 것은 아니었다. 회사는 소름끼치는 6시그마 품질 목표를 추구했고, 볼드리지 품질상(Baldrige Quality Award : 미국 대통령이 수여하는 국가 품질 경영 대상)에 도전했다. 1900년대 초 GE는 지속적인 기술 혁신의 중요성을 거만하게 주장하고만 있지 않았다. 이 회사는 세계 최초의 기업 연구소 중 하나를 설립했다. 보잉은 항공업계에서 최고가 되겠다는 것을 꿈꾸고만 있지 않았다. 실패하면 말 그대로 회사를 죽일 수도 있는 보잉 747 같은 어마어마한 프로젝트에 과감하게 혼신의 힘을 쏟았다.

P&G는 스스로 설정한 발전이라는 개념이 하나의 좋은 아이디어로 그

치도록 내버려두지 않았다. 회사는 발전을 촉진하기 위해 내부 경쟁 제도라는 수단을 강력히 활용하여 회사의 전 제품이 상호 치열하게 경쟁하도록 했다. 3M은 말로만 개인의 창의와 혁신을 장려하지 않았다. 조직을 분권화하고, 연구원들이 근무 시간의 15%를 하고 싶은 프로젝트에 활용하도록 제도화했으며, 사내 벤처 캐피털 자금을 만들었고, 모든 부서는 연간 매출액의 25%를 최근 5년 동안 개발한 제품으로부터 발생시켜야 한다는 제도를 시행했다.

실질적이고, 구체적이며, 명확할 뿐만 아니라 확고하다. 비전 기업의 내부를 관찰해 보라. 째깍째깍거리며 바쁘게 돌아가는 시계를 볼 수 있을 것이다. 핵심 이념과 발전을 향한 열정이 곳곳에서 눈에 들어올 것이다.

> 의도는 모두 뛰어나고 좋다. 그러나 비전 기업과 비전 기업이 되기를 원하는 회사의 차이점은 그런 의도를 구체적인 것들로 바꾸어 놓느냐 여부에 있다.

우리는 조직들이 훌륭한 의도와 멋진 비전을 가지고 있음을 종종 발견했다. 그러나 그들은 자신들의 의도를 구체적인 조치로 변환시키는 결정적인 단계를 밟지 않았다. 더욱 나쁜 것은 그들이 자신들의 의도와 잘 맞지도 않는 조직 특성, 전략, 전술들을 억지로 실시하고 있다는 점이었다. 시계를 움직이는 톱니 바퀴와 기계들은 서로 마모되지 않는다. 오히려 서로 협조하여 핵심을 보존하고 발전을 촉진시킨다. 비전 기업의 경영자들은 전략, 전술, 조직 제도 및 구조, 인센티브 시스템, 사무실 배치, 업무 분장 등 모든 것들이 서로 조화를 이루도록 한다.

〈그림 4-A〉 개념 체계

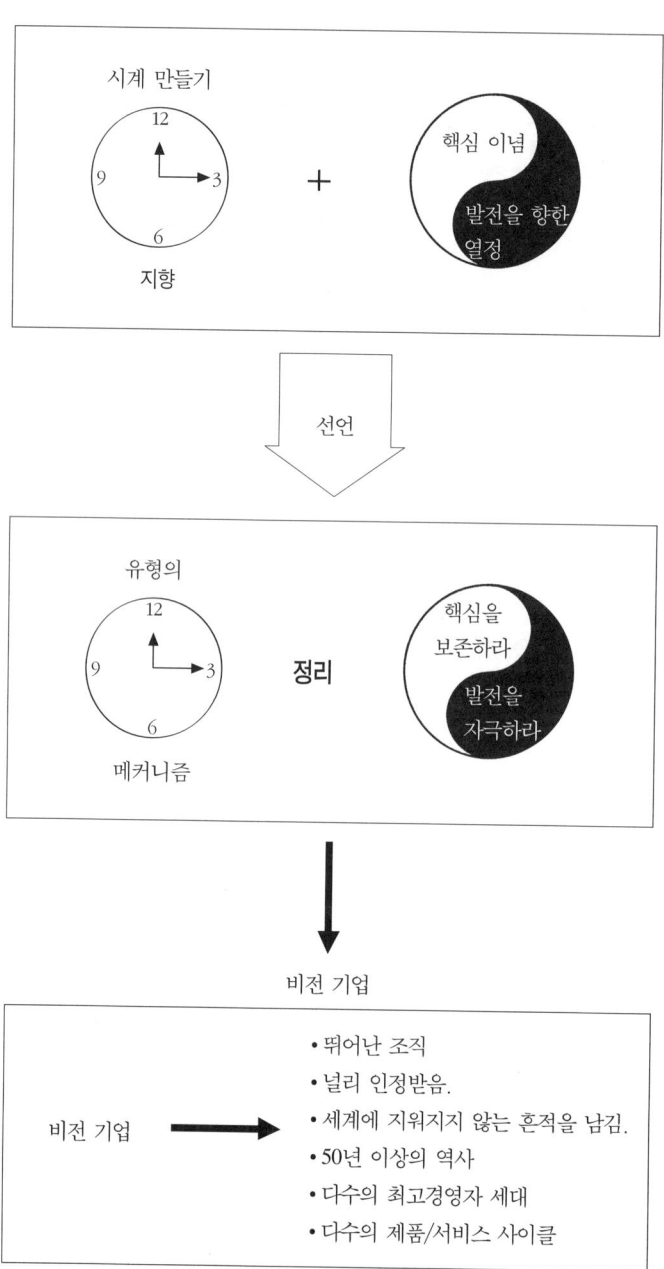

최고경영자, 관리자, 창업자들을 위한 메시지

우리는 현장에서 일하는 관리자들과 함께 연구하면서 그들이 자신들의 조직을 진단하고 설계하는 데 필요한 개념적인 지침서로 우리의 연구를 활용할 수 있도록 주요 개념을 체계적으로 정리하기로 했다.

우리의 체계는 〈그림 4-A〉와 같이 2개 층으로 되어 있다. 체계의 상층부는 앞의 여러 장에서 토의한 내용을 담고 있다. 시계 만들기에 대한 소개(2장), 음양문양('아니면'이라는 악령이 아니다), 핵심 이념(3장), 그리고 (이 장의 앞부분에서 설명한) 발전을 향한 열정이 실려 있다. 이 상층부는 비전 기업이 되기 위해 필요한 일련의 무형의 지침이라고 생각할 수 있다. 그러나 이러한 무형의 요소가 중요하기는 하지만 비전 기업이 되는데 그것만으로는 충분하지 않다. 비전 기업이 되기 위해서는 이런 무형적인 것들을 구조의 하층부로 전환시켜야 한다. 대부분의 기업들이 여기에서 실패한다.

> 만약 조직 관리를 담당하고 있다면, 이 책에서 배워야 할 가장 중요한 점은 핵심을 보존하고 발전을 자극할 수 있는 구체적 장치를 만들어야 한다는 점이다. 이 것이야말로 시계 만들기의 핵심이다.

만약 우리가 6년간의 연구 결과를 비전 기업을 건설하는 데 필요한 대부분의 정보를 담고 있는 주요 개념 하나로 표현해야 한다면, 이 책의 나머지 장 맨 앞에 나타날 다음과 같은 그림으로 표시하겠다.

나머지 장에서 우리는 비전 기업과 비교 기업을 구분시켜 주는 '핵심을 보존하고 발전을 자극하는' 구체적인 방법들을 기술할 것이다. 조직의 얼라인먼트(alignment)는 결론을 다루는 마지막 장에서 논의할 예정이다. 구체적인 방법들은 다섯 가지 범주로 나누어진다.

- **크고 위험하고 대담한 목표(BHAGs)** : 비전 기업이 역량을 집중해서 도전해 볼 만한 대담한—때로는 위험하기도 한—목표와 사업에 대해 집념을 보이는 일(발전을 자극하라).
- **사교 집단 같은 기업 문화** : 핵심 이념을 잘 받아들이는 사람들만이 일을 잘할 수 있는 회사. 그 이념에 맞지 않는 사람은 마치 병균처럼 취급되어 추방된다(핵심을 보존하라).
- **많은 것을 시도하되 잘되는 것을 계속하라** : 높은 수준의—때로는 계획에도 없고 방향성도 없는—행동과 실험을 계속하여 상상을 뛰어넘는 새로운 발전의 길을 만들어 낸다. 마치 생물학적인 종의 진화 과정을 보는 듯할 것이다(발전을 자극하라).
- **내부에서 성장한 경영진** : 내부 승진. 회사의 핵심 이념에 몰두한 사람들만을 상급 직위로 승진시킨다(핵심을 보존하라).
- **만족은 없다** : 더욱 잘하기 위해 미래에도 영원히 계속되는 자기 발전의 과정(발전을 자극하라).

우리는 이런 각각의 방법들을 뒷받침하고 예증하는 사례와 일화를 소개하고 체계적인 증거도 보여 줄 것이다. 각각의 장을 읽으면서 여러분의 조직을 진단하는 지침서로서 우리 연구의 전체 체계를 활용하려면 다음 사항들을 고려하라.

- 시간을 가르쳐 주는 것에서 **시계를 만들어 주는** 식의 관점 변화가 있었는가?
- '아니면'이라는 악령에서 벗어나 **'그리고'라는 영신**을 맞아들였는가?
- **핵심 이념**—이익을 추구하는 것 이상의, 돈을 버는 일 이상의 핵심 가치와 목적—을 가지고 있는가?
- **발전을 향한 열정**—핵심 이념을 제외한 모든 부분을 변화, 전진시키는 본원적인 욕구—을 가지고 있는가?
- 구체적인 제도—뒷부분에서 언급될 크고 위험하고 대담한 목표, 내부에서 성장한 경영진 등—를 통하여 **핵심을 보존하고 발전을 자극**하고 있는가?
- 핵심 이념을 지지하고 원하는 발전을 달성하도록 장려하기 위해 종업원에게 일관된 신호(signals)를 보낼 만큼 조직이 잘 **정리**되어 있는가?

다음 여섯 장을 모두 읽은 후 여러분은 자신들의 조직에 적용하여 보다 나은 조직을 만들 수 있는 구체적이고 명확한 교훈들을 가슴속에 새겨야 한다. 여러분의 직업이 최고경영자, 관리자, 개인 사업가, 창업자 등 그 무엇이든 상관없다. 여러분 모두 이 아이디어들을 실행에 옮길 수 있을 것이다.

제5장

크고 위험하고 대담한 목표
BIG HAIRY AUDACIOUS GOALS

많이 즐기지도 못하고 그렇다고 뼈아픈 고통도 겪어 보지 못한, 영혼이 가난한 자들과 겨루기보다는 실패하는 한이 있더라도 위험을 무릅쓰고 큰 것을 추구하여 빛나는 승리를 거두는 것이 훨씬 더 낫다.
― 시어도어 루스벨트, 1899[1]

우리는 무섭게 일했다(우리의 목표를 깨닫기 위하여). 우리는 무서움을 몰랐기 때문에 큰일을 할 수 있었다.
― 이부카 마사루, 소니 창업자, 1991[2]

내가 지금까지 한 일 중에서 가장 신났던 일은 함께 일하는 인재들을 조화시키는, 분명한 목표를 제시하는 일이었다.
― 월트 디즈니, 월트 디즈니 창업자, 1954[3]

여러분이 1952년 보잉의 경영자라고 가정해 보자. 회사의 기술자가 대형 상용 제트기를 만들 생각을 갖고 있다고 하자. 여러분의 회사는 상용 시장에 대한 판매 경험이 전혀 없고, 이전에 상용 시장에 도전하여 여러 번 실패한 경험도 있다. 회사는 주로 군용 비행기('B-17 날아다니는 요새', 'B-29 슈퍼 요새', 'B-52 제트 폭격기')를 제작하고 있으며, 사업의 80%가 하나의 고객, 즉 공군으로부터 나온다.[4] 더욱이 판매팀의 보고에 따르면 미국이나 유럽에 있는 항공사들은 보잉의 상용 제트기에 대하여 전혀 관심을 가지고 있지 않다.

항공사들은 '보잉은 대형 폭격기를 제작하는 회사'라는 반(反)보잉 경향이 있었다. 어떤 항공기 회사도 상용 제트기 시장이 있다는 것을 알지 못했다. 라이벌인 더글러스조차 프로펠러 항공기가 계속 상용 시장을 지배할 것이라고 믿었다. 여러분의 회사는 제2차 세계대전이 끝난 후 5만1천 명의 종업원을 7천5백 명으로 감축해야 했던 뼈아픈 경험을 가지고 있다.[5] 그리고 결정적인 것은 이 제트기의 원형(原形)을 만드는 데 과거 5년 동안 평균 세후 이익의 약 세 배—회사 총 순자산의 약 1/4 — 에 해당하는 비용이 소요된다는 점이다.[6] (다행스러운 점은 이 제트기가 군용 급유기로 활용이 가능하다는 점이었지만, 그래도 원형 제작에 1500만 달러가 소요되었다.[7])

여러분이라면 어떻게 하겠는가?

만약 여러분이 보잉 경영진이라면 성공할 확률을 따지지 않고 큰 목표를 세워서 상용 항공기 시장의 선두 자리를 공고히 할 것이다. 제트기를 제작하여 707이라고 명명한다. 그리고 상용 시장은 제트기 시대로 돌입한다.

이에 비해 더글러스(후에 맥도넬 더글러스로 이름을 바꾼 회사로, 보잉의 비교 기업)는 피스톤 프로펠러기를 고수하기로 확실히 결정한 후 상용 제트기 사업을 관망하기로 했다.[8] 결국 더글러스는 계속 기다리다가 보잉이 자신들을 따라잡고 상용 시장을 지배하는 것을 지켜보게 되었다. 〈비즈니스 위크〉지에 따르면, 항공사들이 피스톤 항공기를 바꾸기 위하여 아우성이던 해[9]인 1957년에도 더글러스는 여전히 제트기를 개발하지 못하고 있었다. 결국 1958년 더글러스는 DC-8을 내놓았으나 보잉을 따라잡지 못했다.

아마 여러분은 다음과 같이 생각할 것이다. '보잉이 운이 좋았던 것은 아닐까? 되돌아보면 보잉이 훌륭해 보이지만 얼마나 쉽게 잘못될 수도 있었는가?' 좋은 지적이다. 그리고 단 한 가지를 제외하고는 동의한다. 보잉은 오랫동안 일관되게 스스로를 크고 대담한 도전에 맡긴 역사를 가지고 있다. 1930년대 초를 돌아보면 보잉의 무모한 행위를 볼 수 있는데, 그때 보잉은 군용 항공기 시장에서 선두가 되겠다는 목표를 설정하여 P-26 군용 비행기에 회사의 미래를 걸고 'B-17 날아다니는 요새'에 과감히 투자했다.[10]

이런 사업 방식이 1950년대의 707로 끝나지 않았다. 1960년대 초 727을 개발할 때도 보잉은 잠재 고객(이스턴 항공사)의 요구를 회사 기술자들의 명확한, 그리고 거의 불가능한 도전 목표로 삼도록 했다. 라 가디아 공항의 활주로 4-22(길이가 4860피트에 불과해서 당시의 제트 여객기에는 너무 짧았다)에 착륙할 수 있고, 뉴욕에서 마이애미까지 논스톱으로 날 수 있으며, 좌석 6개를 나란히 놓을 수 있을 만큼 폭이 넓어야 하고, 131명의 승객을 태울 수 있어야 하며, 비파괴성(indestructibility)에 대한 보잉의 높은 기준을 만족시키는 제트기를 제작하라는 것이었다. 보잉의 기술진은 중요한 기술적 개가, 즉 보잉 727을 달성했는데, 그것은 달리 대안이 없었기 때문이었다.[11]

이에 비해 더글러스 항공은 대응이 느렸으며, 727 이후 2년이 지난 후에야 DC-9를 소개했다. 그로 인해 상용 제트기 시장에서 보잉에게 더욱 뒤처지게 되었다. 그리고 당시 보잉은 착륙거리가 더욱 짧은 제트기인 737을 개발 중이었다. 이론적으로는 더글러스도 이스턴 항공사의 도전에 보잉만큼 빠르게 대처할 수 있었으나 실제로는 그렇지 않았다. (여담으로 727에 대한 보잉의 당초 수요 예측은 300대였으나 결과적으로 1800대 이상을 팔았고, 착륙거리가 짧은 항공기 중에서 각광받는 비행기가 되었다.)

1965년 보잉은 역사상 가장 대담한 조치 중 하나를 발표했다. 회사를 거의 도산시킬 수 있는 결정인 747 점보 제트기의 개발 결정이었다. 개발 결정을 위한 최종 이사회 석상에서 이사회의 한 멤버가 "계획이 성공하지 못할 것 같으면 우리는 항상 그 계획을 철회할 수 있다"고 말할 때 보잉 회장인 윌리엄 앨런은 다음과 같이 대꾸했다.

"철회할 수 있다고?" 앨런은 강경했다. "만약 회사가 일단 이 계획을 결정하면 회사의 모든 자원을 총동원해서라도 우리는 비행기를 제작할 것이다!"

 P-26, B-17, 707 그리고 727을 개발할 때와 마찬가지로 보잉은 재정적으로, 심리적으로, 공개적으로 돌이킬 수 없을 만큼 747 개발에 전력 투구했다. 747을 개발할 때 어떤 회사 방문객이 "앨런 씨, 보잉은 많은 것을 그 비행기 제작에 투자하고 있는데 첫 비행에서 이륙에 실패하면 어떻게 하시겠습니까?"라고 물었다. 긴 침묵이 흐른 후 "좀더 즐거운 이야기를 하고 싶은데요. 예를 들어 핵전쟁 같은 것 말입니다"라고 앨런은 대답했다.[12]

 DC-8 및 DC-9의 경우와 마찬가지로 더글러스는 다시 한 번 점보 제트기 개발 결정이 늦었고, 보잉에 비하여 한 단계 더 뒤처지게 되었다. 더글러스의 DC-10은 747의 시장 점유율을 따라잡지 못했다.

BHAGs―발전을 자극하기 위한 강력한 수단

 보잉은 비전 기업이 가끔씩 대담한 목표 또는 BHAGs(Big Hairy Audacious Goals : 크고 위험하고 대담한 목표)라고 불리는 것을 발전을 자극하기 위한 강력한 수단으로 어떻게 활용하는가를 보여 주었다. BHAGs가 발전을 자극하는 유일한 수단도 아니고 모든 비전 기업이 광범위하게 그것을 활용하고 있지도 않다(3M이나 HP 같은 회사는 뒷장에서 논의할 다른 수단에 의존하고 있다.) 그럼에도 불구하고 우리는 18개의 연구 사례 중 14개 사례에서 비교 기업보다 비전 기업이 이런 강력한 수단을 더 많이 사용한 것을 발견했다. 3개의 사례에서는 비전 기업과 비교 기업이 BHAGs에서 큰 차이가 없었다. 나머지 한 사례에서는 비교 기업에서 BHAGs를 더 많이 활용했다(부록 3의 〈표 A-5〉 참고).

 모든 회사가 목표를 가지고 있다. 그러나 단순히 목표를 가지고 있는 것과, 높은 산에 오르는 것처럼 거대하면서도 강한 도전에 전력 투구하는 것과는 차이점이 있다. 1960년대의 달 정복 계획을 생각해 보라. 케네디 대통령과 보좌관들은 회의실에서 "우주 계획을 보강합시다" 또는 다른 빈소리를 했을 수도 있다.

1961년 달 정복 계획의 성공 가능성에 대한 과학적 평가 중 가장 낙관적인 것이 50 대 50이었고, 사실 대부분의 전문가들은 더 비관적이었다.[13] 그럼에도 불구하고 의회는 1961년 5월 25일 케네디 대통령의 "우리 나라는 금세기가 가기 전에 달에 사람을 착륙시키고 무사히 귀환시키는 목표를 반드시 달성해야 합니다"라는 선언에(그리고 당장 필요한 5억 4천9백만 달러와 향후 5년간의 수십억 달러의 예산과 함께) 동의했다.[14] 주어진 여건을 고려해 볼 때 그런 대담한 선언은 당시에는 굉장한 것이었다. 그러나 그것은 1950년대와 아이젠하워 시대 이래로 휘청거리는 미국을 활발히 전진시키는 그런 강력한 수단의 일부분이 되었다.

명확하고 강력한 목표

달 정복 계획과 마찬가지로 진짜 BHAGs는 명확하고 강력하며 힘을 한 곳으로 모으는 중심점 역할을 한다. 가끔 거대한 팀 정신을 만들어 내기도 한다. 그것은 조직이 언제 목표를 달성했는지 알 수 있도록 뚜렷한 결승점을 가지고 있다.

> BHAGs는 사람을 필요로 한다. 사람들을 끌어당겨 마음으로부터 그들을 사로잡는다. 그것은 명백하며, 기운이 넘치고, 매우 집중적이다. 사람들은 바로 BHAGs를 이해한다. 거의 또는 전혀 설명이 필요없다.

달 정복 계획에는 목표를 장황하고 의미 없고 기억할 수도 없는 '사명 기술서(mission statement)'로 만들기 위해 끝없이 시간을 소모하는 위원회 같은 것은 필요없다. 목표 그 자체가 이해하기 쉽고 크기 때문에 여러 가지로 다르게 표현될 수 있지만, 모든 사람들이 목표를 쉽게 이해할 수 있다.

에베레스트산을 오르기 위하여 원정대가 결성되었을 때 에베레스트가 어떠한가를 설명하기 위해 3쪽짜리 두루마리 '사명 기술서'를 만들 필요는 없다. 여러분은 달 정복이나 에베레스트 등반처럼 투명하지 못하고, 장황하며, 자극적이지도 않고, 대담하지도 않은 목표를 기술한 사명 기술서를 가지고 있지 않은가? 어떤 기술서는 핵심을 보존하는 데 도움을 주기는 했지만, 우리가 본 대부분의 사명 기술서는 발전을 위해 아무런 도움이 되지 않는 것들이었다. 그러나 발전을 자극하기 위해서는 전형적인 사명 기술서를 뛰어넘어서 BHAGs의 강력한 메커니즘을 생각해야 한다.

제너럴 일렉트릭 같은 회사가 마주하고 있는 도전에 대해 GE의 회장 잭 웰치는, 다른 무엇보다 가장 먼저 해야 할 일은 "회사의 운명을 광범위하고 명확한 표현으로 정의하는 일이다. 거창하면서도 단순하고 이해하기 쉬운 여러 가지를 내포하는 메시지가 필요하다"라고 말한다.[15] 예를 들어 어떤 것이 있을까? GE는 다음과 같은 것을 제시했다. "우리가 하는 모든 사업에서 1위 혹은 2위가 되고, 회사에 변혁을 일으켜 소기업의 스피드와 기민함을 갖도록 하는 것."[16] GE의 모든 종업원들은 회사의 BHAGs를 전부 이해하고 기억한다. 이제 아주 명확한 GE의 BHAGs와, 이해하기 어렵고 기억하기 힘든 1989년의 웨스팅하우스 '비전 기술서'를 비교해 보자.

제너럴 일렉트릭[17]	웨스팅하우스[18]
우리가 하는 사업에서 업계 1위 혹은 2위가 되고 소기업의 스피드와 기민함을 갖도록 회사를 변화시키는 것	전사적 품질 시장 선도 기술 위주 세계화 성장에 초점을 맞추고 다변화한다.

GE가 올바른 목표를 가지고 있었고, 웨스팅하우스는 목표를 잘못 설정했다는 것이 아니다. 중요한 것은 GE의 목표가 달 정복 계획처럼 명확하고 강력하며 발전을 자극할 가능성이 많다는 것이다. 회사가 올바른 BHAGs를 가지고 있는지, 또는 그 BHAGs가 종업원을 올바른 방향으로 이끌어 가고 있는지 하는 것은 무관한 질문은 아니지만, 그것은 본질적인 점을 간과하고 있다.

BHAGs의 본질은 다음과 같은 질문에서 더 잘 나타난다. "그것이 발전을 자극했는가? 그것이 추진력(momentum)을 만들었는가? 그것이 사람을 움직였는가? 그것으로 인해 종업원들이 활력을 가지는가? 종업원들이 목표에 자극받고, 재미있어 하며, 모험적이 되고 있는가? 그들이 기꺼이 자신들의 창의적인 재능과 에너지를 목표 달성에 쏟고 있는가?" (이것은 비전 기업이 어떤 유형의 BHAGs를 추구해도 된다는 말은 아니다. 중요한 질문은 "그것이 핵심 이념과 일치하는가?" 하는 것이다. 이 장의 끝에서 좀더 언급하겠다.)

필립 모리스와 R.J. 레이놀즈의 예를 들어 보자. 1961년 레이놀즈는 담배 시장 점유율이 35%로 가장 높았고, 가장 큰 회사였으며, 수익성이 가장 뛰어난 회사였다. 반면 필립 모리스는 시장 점유율이 10% 이하인 6위의 회사였다.[19] 그러나 필립 모리스는 R.J. 레이놀즈가 가지고 있지 않은 두 가지를 가지고 있었다. 첫째는 필립 모리스가 말보로라는 이름으로 조금 알려진 여성용 담배를 카우보이 마스코트로 변신시켰다는 것이고—대단한 성공이었다—**둘째는 필립 모리스에는 달성하고자 하는 그 무엇이 있었다는 점이다.**

후발 업체이면서도 필립 모리스는 담배 산업의 제너럴 모터스가 되려는 대담한 목표를 세웠다[20] (1960년대에는 "어떤 산업에서 제너럴 모터스가 된다"는 것은 세계 시장을 지배한다는 뜻이나 마찬가지였다). 필립 모리스는 이 목표를 향해 전력 투구한 결과 6위에서 5위로, 5위에서 4위로 계속 전진하여 마침내 오랜 선두 주자인 R.J. 레이놀즈를 1위 자리에서 밀어냈다. 반면 같은 기간 동안 R.J. 레이놀즈는 딱딱하며 전형적이고 배타적인 경영을 했고, 주주들에게 배당을 많이 하는 것 이외에는 명확한 다른 야심을 가지고 있지 않았다.

물론 필립 모리스는 R.J. 레이놀즈보다 그런 목표를 가지기가 쉬웠다. 다윗과 골리앗의 싸움처럼 뒤에서 추월하여 업계의 거인을 무너뜨리는 일은 1위 자리를 고수하는 일보다 훨씬 쉽게 동기 부여될 것이다. 골리앗과 싸우는 일은 신나는 일이다. 그를 이기는 일은 더욱 신나는 일이다. 그러나 사실 1960년대에 5개 담배 회사가 더 있었으나, 오직 필립 모리스만이 골리앗을 추월하여 업계의 GM이 되겠다는 야심찬 목표를 세워서 달성했다.

기반이 확고한 업체들이 지배하고 있는 산업에서 저 멀리 있는 업계 6위 기업의 야심찬 계획은 아무리 칭찬해도 지나치지 않다. 사실 전략 기획 같은 합리적인 모델을 따르다 보면 결국 거만한 바보가 되고 근시안적이 되기 쉽다. 우리는 전략 기획을 전공하는 학생들에게 필립 모리스의 상황을 종종 활용한다(핵심을 놓치지 않도록 약간 변형된).

거의 모든 학생들은 회사가 시가(cigar) 사업에 진출하지 말아야 한다고 생각한다. 어떤 학생은 다음과 같이 말했다. "그들은 적합한 전략적 자산과 경쟁력을 가지고 있지 않다. 그들은 자신들의 전문 분야를 고수해야 한다." 확실히 필립 모리스는 잘못되어 오랫동안 잊힐 수도 있었다. 우리는 이 책에서 그것을 다루고 싶지 않다. 그러나 동시에 마찬가지로 확실한 점은 필립 모리스가 겸손하게 전문 분야에 매달려 골리앗을 공략하지 않았다면 우리 역시 이 책에서 그들을 다루지 않았을 것이다.

> 필립 모리스의 경우처럼 BHAGs는 대담하다. 그러나 합리적으로 신중하게 생각하면 "비합리적이다"라고 여겨지는 사각 지대에 설정된다. 그러나 발전을 향한 정열은 '그럼에도 불구하고 우리는 그것을 할 수 있다고 믿는' 것이다. 다시 한 번 얘기하면 이것은 단순히 '목표'가 아니다. 이것은 거대하고 위험이 많으며 대담한 목표들이다.

다른 예를 들면 1907년 43세의 헨리 포드는 놀라운 BHAGs로 회사의 전진을 주도했다. 포드는 "자동차를 대중화하라"고 선언했다.

"대중을 위하여 자동차를 만들자. 돈 버는 사람이라면 누구나 한 대를 소유할 수 있는, 그래서 멋진 곳에서 가족과 함께 즐거운 시간을 가질 수 있도록 아주 저렴한 자동차를 만들자. 모든 사람들이 한 대씩 살 수 있을 것이다. 고속도로에서 마차가 사라질 것이고, 자동차는 당연한 것으로 받아들여질 것이다."[21]

BHAGs를 발표할 당시 포드 사는 부상하는 자동차 시장에서 기반을 잡기 위해 요란스럽게 움직이는 30개가 넘는 회사 중 하나였을 뿐이다. 이제 막 커 가는 혼란스러운 산업에서 어떤 회사도 명백한 업계 선두 주자라는 목표를 설정하지 않았고, 포드는 시장의 15%만 점유하고 있었다. 그러나 이 터무니없는 야심은 포드의 디자인팀 전체의 마음을 움직였다. 그들은 매일 저녁 10시나 11시까지 무서운 속도로 일했다.[22] 언젠가 그 팀의 일원이었던 찰스 소렌슨(Charles Sorenson)은 그때를 이렇게 회상했다. "포드와 나는 48시간 동안 휴식도 없이 일한 적도 있다."[23]

이 기간에 포드가 업계 1위 자리로 부상할 때 포드의 비교 기업인 제너럴 모터스는 시장 점유율이 20%에서 10%로 감소했다.

그러나 아이러니컬하게도 포드 사는 자동차를 대중화하겠다는 거대하고 위험스런 목표를 달성하고 난 후 새로운 BHAGs를 설정하지 않았고, GM이 포드를 이기겠다는 똑같이 대담한 목표를 세워 이를 달성하는 것을 지켜보기만 했다. 여기서 우리가 강조하고 싶은 것은 **BHAGs는 아직 그것을 달성하지 못한 조직만을 도와 준다는 점이다.**

포드는 우리가 명명한 "드디어 달성했다"라는 증상, 즉 회사가 하나의 BHAGs를 달성한 후 다른 BHAGs를 설정하지 않았을 때 나타나기 쉬운 자기 만족에 따른 무력감에 시달리고 있었다. (여담으로, 여러분의 조직이 BHAGs를 가지고 있다면 그것을 달성하기 전에 그 다음의 것을 생각하고 있어야 한다. 또한 조직이 권태감에 빠져 있을 때 여러분이 가지고 있던 BHAGs를 묵시적이든 명시적이든 이미 성취하여 새로운 것으로 대체하지 않고 있는 것이 아닌가 스스로 점검할 필요가 있다.)

젊은 소기업의 대담성을 예로 들어 보자. 1950년대 후반 도쿄츠신코교 (Tokyo Tsushin Kogyo, 도쿄통신공업 : 상대적으로 조그만, 일본 밖에서는 잘 알려지지 않은 기업)라는 회사는 돈을 아주 많이 들여 원래 이름을 버리고 새 이름을 지었다. 바로 소니 주식회사다. 회사의 거래 은행은 이를 반대했다. "회사가 설립된 이래 '도쿄츠신코교'라는 이름이 무역 업계에 알려지는 데 10년이 걸렸다. 갖은 고생 후에 이런 무의미한 변화를 하는 이유가 무엇인가?" 소니의 모리타 아키오는 "새 이름은 회사가 세계로 뻗어 가도록 해주는 반면, 옛 이름은 외국에서 발음하기가 쉽지 않다"고 간단히 대답했다.[24]

그런 변화는 특별히 대담한 것이 아니라고 생각할지도 모르겠다. 결국 대부분의 중소기업들은 해외 시장으로 눈을 돌려야 한다. 그리고 이름을 도쿄츠신코교에서 소니로 바꾸는 것이 그렇게 대단한 것은 아니다. 그러나 모리타 아키오가 말한 변경 이유를 자세히 보면 그 안에 거대한 BHAGs가 있다.

"아직 우리 회사가 소규모이고, 일본 시장이 아주 크고 잠재적으로 매우 활발한 시장임을 알고 있었지만 나에게 너무나 명백했던 것은 우리가 세계로 시장을 넓히지 않으면 이부카와 내가 꿈꾸었던 회사로 성장할 수 없다는 것이었다. 우리는 품질이 나쁘다고 인식된(세계에 알려진) 일본 제품의 이미지를 바꾸어 놓고 싶었다."[25]

1950년대에 '메이드 인 저팬'은 '값싼 2등급의 저품질'을 의미했다. 회사에 관한 자료들을 읽으면서 우리는 소니가 그 자신의 성공을 바랐을 뿐만 아니라 저품질이라는 일본 소비재 상품의 이미지를 바꾸어 놓은 최고의 회사가 되기를 원했다는 것을 알았다.[26] 종업원이 1천 명도 채 안 되고, 해외 경험도 전무한 회사로서는 이것이 사소한 야심이라고 할 수는 없다.

이것이 소니 역사상 BHAGs의 첫 번째 사례는 아니다. 예를 들어 1952년 회사는 불가능해 보이는 목표, 즉 윗도리 주머니에 들어갈 수 있고 세계적으로 보급할 수 있는 소형 라디오를 제작하기 위하여 몇 명 되지 않는 그들의 기술진을 파견했다.[27] 1990년대에 사는 우리는 소형화를 당연한 것으로 받아들인다. 그러나 1950년대 초반의 라디오는 진공관을 사용했다. 소형 라디오를 제작한다는 것은 오랫동안의 고통스러운 시행 착오와 중요한 기술 혁신을 필요로 했다. 세상의 어떤 회사도 트랜지스터 기술을 이용한 일반용 라디오 제작에 성공하지 못했다.[28]

이부카 마사루는 "어떤 어려움이 있어도 트랜지스터 라디오를 만듭시다"라고 외쳤다. "나는 우리가 라디오용 트랜지스터를 생산할 수 있다고 확신합니다."

이부카가 이런 대담한 생각을 외부 전문가에게 얘기했을 때 그 전문가는 "트랜지스터 라디오라고? 당신 진심이요? 미국에서조차 트랜지스터는 국방용으로만 이용하고 있을 뿐이오. 만의 하나 당신이 트랜지스터를 이용한 소비재 상품을 만든다고 해도 누가 그런 비싼 제품을 살 수 있겠소?"라고 반문했다.

"그것이 바로 일반 사람들이 생각하는 점입니다"라고 이부카는 대꾸했다. "사람들은 트랜지스터가 상업적으로 유용하지 않다고 합니다. 이 점이 이 사업을 더욱 재미있게 만들 것입니다."[29] 사실 소니 기술자들은 외부 사람들이 보기에 이런 조그만 회사가 무모한 그리고 아마도 거의 불가능한 일을 하고 있다는 점에 매우 기뻐하고 있었다. 소니는 소형 라디오를 만들었고, 세계적으로 보급할 수 있는 제품을 만들겠다는 꿈을 성취했다(이런 노력의 부산물로 소니의 어느 과학자는 트랜지스터 개발에서 이룩한 획기적인 기술적 성과로 인해 결국 노벨상까지 수상했다).[30]

샘 월턴이 1945년 첫 번째 잡화상을 열었을 때 월마트는 비슷한 유형의 대담한 BHAGs를 가지고 있었다. 그 첫 번째 목표는 "5년 이내에 아칸소 주에서 수익성이 가장 높은 잡화 가게를 만드는 것"[31]이었다. 이 목표를 달성하기 위해서는 매출액이 연 7만2천 달러에서 연 25만 달러로 세 배 이상 성장할 필요가 있었다. 그 가게는 아칸소 주 및 주변 5개 주에서 가장 크고 이익이 많이 나는 가게가 되어 그 목표를 달성했다.[32]

월턴은 대담한 목표를 계속해서 설정했다. 1977년 그는 4년 이내에 10억 달러짜리 회사(회사 규모의 2배 이상)가 되겠다는 거창하고 위험하며 대담한 목표를 설정했다.[33] 그러나 월마트는 거기에 그치지 않고 계속해서 새로운 목표를 설정해 나갔다. 예를 들어 1990년에도 샘 월턴은 새로운 목표를 세웠다. 즉, 2000년까지 가게 수를 배로 늘리고 제곱피트당 매출액을 60% 증가시킨다는 것이었다.[34] 우리가 이 예를 어떤 글에서 소개했을 때 월마트의 어느 의기양양한 중역은 다음과 같은 편지를 우리에게 보내왔다.

> "당신 말대로 샘 월턴은 2000년까지 가게 수를 배로 늘리고 제곱피트당 매출액을 60% 증가시킨다는 목표를 세웠습니다.
> 더욱 중요하지만 언급되지 않은 부분은 그가 1천2백50억 달러의 매출이라는 구체적인 목표를 세웠다는 점입니다. 그때는 세계에서 가장 큰 소매업자가 300억 달러를 달성할 정도였습니다. 1991년 1월 결산시 월마트는 326억 달러를 달성했고, 미국과 세계에서 가장 큰 소매업자가 되었습니다. 1천2백50억 달러를 달성한 세계에서 유일한 기업은 제너럴 모터스뿐입니다.
> 나는 1980년 이래로 월마트의 이사였고, 샘 월턴이 설정한 목표는 달성될 것이라는 강한 믿음을 가지고 있습니다. 만약 누군가가 1977년에 세운 그의 목표가 대단한 것이라고 생각했다면 그 사람은 현재 그의 목표에 기겁을 할 것입니다."
>
> 1992년 1월 10일
> 로버트 칸
> 공인 경영 컨설턴트/월마트 이사

자, 이게 바로 BHAGs다!

헌신과 위험

발전을 자극한다는 목표만 가지고 되는 것은 아니다. 목표를 위해 얼마나 헌신하는가도 중요하다. **사실 목표는 그것을 향한 절대적인 헌신 없이는 BHAGs로 분류될 수 없다.** 예를 들어 747을 제작하는 것은 좋은 목표가 된다. 대담한 목표일 수도 있다. 그러나 "회사의 모든 자원을 총동원하는 한이 있더라도 이 비행기를 제작한다!"는 강한 집념이 있어야 그것은 훌륭한 BHAGs가 된다. 사실 보잉은 1970년대 초창기에 '빅 버드(Big Bird)'의 판매가 예상 외로 부진하여 아주 어려운 지경에 처해 있었다. 1969~1971년까지 3년 동안 보잉은 종업원의 60%인 8만6천 명을 해고했다.[35] 이런 어려웠던 시절에 어떤 사람은 시애틀에 있는 5번 도로상에 다음과 같은 게시

판을 붙였다.

> "시애틀을 떠나는 마지막 사람은 전등불을 모두 꺼 주시기 바랍니다."

우리 모두는 이제 747이 항공 산업의 최고 점보 제트기라는 것을 안다. 그러나 그 현실은 1960년대 후반의 전망과는 아주 다른 것이다. 이것이 중요한 점이다. 보잉은 위험에 직면하여 기꺼이 과감하게 움직여 갔다. 보잉의 경우와 마찬가지로 위험이 항상 고통 없이 오는 것은 아니다. 안전한 곳에 머무는 것은 발전을 자극하는 데 아무런 도움이 되지 않는다.

우리는 창립 이래 과감하고 때로는 위험하기도 한 대담한 사업에 헌신함으로써 발전을 자극한 월트 디즈니 사에서도 비슷한 양상을 보았다. 1934년 월트 디즈니는 영화업계에서 한 번도 시도된 적이 없는 것을 해볼 작정이었다. 성공적인 장편 만화 영화를 제작하는 것이었다. 〈백설공주〉를 제작하는 데 디즈니 사는 자원의 대부분을 투자했고, 이를 '디즈니의 바보짓'이라고 부르는 자들에게 도전했다. 결국 누가 장편 만화 영화를 보고 싶어했겠는가?

20년 후 〈피노키오〉, 〈판타지아〉, 〈밤비〉 등 일련의 장편 만화 영화를 제작한 후 디즈니는 이 과정을 다시 되풀이하여 '월트의 별난 아이디어'에 위험한 승부를 걸었다. 나중에 우리에게 디즈니랜드로 알려진 아주 새로운 형태의 오락 공원을 탄생시키는 것이었다. 1960년대에 디즈니 사는 이 과정을 되풀이하여 월트 임종시의 꿈을 실현하기 위하여 힘을 기울였다. 플로리다에 EPCOT 센터를 건립하는 것이었다.[36] 마이클 아이스너에 따르면 월트의 동생인 로이가 그 집념을 완성했다.

"로이는 실질적으로 그의 형의 꿈인 월트 디즈니 세계를 건립하는 데 그의 인생을 걸었다. 그는 멋진 여생을 포기하고 디즈니의 품질 기준을 갖춘 공원 건립에 불을 당겼다. 그리고 개장일에 리본을 직접 자르면서 꿈이 완성되는 것을 지켜보았다. 그는 그 역사적인 순간이 있은 지 2개월 만에 세상을 떠났다."[37]

이에 비해 컬럼비아 영화사는 과감하고 미래 지향적이며 위험이 따르는 일을 거의 하지 않았다. 그 회사는 1930년대와 1940년대에 2류 영화를 제작하고 있었다. 가끔 좋은 영화 몇 편을 만들기도 했지만 미래를 향한 어떤 명확한 조치도 취하고 싶어하지 않아했다. 월트 디즈니가 EPCOT 센터를 향해 전진하고 있는 동안 컬럼비아는 자신들을 '항상 경영자가 아닌 투자가'로 생각하는 사람들에 의해 운영되었다.[38] 컬럼비아는 1980년대 초에 인수된 반면 디즈니는 적대적 인수 공격을 물리치고 일본 디즈니, 유로디즈니 등 새롭고 과감한 모험을 시도했다.

디즈니와 마찬가지로 IBM도 구체적이지만 그 당시로서는 위험한 목표에 과감히 투자하여 중요한 고비에서 라이벌인 버로스를 앞질렀다. 우리는 특히 1960년대 초의 컴퓨터 산업을 재편한다는 IBM의 BHAGs에 주목하고자 한다. 이 목표를 달성하기 위해 IBM은 IBM 360이라는 새로운 컴퓨터에 가진 돈의 전부를 거는 도박과도 같은 투자를 하여 스스로 위험한 길을 택했다.

그 당시 360은 비공개 방식으로 자금을 조달한 것 중 가장 큰 상업 프로젝트였다. 이 프로젝트에는 미국이 첫 원자탄을 개발하기 위해 맨해튼 프로젝트에 쏟아 부은 것보다 더 많은 자원이 필요했다. 〈포춘〉은 360 프로젝트를 "IBM의 50억 달러짜리 도박이며, 아마도 최근에 일어난 가장 위험한 사업 결정"이라고 했다. 360을 개발하는 동안 IBM은 거의 6억 달러에 달하는 재공품 재고를 가지고 있었으며, 긴급 자금을 빌려서 급료를 지급할 형편이었다.

더욱이 360 컴퓨터는 IBM의 기존 제품들을 못쓰게 만들어 버렸다. 360을 공개하자 IBM의 기존 제품에 대한 수요는 없어졌으며, 회사는 깊은 계곡을 건너 다시 돌아올 수 없는 변화를 겪고 있었다. 만약 360이 실패했다면 아마도 보기 좋은 일은 아니었을 것이다. 〈포춘〉은 "이것은 마치 제너럴 모터스가 기존의 제품과 모델을 치워 버리고 모든 수요자층을 대상으로 새로 디자인한 엔진과 새로운 종류의 연료를 사용하는, 완전히 새로운 차종을 시장에 내놓은 것과 같다"39)고 했다. 다음은 톰 웟슨 2세의 말이다.

"실수할 수 있는 여유가 거의 없었다. 그것은 내가 내린 결정 중에서 가장 크고 위험한 것이었다. 그리고 나는 수주 동안 그것에 대하여 고민했다. 그러나 내 마음속 깊은 곳에서 나는 IBM이 할 수 없는 것은 아무것도 없다는 것을 믿었다."40)

뜻밖에도 버로스(IBM의 비교 기업)는 컴퓨터에 관한 한 IBM보다 기술 수준이 우위에 있었다. 그러나 과감한 결정을 내려야 할 때 버로스는 오래된 제품인 회계 기계에 전념하면서 보수적으로 접근했다. 보잉에 대하여 더글러스가 처한 입장과 마찬가지로 버로스는 IBM이 시장을 지배하는 것을 지켜보기만 했다. 버로스 역사 중 이 시기를 설명하면서 레이 맥도널드(당시 버로스의 사장)는 "1964~1966년까지 우리는 수익성을 높이는 데 주력했다. 우리 컴퓨터 프로그램의 한계는 일시적일 뿐이며, 이익을 향상시킬 필요가 있다는 사실만이 문제가 될 뿐이다"라고 설명했다.41)

핵심 이념에 관한 장에서 논의했듯이 우리는 사업을 수익 극대화라는 관점에서 보지 않을 때만 미래 지향적인 행동이 가능하다는 사실을 다시금 확인할 수 있었다. IBM은 1등이 되어야 했고, 돈을 벌기 위해서가 아니라 IBM이었기 때문에 360 컴퓨터로 가야 했다. 하지만 물론 IBM이 항상 IBM

이지는 않았다.

1924년 컴퓨터 태뷸레이팅 레코딩 회사(Computer Tabulating Recording Company : CTR)는 업계에 있는 100여 개 중소업체 중 하나에 불과했다. 사실 그 3년 전인 1921년에는 거의 도산 일보 직전에 있었으며, 거액의 자금을 차입하여 간신히 불황을 견뎌 나갔다.[42] 시계 및 저울을 주로 판매하는 회사였으며 자기 몫을 하는 판매 사원은 52명에 불과했다.[43]

그러나 토머스 웟슨은 CTR이 다른 회사와 비슷한 회사로 머물기를 원하지 않았다. 회사가 시야를 넓혀서 계산하고 도표를 작성하고 자료를 보관하는 그런 따분하고 조그마한 회사가 아니라 훨씬 큰 회사가 되기를 바랐다. 세계적 크기의 정말로 멋있는 회사가 되고 싶었다. 그래서 그는 회사 이름을 바꾸었다. 오늘날 우리는 인터내셔널 비즈니스 머신(International Business Machines : IBM)이라는 이름을 아무렇지 않게 생각한다. 그러나 1924년에는 아주 바보스러운 이름으로 여겨졌다. 다음은 토머스 웟슨 2세의 말이다.

"어느 날 아버지가 퇴근하여 어머니를 포옹하면서 CTR이 이제부터는 인터내셔널 비즈니스 머신이라는 멋진 이름으로 알려질 것이라고 자랑스럽게 발표하셨다. 나는 거실 입구에 서서 '그렇게 조그만 일을 가지고 뭘 그러나?'라고 생각했다. 아버지는 미래의 IBM을 염두에 두고 계셨음에 틀림없었다. 그때 그가 운영한 회사의 종업원은 시가를 씹으면서 커피 분쇄기나 정육점용 저울을 파는 그런 사람들이었다.[44]

이른바 명칭 변경은 특별히 대단한 것은 아니다. 그러나 1924년 국제적인 사무용 기계 회사가 되겠다고 선언한 것은 정말로 대담한 것이었다(공식적으로 버로스는 1953년까지 '버로스 계산기 회사'로 남아 있었다. 우리는 IBM이라는 이름이 IBM 종업원의 미래에 대한 인식에 미친 영향만큼 이 이름이 버로스의 종업원들에게 똑같은 영향을 미쳤다고 생각하지 않는다).

매우 보수적인 프록터&갬블조차도 주기적으로 과감한 BHAGs를 이용했다. 예를 들어 1919년 P&G는 종업원이 계속 일할 수 있는 터전을 마련한다는 목표를 설정하고, 도매상을 거치지 않고 바로 소매상에게 연결되도록 유통 구조를 변혁시켰다(도매업자는 한 번에 대량 주문을 하고는 마치 커다란 먹이를 먹어 치운 뱀처럼 몇 달 동안 아무런 주문도 하지 않았다. 그래서 P&G는 수요에 따라 사람을 고용하고, 해고해야 했다). 《내일을 바라보며 : 프록터&갬블의 발전》이라는 책에서 오스카 시스갈(Oscar Schisgall)은 회사의 목표에 대한 내부 토론이 다음과 같이 진행되었다고 말한다.[45]

"우리는 계산서를 2만에서 4만 개 이상으로 늘려야 하는데, 그것이 회계 비용을 얼마나 증가시키는지 아는가?"라고 회계부 직원이 불평했다.

유통팀은 "나라 전체에 수백 개의 창고를 새로 확보해야 한다. 그리고 소매점에 물건을 보내기 위해 미국 전역에서 운송 회사를 고용해야 한다"고 했다.

어떤 매니저들은 "P&G와의 거래가 없어진 도매업자들이 매우 화가 나서 P&G와 직접 거래하는 모든 소매상에게 아무 상품도 팔지 않을 것"이라고 우려했다.

"P&G가 미국의 모든 조그만 식품점을 방문할 수 있을 정도의 많은 판매 사원을 과연 어떻게 확보할 수 있을까? 판매 부서는 아마도 미국 육군보다 더 방대한 조직이 될 것이다"라고 어느 판매 사원이 말했다.

당시 사장이던 리처드 듀프리(Richard Deupree)는 P&G가 장애물을 극복할 수 있는 능력이 있다고 믿었고, 안정적인 고용이라는 목표는 위험을 감수할 만한 가치가 있다고 보았다(그의 이런 자신감은 부분적으로는 뉴잉글랜드

주에서 성공적으로 실험해 본 소매상들과의 직거래에 기초한 것이다). P&G는 이 아이디어에 박차를 가하여 그것을 어떻게 실시할 수 있는지를 생각했다. 1923년 P&G는 목표를 달성했고, 어느 신문 기사에 다음과 같이 발표했다.

"1923년 8월 1일 P&G는 평소보다 더욱 흥미로운 성명을 노동계와 업계에 발표했다. 그것은 미국에 있는 30개 도시의 사무실과 공장에서 근무하는 종업원들에게 안정적인 고용을 보장하는 것이다. 이 획기적인 발표는 미국 산업 역사상 처음 있는 일로, 미국 내 대기업 중 하나에서 일하는 수천 명의 종업원들에게 사업의 계절적인 불황에도 불구하고 1년 내내 안정적인 고용을 약속한다는 것이다."[46]

그런 헌신적인 노력을 듀프리는 다음과 같이 설명했다.

"우리는 비실용적이고 불가능한 것에 도전하여 그것이 만약 우선 해야 할 올바른 일이라면 실용적이고 실현 가능하다는 것을 증명하고 싶다. 여러분은 여러분이 옳다고 생각한 것을 한다. 만약 그것이 성공하면 더욱 투자할 것이고, 실패하면 농장을 저당잡혀서라도 버텨 나갈 것이다."[47]

반면 콜게이트는 역사상 새롭고 과감하거나 혁신적인 프로젝트를 수행하는 데 있어서 P&G보다 훨씬 덜 자발적이었다. 소매상과의 직거래에 있어서도 콜게이트는 시간적인 여유가 있다고 생각했고, 따라서 다시 P&G보다 한 단계 뒤처져 선두를 뒤따르는 수동적인 위치에 서게 되었다(P&G와 콜게이트는 뒤에서 좀더 자세하게 비교할 예정이다).

휴브리스 요인(Hubris Factor)

우리와 함께 일한 어느 연구원의 관찰에 따르면 비전 기업은 휴브리스('지나친 자만, 확신, 또는 오만')에 가까운 자신감을 가지고 있는 것 같다. 우리는 이것을 '휴브리스 요인'이라고 부르기로 했다. 신학적인 관점에서는 그러한 자신감이 신을 모욕하는 것으로 여겨질 수도 있다.

거창하고 위험하며 대담한 목표를 설정한다는 것은 어느 정도의 비합리적인 확신을 필요로 한다. 보잉 707이나 747에 투자한다는 것은 합리적이지 않다. IBM 360을 만든다는 것은 분별 있는 일이 아니며, 중간 규모의 정육점용 저울 판매업자가 국제적인 사업용 기계 회사가 되겠다고 선언하는 것은 겸손한 일이 아니다. 디즈니랜드를 만들려는 것은 조심스러운 행동이 아니다. "자동차를 대중화하겠다"고 선언하는 것은 온당한 처사가 아니다. 담배 산업의 작은 어린애에 불과한 필립 모리스가 R.J. 레이놀즈를 따라잡겠다는 것은 거의 무모한 일이다. 조그만 회사가 저품질이라는 일본 제품의 세계적인 이미지를 바꾸어 놓겠다는 회사 목표를 발표하는 것은 거의 바보같은 일이다.

비전 기업의 뒤에는 대단한 모순 하나가 놓여 있다.

> BHAGs는 내부 사람보다 외부 사람에게 더욱 대담해 보인다. 비전 기업은 그들의 대담성이 신을 모욕하는 일이라고 보지 않는다. 그들이 목표로 했던 일을 달성하지 못한 적은 결코 없었다.

이것을 등산에 비유해 보자. 암벽 등반가가 로프 없이 절벽을 오르고 있다고 생각하자. 잘 모르는 관객들에게는 암벽 등반가가 용감하며, 무모한 일이 아니라면 위험을 즐기는 것처럼 보일 것이다. 등반가의 입장에서는 적절한 훈련과 집중만 하면 등반할 수 있다는 것을 추호도 의심하지 않는다.

그에게는 등반이 매우 위험스러운 일이 아니다. 떨어지면 죽는다는 것을 알기 때문에 더욱 도전해 보고 싶은 것이다. 그러나 그는 그의 능력에 대하여 확신을 가지고 있다. 대담한 BHAGs를 설정할 때의 비전 기업은 바로 그 등반가와 흡사하다.

리더가 아닌 목표(시간을 알려 주는 것이 아닌 시계를 만들어 주는 것)

우리는 여기서 중요한 수단은 카리스마적인 리더십이 아니라는 것을 강조하고 싶다. 달 정복 계획의 예로 돌아가서 존 F. 케네디 대통령이 카리스마적인 지도력을 가졌고, 금세기 내에 달을 정복하겠다는 창의적이고 대담한 목표를 제시한 공로가 상당 부분 그에게 있다는 사실을 부인할 수는 없다. 그럼에도 불구하고 케네디의 리더십 스타일은 발전을 자극하는 주요 수단이 아니었다.

케네디는 1963년 세상을 떠났다. 그는 더 이상 이 세상에 있지 않았고, 달을 향해 전진할 것을 촉구하지도 자극하지도 격려하지도 않았다. 케네디 사후에 달 정복 계획에 대한 의욕이 조금이라도 감소했거나, 계획이 중지되었거나, 달을 정복한다는 것이 범국민적인 추진력 형성에 더 이상 도움을 주지 못했는가? 물론 그렇지 않았다. 달 정복 계획의 훌륭한 점은 한번 착수한 이후 누가 대통령이 되든 발전을 자극할 수 있는, 그 계획이 가지고 있는 잠재력이다. 케네디가 아닌 닉슨 대통령하에서 달에 착륙했다고 해서 재미가 훨씬 떨어지는가? 아니다. **목표 그 자체가** 동기를 부여한다.

월마트의 이사인 로버트 칸으로부터 온 편지로 잠시 돌아가자. 그는 1992년 1월 10일 편지를 썼다. 샘 월턴이 척추암으로 마지막 수개월 동안의 투병 생활 끝에 1992년 생을 마감하는 시기와 같은 때였다. 월턴의 건강이 급격히 악화되었지만 칸은 월마트가 목표를 달성하리라는 '전적인 확신'을 나타냈다. 월마트가 2000년까지 1천2백50억 달러의 매출을 올리는 회사가 될지는 이 글을 쓰는 동안에도 알 수가 없다. 그러나 이 목표는 샘 월턴의 카리스마적인 리더십이 없어도 자석처럼 회사를 앞으로 끌어당기면서 아직까지 살아 있다. 샘 월턴은 발전을 자극하는 강한 수단인 대담한 BHAGs를 뒤에 남겨 두고 떠났다. 목표가 다음 리더에게 전해졌다.

보잉에서도 목표는 다음 리더에게 전해졌다. 확실히 윌리엄 앨런은 회사가 747에 전력 투구하도록 하는 데 중요한 역할을 했다. 그러나 앨런이 아닌, 목표 그 자체가 회사가 활발히 움직이도록 하는 강력한 촉매제가 되었다. 사실 앨런의 후계자인 윌슨(T.A. Wilson)은 747이 아직 개발 중이고 회사가 빅 버드의 판매 부진으로 존폐의 위기에 직면해 있을 때인 1968년 사장에 취임했다. 회사가 위기에 처해 있었고 역사상 가장 놀라운 상용 항공기가 아직 태어나지 않았어도 앨런의 퇴직 후에 보잉은 그 계획을 중단하지 않았고 혼란 상태에 빠지지도 않았다.

보잉은 앨런 훨씬 이전에(P-26, B-17 등) 그리고 앨런의 임기가 지난 훨씬 이후까지(747의 완성 그리고 757과 767) 발전을 자극하기 위하여 이 수단을 적극적으로 활용했다는 사실을 기억하기 바란다. 반복해서 BHAGs에 전력 투구하는 것은 6대에 걸쳐서 중요한 수단—시계를 작동시키는 부속—이 되어 왔다.

반면 맥도넬 더글러스가 보잉에 비하여 상대적으로 전진력이 결여된 것은 대부분 제임스 맥도넬의 개인적인 리더십 스타일에 기인하는 바가 크다. 1978년 〈비즈니스 위크〉는 '경영 스타일대로 전략을 세우는 회사'라는 제목의 기사를 실었는데, 그 기사는 '모든 위험을 조심스럽게 진단하고 아주 보수적으로 경영'하는 제임스 맥도넬의 스타일로 말미암아 '토의도 하지 않고 전략을 어떻게 설정했는가' 하는 점을 자세히 다루고 있다.[48]

보잉에서는 대담한 프로젝트에 과감히 도전하는 것이 **그 회사의—당시의 리더에 상관없는—특징**이 되었다. 맥도넬 더글러스의 경우 상용 항공기에 대해 위험을 회피하고 보수적으로 접근했던 것은 당시 재임 중인 리더의 개인적 성격 탓이었다. 다시 한 번 우리는 보잉의 경우에서 시계를 만들어 주는 것을, 맥도넬 더글러스의 경우에서 시간을 가르쳐 주는 것(그것도 제대로 가르쳐 주지도 못하면서)을 볼 수 있다.

소니도 또한 BHAGs의 활용을 회사의 습관—**살아가는 방식**—으로 만들었다. 《소니의 비전》이라는 책을 저술하기 위하여 소니의 내부 경영 과정을 탐구해 온 닉 라이언스(Nick Lyons)는 그의 책에서 "타깃(target). 내가 소니에서 여러 번 자꾸 반복해서 들은 영어 단어"라고 적었다.[49] 1970년대 중반 소니의 연구 담당 이사였던 기쿠치 마카토 박사는 그 내재된 과정의 중요성을 다음과 같이 묘사했다.

> "소니는 다른 회사에 비하여 총매출액의 상당 부분을 연구 개발에 할당한다고 알려져 있지만 단순히 그런 것은 아니다. 우리 회사와 다른 회사의 차이점은 기술 수준이나 기술자들의 능력 또는 배정된 예산액(매출액의 5%)이 아니다. 주요 차이점은 목표 지향의 연구와 적절한 타깃의 설정에 있다. 많은 회사들이 연구원들에게 완전한 자유를 주고 있다. 우리는 그렇지 않다. 목표를 찾아서 매우 현실적이며 명확한 **타깃**을 정한 후 과업을 달성하기 위해 필요한 태스크 포스팀을 구성한다. 이부카는 우리에게 한번 하기로 한 것은 절대로 포기하지 않는다는 것을 가르쳤다. 이것이 소니의 모든 연구 개발에 적용되고 있다."[50]

BHAGs와 '영웅 이후 시대의 리더 현상'

회사는 정기적으로 아주 정력적인 리더(종종 창업자들)가 떠난 후에 어떻게 추진력을 유지할 것인가 하는 궁지에 직면한다. 우리가 연구한 여러 회사에서 이 '영웅 이후 시대의 리더 현상'을 보였다. 버로스(보이어 이후), 체이스 맨해튼(록펠러 이후), 컬럼비아(콘 이후), 하워드 존슨(존슨 이후), 멜빌(멜빌 이후), TI(해거티 이후), 웨스팅하우스(조지 웨스팅하우스 이후) 그리고 제니스(맥도널드 이후) 등.

우리는 비전 기업에서 이 현상을 많이 보지 못했다. 단지 두 경우에만 뚜렷이 나타났다. 월트 디즈니(월트 디즈니 이후)와 포드(헨리 포드 이후)다. 비전 기업들은 부분적인 해결책을 제시한다. 그 자체로 생명력을 지닌 BHAGs를 설정하고, 수세대에 걸쳐 이를 촉매로 활용한다(만약 여러분이 곧 퇴직할 최고경영자라면 이 교훈을 되새겨 보기를 권한다. 여러분의 회사는 전력투구할, 그리고 여러분이 떠난 후에도 오랫동안 추진력을 줄 수 있는 BHAGs를 가지고 있는가? 그리고 더욱 중요한 것은 **회사가 미래를 위하여 과감한 목표를 계속 스스로 설정할 능력을 갖고 있는가** 하는 것이다).

예를 들어 시티코프를 연구하는 과정에서 우리는 이 회사가 여러 세대에 걸쳐 과감하고 대담한 목표를 계속 활용해 왔다는 사실을 알았다. 1890년대에 시티은행(당시의 시티코프)은 행장, 수납원 한 명 그리고 다른 종업원 몇 명 정도의 보잘것없는 지방 은행이었다. 그러나 행장인 제임스 스틸먼은 "훌륭한 전국적인 은행이 되겠다"는 우스운(그러나 확실히 자극적인) 목표를 설정했다.[51] 어느 금융 전문 기고가는 1891년 다음과 같은 글을 적었다.

"그는 시티은행을 훌륭한 전국적인 은행으로 만들 수 있다고 생각한다. 그것이 그가 달성하고자 하는 것이고, 그의 마음을 사로잡아 활발히 움직이도록 하는 것이다. 그는 배당이 아니라 이상을 목표로 은행을 경영한다. 국내 금융 시장이나 국제 금융 시장에서 뛰어난 은행을 만드는 것, 그것이 제임스 스틸먼의 꿈이다."[52]

우리는 이 BHAGs가 스틸먼 자신에게 가지는 의미를 추적할 수 있었으며, 그것은 그 자체로 생명력을 지닌 채 오랫동안 회사를 전진시켰다. 스틸먼의 후임 사장인 프랭크 밴더립(Frank Vanderlip)은 1915년(스틸먼의 '꿈' 이후 25년, 그리고 스틸먼이 퇴직하여 거처를 파리로 옮긴 지 6년이 되는 때) 다음과 같이 적었다.

"나는 우리 은행이 가장 강력하고 가장 친절하며, 가장 멀리까지 뻗어 있는 최초의 세계적 금융 기관이 될 수 있다고 굳게 믿는다."[53]

참으로 대단한 목표였다. 1년 전에 단지 '8명의 부사장과 10명의 주니어 임원들 그리고 500명이 안 되는 종업원을 가졌으며, 사무실이 월 스트리트에 하나만 있었던' 은행에게는 특히 더 그렇다.[54] 그리고 다음 세대의 찰스 미첼(Charles Mitchell)도 1922년 종업원들에게 행한 연설에서 똑같은 논조의 전진을 외쳤다. "우리는 보다 더 큰 것을 향해 나아가고 있다. 시티은행의 미래는 그 어느 때보다 밝다. 우리는 이제 전속력으로 앞을 향해 질주할 것이다."[55] 1880년대 후반에 처음 꿈꾼 위대한 야망을 실현하기 위해 '앞을 향하여 전속력으로' 전진한 시티은행은 1914년 3억5천2백만 달러이던 총자산을 35% 이상의 연평균 성장률을 기록하면서 1929년에는 26억 달러를 이룩했다.

시티은행은 타은행과 마찬가지로 1930년대를 힘겹게 보냈다. 그러나 제2차 세계대전 후 시티은행은 5세대를 거치면서 스틸먼과 밴더립의 "가장 멀리까지 뻗어 있는 금융 기관이 되겠다"는 야망을 향해 힘차게 앞으로 나아갔다. 조지 무어(George Moore : 1959~1967년까지의 행장)는 그의 전임자들이 50년 전에 말한 것과 거의 비슷한 말을 했다.

"1960년경 우리는 모든 유용한 금융 서비스를 세계 어느 곳에서나 제공하는 길을 모색하기로 했다."⁵⁶⁾

수세대에 걸친 일관성에 주목하라. 그렇다. 매세대마다 경영자는 있었다. 그리고 시티코프 고유의 꿈은 창업자까지 거슬러 올라간다. 그러나 창업자를 능가하는 대담한 목표에 도전하는 경향은 은행 내부에 존재하고 있었다.

체이스 맨해튼(시티코프의 비교 기업) 은행도 유사한 야망을 가졌다. 두 은행은 무서운 적수로 치열한 경쟁을 하고 있었다. 20세기를 거치며 시티코프와 체이스 맨해튼 은행은 나란히 경주하면서 서로 호적수가 되었다. 1960년대에는 총자산 규모에서 1위 자리를 차지하기 위하여 치열한 전투를 벌였고, 1954~1969년까지 사력을 다해 경쟁했다.⁵⁷⁾ 1968년이 되기 전에 시티코프는 체이스를 영원히 추월하게 되었고, 마침내 체이스보다 두 배나 큰 은행이 되었다. 시티코프가 1980년대 후반과 1990년대 초반에 걸쳐 경영 위기에 처해 있었다는 사실을 인정한다. 그러나 그때는 체이스도 똑같은 상황에 처해 있었으며, 여타 수많은 은행들이 같은 경험을 했다.

그러나 그들의 유사점에도 불구하고 시티코프와 체이스 맨해튼은 기풍과 전략에 있어서 심각한 차이점이 있었다. 그것이 1968년 이후 서로 다른 길을 가게 만든 차이점이다. 1960년 데이비드 록펠러(David Rockefeller)가 체이스의 행장이 되었지만, 시티은행을 따라잡겠다는 목표는 체이스의 목표라기보다는 록펠러 개인의 목표에 가까웠다.

체이스의 최고경영자와는 달리 시티코프의 최고경영자는 목표를 향해 은행을 이끌고 갈 때 조직 위주의 전략(시계를 만들어 주는 일)을 주로 활용했다. 스틸먼은 경영의 연속성과 조직 구조에 전념했다. 밴더립은 "내가 생각하기에 유일한 한계는 경영의 질이다"라고 언급했다. 그는 조직 구조를 짜

는 데 전력 투구했고, 경영 개발 프로그램을 시작했다.[58]

조지 무어는 시티코프를 인재를 찾아내서 양성하는 기관으로 만드는 데 경영의 초점을 맞추었다. 그는 "이런 절차에 의해 양성된 능력 있는 인재가 없었다면 우리는 목표 중 어느 하나도 달성할 수 없었을 것이다"라고 적었다.[59] 이에 비하여 체이스는 시계를 만들어 주는 전략보다는 시장과 상품 전략(시간을 가르쳐 주는 일)에 전념했다.

보잉과 시티코프처럼 모토롤라도 여러 세대에 걸친 전략의 일부로서 BHAGs에 관해 훌륭한 사례를 보여 준다. 창업자인 폴 갤빈은 직원들이 불가능에 도전하도록 하기 위해 가끔 BHAGs를 활용했다. 예를 들어 1940년대 후반에 모토롤라가 텔레비전 시장에 진입했을 때 갤빈은 텔레비전 그룹에게 다음과 같은 도전적인 BHAGs를 제시했다. '대당 179.95달러의 가격으로 첫해에 텔레비전 10만 대를 판매하여 이익을 남길 것.'

"우리 공장은 그런 생산 능력을 보유하고 있지 않다"라고 어느 매니저가 주장했다. 또 다른 매니저는 "우리는 10만 대를 팔아 본 적이 없다. 그 정도를 판매하면 우리는 업계 3위 혹은 4위가 될 것이다. 가정용 라디오 시장에서 우리의 위치는 아주 잘했을 때 7위 혹은 8위에 불과했다"라고 불평했다. 어느 생산 담당 매니저는 "우리가 생산 원가 200달러를 깰 수 있을지조차 불확실하다"라고 말했다.

갤빈은 "우리는 그것을 판매할 것이다. 나는 여러분이 그 가격과 판매량을 달성하여 이익을 남길 때까지 더 이상 원가표를 보지 않겠다. 우리는 그 목표를 달성할 수 있다"[60]고 역설했다.

모토롤라는 그 해에 정말 4위로 올라섰다. 그러나 더욱 중요한 것은 갤빈이 전사와 같이 발전을 향해 돌진하도록 주입시켜 회사가 BHAGs를 반복해서 추구하도록 했다는 점이다. 그의 아들에게 최고경영자 수업을 시키면서 그는 '회사를 계속해서 움직이도록 하는 것'이 중요하고, 어느 방향으로든 활발히 움직이는 것이 가만히 있는 것보다 더 좋다는 말을 되풀이하여 강조했다. 달성하고자 하는 그 무엇을 항상 가져야 한다고 충고했다.[61]

그는 1959년에 죽었다. 그가 죽은 지 수십 년이 지났지만, 갤빈의 회사는 응용 전자 분야의 중요 세력이 되는 것, 6시그마의 품질을 달성하는 것, 맬컴 볼드리지 품질상을 수상하는 것을 포함하여 BHAGs를 아직도 활용하고 있다. 갤빈의 후임자가 된 그의 아들은 '재창조'라는 단어를 이용하여 계속적인 변화를 추구했고, 때로는 대담한 프로젝트에 전력 투구하여 그런 변화를 달성했다. 그리고 보브 갤빈은 다음 세대의 리더에게 "우리는 증명할 수 없는 중요한 일도 할 수 있다는 신념을 항상 지켜야 한다"는 임무를 부여했다.[62]

모토롤라는 시어스 라디오를 위해 B형 배터리 엘리미네이터를 수리하면서 시작되었다. 조잡스런 카 라디오를 만드는 그 조그만 회사는 원대한 목표를 통하여 전진을 계속했고, 창업자 이후 오랫동안 스스로를 반복해서 재창조했다. 바로 그 조그만 회사가 라디오와 텔레비전에 만족하지 않고 전진을 계속하여, 지금 이 책을 쓰기 위해 사용하고 있으며 매킨토시 컴퓨터의 두뇌로 애플 컴퓨터가 선정한 강력한 M68000 마이크로프로세서를 마침내 발명했다. 그리고 우리가 지금 이 글을 쓰고 있는 순간에도 그 회사는 회사 역사상 최대의 BHAGs를 향해 전진하고 있다. 여러 회사와 합작하여 세계적인 인공위성 시스템을 만들어 지구상의 어느 두 지점간에도 통화가 가능하도록 하는 34억 달러짜리 상업적 도박인 이리듐 사업을 벌이고 있다.[63]

제니스도 초창기에는 모토롤라처럼 몇 개의 BHAGs를 가졌다. FM 라디오를 널리 보급하고, 텔레비전 업계에서 남보다 앞서고자 노력했으며, 유료 텔레비전에 일찌감치 대규모 투자를 감행했다. 이것이 중요한 포인트다. 모토롤라와 달리 제니스는 1958년 창업자 사후에 과감하고 대담한 목표를 설정하는 조직 성향을 보여 주지 못했다. 1970년대 초반에는 '내재된 조심성'이 제니스에 팽배해 있었다. 다음은 1974년 회계 담당 임원이 기술한 내용이다.

"새로운 일을 벌이지 않는다는 결정이 왜 내려졌는지 설명하기 어렵다. 내재된 조심성을 포함하여 거기에는 여러 가지 이유가 있다. 그 중 하나는 우리가 항상 현재 시장에 우리의 능력을 전부 활용하고 있으며, 이익이 가장 많이 날 것 같은 일과 가장 자신 있는 일에 힘을 쏟는 경향이다. 이익의 일부를 기꺼이 희생하지 않고 새로운 시장에서 경쟁할 수 있다고 생각하지 않는다. 우리는 기본적으로 미국 회사이며 그 길에 머물고 싶어한다."[64]

제니스의 최고경영자인 존 네빈(John Nevin)도 회사가 반도체, 전자 제품과 같은 새 기술에 천천히 관심을 보이는 것에 대해 똑같은 견해를 피력했다. "제니스는 혁신 제품을 개발하는 일에 일부 경쟁자들보다 훨씬 보수적이었다고 생각한다. 지금 우리는 반도체 제품을 시장에 내놓기 위하여 각고의 노력을 하고 있으나 그것이 결실을 맺을지는 의심스럽다."

제니스의 창업자인 맥도널드는 모토롤라의 폴 갤빈과 달리 회사가 대담한 목표를 향하여 스스로 계속해서 변신하는 능력을 키워 놓지 않고 떠나 버렸다. 맥도널드는 훌륭한 리더, 즉 시간을 훌륭하게 가르쳐 주는 사람이었다. 그러나 그는 오래전 세상을 떠났다. 반면 폴 갤빈의 회사는 그가 죽은 후에도 35년 동안 번창했다. 갤빈은 시계를 만들어 주었던 것이다.

최고경영자, 관리자, 창업자들을 위한 메시지

우리는 주로 전체 기업의 관점에서 이 장을 기술했지만 발전을 자극하기 위해서는 어느 조직에서도 BHAGs를 적용할 수 있다. P&G에 있는 각 생산 라인 매니저들도 그들의 브랜드마다 BHAGs를 설정할 수 있다. 노드스트롬은 각 지역에서 개별 점포, 개별 부서, 판매 사원 개인에 이르기까지 위아래 모두 제도적으로 BHAGs를 설정했다. 3M의 제품 담당자들은 그들의 빠른 혁신이 시장에서 성공하리라는 것을 증명하기 위하여 모든 장애물과 비판, 부정적인 시각을 극복하면서 성장했다. 조직은 여러 개의 BHAGs를 가질 수 있다. 한 번에 단 하나의 BHAGs만을 가져야 한다고 스스로 제한할 필요는 없다. 예를 들어 소니와 보잉은 조직의 다른 계층에서 동시에 여러 개의 BHAGs를 추구했다.

　BHAGs는 특히 창업자들이나 소기업들에게 적합하다. 샘 월턴과 첫 점포를 5년 이내에 아칸소에서 가장 성공적인 점포로 만들겠다던 그의 목표를 상기하라. 초창기에 소형 라디오를 만들겠다던 소니의 목표를 상기하라. 또는 조그만 회사를 국제적인 사무용 기계 회사로 만들겠다던 토머스 웟슨의 목표를 상기하라. 사실 대부분의 기업 창업자들은 깊이 새겨진 BHAGs를 가지고 있다. 막 이륙하여 생존이 더 이상 문제되지 않는 지점까지 도달한다는 것은 대부분의 초기 회사들에게는 대담한 일이다.

　우리는 이 장을 통하여 BHAGs의 중요한 점을 대부분 다루었다. 여러분의 조직에 필요한 BHAGs를 고려할 때 염두에 두어야 할 몇 가지 점을 여기에 기술한다.

- BHAGs는 설명이 필요없을 정도로 명확하면서 강력해야 한다. BHAGs는 '기술문'이 아니라 목표—산을 오르거나 달을 정복하는 것처럼—라는 사실을 기억하기 바란다. 만약 그것이 종업원들에게 활력을 불어넣지 못하면 그것은 BHAGs가 아니다.
- BHAGs를 안전 지대 훨씬 바깥에 설정한다. 조직 내에 있는 사람들

에게 그것을 달성할 수 있다는 신념을 주어야 하지만, 동시에 그것을 달성하려면 영웅적인 노력과—IBM 360과 보잉 707처럼—아마도 운도 조금 따라 주어야 한다.
- BHAGs는 그 자체로 과감하고 재미있어서—시티은행과 월마트처럼—목표가 달성되기 전에 조직의 리더가 떠나더라도 발전을 계속 자극할 수 있어야 한다.
- BHAGs는 한번 달성되고 나면 조직이 "드디어 달성했다"는 증상에 빠져 표류할 수 있는 위험을 내포하고 있다. 회사는 그 다음의 BHAGs를 마련함으로써 이런 현상을 미연에 방지해야 한다.
- 마지막으로, 그리고 가장 중요한 것은 BHAGs가 회사의 핵심 이념과 일치해야 한다는 점이다.

핵심을 보존하고 발전을 자극하라

BHAGs 하나만 가지고 비전 기업이 되는 것이 아니다. 또 발전을 자극하기 위하여 어떤 수단을 활용하든 발전 하나만으로 비전 기업이 되는 것도 아니다. **회사는 BHAGs를 추구할 때 핵심을 보존하는 문제에도 신경을 써야 한다.**

예를 들어 747은 엄청나게 위험한 사업이었으나 그 과정에서 보잉은 제품의 안전성이란 핵심 가치를 유지했고, 상용 항공기 중 가장 엄격한 안전 기준과 시험 분석표를 적용했다. 자금 압박이 아무리 심해도 월트 디즈니는 〈백설공주〉를 제작했고, 디즈니랜드와 디즈니월드를 건립할 때 세부적인 문제까지도 거의 광적으로 주의를 기울임으로써 회사의 핵심 가치를 보존했다.

메르크는 상상력이라는 핵심 가치를 지켜 나가면서 다른 상품의 모방품이 아닌 새로운 기술 혁신을 이룩함으로써 우수함을 추구했다. GE의 잭 웰치는 정직함을 희생하면서 시장에서 1위 혹은 2위를 유지하는 것을 받아들

보존해야 할 핵심 가치		진보를 촉진하는 BHAGs
항공 업계의 선두가 되는 것.	(보잉) ↔	B-17, 707, 747에 승부를 건다.
우리가 관련하는 모든 부분에서 우위를 확보한다. 고객을 만족시키는 데 많은 시간을 할애한다.	(IBM) ↔	360컴퓨터에 50억 달러짜리 도박을 감행한다. 고객의 새로운 요구에 부응한다.
우리는 자동차—특히 보통 사람들을 위한—사업을 한다.	(포드) ↔	'자동차를 대중화한다.'
'우리 내부의 잠재적인 창의력'을 개발한다. 스스로 변화하고 계속해서 향상시키며 훌륭한 제품을 통하여 명예롭게 사회에 봉사한다.	(모토롤라) ↔	179.95달러에 텔레비전을 판매할 수 있는 방법을 개발하라. 6시그마 품질 수준을 달성하라. 볼드리지상을 수상하라. 이리듐 사업에 착수하라.
승리하는 것. 최고가 되어서 다른 회사를 이기는 것. 개인의 선택의 자유는 지킬 만한 가치가 있다.	(필립 모리스) ↔	사회적인 금연 운동에도 불구하고 골리앗을 굴복시키고 담배 산업에서 선두 주자가 된다.
일본 문화와 국가적 지위를 향상시키는 것. 개척자가 되고, 불가능한 것에 도전하는 것.	(소니) ↔	세계적으로 저품질 제품으로 인식되어 있는 일본 제품에 대한 이미지를 바꾸어 놓자.
"수백만의 사람에게 행복을 선사하라." 세부적인 것에 거의 광적으로 주의를 기울임. 창의력, 꿈, 상상력.	(디즈니) ↔	디즈니랜드를 건립하라—그리고 그것을 산업의 표준이 아닌 우리의 이미지로 건설하라.
인간의 생명을 보존하고 향상시키는 것. 의약품이란 환자를 위한 것이지 이익을 위한 것이 아니다. 상상력과 혁신.	(메르크) ↔	광범위한 연구 개발과 신약을 통하여 세계적으로 우수한 의약품 회사가 되자.

이지 않았다. 시티코프는 "세계에 존재하는 금융 기관 중 가장 멀리 뻗어 있는 금융 기관이 되겠다"는 값비싼 추구를 통하여 능력주의와 기업가 정신에 대한 신념을 계속 강화해 나갔다.

더욱이 비전 기업은 아무 BHAGs나 무턱대고 시작하지 않고 그들의 핵심 이념을 강화하고 자아상을 반영하는 그런 BHAGs들만 추구한다. 다음 표를 통해 핵심과 BHAGs의 연결 고리를 살펴보자.

철도 산업을 혁신하는 것이 1909년의 포드에게 BHAGs가 될 수 있었을 것이다. 그러나 포드는 철도 사업을 하지 않고 자동차 사업을 했다. 품질이나 혁신에 상관없이 역사상 가장 저렴한 라디오를 만드는 것이 1950년의 소니에게 BHAGs가 되었을 수도 있다. 그러나 혁신의 선구자 그리고 세계에서 일본의 위치를 향상시키는 주역이라는 소니의 이미지에는 적합하지 않았을 것이다. 보건성 장관의 보고서 이후 담배 산업을 포기하고 자신을 재창조하는 것이 1960년대의 필립 모리스에게 BHAGs가 될 수도 있었을 것이다. 그러나 그것이 도전적이며, 철저히 독립적이고, 자유로운 생각으로 마음대로 선택하며, 개인주의적인 말보로 카우보이로서 스스로 설정한 개념에 어떻게 맞을 수 있겠는가? 맞지 않았을 것이다.

그렇다. 회사 내의 사람들을 흥분시키는 어떠한 BHAGs도 변화와 이동을 자극할 수 있을 것이다. 그러나 BHAGs는 회사의 이념에 대한 확실한 진술이 되어야 한다. 사실 BHAGs는 핵심 이념을 보존하는 데 필요한 몇 가지 수단 중 하나인 기업 문화를 강화하는 데 도움을 줄 수 있다. 장애물을 극복한다는 것 그리고 거대하고 위험이 큰 도전을 한다는 것은, 특히 그것이 어떤 이념에 뿌리를 두고 있을 때 사람들로 하여금 뭔가 특별하며 나은 그 무엇에 속해 있다는 느낌을 갖게 한다.

비전 기업의 중요한 면을 다시 한 번 살펴보자. 중국 이원론 철학의 음과 양처럼 핵심 이념과 발전을 향한 자극은 더불어 존재하며, 서로 강력한 상호작용을 한다. 이것이 비전 기업의 주요 특징이다. 각 요소는 다른 요소를 보완하고 강화한다. 확실히 핵심 이념은 비전 기업이 달 정복 같은 임무를 수행할 수 있도록 지속성의 기초를 제공함으로써 발전을 가능하게 한다. 마찬가지로 변화와 전진이 없다면 언젠가 회사가 망할 것이기 때문에 발전은 핵심 이념을 가능하게 한다.

다시 한 번 말하자면 그것은 핵심이냐 아니면 발전이냐 하는 문제가 아니다. 핵심과 발전간의 멋진 균형은 더욱 아니다. 오히려 그것은 복잡하게 뒤엉켜서 회사의 궁극적인 이익을 위하여 함께 추구해야 할 강력한 두 요소다. GE의 한 종업원은 '회사가 영위하는 모든 사업에서 1위 혹은 2위가 되고, 소기업의 속도와 기민함을 가질 수 있도록 회사를 혁신시키는' BHAGs를 토의하는 과정에서 핵심과 발전의 활발한 상호작용을 다음과 같이 묘사했다.

"'GE… 우리는 좋은 것을 만든다.' 대부분의 사람들은 그 의미를 받아들이지 못한다. 그러나 GE에 있는 모든 사람들은 이 구절을 들을 때 온몸이 오싹해진다. 단순하면서 세련되지 못한 이 구절이 종업원들이 회사에 대해 어떻게 느끼는가를 잘 나타낸다. 그것은 회사를 위한 일과 성장, 고객을 위한 품질과 서비스, 종업원들을 위한 복지와 훈련, 개인들을 위한 도전과 만족을 의미한다. 그것은 성실과 정직, 충성을 의미한다. 그리고 이러한 축적된 가치와 헌신이 없었다면 웰치는 그의 혁신을 이끌어 내지 못했을 것이다."[65]

제6장

사교(私敎) 같은 기업 문화
CULT-LIKE CULTURES

자, 오른손을 올리고 우리가 월마트에서 한 말을 기억하시기 바랍니다. "우리가 한 약속은 반드시 지킨다." 그리고 나를 따라서 이렇게 말하십시오. "나는 오늘부터 고객이 나의 반지름 10피트 이내에 들어오면 언제나 웃는 얼굴로 상대의 눈을 들여다 보며 인사하겠다고 엄숙히 약속합니다." 부탁드립니다.
- 샘 월턴, 월마트 사장, 1980년대 중반 위성 TV를 통해 10만 명의 직원에게 한 연설문에서[1]

IBM은 직원들을 고무시키는 데 능수능란하다. 나는 이를 앤을 통해 알 수 있다. 그녀는 어떤 사람들의 기준에 의해 세뇌당한 것 같은데, 괜찮은 세뇌라고 생각된다. 이러한 기준들은 정말로 충성심과 일에 대한 의욕을 심어 준다.
- IBM 직원의 한 배우자, 1985[2]

"**왜** 노드스트롬에서 일하기를 원하죠?" 면접관이 묻는다. "내 친구 로라가 이 곳이 그녀가 일해 본 곳 중에서 가장 낫다고 해서요." 로버트가 대답한다. "그녀는 언제나 최고의 사람들—엘리트 중의 엘리트—과 함께 일하는 재미에 대해 늘 얘기해 왔거든요. 그녀는 당신들을 위한 선교사 같은 사람이지요. 스스로 노드스트롬 직원임을 자랑스러워합니다. 그리고 대우도 꽤 잘 받는 편이고요. 로라는 8년 전에 창고에서 시작해서 지금은 백화점 전체를 경영하게 되었지요. 겨우 29세밖에 안 되었는데 말입니다."[3] 그녀는 자기가 다른 백화점에서 세일즈일을 하는 사람들보다 훨씬 더 많이 번다고 하더군요. 그리고 매장에서 최고로 많은 수입을 올리는 사람은 한 해에 8만 달러를 넘게 번다나요."[4]

"네. 다른 백화점보다 이 곳에서 일하면 더 많이 벌 수 있는 건 사실이에요. 우리 백화점의 판매 담당 직원들은 우리 나라 소매상 직원들 평균 수입과 비교하여 거의 두 배의 수입을 올리니까요. 그리고 일부 직원들은 그 이상을 벌기도 하죠.[5] 하지만 아시다시피 모든 직원들이 노드스트롬 가족의 일원으로 성공하는 데 필요한 자질을 갖추고 있는 건 아닙니다." 면접관의 설명이다. "우리는 예외적인 경우이고, 많은 사람들은 버텨 내지 못하죠. 당신은 모든 수준에서 당신 자신의 능력을 입증해야 하고, 그러지 못하면 떠나야 할 겁니다."[6]

"맞아요. 신입 사원들 중 절반이 1년쯤 뒤엔 퇴사한다고 들었어요."[7]

"그런 셈이죠. 압박감과 열심히 일하는 것을 싫어하는 사람들과, 우리의 제도와 가치관을 받아들이지 못하는 사람들은 떠나죠. 그러나 만약 당신이 의욕이 강하고 참을성이 있으며, 무엇보다도 고객을 창출하고 잘 봉사할 능력이 있다면 잘할 수 있을 겁니다.[8] 가장 중요한 것은 노드스트롬이 당신에게 잘 맞느냐는 겁니다. 그렇지 않다면 당신은 이 곳을 싫어할 것이고, 비참한 실패 끝에 떠나게 될 겁니다."[9]

"그럼 어떤 자리가 제게 어울릴까요?"

"다른 신입 사원처럼 당신도 밑바닥 일부터 시작해야 합니다. 재고 창고나 매장 같은 곳 말입니다."

"하지만 전 학사 학위 소지자이고, 워싱턴 대학을 우등으로 졸업한 걸요. 다른 회사라면 경영자 연수 코스를 바로 밟도록 해줄 텐데요."

"여기선 안 그래요. 모두가 맨 밑바닥부터 시작하죠. 사장에 오른 바 있는 3명의 노드스트롬 형제인 브루스, 짐, 존 모두 매장에서부터 시작했어요. 브루스는 자기와 그의 형제들 모두가 신발 매장에서 고객과 상대하다가 승진했음을 우리에게 자주 일깨워 줍니다. 그건 우리 모두가 기억하고 명심하고 있는 자세지요.[10] 이 곳에서는 일하는 데 있어 많은 권한이 주어집니다. 아무도 당신의 일거수 일투족을 지시하지 않죠. 당신은 오로지 당신 자신의 업무 능력에 의해서만 제약받게 됩니다(물론 노드스트롬식의 제약 안에서). 하지만 고객을 즐겁게 해주기 위해 필요하다면 무엇이라도 하겠다는 마음가짐이 없다면, 예를 들어 신발을 골라 신겨 준다든지 짜증나게 하는 고객에게 억지로라도 미소를 띨 수 있는 마음의 준비가 안 되어 있다면 당신은 이 곳에서 일할 수 없습니다. 아무도 당신에게 고객 만족 서비스의 영웅이 되라고 강요하진 않아요. 그저 그렇게 되기를 바랄 뿐이죠."[11]

로버트는 매우 중요한 일을 하게 되리라는 전망과 일하게 될 부서에 대한 부푼 기대를 가지고 노드스트롬에 입사했다. 그는 이름표 대신 근사한 명함을 받게 되어 뿌듯했다.[12] 노드스트롬의 '조직 구조'를 역(逆)피라미드형으로 묘사하고 있는 유인물을 보고 로버트는 자기가 더욱 중요한 존재라는 느낌을 받을 수 있었다.[13]

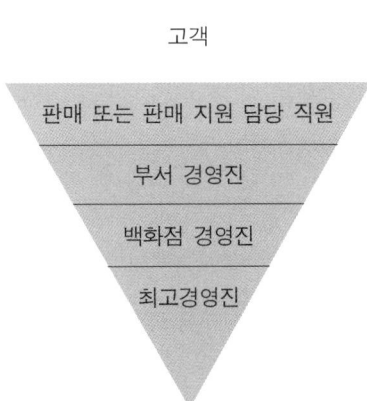

아울러 그는 노드스트롬의 직원 연수 교재를 한 부 지급받았는데, 이 교재는 1장의 5×8인치 카드로 되어 있었다. 거기에는 다음과 같이 적혀 있었다.[14]

노드스트롬에 잘 오셨습니다.

우리 회사에 입사하신 것을 환영합니다.
우리의 최고 목표는 탁월한 대고객 서비스를 제공하는 데 있습니다.
당신의 개인적·직업적 목표를 높이 설정하십시오.
우리는 당신이 그것들을 이루기에 충분한 능력을 가지고 있다는 걸
믿어 의심치 않습니다.

노드스트롬 규칙

규칙 1 : 모든 상황 가운데서 당신의 현명한 판단력을 최대한 사용하십시오. 그 밖에는 어떤 추가적인 규칙도 없습니다.

그리고 언제라도 부서 책임자, 백화점 책임자, 매니저에게
의문 사항을 자유로이 질문하십시오.

처음 몇 달간 로버트는 헌신적인 노디(Nordie : 노드스트롬 직원들은 스스로를 이렇게 부른다) 세계에 몰두했다.[15] 그는 백화점에서 일하거나 노디 클럽에서 동료 직원들과 어울리며 대부분의 시간을 보내고 있음을 깨닫게 되었다. 노디들은 그를 지지하는 그룹이 되어 주었다.[16]

그는 전설적인 대고객 서비스의 선례들에 관해서도 듣게 되었다. 새로 산 셔츠를 다려서 그 날 오후의 모임에 입고 갈 수 있게 한 노디, 겨울에 고객이 쇼핑하는 동안 자동차를 따뜻하게 히팅해 준 노디, 휠체어 바퀴에 걸리지 않도록 개인적으로 숄을 특별한 길이로 재단해 준 노디, 사정이 급한 어느 파티의 여주인에게 가까스로 시간에 맞게 파티 의상을 전해 준 노디, 심지어 노드스트롬이 팔지도 않는 타이어 체인을 환불해 준 노디에 대해서

도 들었다.[17]

그는 노드스트롬 직원들이 서로에 대해 쓰는 '영웅 찬미'란 메모에 대해서도 배웠다. 이 메모는 지점별로 고객들의 편지와 직원들이 고객에게 보내는 감사 편지와 함께 월별 최고 서비스상 수상자를 결정하는 데 사용되었다.[18]

그의 상사는 고객들의 편지가 아주 중요하다는 점을 설명했다. "여기선 고객들의 편지가 정말 중요하죠. 물론 당신은 고객으로부터 나쁜 내용의 편지를 받고 싶지 않을 겁니다. 그건 정말 나쁜 일이니까요. 반면 좋은 내용의 편지들이 쇄도하면 당신은 고객 서비스 올스타가 될 수 있어요. 아마 우등 졸업이 대단한 것이라고 생각하시겠죠? 그러나 고객 서비스 올스타가 된다는 건 정말 대단한 일입니다. 노드스트롬 직원들이 당신에게 악수를 청해 올 테고 당신의 사진은 벽에 걸릴 겁니다. 또 포상과 할인 혜택도 받을 수 있죠. 그래서 당신은 최고 중의 최고가 되는 겁니다.[19] 당신이 최고의 업무 능률을 올리면 우수 판매원이 될 수 있습니다. 그러면 당신은 우수 판매원이라고 새겨진 새 명함과 33%의 할인 혜택을 받을 수 있게 됩니다.[20] 우리 중 최고의 자질을 갖춘 직원만이 우수 판매원이 되죠."

"그럼 저도 우수 판매원이 될 수 있나요?" 로버트가 물었다.

"간단해요. 높은 판매 목표를 세우고 그것을 초과 달성하면 됩니다."[21] 그녀는 설명했다. 그러고는 또 물었다. "그런데 당신의 오늘 판매 목표는 얼마나 되죠?"[22]

판매 목표. 생산성(업무 능률). 실적. 로버트는 종업원 휴게실 벽에 걸려 있는 표어들을 기억해 낼 수 있었다. '매일 리스트를 하시오', '목표들을 기록하고 우선 순위를 정하시오',[23] '우리를 실망시키지 마시오', '최고의 우수 판매원이 되시오', '상을 타도록 노력하시오' 등.[24]

그는 시간당 판매고(SPH : Sales Per Hour)를 계산하는 것이 얼마나 중요한가에 대해서도 금방 배울 수 있었다. "당신이 목표를 초과 달성하면 순익의 1%를 커미션으로 지급받을 겁니다." 그의 상사가 설명했다. "만일 그렇게 못하면 시간당 기준 임금만 받게 됩니다. 그리고 높은 수준의 시간당 판매고를 달성한다면 더 매력적인 일을 하게 되고 승진할 가능성도 높아집니다. 당신은 지원 부서에서 작성한 컴퓨터 기록을 통해 당신의 SPH를 확인할 수 있습니다. 우리는 모든 SPH의 순위 리스트를 작성하고 있기 때문에 당신은 당신의 SPH를 확인하고 다른 직원들에게 뒤떨어지지 않도록 분발할 수 있습니다. 당신의 SPH는 급여 명세에도 기록될 겁니다."[25]

첫 급여 지급이 끝날 무렵 직원들은 SPH 순위가 붙여진 게시판 주위에 모여들었다. 몇몇은 순위상의 붉은 선 밑으로 처져 있었다.[26] 로버트는 남들에게 뒤처지지 않으려면 최선을 다해야 함을 금방 깨달았다. 어느 날 밤 휴게실에 갔다가 SPH 리스트의 맨 밑에 자기 이름이 적혀 있는 것을 보는 악몽을 꾸고, 그는 식은땀에 흠뻑 젖은 채로 잠에서 깬 적도 있었다. 그는 동료들에게 지지 않으려고 하루 종일 아주 열심히 일했다.[27]

첫 급여가 지급된 후 얼마 안 되어 로버트는 같은 부서에서 근무하던 판매 직원 중 하나가 일찍 퇴근한 사실을 알게 되었다. "존은 어디 있지요?" 그가 물었다.

"손님을 화나게 했다가 벌을 받고 일찍 퇴근했어요." 최근 미소 콘테스트에서 입상하여 자기 사진을 벽에 건 동료 판매 직원 빌의 대답이었다.[28] "아이한테 저녁도 안 먹이고 방으로 보낸 것과 같은 일이죠. 그는 내일 돌아오겠지만, 사람들은 몇 주 동안 그를 아주 가까이서 지켜보게 될 겁니다."[29]

26세의 빌은 이미 5년 근무 경력의 노드스트롬 베테랑 직원이며, 우수 판매원이자 올스타였다. 빌은 노드스트롬에서 성공하기 위해 필요한 자질을 갖춘 몇 안 되는 사람 중 하나였다. "노드스트롬으로 쇼핑 온 손님들은 최고의 대접을 받을 권리가 있습니다." 그의 설명이다. "나는 누구에게든 미소

띤 얼굴을 보여 줍니다."[30] 그는 미소 경연 대회에서뿐만 아니라 노드스트롬식 옷차림이 빼어나게 잘 어울려 작년에 가장 노드스트롬다운 노드스트롬 직원상을 수상하기도 했다.[31] 또한 빌의 고객이 보내온 감사 편지를 백화점 사장이 큰 소리로 대독하여 모든 직원들과 대중들로부터 박수 갈채를 받는 영광도 누렸다.

그는 노드스트롬에서의 자기 일을 사랑해서 서슴없이 이렇게 말할 수 있었다. "노드스트롬 말고 다른 어느 직장에서 이런 좋은 대우와 풍성한 재량권을 바랄 수 있습니까? 노드스트롬은 내 자신이 진정 중요한 사람들의 대열에 속해 있다는 행복한 느낌을 맛볼 수 있게 해준 곳 중의 하나입니다. 분명히 나는 열심히 일하지만, 열심히 일하는 걸 좋아해요. 아무도 내게 이래라 저래라 하지 않으며, 내 열성이 허락하는 한 난 잘해 나갈 수 있다고 느끼고 있죠. 마치 창업자라도 된 듯한 기분입니다."[32]

빌은 이전에 서부에 있는 노드스트롬 지점에서 동부에 새로 연 지점으로 옮긴 적이 있었다.[33] "비록 전국 방방곡곡에 새 점포를 연다 해도 노드스트롬 직원이 아닌 다른 누구에게 새 점포를 시작하도록 일을 맡기고 싶지는 않아요." 그의 설명이다. 그는 백화점이 처음 문을 열던 날의 감흥을 이렇게 털어놓는다. "직원들은 모두 박수를 쳤죠. 고객들이 몰려와 함께 박수를 쳐 주었어요. 대단한 활력과 아드레날린이 넘치는 것을 느꼈죠. 바로 당신을 아주 특별한 존재라고 느끼게 해주는 그런 분위기가 조성되어 있죠."[34]

로버트에게는 빌이 훌륭한 노드스트롬의 모범이었다. 그는 로버트에게 노드스트롬의 동기 부여 세미나에 참석하여 긍정적인 자기 암시에 관해 배웠던 것을 들려주었다. 그는 반복해서 스스로에게 이렇게 되뇌곤 했다. "나는 우수 판매원이 되는 걸 자랑스럽게 여긴다." 빌은 노드스트롬의 경영진이 되고자 하는 목표를 세워 스스로에게 이렇게 속삭이곤 했다. "나는 노드스트롬 백화점의 최고경영자가 되고 싶다."[35]

빌은 노드스트롬의 경영진이 된다는 건 힘들고 많은 것이 요구되는 일이라고 설명했다. 그는 분기별 회의에서 노드스트롬의 경영진들이 자신들의 분기 판매 목표를 공식 발표하는 것에 대해 얘기했다. "존은 때때로 커다란 N자가 새겨진 스웨터를 입고 군중 사이를 휘젓고 다닙니다. 그러면서 비밀리에 열린 위원회에서 정한 판매 목표보다 낮게 목표를 정한 지점 책임자들에게는 힐책을 가하고, 반대로 더 높은 목표를 정한 책임자들에게는 격려를 해줍니다."[36]

빌은 또한 노드스트롬 방식에 대한 중요한 정보원이자 안내자였다. "외부 사람들한테 얘기할 때 특히 주의를 기울여야 합니다." 빌은 주의를 주었다. "백화점도 자신의 프라이버시에 대해 매우 민감하며, 외부로 나가는 정보를 확실히 통제하려고 합니다. 그런 정보는 최고경영진에게서 나오죠. 우리가 여기서 하는 일들은 오직 우리만의 일이지, 다른 어느 누구의 일도 아니니까요."[37]

"그런데……." 빌은 어느 날 저녁 영업을 마칠 때쯤 이렇게 물었다. "오늘 이 곳에 비밀 고객이 왔었다는 걸 아십니까?"

"누가 왔다고요?"

"비밀 고객이요. 손님인 체하고 비밀스레 와서 당신이 고객을 대하는 태도나 서비스를 시험해 보는 노드스트롬 직원 말입니다. 오늘 당신에게도 그런 여자 직원이 한 명 왔었어요. 내 생각에 당신이 잘했다고 보지만 짜증에 대해선 주의하세요. 열심히 일할 때 이맛살을 찌푸리는 경향이 있는 것 같아요. 항상 미소짓는 것을 잊지 마세요. 이맛살을 찌푸리거나 짜증을 내지 말고 웃어요. 이마를 찌푸리면 당신의 기록 파일에 요주의 항목으로 기재될 수 있어요."[38]

'두 번째 규칙.' 로버트는 혼자 생각했다. '찌푸리지 않으면 행복해질 것이다.'

그 뒤 6개월 동안 로버트는 노드스트롬에서 일하는 것이 점점 자신에게 맞지 않는다는 것을 깨닫게 되었다. 그가 "우리는 최고! 노드스트롬을 위해 해내길 원한다"[39]라고 외쳐대는 노디들과 함께 오전 7시 회의에 참석했을 때 그는 《일할 만한 미국의 100대 우량 기업》이란 책자에 실린 노드스트롬 관련 자료의 첫 부분을 기억했다. "만약 당신이 모든 사람들이 부산을 떨며 일하는 분주한 분위기 속에서 바삐 일하는 것을 싫어한다면 노드스트롬은 당신에게 어울리지 않습니다."[40]

그는 자신이 노드스트롬에서 꽤 잘해 왔음을 알고 있었다. 한 번도 SPH 리스트의 맨 밑에 오른 적이 없었다. 하지만 엄밀히 말해 아주 훌륭하다고는 할 수 없었다. 한 번도 최고경영자인 짐, 존, 브루스가 그에게 악수를 청한 적이 없었다. 또한 한 번도 우수 판매원이 되거나 올스타가 된 적도 없었고, 또 언제 만날지 모르는 비밀 고객에게 눈살을 찌푸린다든지 고객으로부터 좋지 않은 내용의 편지를 받을까 두려워하고 있었다. 그리고 무엇보다 나쁜 것은 자신보다 더 노드스트롬다운 동료들에게 뒤처진 채 남아 있다는 사실이었다. 그들은 정말 노드스트롬 사원으로서 걸맞는 자질들을 갖추고 있었다. 하지만 그는 그렇지 못했다. 단지 그에게 맞지 않았을 뿐이다.

로버트는 노드스트롬에서 11개월간 일하고 그 곳을 나왔다. 그러나 1년이 지난 후 다른 백화점에서 부장으로 승승장구하고 있었다. "노드스트롬에서의 시절은 정말 좋은 경험이었습니다. 하지만 그건 내게 잘 맞지 않았어요." 그의 설명이다. "내 친구들 중 몇몇이 그 곳에서 믿을 수 없을 정도로 잘하고 있다는 걸 알아요. 그들은 정말 노드스트롬을 사랑하고요. 의심의 여지가 없죠. 노드스트롬은 정말 대단한 회사죠. 하지만 나에게는 이곳이 더 잘 어울려요."

바이러스처럼 방출되다

이번 연구 프로젝트에 착수하면서 우리가 획득한 자료들이 비전 기업은 일하기에도 아주 좋은 직장이라는(아니면 적어도 비교 기업에 비해서 상대적으로 일하기 좋은 곳이라는) 사실을 보여 주리라 기대했다. 그러나 우리는 적어도 모든 사람들에게 천편일률적으로 그런 건 아니라는 걸 알아냈다. 빌과 로라가 얼마나 노디에서 잘했고 승승장구할 수 있었나를 기억해 보라. 그들에게는 노드스트롬이 참으로 일하기 좋은 직장이었다. 그러나 로버트의 경우 노드스트롬에 빠져들지 못했다. 그에게는 노드스트롬이 아주 좋은 직장은 아니었다. 노드스트롬은 노드스트롬의 방식에 헌신하고 그것에 잘 적응할 수 있는 사람들에게만 최선의 일터였다.

이 사실은 우리의 연구 대상이 된 다른 비전 기업들에서도 마찬가지였다. 여러분이 HP식에 완전히 빠져들 수 없다면, 그건 HP에 맞지 않는 것이다. 월마트가 강조하는 '고객에 대한 광적인 헌신'을 기꺼이 따라 하고 싶지 않다면 그저 여러분이 월마트에 맞지 않을 뿐이다. 여러분이 P&G화되는 것을 별로 탐탁치 않게 여긴다면 P&G에 여러분이 맞지 않는다는 말이다. 비록 우연히 모토롤라의 회사 식당에서 일하게 된다 해도 모토롤라의 품질 지상주의 대열에 끼일 수 없다면 여러분에게 모토롤라가 맞지 않는 것이고, 또 여러분은 진정한 '모토롤란(Motorolan)'[41]이 될 수 없다.

고객들이 무엇을 살 것인지(예를 들어 담배)를 스스로 결정할 수 있는 신성한 권리를 가지고 있다는 것에 대해 여러분이 회의를 느끼고 있다면 필립 모리스는 여러분에게 적합하지 않을 것이다. 여러분이 모르몬교의 영향을 받은 마리오트의 청결한 생활이나 봉사, 그리고 헌신적인 사풍에 그리 호감을 느끼지 못한다면 빨리 그만두는 게 낫다. 또 '전체성'과 '마법'의 이상을 포용할 수 없거나 스스로 확실한 '독종'[42]이 될 수 없다고 여겨진다면 디즈니랜드에서 일하는 것을 스스로 혐오하게 될 것이다.

우리는 비전 기업을 만들기 위해서 부드럽고 편안한 분위기를 창조할 필요가 없다는 사실을 발견했다. 오히려 비전 기업일수록 타회사들보다 업무 실적에 있어서나 경영 전략에 대한 정신적 지지면에 있어서 직원들에게 더 많은 것을 요구한다는 사실을 발견했다.

> '비전 있는'이란 말은 부드럽고 느슨한 것을 의미하지 않는다는 것을 발견했다. 오히려 정반대였다. 비전 기업들은 그들이 누구인지, 무슨 일을 하고 있으며 무엇을 성취하길 원하는지에 대해 선명하게 인식하고 있으며, 그들이 요구하는 바에 별로 부합되지 않는 사람들에 대해서는 관대하지 않은 경향이 있다.

연구팀 회의 중 한 연구원이 다음과 같은 관찰 결과를 밝혔다. "이런 회사에 입사한다는 건 꽉 짜인 조직이나 사회의 일원이 되는 것과 비슷합니다. 잘 맞지 않다고 생각되면 아예 들어가지 않는 편이 낫죠. 정말 그 곳에 빠져들 수 있을 것 같거나 회사가 표방하는 바에 헌신적으로 뛰어들 수 있다고 생각되면 그 곳에서의 생활은 아주 만족스럽고 생산적일 겁니다. 아마 더없이 행복할 겁니다. 하지만 그렇지 않다면 당신은 휘청대면서 비참한 심정을 맛보고 소외감에 괴로워하다가 결국 그만두게 될 겁니다. 바이러스처럼 방출되죠. 결국 둘 중 하나입니다. 그 곳에서 계속 일하든가 아니면 그만두는 것이죠. 중립 지대란 건 없어요. 거의 종교 집단의 속성에 가깝다고 할 수 있죠."

이 관찰 결과에 근거하여 우리는 컬트(cult, 私敎)에 관한 문헌들을 검토하여 비전 기업들이 비교 기업들에 비해 더욱 컬트적 특성들을 공유하고 있는지 알아보기로 결정했다. 사실 문헌 속에서 '컬트'에 관한 보편적인 정의를 발견하진 못했지만, 가장 일반적인 정의는 컬트란 특정한 사람이나 사상 혹은 대상(여기선 많은 비전 기업들을 지칭)에 대해 대단한 혹은 지나친 열의를 보이는 일군의 사람들이라고 할 수 있다. 컬트와 비(非)컬트를 확연히 구분짓는 보편적인 기준들을 발견하지는 못했다. 그러나 우리는 비전 기업들이 타회사들에 비해 두드러지게 구별되는 몇 개의 공통점, 특히 네 가지 컬트적 속성을 발견할 수 있었다.[43]

- 핵심 이념의 열렬한 고수
- 교화(indoctrination)
- 적합성에 관한 엄격한 기준
- 엘리트주의

노드스트롬과 멜빌을 비교해 보자. 노드스트롬에서의 대단한 교화 과정은 인터뷰에서 시작되어 노드스트롬 직원들의 전설적인 고객 서비스 영웅담을 들려주는 것, 벽에 걸린 구호, 긍정적 자기 암시, 그리고 자기 고무의 기법들로 이어지고 있음에 주목해야 한다. 노드스트롬이 회사 직원들에게 동료 직원들의 영웅적인 이야기들을 적도록 한 것이나 동료들이나 상사들을 교화 과정에 참여시킨 것을 주목해야 한다(컬트의 일반적 관행은 신참들을 다른 동료들의 교화에 적극적으로 참여시키는 것이다). 노드스트롬이 젊은이들을 고용하여 초년 시절부터 노드스트롬의 틀 속에 집어넣고는 자사의 핵심 이념을 잘 습득한 소수만 승진시키는 것에 주목하라.

또 노드스트롬이 적합성에 관한 엄격한 기준을 적용하여 노드스트롬 방식에 잘 적응하는 직원들은 긍정적인 강화(보수나 각종 상, 인정 등)를 주고, 그렇지 않은 사원들에게는 부정적인 강화('뒤처지게 내버려두는 것', 불이익이나 경고 조치 등)를 준 점, 그리고 조직 '안'에 있는 사람과 '밖'에 있는 사원들 사이에 분명한 경계를 둔 점, 또 '안'에 있는 이들은 중요 인물이나 엘리트의 일원으로 표현했다는 점에 주목해야 한다. 이런 것들은 컬트의 공통적 관행 중 하나다. 실제로 노디란 용어 자체에서 컬트 냄새가 풍긴다. 우리는 멜빌이 전 역사에 걸쳐 그와 같은 확고하고 일관된 관행들을 개발하거나 유지해 왔다는 어떤 증거도 찾을 수 없었다.

노드스트롬은 컬트의 좋은 예를 제공한다. 비전 기업들 내의 핵심 이념을 중심으로 컬트적인 환경을 창조하는 일련의 관행들이 있다. 이러한 관행들은 그 핵심 이념에 잘 부합되지 않는 사람들을 내모는(아예 입사시키지 않든지, 초년 시절에 해고하든지) 경향이 있다. 그러한 관행들은 강도 높은 충성심을 요구하고, 기업 내에 남아 있는 이들의 행동이 핵심 이념에 일치하고 계속 열정적일 것을 요구한다.

여기서 요점에 대한 오해가 없기 바란다. 우리는 비전 기업들이 컬트 집단이라고 주장하는 것이 아니다. 우리는 단지 그들이 실제로는 컬트가 아니면서도 상대적으로 컬트적 속성을 띤다고 말하는 것이다. '컬트주의'나 '컬트적'이란 용어들은 자칫 여러 부정적인 인상이나 함축된 의미를 불러일으킬 수 있다. 이런 말들은 '문화'라는 말보다 훨씬 강한 의미의 말들이다.

하지만 비전 기업들이 하나의 문화를 가지고 있다고 표현하는 것은 전혀 새롭지도 흥미롭지도 않다. 문화를 가지고 있지 않은 기업은 없다. 우리는 문화보다 더 강력한 무엇인가가 작용하고 있음을 관찰할 수 있었다. 컬트주의와 컬트적이란 말들은 타기업들과 비교하여 비전 기업들에게서 훨씬 일관되게 관찰할 수 있는 일련의 행태를 표현하고 있는 용어다. 우리는 이러한 특징들이 핵심 이념을 보존하는 데 중심적인 역할을 수행하고 있음을 말하는 것이다.

비전 기업들과 비교 기업들을 분석한 결과 다음과 같은 것이 밝혀졌다(부록 3의 〈표 A-6〉 참고).

- 대상 중 11쌍에서 비전 기업이 비교 기업에 비해 핵심 이념의 주입, 교화에 더 열심인 것으로 나타났다.
- 18쌍 중 13쌍에서 비전 기업이 비교 기업보다 더 적합성에 관한 엄격한 기준을 요구하고 있었다. 사람들은 기업과 그 이념에 잘 맞든지, 아니면 전혀 맞지 않든지 하는 경향(그래서 아주 열심히 하든가, 아니면 그만두는)을 보였다.
- 18쌍 중 13쌍에서 비전 기업이 비교 기업보다 엘리트주의가 더 성행하고 있었다(중요 인물이나 우수 인력에 속한다는 느낌).
- 교화, 적합성에 관한 엄격한 기준, 엘리트주의 세 가지를 요약하여 결론짓자면 18쌍 중 14쌍에서 비전 기업은 비교 기업보다 더 컬트적 속성을 많이 가지고 있었다(나머지 4쌍은 뚜렷한 차이를 발견하기 어려웠다).

다음에 예로 드는 IBM, 디즈니, P&G와 같은 비전 기업들은 그 발전 과정에서 이런 특징들을 두드러지게 나타낸다.

위대한 기업으로 성장한 IBM

IBM의 사장이던 웟슨은 20세기 전반기에 IBM이 국가적 기업으로 성장할 당시의 환경을 '컬트적 상황'이라고 표현했다.[44] 이 상황은 웟슨이 아직 중소기업의 사장으로서, 유능한 일꾼들을 모으기 위해 고군 분투하던 1914년으로 거슬러 올라간다. 웟슨은 벽을 온통 다음과 같은 슬로건으로 도배하다시피 했다. "한번 잃어버린 시간은 영원히 돌아오지 않는다", "아무 일도 않고 빈둥대는 것 같은 악덕은 없다", "결코 스스로 만족해서는 안 된다", "우리는 서비스를 판매한다", "사원을 보면 그 회사를 알 수 있다" 등.

그는 엄격한 행동 지침들을 세웠다. 그는 판매 직원에게 말끔한 복장과 짙은 색상의 신사복, 그리고 결혼을 장려했으며(그는 결혼한 사람은 가족을 부양해야 하므로 더 열심히 일하고 헌신적이라고 생각했다) 흡연과 음주를 삼갈 것을 요구했다. 그는 연수 프로그램을 체계적으로 마련하여 신입 사원들에게 IBM의 경영 철학을 가르쳤으며, 가능한 한 감수성이 예민한 젊은이들을 고용하려고 애썼고, 내부 승진의 관행을 정착시키려고 노력했다. 훗날 그는 IBM이 직영하는 골프장을 지어서 IBM 직원들이 외부 세계가 아닌 동료 직원들과 어울릴 수 있도록 도와 주었다.[45]

노드스트롬과 마찬가지로 IBM 또한 회사가 추구하는 이념에 가장 근접한 직원들에 대해 전설적인 신화를 창조하려고 애썼다. 따라서 그들의 영웅적 업적들에 관한 이야기와 함께 회사 간행물에 이름과 사진을 실었다. 그 중에는 회사에서 노래까지 지어 불러 준 사람들도 소수 있다.[46] 그리고 노드스트롬과 마찬가지로 IBM도 공동체적인 노력과 조화되는 범위 내에서 개인의 노력과 솔선수범의 중요성을 강조했다.

1930년대 무렵 IBM은 완전히 조직화된 의식화의 과정을 가지게 되었고, 미래의 중역들을 배출할 완벽한 '학교'를 건립했다. 자신이 지은 《아버지와 아들, 그리고 회사》라는 책에서 왓슨 2세는 이렇게 술회했다.

"학교는 IBM이 성공의 길로 내건 충성심과 열정, 높은 이상을 불러일으키기 위해 세워졌다. 현관에는 IBM의 너무나 잘 알려진 '생각하라'는 모토가 걸려 있었다. 학교 입구에는 사원들이 그 날 수업을 위해 걸어 올라갈 때마다 야심이 불타오르는 것을 느낄 수 있게 고안된 화강암 계단이 있었다."[47]

IBM의 규정 복장을 착용한 베테랑 직원이 수업을 진행하면서 IBM이 추구하는 가치들을 강조했다. 사원들은 매일 아침 회사의 모토와 슬로건이 쓰인 포스터로 가득 찬 방에서 일어나 IBM 노래들을 제창하곤 했다. 첫 페이지의 '성조기여 영원하라(미국 국가)' 옆에 IBM의 사가인 〈중단 없는 전진〉[48] 같은 곡들이 실려 있는 《IBM 사가집》을 가지고 IBM 직원들은 다음과 같은 가사의 노래를 불렀다.[49]

"IBM과 함께 전진하라.
손에 손잡고 일하자.
강한 정신의 소유자들은
어느 곳에서나 전진뿐이라네."

IBM은 사가 제창 이상으로 교육을 발전시켰지만 가치 본위의 교육 훈련과 사회화 과정은 그대로 보존하고 있다. 최근 IBM에 입사한 신입 사원들은 누구든 '세 가지 기본 신조'(앞에서 다룬 바 있는)를 배웠고, 업무 요령뿐만 아니라 경영 철학을 강조하는 연수를 받았다. 사원들은 IBM의 문화에 어울리는 독특한 언어를 배웠고, 항상 IBM의 직업 정신을 보여 주도록 독려받았다. 1979년 IBM은 26에이커의 경영 연구 센터를 완성했다. IBM의 말을 그대로 빌리자면 사원들이 교실에서 무언가 바쁘게 배우고 있지 않다면 수도원과 같은 낡고 고루한 건물과 진배없는 곳이었다.[50]

《일할 만한 미국의 100대 우량 기업》의 1985년판에 실려 있는 IBM에 관한 자료를 보면 IBM을 교회가 하는 방식대로 신념과 믿음을 만들어 내는 기업으로 소개하고 있다. 회사가 독실한 신자들로 가득 차는 셈이다(만약 여러분이 독실하지 않다면 이 회사에서 지내는 게 별로 유쾌하지 못할 것이다).

어떤 이들은 IBM에 입사하는 것을 종교적인 집단이나 군대에 입대하는 것에 비유했다. 미 해군을 이해할 수 있다면 IBM도 이해할 수 있다. 생존을 위해서는 개인이 가지고 있는 자아의 적어도 일부를 희생해야 한다.[51] 1982년 발간된 〈월 스트리트 저널〉의 한 기사는 한 IBM의 9년 경력 사원이 "IBM을 떠나야 했을 때 마치 이민을 가는 것 같은 기분이었다"고 말한 데서 보이듯이 IBM 문화는 사람의 의식 속에 깊이 스며드는 속성이 있다고 지적했다.[52]

전 역사를 통틀어 IBM은 사원들에게 그 경영 이념에 철저하게 순응할 것을 요구했다. IBM의 전직 판매 담당 부사장이던 벅 로저스(Buck Rodgers)는 《IBM 전략》이라는 그의 책에서 이렇게 말했다.

"IBM은 IBM을 찾아온 사람들에게 그들을 고용하기도 전에 IBM의 경영 철학을 불어넣었다. 어떤 이들에게는 '불어넣는'이란 말이 세뇌를 의미하겠지만 여기에 어떤 악의가 숨겨져 있다고는 생각지 않는다. 기본적으로 IBM에서 일하려고 하는 사람은 누구나 이런 말을 듣는다. '우리는 이런 식으로 사업을 합니다. 우리에게는 사업에 관한 특별한 아이디어들이 있고, 당신이 우리와 함께 일하게 된다면 당신에게 고객들을 상대하는 법을 가르쳐 드릴 겁니다. 고객들에 대한 우리의 태도가 당신 마음에 들지 않으면 우리는 각자의 길을 걷게 될 겁니다. 빠를수록 좋죠.'"[53]

엘리트주의는 IBM의 설립 초기부터 IBM과 함께했다. 1914년 설립하여 아직 전국적 규모의 기업으로서의 위상도 갖추지 못한 시절, 왓슨은 자기 회사가 아주 탁월하고 특별한 일터여야 한다는 생각을 주입시키기 시작했다. 그는 단언했다. "어떤 일이든 그것이 세상에서 가장 위대한 사업이라는 것을 믿지 못한다면 결코 그 일에서 성공할 수 없다."[54] (앞장에서 그가 회사 이름을 따분하게 들리는 'Computer Tabulating Recording Company'에서 'International Business Machines Corporation'으로 바꿈으로써 이런 엘리트 정신을 얼마나 강하게 견지했는가를 알 수 있다.) 1914년 윗슨이 회사의 개념을 유능하고 특별한 집단으로 설정한 지 정확히 75년이 흐른 1989년, 윗슨 2세는 《특별한 기업 IBM》이라는 제목의 창립 75주년 간행물에서 완전히 동일한 테마로 복귀하고 있다.

"우리가 단지 평범한 회사에서 일하고 있다고 생각한다면 우리는 그저 평범한 회사에 머물고 말 것이다. IBM은 특별한 회사라는 인식을 가져야 한다. 일단 당신이 그런 의식을 가지게 되면 그것을 실현하기 위해 계속 힘을 내서 일하는 것은 매우 쉽다."[55]

아마 여러분은 IBM의 컬트적 풍토와 세 가지 기본 신조에 대한 철저한 집착이 1990년대 초반 IBM에 닥친 곤경에 일조했는지 궁금할 것이다. 과연 컬트주의가 IBM이 컴퓨터 산업에서의 극적인 변화에 적응하는 데 어려움을 제공한 장본인일까? 자세히 연구해 본 결과 이러한 견해는 지지를 얻지 못했다. IBM은 1920년대에도 상당히 컬트적인 조직이었으나, 자동 회계 처리라는 극적인 시대적 전환에도 잘 적응했다. 1930년대 또한 믿을 수 없을 정도로 컬트적 성격이 짙었으나 한 번의 해고도 없이 대공황의 파고를 견뎌낼 수 있었다.

IBM은 1950년대와 1960년대에도 여전히 컬트적 속성을 견지했으나 컴퓨터의 보급이라는 대세에도 잘 적응하여 IBM 역사상 가장 획기적인 변혁을 일구어 냈다. IBM은 1980년대 후반에도 여전히 컬트적 냄새를 풍기고 있었으나 다른 구식 제품의 컴퓨터 회사들과는 달리 PC 혁명에 적응하여 주요 PC 업체가 되었다. 굳이 반례가 있다면 IBM의 컬트적 문화—그 핵심 가치를 보존하려는 헌신적 노력—가 회사가 곤경 일로에 처했을 때 다소 쇠잔했다는 사실이다.

> IBM은 최고의 성공을 거두었다. 또한 급변하는 환경에 대처하는 놀라운 적응력을 입증해 보였다. 그것은 바로 강력한 컬트적 문화를 고수하고 있던 시기에 이루어졌다.

한편 버로스(IBM의 비교 기업)는 IBM의 역사를 통해 확인할 수 있었던 컬트주의를 거의 보여 주지 못했다. 버로스에는 자사의 경영 철학을 사원들에게 불어넣는 교육 센터 같은 건 없었다. 또 버로스가 핵심 이념의 보존을 위해 적합성에 관한 엄격한 기준을 부여했다는 증거도 찾을 수 없었으며, 버로스가 스스로를 미국의 기업군 속에서 아주 엘리트적이고 특별한 기업으로 여기고 있다는 증거도 발견할 수 없었다. IBM은 비록 매우 컬트적이긴 했지만 주체성을 가지고 있었다. 하지만 버로스는 그렇지 못했다. 비록 버로스가 컴퓨터 산업에 먼저 뛰어들었지만 IBM은 컴퓨터 사업의 발전사에 있어 중요한 전환기마다 버로스를 앞질렀다.

월트 디즈니의 마술

IBM이나 노드스트롬처럼 월트 디즈니도 교화, 적합성에 관한 엄격한 기준 그리고 엘리트주의를 중요 수단으로 하여 자신의 핵심 이념을 보존해 왔다.

디즈니는 지위 고하를 막론하고 모든 종업원들을 디즈니의 자체 사회화 및 연수 교육 기관인 디즈니 대학의 신입 사원 연수에 반드시 참석하도록 하고 있다(이는 잘 알려진 '디즈니 전통' 이다).[56] 디즈니는 신입 사원들에게 그들의 전통, 철학, 조직, 그리고 사업 방식 등을 소개할 목적으로 이 연수 코스를 마련했다.[57]

디즈니는 디즈니랜드에서 일할 사원들의 선발과 교육에 특별한 관심을 기울이고 있다. 우선 지원자들은 비록 청소하는 일을 위해 고용되었다 해도 최소한 두 번의 상이한 면접 시험을 치러야 한다[58](1960년대에는 모든 지원자들에게 광범위한 인성 검사를 실시했다[59]). 얼굴에 수염을 기른 남자나 큰 귀고리와 지나친 화장을 한 여자는 지원할 수도 없다.

디즈니는 엄격한 훈련 조항을 제정했다[60](1991년 디즈니랜드의 간부들 중 일부가 이 훈련 조항의 철폐를 위해 파업을 벌였다. 그러나 디즈니는 파업 주동자를 해고하고 이 조항을 그대로 사수했다[61]). 1960년대로 거슬러 올라가더라도 디즈니랜드는 고용에 있어 적합성에 관한 엄격한 기준을 적용했다.

리처드 쉬켈은 《디즈니 버전(Disney Version)》이란 1967년의 책에서 디즈니랜드의 사원들을 이렇게 묘사했다.

"그들은 다소 규격화된 용모를 하고 있다. 여자들은 대체로 금발에 푸른 눈동자이고, 눈에 잘 띄지 않는 듯한 태도를 갖추고 있어 마치 캘리포니아 스포츠웨어 광고 출연자들처럼 보인다. 또한 이들은 시골적 모성애가 넘치는 다감한 여성상을 추구하고 있다. 남자 사원들은 아주 외향적이고 전형적인 미국 스타일의 젊은이들이다. 이들은 미국의 어머니들이 자기 아들들에게 본받으라고 종용하는, 항상 쾌활해 보이는 그런 종류의 사람들이다."[62]

디즈니랜드에 새로 들어온 사원들은 수일간에 걸쳐 다음과 같은 디즈니식의 새로운 언어를 배우는 연수 프로그램에 참석한다.

"사원들은 '캐스팅된 배우' 다."
"고객은 '초대 손님' 이다."
"대중은 '관객' 이다."

"근무는 '공연'이다."
"일은 '역할'이다."
"업무 기술서는 '대본'이다."
"제복은 '의상'이다."
"근무 중은 '공연 중'이다."
"비번은 '무대 뒤'다."

이 특별한 언어들은 디즈니가 주의깊게 기획한 신입 사원 연수 세미나에서도 교육되어 디즈니 마인드를 신입 사원들의 의식 속에 확고히 심어 준다. 이 세미나에서는 숙련된 '교관'들의 주도로 디즈니의 특성, 역사, 신화에 대한 질의 응답식 교육이 이루어지는데, 이 시간을 통해 디즈니의 기초적 이념이 지속적으로 주입된다고 할 수 있다.

교관 : 우리는 무슨 사업을 하고 있습니까? 누구라도 맥도널드가 햄버거를 만드는 줄은 압니다. 그런데 디즈니는 무얼 만든다고 생각합니까?
신입 사원 : 사람들에게 행복을 만들어 줍니다.
교관 : 네, 정확합니다! **디즈니는 사람들에게 행복을 팝니다.** 그 사람이 누구든, 어떤 언어를 사용하든, 무슨 일을 하든, 출신이 어디든, 피부색이 어떻든 그런 것들은 중요한 게 아닙니다. 우리는 사람들을 행복하게 해주려고 일합니다. 일을 위해 채용된 사람은 아무도 없습니다. 우리 모두 쇼의 배역으로 캐스팅된 것입니다.[63]

신입 사원 연수 세미나는 창립자인 월트 디즈니와 그의 유명한 만화 영화 주인공들(미키 마우스, 백설공주와 일곱 난쟁이 등)의 사진과 그림이 걸려 있는, 특별 설계된 연수실에서 이루어진다. 톰 피터스 그룹(Tom Peters

Group)이 제작한 한 비디오에 의하면 이 특수한 연수실의 목적은 "월트 자신이 그 방에서 자신의 왕국에 찾아온 신입 사원들을 맞이하고 있는 것 같은 환상을 창조하는 데 있다"고 한다. 궁극적인 목적은 신입 사원들이 월트와 동업자인 것 같은 느낌을 받게 하는 데 있다.[64]

사원들은 디즈니 대학의 교과서에서 다음과 같은 내용의 글을 읽게 된다. "디즈니랜드에서는 피곤해질 수는 있어도 결코 따분해져서는 안 됩니다. 비록 힘든 하루일지라도 우리는 행복한 모습을 보여 주어야 합니다. 정직한 미소를 지으십시오. 그것은 우리의 내면에서 우러나는 것입니다. 만약 이런 말들이 하나도 도움이 되지 못한다면 당신의 미소에 우리가 급여를 지급하고 있다는 사실을 기억하십시오."[65]

실내 연수가 끝나면 신입 사원들은 각자 자기에게 특정 업무를 소개해 줄 고참 직원들과 짝을 이루어 조별 교육을 받는다. 시종 일관 디즈니는 엄격한 행동 지침을 적용하여 신입 사원들이 하루 빨리 그들의 배역에 어울리지 않는 개인적 습관을 떨치도록 요구한다.[66] 〈트레이닝(Traning)〉지는 이에 관해 다음과 같은 기사를 실었다. "디즈니는 신입 사원들을 잠시도 가만히 내버려두지 않는다. 연수 첫날은 의복(유니폼) 착용, 대본 리허설(연습)과 동료 사원들과의 모임에 관한 프로그램들로 꽉 짜여 있다. 그리고 그것은 테마 파크에 초대된 손님들을 위한 공연처럼 아주 심사 숙고하여 마련한 것들이다."[67]

디즈니가 자사의 이미지와 이념을 보존하려는 열성은 테마 파크에서 가장 잘 드러난다. 하지만 테마 파크에서 그치는 것이 아니다. 이 회사의 모든 사원들은 '디즈니 전통'이라고 불리는 연수 세미나에 참가해야 한다. 재무 분석, 전략 기획 및 여타 관련 업무를 하면서 디즈니에서 여름을 보낸 스탠퍼드 대학의 한 MBA 학생은 이렇게 말했다.

"나는 월트 디즈니에서 첫날을 보내면서 월트의 비전이 마술과 같다는 것을 깨달았다. 디즈니 대학에서 보여 주는 비디오는 사람들에게 꿈과 마술 같은 디즈니의 세계를 공유할 수 있게 한다. 사원들이 월트가 걸어온 길을 잘 알 수 있도록 디즈니에 관한 기록들도 보관되어 있다. 신입 사원 연수가 끝나고 나서 미키 거리와 두피 거리에 들른 적이 있는데 나는 거기서 마술과 다정 다감함과 역사를 느낄 수 있었다. 나는 월트의 꿈을 믿게 되었고, 디즈니의 다른 사원들과 이런 믿음을 함께할 수 있었다."[68]

사원들 중 누구든지 '전체성'의 이상(理想)을 시큰둥하게 비난한다든지 악평해서는 생존할 수 없었다.[69] 디즈니가 발간하는 출판물들에서는 시종 일관 디즈니가 '특별하고', '뭔가 다르며', '독특하고', '마술과 같은' 기업이라는 점이 강조된다. 심지어 디즈니의 주주들에게 보고하는 연차 보고서에도 '꿈', '흥미', '재미', '즐거움', '상상력', '마술은 디즈니의 본질'과 같은 표현들이 가득 차 있다.[70]

디즈니는 내부 업무 중 상당 부분을 공개하지 않고 있다. 이 때문에 디즈니는 더욱 신비감과 엘리트주의의 냄새를 풍기게 되었다. 오로지 '내부'에 깊숙이 관련된 소수의 사람들만이 커튼 뒤의 '마술'을 엿볼 수 있다. 예를 들어 비밀을 지키겠노라고 서약한 특정 직원을 제외하고는 어느 누구도 디즈니랜드에서 활동하는 주인공들의 연습 장면을 지켜볼 수 없다. 디즈니에 관한 글을 쓰려 했던 작가들은 이 '마법의 왕국'의 비밀을 지키려는 문지기들의 맹렬한 저항을 경험해 왔다. "디즈니는 이상스러울 정도로 폐쇄된 회사입니다." 어느 작가는 이렇게 썼다. "미국 기업들에 대한 글을 수십 년 동안 써 오고 있지만 디즈니 같은 회사는 처음입니다."[71]

내부 기밀과 통제에 대한 편집증적인 반응과 함께 디즈니의 철저한 사원 선발과 의식화를 위한 교육 과정, 그리고 디즈니 신화와 전세계 어린이들의 삶에 있어 특별하고 중요한 존재라는 자사 이미지를 세심하게 제고시키는 노력들은 디즈니의 고객들에게까지 영향을 미치는 컬트적 추종을 창조해 냈다. 디즈니의 열렬한 고객 중 한 사람이 한번은 완구점에서 칠이 살짝 벗겨진 디즈니 만화 주인공의 인형을 보고 "월트 아저씨가 이걸 본다면 창피스러워할 일이야"라고 불평하기도 했다.[72]

디즈니에 관해 조사하는 동안 이 회사가 사회 운동 또는 종교 운동 단체가 아니라 하나의 기업이라는 사실을 잊지 않으려고 많은 노력을 해야 했다. 조 파울러(Joe Fowler)는 《마법의 왕국에 사는 왕자》라는 저서에서 다음과 같이 썼다.

"디즈니의 역사는 한 기업의 역사가 아니다. 그것은 사람들의 기꺼운 헌신을 불러일으킬 만한 고결한 이상, 가치, 희망, 때때로 희미해져서 사람들이 어리석은 것으로 치부해 버리기 쉬운 가치들, 그리고 너무 심오해서 사람들로 하여금 그것을 연구하게 하고, 그것을 실현하는 일에 직업적으로 매달리게도 하며, 그것이 저버려지는 것을 볼 때 참을 수 없이 격분하게 되며 그것이 옹호되는 것을 볼 때 행복감에 젖어들 수 있는 그런 가치들에 관한 한 인간의 심오한 투쟁의 역사다. 이것이야말로 '디즈니'란 이름을 인상적인 이름으로 만들어 준다. 어느 누구도 반드시 어느 한쪽에 속한다. 월트 디즈니는 천재 아니면 미치광이, 위선자 아니면 모범생, 교활한 장사꾼 아니면 어린이들에게 사랑받는 자상한 아버지다."[73]

디즈니의 컬트적 문화는 사실 자신과 사원들과의 관계를 아버지와 자식 간의 관계라고 생각한 창설자 월트 디즈니에 그 연원을 두고 있다.[74] 그는 사원들에게 전적인 헌신을 기대했고, 회사와 회사가 추구하는 가치에 대한 변함없는 충성을 요구했다. 헌신적이고 충성스러운 디즈니 직원들에게는 선의의 실수가 용납되고, 두 번 아니 너댓 번까지라도 기회가 다시 주어진다.[75] 그러나 디즈니의 신성한 이념을 비난하거나 충성심을 보이지 않는 이들에게는—이것은 죄로 여겨진다—즉시 비공식적인 해고라는 제재가 가해진다.

마크 엘리엇(Marc Eliot)의 전기 《월트 디즈니》에 따르면 "한번은 누군가가 월트와 다른 여러 사람이 있는 앞에서 미끄러지자 욕설을 내뱉었는데 결과는 즉각 해고였다. 해고의 결과로 상당한 불편이 초래되었는데도 말이다."[76] 1941년 디즈니의 만화 제작자들이 대립을 불러일으켰을 때 월트는 그들에게 배신감을 느꼈고, 노조를 하나의 경제적 압력 단체가 아닌 그가 조심스레 다스리는 충성된 디즈니 가족에 대한 침입자로 간주했다.[77]

월트는 자신이 디즈니 사의 본질을 고수하기 위해 관행으로 유형화한 질서와 통제로 인해 갈등을 겪어야 했다. 복무 조항과 신입 사원 채용 및 교육 연수 과정, 사원의 용모 등 세세한 부분까지 신경 쓰는 광적 집착, 철저한 비밀 유지, 디즈니만의 완전하고 지고한 특징을 보존하기 위해 적용하는 엄격한 규칙들, 이 모든 것들이 회사를 디즈니의 핵심 이념이라는 울타리 안에 잡아두려는 월트의 의도에 뿌리를 두고 있다. 월트는 디즈니랜드 건설 과정을 이렇게 묘사했다.

"주차장을 임차한 첫해 나는 보통 경비원들을 채용했다. 하지만 곧 실수했다는 걸 알았다. 외부의 도움도 받을 수 없었지만 친절에 관한 내 집념도 어찌할 수 없었다. 그래서 우리는 즉시 우리 사원 전부를 배치해서 훈련을 시켰다. 예를 들어 경비를 담당하는 직원들에게 자신을 경찰로 생각하면 안 되며 사람들을 돕기 위해 일하는 것이라고 얘기해 주었다. 일단 그런 방침을 시작하자 그 방침은 계속 발전하게 되었다."[78]

그 발전은 사실이었다. 비록 디즈니는 월트의 사후에 사세가 다소 기울기는 했으나 그가 죽기 전에 정착된 핵심 이념의 보존에 힘입어 핵심 이념을 상실하지 않았다. 마이클 아이스너와 새 경영진이 1984년 디즈니의 경영권을 물려받았을 때도 잘 보존된 핵심 이념은 이후 10년간 디즈니 재건의 바탕이 되었다.

이와 대조적으로 컬럼비아 영화사는 1958년 콘의 사후에 어떤 핵심 이념이나 그것의 보존 장치도 가지지 못했다. 월트가 완벽하게 작동하는 시계를 만든 것은 아니었다. 하지만 그는 매우 컬트적이기는 해도 핵심 이념과 그것을 보존하기 위한 시계 제조 메커니즘을 만들었다. 그러나 콘은 그렇지 못했다. 결국 디즈니는 월트의 사후 그의 유산 위에 세워진 독립 법인으로 재기했다. 이에 반해 컬럼비아 영화사는 더 이상 독자적 기업으로 남아 있을 수 없었다.

프록터&갬블에 완전히 빠져들다

창사 이래 대부분의 기간 동안 프록터&갬블은 광범위한 교화, 적합성에 관한 엄격한 기준, 엘리트주의를 통하여 핵심 이념을 보존해 왔다. P&G는 새로 채용할 대상자를 주의깊게 심사하여 초입 단계의 직무에 젊은 사원을 고용한 뒤 P&G 방식의 사고와 행동을 혹독하게 훈련시켜 나가며 부적격자를 적출해 내고, 회사 내부에서 성장한 충성스런 P&G 직원들만을 중간 및 최고경영자로 키우는 오랜 관행을 지니고 있다. 《일할 만한 미국의 100대 우량 기업》이라는 책은 이렇게 적고 있다.

"P&G에 입사하기는 어렵다. 신입 사원들은 자신들이 회사에 입사했다기보다 단체에 입사한 것 같은 느낌이 들지 모른다. 다른 회사에서 경력을 쌓은 사람으로서 P&G에 중간 및 최고경영자로 자리를 옮겨 온 경우는 없다. P&G는 극단적으로 내부 승진 원칙을 지키는 기업이다.[79] P&G 방식의 일처리 방법이 있는데, 만약 당신이 그것에 통달하지 못하거나 적어도 불편을 느낀다면 그 곳에서 성공하기는커녕 행복하지도 못할 것이다."[80]

교화 과정은 공식적이기도 하며 비공식적이기도 하다. P&G는 신입 사원들을 연수 및 오리엔테이션 과정에 집어넣고 회사의 공식 사사인《내일을 바라보는 눈(Eyes on Tomorrow)》(내부적으로는 일명《The Book》으로 불리는)을 읽게 한다. 이 자서전에서는 회사를 '정신적 유산과 원칙, 도덕 및 윤리―창업주들이 너무 자주 언급해서 영원한 유산이 되어 버린―위에 확고히 기초한 불변의 인격체'[81]로 기술하고 있다. 회사의 내부 발간물, 경영층의 대담하고 공식적인 오리엔테이션 자료들은 P&G의 역사, 가치 및 전통을 강조하고 있다.[82]

공동 창업주인 윌리엄 프록터의 손자는 윌리엄 쿠퍼 프록터(William cooper Procter)다. 종업원들은 '아이보리데일 메모리얼(Ivorydale Memorial)' (아이보리데일 공장을 굽어보고 서 있는 윌리엄 쿠퍼 프록터의 실물 크기 대리석상)에 새겨져 있는 기념비 첫머리를 반드시 보게 되는데, 그 내용은 다음과 같다. "그는 고상하고 단순한 삶을 살았으며, 하느님과 그의 동료들의 내재된 가치를 믿으며 살다 갔다."[83]

신입 사원들은―특히 회사의 중심 기능인 브랜드 관리 부문에서 일하는―거의 대부분의 시간이 P&G의 가치관과 관행을 배워야 할 대상인, 회사 내의 다른 사원들과 함께 일하거나 사교하는 데 잡혀 있음을 알게 된다. 회사가 신시내티(P&G가 위치하고 있는 도시) 외곽에 자리잡고 있는 점도 회사에 완전히 빠져들게 하는 요인이 되고 있다. 한 P&G 출신은 "낯선 고장에 가서 하루 종일 같이 일하고 밤새껏 품의서를 쓰고 주말에도 또 서로를 보게 됩니다"라고 적고 있다.[84] P&G 직원들은 같은 클럽이나 교회에 나가거나 이웃에 삶으로써 다른 P&G 직원들과 우선적으로 교제토록 요청받고 있다.[85]

P&G는 사원들을 회사에 결속시키기 위해 오래전부터 급여 및 복지 프로그램을 계속 향상시켜 왔다. 예를 들어 다음과 같다.[86]

- 1887년 P&G는 미국 기업 중 최초로 이윤 분배 제도를 도입했다.
- 1892년 P&G는 산업 역사상 최초로 종업원 지주 제도를 도입했다.
- 1915년 P&G는 최초로 종합적인 질병-장애-퇴직-생명 보험 제도를 도입한 미국 기업들 중 하나가 되었다.

P&G는 이러한 제도들을 종업원들에 대한 포상 수단으로뿐만 아니라 그들의 행동에 영향을 주고 회사일에 보다 적극적으로 참여케 하며, 또 조직에 대한 적합성을 높이는 데 활용해 왔다. 한 P&G 자료는 초기의 이윤 분배 제도가 어떻게 활용되었는지를 다음과 같이 묘사하고 있다.

"윌리엄 쿠퍼 프록터는 노력하지 않는 종업원들로부터 이윤의 몫을 빼앗아 열심히 노력하는 종업원들의 몫으로 해야 한다고 결론을 지었다. 그래서 그는 경영층이 정한 종업원의 노력의 정도에 따라 네 등급의 기준을 설정했는데, 이것이 종업원들의 태도를 바로잡는 데 크게 도움을 주었다."[87]

종업원 지주 제도에 따라 종업원들에게 주식을 사도록 권장함으로써 회사는 심리적 참여도를 크게 높일 수 있었다. 종업원들이 열심히 벌어들인 수입의 일부를 가지고 자사 주식을 사게 하는 것만큼 조직에 이득이 될 다른 방법이 또 있을까? 1903년 자사 주식 매입을 보다 강화하기 위해 P&G는 이윤 분배를 주식 매입에 적극적인 종업원들에 한해서 허용하는 제도를 도입했다.

"이윤 분배는 P&G의 보통주 소유권에 직접 연동되기 시작했다. 이윤 분배 자격을 얻기 위해서는 자신의 연봉에 해당하는 주식을 매입해야 했다. 다만 대금은 1년에 최소 연봉의 4% 이상의 금액으로 몇 년간 나누어 분납해도 되었다. 동시에 회사는 종업원 연봉의 12%에 해당하는 주식 취득 대금을 보태 주었다."[88]

1915년까지 61%에 달하는 종업원들이 지주 제도에 참여함으로써 P&G의 완전한 심리적 멤버십을 획득하게 되었다. P&G는 창사 이래 많은 무형의 메커니즘을 바람직한 행동을 강화시키는 데 사용해 왔다. 여기에는 엄격한 복장 규칙과 프라이버시를 거의 허용하지 않는 사무실 배치부터 시작하여 일정한 커뮤니케이션 스타일을 유지하기 위한 유명한 '한 페이지짜리 품의서'까지 다양하다.

P&G의 적합성에 관한 엄격한 기준은 소재 지역이 어디든 모든 나라와 세계 문화권에서 동일하게 적용된다. 경영대학원을 졸업한 후 바로 P&G에 입사하여 유럽 및 아시아에 파견 근무를 한 바 있는 어느 전직 종업원은 이렇게 말했다. "P&G의 문화는 지구 구석구석에 퍼져 있다. 외국에 파견된 뒤 나는 최우선으로 P&G 문화에 적응해야 했고, 그 다음으로 그 나라 문화에 적응해야 했다. P&G에 소속된다는 것은 한 나라에 소속되는 것과 마찬가지다."[89] 1986년의 회의에서 존 스메일(John Smale) 사장은 비슷한 주제로 발언한 바 있다.

"P&G 직원들은 전세계적으로 공통적인 유대 관계를 가진다. 문화적·개인적 차이에도 불구하고 우리는 같은 언어로 말한다. P&G 직원을 만나면 그들이 보스턴의 판매 부서에 근무하든, 아이보리데일 기술 연구소의 상품 개발부에서 근무하든, 아니면 보스턴의 경영 위원회에 속해 있든 동일한 부류의 사람들과 얘기하는 것처럼 느껴진다. 내가 아는 사람들, 내가 믿는 사람들, 그들은 바로 P&G 직원들이다."[90]

노드스트롬, IBM 그리고 디즈니와 마찬가지로 P&G는 엄격한 비밀 유지와 정보 통제를 하고 있다. 관리자들은 일상적으로 비행기를 타는 직원들이 P&G 사원임이 드러나게끔 소화물 ID 카드를 사용하거나, 다른 사람들이 있는 곳에서 업무 얘기를 하면 훈계 또는 질책하거나 벌을 준다. 1991년도의 주식 배당 옵션 플랜은 만약 수혜 대상자가 P&G에 관한 정보를 허가 없이 외부에 발설할 경우 주식 배당을 받을 자격을 박탈하도록 규정하고 있다.[91]

회사의 비밀스런 성격은 역사를 통해 엘리트주의를 강화해 왔다. P&G 직원들은 그들이 '특별하며', '위대하고', '우수하며', '도덕성이 강하고', '자제력이 높으며', '최고의' 사람들로 가득 찬 '하나의 기관', 그리고 '세계 기업체 가운데 독특한' 조직의 일원임을 자랑스러워한다.[92] 한 P&G 관리자는 특별히 어려운 한 프로젝트를 설명하면서 이렇게 말했다. "만약 각자가 전체 프로젝트를 통해 발휘하는 한 가지 특성이 있다면 그것은 자신이 최고라는 자존심일 것입니다."[93]

P&G와 콜게이트를 비교해 보면 노드스트롬과 멜빌, IBM과 버로스, 또는 디즈니와 컬럼비아의 경우처럼 완벽하게 대조적이지 못하다. 예를 들어 1900년대 초까지만 해도 콜게이트는 콜게이트 가문이 중시해 온 가치관을 중심으로 형성된 온정주의적 문화를 강조해 왔다.[94] 그렇지만 특히 지난 약 60년 동안 변화가 생겼다. 우리는 콜게이트가 신입 사원 채용시 엄정한 심

사 및 적합성에 관한 엄격한 기준을 동일하게 적용한다는 증거를 찾지 못했다. 게다가 P&G가 '인격' 및 창업자들이 물려준 지도 원칙에 따라 직원들을 교화시키는 것과 비슷한 수준의 증거를 콜게이트에서 찾지 못했다.

P&G가 끊임없이 특별함과 독특함을 강조함으로써 항상 스스로를 핵심 이념과 오랜 유산이라는 용어로 정의해 온 반면 콜게이트는 점차 스스로를 **P&G와 관련지어** 정의해 왔다. P&G는 끊임없이 엘리트 중 엘리트라는 생각을 강조해 온 반면 콜게이트는 'P&G에 버금가는' 그리고 '제2의 P&G'가 되고자 하는 기업으로 스스로를 바라보게 되었다.[95]

최고경영자, 관리자, 창업자들을 위한 메시지

이 장에서 발견한 사항들에 관해 다소 납득이 가지 않는 사람도 있을 것이다. 우리도 어느 정도 마음 편치 못한 구석이 있다. 우리는 짐 존스(Jim Jones)나 데이비드 코레시(David Koresh) 또는 문선명 목사류의 극단적인 종교 상황을 옹호하거나 기술하는 것조차 하고 싶지 않다는 것을 분명히 해둔다. 흔히 카리스마적인 사교 집단의 우두머리를 중심으로 주기적으로 발생되는 많은 분파나 사회 운동과는 달리 비전 기업들은 그들의 이념을 중심으로 컬트화하려는 경향이 있음을 주지할 필요가 있다. 예를 들어 노드스트롬이 자사의 중심 가치를 열심히 창조함으로써 리더 개인에 대한 예속적인 존경을 강요하지 않고 종업원들의 고객에 대한 서비스를 영웅시하도록 강력한 신화를 어떻게 만들었는지 주목해야 할 것이다.

디즈니의 창업주인 월트로부터 시작되어 그의 사후에도 수십 년간 변함없이 유지되고 있는 가치관과 그 보존 노력을 보라. P&G는 150년간 9명의 최고경영자들을 거쳤지만 그 과정에서도 엄격하게 원칙을 고수해 오고 있다. 개인의 인격을 중심으로 한 컬트주의를 '시간을 알려 주는 일'이라고 한다면 핵심 이념에 대한 헌신을 강화하는 환경을 만드는 컬트주의야말로 '시계를 만들어 주는 일'에 비유할 수 있을 것이다.

> 이 장의 요점은 여러분이 퍼스낼리티에 대한 맹신주의를 창조하라는 것이 아니다. 그것은 결코 해서는 안 되는 일이다.

오히려 중요한 것은 핵심 이념을 자세히 구체적으로 보존할 수 있는 조직을 구축하는 것이다. 비전 기업들은 그들의 이념을 끊임없이 강한 신호를 보내는 **유형의**(tangible) 메커니즘으로 변환시킨다. 그들은 종업원들을 교화하고, 그들에게 적합성에 관한 엄격한 기준을 부여하며, 아래와 같은 실용적이고 구체적인 사항을 통해 무엇인가 특별한 것에 소속되어 있다는 느낌을 갖도록 해준다.

- 이념적이고 실용적인 내용을 갖춘 오리엔테이션과 교육 프로그램을 통한 가치관, 규범, 역사 및 전통의 교육
- 사내 대학 및 연수 센터
- 동급자 및 차상급자에 의한 현장에서의 교류
- 엄격한 내부 승진 정책—젊은 신입 사원 채용, 내부 승진, 종업원의 정신 자세를 젊을 때부터 갖추어 주기
- 영웅적인 업적 및 회사의 모범인 상 등의 신화에 노출시키기(예를 들어 고객으로부터 온 편지에 의한 영웅 만들기, 대리석상 등)
- 행동 판단을 지배하는 기준 및 독특한 언어와 용어(예를 들어 디즈니의 '캐스팅된 배우', 모토롤라의 '모토롤라인')
- 심리적 참여도를 높여 주는 사가, 응원가, 증언, 서약 등

- 채용시 또는 최초 2~3년간의 엄격한 관찰 과정
- 기업 이념에 맞는 사원에 명시적으로 연관시킨 인센티브 및 승진 기준
- 이념에 맞춰 열심히 노력하는 이들을 보상하는 포상, 경연 대회 및 공적인 인정. 이념적 테두리를 깨뜨리는 이들에 대한 유형의 가시적인 제재
- 기업의 이념을 침범하지 않는 정당한 실수의 용서. 이념을 침해한 데 대해서는 무거운 제재 및 해고
- 자사주 매입 제도(돈과 시간 투자)
- 성공, 소속감 및 특별한 느낌을 강화해 주는 축하연
- 규범 및 이상을 강화해 주는 공장 및 사무실의 배치
- 기업 가치관, 유산 및 특별한 곳에의 소속감을 말 또는 글로 강조하기

핵심을 보존하면서 발전을 자극하기

여기서 여러분은 이렇게 생각할 수도 있다. 그렇다면 강력한 컬트적인 문화가 위험하지 않을까라고. 그것이 집단적 사고와 성장 둔화를 초래하지는 않을까? 그것이 능력 있는 사람들을 내몰지는 않을까? 그것이 창작성과 다양성을 위축시키지는 않을까? 그것이 변화를 막지 않을까? 우리들의 답은 이렇다. 즉, 컬트적인 문화는 음양의 반대편과 상호보완적이지 못하면 위험하면서도 제한적일 수 있다. **핵심을 보존하는 컬트적인 문화에는 반드시 막대한 양의 발전에 대한 자극이 공급되어야 한다.** 비전 기업은 양자가 손잡고 서로를 강화하는 방향으로 나아간다.

컬트적인 문화는 실제 어떤 것이라도 당장 해낼 수 있는, 엘리트 조직의 구성원으로서의 소속감을 창출해 주기 때문에 크고 위험하고 대담한 목표를 추구할 수 있는 기업의 능력을 제고해 줄 수 있다. IBM의 컬트주의 정신은 IBM 360에 모험을 걸도록 하는 데 크게 공헌했다. 이 세상에서 특

별할 역할을 해내고 있다는 디즈니의 컬트적인 신념이야말로 디즈니랜드 및 EPCOT 센터와 같은 파격적인 BHAGs 사업들을 추진하는 원동력이 되었던 것이다.

보잉이 맡은 직무를 위해 살고 숨쉬며 먹고 잠자는 직원들로 구성된 조직을 가꾸기 위해 헌신하지 않았다면 과연 707 및 747 프로젝트를 성공적으로 추진할 수 있었을까? 이 세상에서 특별한 역할을 해내기 위한 조직이라는 광신적 믿음이 없었다면 과연 소니가 1950년대에 트랜지스터 라디오 사업에 과감히 뛰어들 수 있었을까? 메르크가 보여 준 이념에 대한 컬트적인 헌신으로 말미암아 직원들은 다른 회사와는 다른 특수한 조직의 일원이라는 생각을 갖게 되었고, 이 생각이야말로 메르크를 세계 유수의 제약회사로 도약시키기 위해 전력을 다하도록 직원들을 고무시켰다고 할 수 있다.

더 나아가서 여러분이 컬트적인 혁신 문화, 컬트적인 경쟁 문화 또는 컬트적인 변화 문화를 가질 수 있음을 이해하는 것이 중요하다. 여러분은 컬트적인 미치광이 문화도 가질 수 있다. 이러한 예를 들자면 월마트의 경영진들이 월마트를 응원할 때 목청껏 소리지르는 수천 명의 종업원들 앞에서 하던 짓거리를 들 수 있다. 'W라고 외칩시다! A라고 외칩시다! L이라고 외칩시다! 몸으로 한번 이 글자를 써봅시다! M이라고 외칩시다! A라고 외칩시다! R이라고 외칩시다! T라고 외칩시다! 무슨 글자입니까? Wal Mart! 누가 제일입니까? 고객이요!"[96]

컬트적인 엄격함과 다양성은 서로 협조할 수 있다. 컬트적인 엄격함과 다양성은 공존할 수 있다. 가장 컬트적인 비전 기업들 중 몇몇은 여성 및 소수 민족들이 근무하기에 가장 좋은 기업으로 상을 받기도 했다. 예를 들어 메르크는 진보적인 평등 기회 프로그램을 오래전부터 실시해 왔다. 메르크에 있어서 다양성이란 회사가 깊이 추구하는 핵심을 잘 보완하는 발전이 되고 있다. 메르크에서는 여러분이 회사가 추구하는 바를 믿는 한 여러분의 피부색, 키, 용모 또는 성별은 상관없다.

이념의 통제 및 영업 활동상의 자율성 보장

비전 기업들은 이념적인 통제를 강하게 하는 동시에 개인의 창의를 북돋우기 위해 운영면에서는 광범위한 자율성을 부여한다. 다음 장에서 토론하겠지만 실제 비전 기업들은 그들이 더 컬트적임에도 불구하고 일반적으로 비교 기업들보다 훨씬 더 분권적이며 운영면에서 많은 자율을 허용하고 있다.[97] 즉, **이념적 통제**가 핵심을 보존하는 반면, **운영면에서의 자율**은 발전을 자극한다고 할 수 있다.

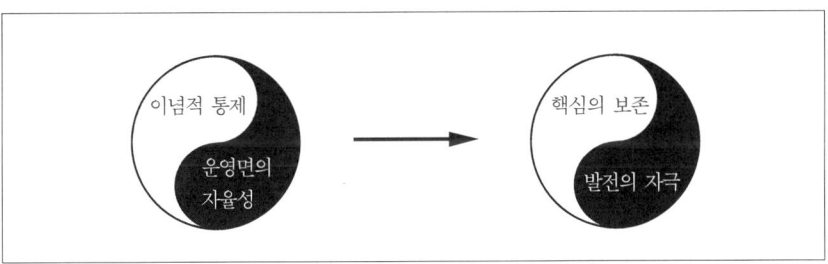

이 장의 첫머리에서 설명한 노드스트롬의 한 페이지짜리 핸드북을 상기해 보라. 우리는 노드스트롬이 얼마나 회사의 이념에 부합되게 종업원들의 행동을 조여 왔는지, 그러나 반면에 회사가 종업원들에게 얼마나 엄청난 자율적 의사 판단을 허용해 왔는지를 알게 된다. 노드스트롬의 짐 사장은 스탠퍼드 경영대학원의 한 수업에 참석했을 때 학생들이 "만약 노드스트롬의 판매원이 입어서 해진 옷을 반환하러 온 고객을 어떻게 다루리라고 생각하느냐?"고 묻자 다음과 같이 대답한 적이 있다.

"잘 모르겠다고 하는 게 정직한 대답일 것이다. 그러나 나는 그 손님이 잘 대우받았다고 느끼도록 일을 처리하리라는 확신을 가지고 있다. 그 옷을 반환해 주느냐 거절하느냐는 그때의 특수한 상황에 따라 달라질 것이며, 나는 각 점원이 어떻게 할 것인가에 대해 많은 자율성을 부여하고자 한다. 우리는 우리 종업원들을 판매 전문가로 보고 있다. 그들은 규칙을 필요로 하고 있지 않다. 그들은 기본적인 방향을 필요로 하지, 규칙을 필요로 하지 않는다. 당신이 우리의 기본적인 가치관과 기준에 충실한 이상 당신 직무를 달성하기 위해 필요한 것이라면 뭐든 할 수 있다."[98]

노드스트롬은 엄격한 통제, 규율, 이념에 따르지 않는 사람들의 탈락 등으로 상징되는 미 해병대를 상기시켜 준다. **그러나 역설적으로 개인적 창의와 창업자적 본능을 갖추지 못한 사람은 이념적 지향을 따르지 않는 사람과 마찬가지로 실패한다.** 이런 현상은 이념적으로 엄격한 비전 기업인 3M, J&J, 메르크, HP 및 월마트의 경우에 있어서도 마찬가지다.

이러한 연구 결과는 큰 실용적 의미를 지니고 있다. 즉, 권한 위임 및 분권적 작업 환경을 추구하는 기업이라면 최우선적으로 엄격한 이념을 부여하고, 종업원들을 관찰하면서 이념을 교화하고, 바이러스적 존재는 방출하는 반면 남은 인원에 대해서는 엘리트 집단에서의 멤버십에 상응하는 엄청난 책임감을 부여해야 한다. 이는 적당한 배우를 무대에 올려 올바른 정신 자세를 갖게 한 뒤에는 배우가 옳다고 생각하는 대로 즉흥적으로 연기할 수 있도록 자유를 부여하는 것을 의미한다. 한마디로 요약하자면 기업은 이념을 중심으로 컬트적인 엄격함을 갖추어야만 비로소 종업원들로 하여금 실험하고 변화하고 적응하며 무엇보다도 스스로 연기할 수 있도록 풀어줄 수 있는 것이다.

제 7 장

많은 것을 시도해서 잘되는 것에 집중하라
TRY A LOT OF STUFF AND KEEP WHAT WORKS

생존 환경에 잘 적응하는 종족들에 대해 신이 특별하게 능력을 부여했거나 자신들이 개발한 본능적 재질 때문에 그렇다고 설명하기보다는, 모든 유기체의 발전 과정에 적용되는 하나의 일반적인 법칙인 '번식하라. 변화하라. 강자는 살고 약자는 죽게 하라'의 조그만 결과라고 말하는 것이 보다 만족할 만한 설명이다.

- 찰스 다윈, 《종의 기원》, 1859[1]

우리 회사는 정말 우연히 새로운 상품을 개발해 왔다. 그러나 무엇인가 시도조차 하지 않는다면 우연히라도 무엇인가 새로운 것을 만들 수 없다는 사실을 잊지 마라.

- 리처드 칼턴, 3M의 전 CEO, 1950[2]

실패가 우리의 가장 중요한 상품이다.   - R.W. 존슨 2세, J&J의 전 CEO, 1954[3]

비전 기업의 역사를 살펴보면 그들이 이룩한 최고의 업적들이 상세한 전략적 계획에 의해 이루어졌다기보다는 이것저것 하던 중에 우연히 이루어졌다는 것을 알 수 있다. 돌이켜보면 성공적인 기업 전략은 기회주의적인 실험과 '우연한 발견'의 산물이었다. 다음에 얘기되는 존슨&존슨, 마리오트, 아메리칸 익스프레스의 예를 살펴보자.

존슨&존슨의 소비재 상품으로의 우연한 진출

1890년 염증 방지용 거즈와 의약용 석고를 주로 생산하고 있던 J&J는 한 내과 의사로부터 편지를 받았다. 편지의 내용은 의약용 석고가 일으키는 피부 질환에 대한 불만이었다. 연구 부장인 프레드 킬머(Fred Kilmer)는 피부 질환 치료를 위한 파우더 한 뭉치를 즉시 보냈다. 여기에 착안하여 그는 모든 상품에 파우더를 끼워서 판매할 것을 주장했고, 시행에 들어갔다. 놀랍게도 고객들은 파우더를 더 구할 수 없느냐고 요청해 왔다. J&J는 '존슨즈 토일릿 앤드 베이비 파우더(Johnson's Toilet and Baby Powder)'라는 신상품을 만들어 판매했다. 이 제품은 전세계적으로 가정에 꼭 있어야 하는 물품으로 유명해졌다.

J&J의 공식적인 연혁에 의하면 "J&J는 베이비 파우더 사업에 우연히 뛰어들게 되었다"라고 기록되어 있다.[4] 더욱 중요한 일은 J&J는 서서히 소비재에 발을 들여놓았고, 결과적으로 소비재 산업에 전략적으로 진입하게 되었다. 하나의 우연한 사건 때문에 소비재 제품이 J&J 전체 매출의 44%를 차지하게 되었다. 이제 이 제품은 성장면에서 의약품만큼이나 중요한 부문이 되었다.[5]

후에 J&J는 우연히 또 다른 상품을 만나게 되었다. 1920년 얼 딕슨(Earle Dickson)이라는 회사 직원이 부엌용 칼에 손을 자주 다치는 부인을 위해 일회용 밴드를 개발했다. 그의 일회용 밴드는 조그만 거즈를 이용한 수술용 테이프로 만들어져 있어 피부에 달라붙지 않았다. 그가 마케팅 담당자들에게 그의 발명품을 얘기했을 때 그들은 그것을 시장에 내놓고 반응을 실험해 보기로 결정했다. 천천히 여러 가지 사소한 문제점을 고친 후 결과적으로 밴드 에이드(Band-Aid)는 J&J 역사상 가장 큰 판매 제품이 되었고, J&J가 전략적으로 선택한 소비재 제품 부문을 한층 강화시켰다.[6]

마리오트의 공항 서비스 사업으로의 우연한 진출

음료수 판매 시작 10년째 되던 1937년 윌러드 마리오트는 9개의 수익성이 높은 레스토랑을 운영하고 있었다. 그는 깔끔하게 손님을 접대하도록 훈련된 200명의 종업원을 거느리고 있었다. 마리오트는 잘 운영되는 시스템을 가지고 있었다. 장차 3년 후에는 레스토랑 숫자를 두 배로 키운다는 계획을 가지고 있었기 때문에 마리오트라는 신생 회사의 전망은 매우 밝았다. 만약 마리오트와 그의 경영진들이 레스토랑 확장 계획에만 집중하여 사업을 잘 운영했다면 그들은 굉장한 성공을 거두었을 것이다.

그러나 마리오트 8호점에서 일어난 이상한 상황에 대해 어떻게 대처했을까? 워싱턴 시의 후버 공항 근처에 위치한 8호점은 다른 마리오트 점포와는 판이하게 다른 손님들을 끌었다. 고객들은 주로 비행기를 타기 전에 먹을 음식을 사는데, 주머니나 종이백 아니면 손에 직접 들고 갔다. 마리오트는 조사차 8호점에 들렀을 때 "단지 비행기에서 먹을 음식을 사는 이런 고객들을 어떻게 대할까?"라고 물었다.[7]

가게 담당 직원은 "매일 그런 손님들이 적지 않습니다"라고 대답했다. 마리오트는 이에 대해 밤새워 고민했다고 《마리오트》라는 책을 쓴 로버트 오브라이언은 전한다. 바로 그 다음날 마리오트는 이스턴 에어 트랜스포트(Eastern Air Transport)를 방문했다. 그는 8호점이 미리 박스로 포장한 점심을 마리오트라는 로고가 붙은 트럭을 이용하여 활주로로 직접 가서 전달하는 사업을 그 회사에 제안하여 계약을 맺었다.

몇 달이 안 되어 그러한 서비스는 아메리칸 항공사로 확산되었고 매일 22개의 항공편에 물건을 납품했다. 마리오트는 이 사업을 전담할 직원을 지명하여 후버 공항에 완전히 정착시키고 타공항으로 확대하도록 명령했다. 공항 서비스 사업은 예상치 않았던 기회를 싹으로 하여 마리오트의 주사업으로 진전되었고, 결과적으로 100개의 타공항으로 확산되었다.[8]

마리오트는 지루한 회의를 거치면서 전략이니 뭐니 하는 분석으로 무엇을 할 것인가 하는 의문에서 헤어나지 못하고 있었을지도 모른다. 8호점의 특이한 고객 기반이 전통적인 마리오트 사의 고객 기반에 변화를 주었다. 마리오트는 이러한 변화를 무시할 수도 있었지만 적극적으로 실험해 보았고 해볼 만한 변화인지를 검증했다. 마리오트는 예기치 않은 행운에 빠르고 적극적으로 대응하여 기업의 전략적인 변화를 이룩했다. 돌이켜보면 그러한 대응이 대단한 전략처럼 보이지만 실제로는 단순히 기회주의적인 실험의 결과였고, 그것이 순조롭게 풀린 것이었다.

아메리칸 익스프레스의 금융과 여행 서비스 사업으로의 우연한 진출

아메리칸 익스프레스는 1850년 지방 고속 운수 사업자로 시작했다. 1882년 이후에 극적인 전략적 변화의 근원이 된 점증적이면서 조그만 행보가 있었다. 우편으로 돈을 청구하는 수요가 증가함에 따라 아메리칸 익스프레스는 돈을 직접 수송하는 사업에 대한 수요가 감소하는 사태에 직면했다. 이에 대응하여 아메리칸 익스프레스는 직접 우편환을 개발했다. '익스프레스 머니 오더(Express Money Order)'는 예상치 않은 성공을 거두었다. 그 중 1만 천9백59건이 처음 6주 동안 판매되었다.

이 기회를 놓치지 않고 아멕스(AmEx)는 아멕스의 사무실에서뿐만 아니라 기차역과 일반 가게에서도 자체 우편환을 팔기 시작했다. 이에 따라 아멕스는 금융 서비스 회사로 탈바꿈하기 시작했다.[9]

10년 후인 1892년 아멕스 회장인 파고(J.C. Fargo)는 유럽 여행을 갔는데, 거기서 그의 신용장을 현금화하는 데 곤란을 느꼈다. 즉, 우연한 기회가 온 것이었다. 이것은 아멕스를 금융 서비스 사업으로 더욱 전환시켰다. 앨던 해치(Alden Hatch)는 그의 책 《아메리칸 익스프레스 1850~1950》에서 다음과 같이 기술했다.

"돌아오는 길에 파고는 항상 그렇듯이 무엇인가에 깊이 빠져들어 65번가를 걸어왔다. 그러고는 그의 사무실을 지나 곧바로 베리(Berry)라는 직원의 사무실로 갔다. 파고는 그에게 다음과 같이 말했다. '나는 신용장을 현금으로 바꾸는 데 매번 문제가 많았다네. 내가 유럽에 도착하자마자 신용장은 축축해진 포장지마냥 아무런 쓸모가 없게 되었지. 아멕스 회장인 내가 그 정도였으니 다른 사람은 어떻겠나 한번 생각해 보게. 무엇인가 조치가 취해져야겠어.'"[10]

베리는 정말 무엇인가를 했다. 후에 '아메리칸 익스프레스 여행자 수표'라는 것으로 전세계적으로 유명해진 하나의 고상한 해결책을 고안한 것이다. 즉, 구매할 때 사인을 하게 하고, 수표를 현금으로 상환해 줄 때 다시 사인을 받는 것이다. 이와 같은 메커니즘 때문에 아멕스는 예상치 않은 보너스를 받게 되었다. 사용자들이 수표를 분실하거나 청구를 지체하는 덕분에 아멕스는 매달 현금 상환액보다 수표 판매액이 많아 현금을 공짜로 굴릴 수 있는 여유가 생겼다. 존 프리드먼(Jon Friedman)과 존 미한(John Meehan)이 지은 《하우스 오브 카드(House of Cards)》에는 다음과 같은 대목이 있다.

"의도하지는 않았지만 아멕스는 일종의 증권을 고안했다. 750달러로 시작한 그 사업은 1990년까지 40억 달러까지 증가했고 수입으로 2억 달러를 창출했다. 아멕스는 우연한 기회에 새로운 국제 통화를 개발했다."[11]

그저 우연하게 시작한 여행자 수표 사업이 아멕스로 하여금 금융 서비스 회사로 전환하게 만들었다. 아멕스는 금융 회사가 될 계획이 없었다. 그러나 아멕스는 결국 금융 회사가 되었다.

또한 여행자 수표는 아멕스로 하여금 의도와는 달리 여행 서비스 회사로 전진하게 만들었다. 사실 파고의 입장에서 아멕스는 여행 사업에 발을 들여놓지 않는다는 분명한 원칙을 갖고 있었다. 그의 생각은 다음과 같았다. "항상 어느 곳에서든지 **우리 회사가 여행 사업에 진출하지 않는다**는 것을 명심하자."[12]

파고의 그러한 생각에도 불구하고 아멕스는 여행 사업에 진출했다. 아멕스는 사장조차도 감히 억누를 수 없는, 고객 만족을 추구하려는 충동을 가지고 있었다. 고객의 문제를 해결하기 위한 패턴을 개발했고 기회를 적극적으로 이용했다. 1895년 아멕스가 처음으로 프랑스 파리에 여행자 수표 사무실을 연 후, 기업가 정신으로 가득 찬 직원인 윌리엄 달리바(William Dalliba)는 미국 여행자들의 요구에 맞춰 아멕스의 업무를 수표 환전, 우편 서비스, 여행 스케줄, 여행 티켓, 여행 조언 등으로 확대했다.

달리바는 파고의 심기를 건드리지 않기 위해 조심하면서 여행 관련 업무를 진행시켰다. 즉, 그는 실험적으로 일을 점진적으로 진행시켰다. 성공적이면서도 실험적인 영업 성과를 기반으로 그는 아멕스로 하여금 여행 담당 부서를 신설하도록 유도하는 데 성공했고, 그 결과 아멕스는 기차표, 패키지 투어 및 여러 가지 여행 서비스를 시작했다.[13] 비록 아멕스가 여행 업무를 시작했다는 **사실을 받아들이지 않더라도** 1912년까지 아멕스는 거대한 여행 조직으로 확고하게 자리잡았다.[14] 1920년대 초반까지 달리바의 실험적인 시도로 인하여 아멕스 사는 여행 관련 서비스를 금융 서비스 업무 다음으로 중요한 전략적 사업으로 바꾸었다.

결국 확실하게 대담한 계획은 아니지만 우연한 기회를 적극적으로 활용함으로써 아멕스는 운수 고속 회사라는 설립 초기의 개념에서 금융 및 여행 서비스 회사로 발전하게 되었다.

진화하는 기업

J&J, 마리오트, 아멕스의 예로부터 우리는 어떤 결론을 내릴 수 있을까? 단순히 비정상적인 회사들로 치부하기 쉽지만, 이들 사례 이외에도 여러 다른 진화 과정을 거친 기업들의 예를 찾을 수 있다. 빌 휼렛에 따르면 1960년대의 HP는 2~3년 앞을 내다보는 계획을 세워 본 적이 없다고 한다.[15] 결정을 할 때도 거창한 계획을 염두에 두지 않았다. 오히려 그 반대였다. 1965년 HP가 첫 번째 소형 컴퓨터를 설계한 이유도 전기 기기 제품의 전원을 공급하기 위해서였다.[16] 과거 HP의 사장이었던 존 영은 이를 다음과 같이 설명했다.

"우리는 그것을 컴퓨터라고 부르지 않고 단지 계기 조절 장치라고 불렀다. 비록 컴퓨터가 미래에 중요해질 것이라는 점은 알고 있었지만, 우리는 전기 기기 전문 회사로 명성을 유지하고 싶었고, 컴퓨터 회사로 알려지고 싶지 않았다."[17]

이와 유사하게 모토롤라가 초기에 트랜지스터, 반도체, IC 등과 같은 정밀 전자 분야에 뛰어들게 된 이유도 TV와 라디오에 사용되는 몇 안 되는 전자 부품을 개발하기 위해 1949년에 세운 조그만 피닉스(Phoenix) 연구소가 자연스럽게 발전하여 그 결과로 이루어진 것이지, 계획된 사업 추진에 의한 것이 아니었다.[18] 이후 1955년 모토롤라는 전자 사업으로 진출하기 위해 전략적 선택을 했는데, 이것도 외부 고객들에게 전자 제품의 일부를 판매해야 첨단 생산 공장을 지을 돈을 마련할 수 있기 때문이었지, 계획적으로 이루어진 것은 아니었다.

시티코프, 필립 모리스, 제너럴 일렉트릭, 소니 등과 같은 회사에서도 우리는 동일한 사례를 찾아볼 수 있다. 그렇다고 해서 이들 기업들이 아무런 계획도 갖지 않았다는 것은 아니다. 그러나 이들 비전 기업들이 예정된 계획보다는 무엇인가를 추구하다 우연히 발견한 것을 이용하여 크게 성공했다는 사실을 알 수 있다. 이런 사례들은 단순히 우연한 행운만은 아니었다. 행운이 아니라 또 다른 무엇인가가 작용하여 이루어진 것이었다.

이러한 본보기들은 비교 기업보다는 비전 기업에서 훨씬 강하게 나타나는 진화론적 과정이라는 두 번째 유형의 발전이다(첫 번째 유형은 BHAGs이다). 진화론적이라는 의미는 유기적인 종족들이 진화하여 자연 환경에 적응하듯이, 회사들도 이러한 발전의 과정을 거친다는 뜻이다.

진화론적 발전은 두 가지면에서 BHAGs에 의한 발전과 다르다. 첫째, BHAGs에 의한 발전은 분명하고 확실한 목표를 통해 이루어지지만 진화론적 발전은 모호성을 갖는 상태에서 이루어진다. 즉, 무엇인가를 하다가 우연히 발견한 것이 잘되면 그것에 집중하며, 어떤 일이 미래에 일어날지는 상관하지 않는다. 둘째, BHAGs에 의한 발전은 과감하며 계단식의 진전을 갖고 있으나 진화론적 발전은 항상 조그맣고 점진적으로 이루어진다. 그렇지만 예상치 않은 기회가 오면 재빨리 기회를 살려 주도적인 사업으로 키우는 전략적인 변화를 가져온다.

7장을 계획하지 않은 전략들이 성공한 예로 시작한 이유는 바로 계획하지 않은 진화론적 발전을 설명하기 위해서다. 정말로 전략적 계획의 눈으로 자연의 종족들을 살펴보면 아마 자연계의 종족들이 발전하기 위해 계획을 세우고 그런 과정을 훌륭하게 수행한 결과라고 결론을 내릴 것이다. 즉, 잘 적응하여 종족을 유지한 것은 그들이 환경에 잘 적응했고 훌륭한 전략이 있어 그러했음에 틀림없다는 결론을 내릴 것이다.

그러나 그 외에 달리 설명할 수는 없을까? 현대 생물학적 관점에서 본다면 이와 같은 설명은 완전히 엉터리다. 다윈의 진화론 이후 생물학자들은 종족들이 처음부터 미리 잘 계획된 형태로 창조된 것이 아니라 수시로 변화하는 자연 환경에 맞추어 진화한다는 사실을 알게 되었다. 뿐만아니라 비전 기업이 환경에 잘 적응해 가는 것과 아주 유사하게 종족들도 비슷한 진화론적 발전을 통해 명맥을 유지해 왔다.

다윈의 진화론을 비전 기업에 적용시켜라

찰스 다윈의 위대한 통찰력을 담고 있는 진화론의 핵심은, 종족들이 계획하지 않은 돌연변이를 일으키고 그 중 환경에 맞는 강자만이 살아남는 과정을 거치면서 진화한다는 데 있다. 유전적인 돌연변이를 통하여 환경의 요구에 잘 부합하는 특성을 지닌 종족만이 살아남을 가능성이 있는데, 환경이 변화함에 따라 환경에 가장 맞게 변화된 강한 종족만이 선택되고, 환경의 변화에 대처하지 못하는 약한 종족은 소멸된다는 적자생존의 법칙이 바로 다윈 진화론의 핵심이다. 유전자 집단에서 가장 대표성을 지니면서도 선택된 변화를 이룩한 종족만이 진화를 계속할 것이다. 다윈의 말을 빌리면 "번식하라. 변화하라. 강자는 살고 약자는 죽게 하라"는 것으로 요약할 수 있다.

이제 아멕스라는 회사를 살펴보자. 20세기 초반까지 아멕스는 전통적인 화물 운송 회사였다. 아멕스의 독점적인 요금 구조를 없애기 위해 미국 체신부가 우편 운송 시스템을 개발하여 아멕스와 경쟁하기 시작했다. 이로 인해 순이익이 50%나 감소했다.[19]

1918년 미국 정부는 모든 운수 사업을 전국적으로 확대하여 운송 사업에 큰 변화를 가져왔다.[20] 정부가 운수 업체들의 핵심 사업인 고속 운송 사업을 빼앗아 가버림에 따라 대부분의 운수 업체들은 사라졌다. 그러나 아멕스는 금융과 여행 서비스업을 우연히 시도하여 성공한 덕분에 살아남을 수 있었다. 아멕스는 일종의 돌연변이를 통해 변화된 사업 환경에 잘 적응함으로써 성공적으로 살아남은 것이다. 주된 사업이자 미래 번영의 기반이었던

운수 사업을 뛰어넘어 변화된 환경에 맞는 강자가 되었던 것은 바로 변화를 선택했기 때문에 가능했다.[21]

> 우리는 진화론적 발전을 '가지내기와 가지치기'라고 표현하고자 한다. 이를 설명하면 간단하다. 즉, 어떤 나무에 충분히 많은 가지를 내게 하면서 동시에 쓸모없는 가지를 현명하게 선택하여 잘라낸다면, 우리는 항상 변화하는 환경에 잘 적응하는 건강한 가지들만을 가진 나무를 소유하게 될 것이다.

오늘날까지도 J&J는 가지내기와 가지치기를 장려하고 있다. 이 회사는 많은 새로운 것들을 시도하여 잘되는 것은 계속 발전시키고 안 되는 것은 과감히 중단한다. 또한 변화를 가져오기 위하여 개인들로 하여금 자진하여 새로운 시도를 할 수 있도록 장려하는, 상당히 분권화된 업무 환경을 만들고 있다. 이와 동시에 J&J는 매우 엄격한 선택 기준을 채택하고 있다. 수익성이 좋다는 것이 입증되고 회사의 핵심 사업 정신에 부합하는 시도들만이 회사의 사업 포트폴리오에 포함될 수 있다.

존슨 2세가 "실패는 가장 중요한 상품"이라고 자주 얘기한 것으로 보아 기업은 실패한 시도를 진화론적 발전의 일부로 받아들여야 한다는 사실을 그는 잘 알고 있었다고 할 수 있다. 사실 J&J는 가지를 쳐야만 하는, 눈에 띄는 실패를 수없이 경험했다. 예를 들어 어린이용 석고에 식용 색소로 만든 색깔을 넣어 판매했다가 자고 나면 침대에 온통 색깔이 뒤범벅되어 병원 빨래를 망쳐 놓았던 일들이 대표적인 실패 사례다.[22]

J&J가 겪은 실패들은 회사의 핵심 이념 속에 건강한 가지들만 자라는 나무를 만들기 위해 치러야 할 대가였다. 그러나 J&J는 이와 같은 실패 속에서도 107년 동안 단 한 차례도 적자를 낸 적이 없었다. 이와 같은 성공은 J&J가 사전에 굉장한 전략을 세워 이룩한 것처럼 보일 수도 있다. 실제로

J&J의 역사는 득이 되는 우연한 발견, 시행 착오, 간간이 일어나는 실패들로 가득 차 있다. 1992년 이런 J&J의 역사를 두고 시장인 랠프 라슨(Ralph Larsen)은 다음과 같이 요약했다. "성장은 도박으로부터 나온다."[23]

　이와 비슷하게 1970년대와 1980년대에 놀랄 만한 성공을 거둔 한 월마트는 창조론적 관점이 아니라 진화론적 관점에서 보다 잘 이해될 수 있다. 사실 월마트 사람들은 미시경제학 교과서와 MBA 경영 전략 과정에서 월마트의 성공이 마치 대단한 전략의 소산인 것처럼 가르쳐지고 있는 것에 대해 약간은 흥미롭게 느끼고 있다. 짐 월턴(Jim Walton)은 다음과 같이 요약했다.

> "아버지 샘 월턴에 대해 직관적으로 복잡한 계획을 세우고 정교하게 그것을 실행시킨 위대한 경영 전략가라고 쓴 작가들에 대해 우리 모두는 낄낄대고 웃었다. 아버지는 변화 때문에 성공했고, 그와 같은 변화를 시도할 때 결코 두려워하지 않았다."[24]

　정말 대부분의 회사 경영 전략 강의 코스에서는 어떻게 월마트가 경쟁력 있는 전략을 갖게 되었는지, 그리고 어떻게 처음부터 뛰어난 시스템을 갖추었는지를 제대로 다루지 못하고 있다. 월마트 시스템은 경제적으로 천재의 머리에서 나온 잘 짜여진 계획에 의해서가 아니라 변화와 선택의 진화론적인 발전 과정에 의해서 이루어졌다. 즉, "번식하라. 변화하라. 강자는 살고 약자는 죽게 하라"는 진화론적 변화 과정에 의해서 이루어진 것이었다.[25] 이와 같이 진화론적 발전 과정은 바로 샘 월턴이 1945년 처음 가게를 연 후부터 습관처럼 반복한 것이다. 종족들이 마치 사전에 계획되고 창조주로부터 미리 부여받은 능력에 의해서 환경에 잘 적응하여 살아남은 것처럼 월마트도 처음부터 무슨 대단한 전략이나 선견지명을 지닌 것처럼 보일 것이다.

한 월마트 임원은 다음과 같이 기술했다. "우리는 '하라. 잘 처리하라. 시도하라'라는 모토를 갖고 일한다. 만일 무엇인가를 시도하여 그것이 잘되면 계속하여 발전시키고, 안 되면 잘되도록 노력하거나 다른 것을 시도한다."[26]

예를 들어 월마트는 손님을 잘 응대하는 것으로 유명한데, 이것은 전략적 대응이나 거대한 계획에 의해 나온 것이 아니었다. 루이지애나의 한 점포 매니저는 가게 물건이 자주 도난당하여 골머리를 앓고 있었다. 그는 이를 해결하기 위하여 하나의 실험을 했다. 손님들이 들어오고 나갈 때 나이 지긋한 신사로 하여금 손님들을 응대하도록 했다. 정직한 사람들은 "안녕하세요? 방문해 주셔서 감사합니다. 도와 드릴 것이 있으면 알려 주십시오" 하는 말에 환영한다는 느낌을 갖게 되었고, 동시에 도둑질을 하려고 들어온 사람은 물건을 훔쳐 갈 경우 누군가 감시하고 있을지 모른다는 인식을 갖게 되었다.

루이지애나의 점포 매니저가 시도하기 전에 샘 월턴을 비롯하여 어느 누구도 손님을 응대할 사람을 두려고 생각하지 않았다. 그럼에도 불구하고 이와 같은 이상한 실험이 효과를 보았고, 결국 회사 전체에 파급되어 월마트의 경쟁력을 높이는 결과를 가져왔다.

월마트를 예로 삼아 7장의 첫머리에 인용했던 다윈의 말을 다음과 같이 풀어서 설명해 보자.

"변화하는 환경에 잘 적응하는 비전 기업들을 살펴볼 때 성공의 비결이 대단한 통찰력과 전략 기획의 결과가 아니라, 여러 가지 실험을 시도하여 기회가 생기면 포착하여 잘되는 것은 발전시키고 잘 안 되는 것은 되게 하든지 아니면 잘라내 버리는 기본적인 과정의 결과로 보는 것이 훨씬 더 만족스러울 것이다."

물론 생물학을 기업 경영에 여과 없이 비유하는 것은 조심해야 한다. 모든 비전 기업들의 적응과 발전이 계획성 없는 진화 과정으로부터 왔다고는 생각하지 않는다. 기업을 생물학적 종족들과 동일하게 보는 것은 분명히 부정확하다.

사실 기업은 목표를 세우고 계획을 세우는 능력을 가지고 있다. 분명히 비전 기업들은 목표를 세우고 계획을 수립한다. 회사 설립 이래 BHAGs와 진화론적 발전 과정을 추구했던 월마트조차도 목표와 계획이 있었다. 월마트는 올라가야 할 산을 정의하기 위해 BHAGs를 이용하고 꼭대기에 도달하기 위한 길을 개발하기 위해서 진화를 선택한다. 제너럴 일렉트릭의 잭 웰치는 이와 같은 목표와 진화의 역설적인 혼합을 경영학적 아이디어로 삼아 '계획적 기회주의(planful opportunism)'라고 명명했다. 티치와 셔먼은 《당신의 운명을 지배하라》는 책에서 다음과 같이 기술했다.

"기업 경영을 상세하게 짜인 전략에 맡기는 대신 웰치는 단지 분명한 목표를 광범위하게 설정하는 것이 더 중요하다고 믿었다. 그리고 단지 사람들로 하여금 그러한 목표를 더욱 진전시키기 위한 기회들을 자유롭게 잡도록 했다. 몰트케(Johannes von Moltke)의 작품을 읽고 난 후 계획적 기회주의가 그의 마음속에 분명하게 자리잡았다. 몰트케는 환경은 불가피하게 변화하기 때문에 상세한 계획은 항상 실패한다고 주장했던, 유명한 군사 전략가 클라우제비츠(Karl von Clausewitz)에 영향받은 19세기 프러시아의 장군이다."[27]

인류 조직에 있어 변화와 선택의 과정은 단 한 가지 면에서 자연 세계의 순수한 다윈의 진화 과정과 다르다. 다윈의 선택이란 자연스러운 선택이다. 즉, 전혀 의식하지 못한 가운데 환경에 가장 잘 적응한 변화는 살고 잘 적응하지 못한 변화는 멸망함으로써 자연적으로 선택되는 것을 말한다. 달리 표현하면 자연 세계의 종족들이 의식적으로 변화를 선택하는 것이 아니라 환경이 선택하는 것이다. 이에 비해 인류 조직은 의식적으로 선택한다. 더욱이 자연 세계에 있어서 진화 과정은 목표나 이념 같은 것이 없고 단순히 종족의 생존만이 있다. 이에 비해 비전 기업들은 의도된 진화 과정이라는 핵심 이념 속에서 원하는 목표를 향해 진화 과정을 자극한다.

물론 정도의 차이는 있으나 모든 기업들은 진화한다. 진화는 우리가 의도적으로 시도하든 시도하지 않든 우연히 일어난다. 현실 세계는 기업이나 개인의 운명을 바꿔 놓을 우연한 사건들로 가득 차 있다. 이것은 모든 경제 주체들에게도 해당된다. 그러나 비전 기업들은 진화의 힘을 더욱 적극적으로 일상화한다. 이것이 이 장의 핵심적인 결론을 다음과 같이 내리도록 만든다.

> 만일 잘 이해하고 의식적으로 일상화된다면 진화론적 과정들은 발전을 촉진하는 강력한 방법이 될 수 있다. 비전 기업은 이와 같이 해왔다. 이것이 다른 기업들과 비전 기업을 확실히 구분짓게 한다.

물론 의도적인 진화가 비전 기업들의 유일한 발전 유형은 아니다. 더욱이 그들이 모두 의도적인 진화를 광범위하게 사용하는 것은 아니다. 보잉, IBM, 디즈니와 같은 회사들은 BHAGs적인 발전 과정에 더욱 의존해 왔다. 또 메르크, 노드스트롬, 필립 모리스와 같은 기업들은 이 장의 후반에 보일 지속적인 자기 개선에 더욱 의존해 왔다. 그럼에도 불구하고 연속선상에서 본다면 18개의 비교 사례 중 15개 사례에서 비전 기업들이 비교 기업들에 비해 훨씬 더 강력하게 진화의 힘을 사용해 왔다.

3M—미네소타에서 탄생한 돌연변이 기계

휼렛 패커드의 빌 휼렛과 인터뷰를 하면서 정말로 존경할 만하고 보고 배울 만한 모델 기업이 있느냐고 물었다. 그는 주저없이 다음과 같이 대답했다. "3M이다. 3M이 무슨 상품을 가지고 나올지 아무도 모른다. 3M조차도 그들이 무엇을 새로 개발하게 될지 모른다는 점이 3M의 매력이다. 비록 3M이 무엇을 개발할지 예측하지 못한다고 해도 당신은 3M이 계속하여 성공하리라는 점은 알고 있을 것이다." 우리들은 그의 말에 동감한다. 만약 향후 50~100년 동안 지속적인 성공과 적응력을 지닌 기업 하나를 꼽는다면 우리는 당연히 3M을 점찍을 것이다.

아이러니컬하게도 3M은 큰 실패를 겪고서 출발했다. 사금을 캐려다 엄청난 실패를 겪은 후 3M은 무엇이라도 개발하려고 몇 달 동안 노력했다. 다음은 《3M 이야기》를 저술한 버지니아 턱(Virginia Tuck)의 말이다.

"1904년 추운 11월, 이사회는 문제 해결을 위해 매주 만났다. 설립자들은 포기하지 않기로 결심했다. 다행히 직원들도 같은 생각이었다. 모든 사람들이 회사가 계속 영업을 할 수 있도록 무보수 근무와 같은 개인적인 희생을 감수했다."[28]

마침내 이사회는 3M의 영업 기반을 광업으로부터 사포와 회전 숫돌 제조업으로 바꾸자는 한 투자가의 제안에 동의했다. 광업에서 망한 마당에 어떤 다른 결정을 할 수 있었을까? 그렇게 해서 3M은 치밀한 계획이라기보다는 다소 절망적인 심정에서 광업을 포기한 후 문지르고 벗기는 데 쓰이는 제품을 생산하는 전략적인 변화를 선택했다.

윌리엄 맥나이트의 등장

1907~1914년까지 3M은 저품질, 낮은 수익성, 과도한 재고, 열악한 현금 흐름을 이겨 내려고 안간힘을 썼다. 그러나 회계사에서 세일즈 매니저로 변신한 윌리엄 맥나이트의 조용하면서도 신중한 독려하에 3M을 오늘날까지 생존할 수 있도록 한 제품 향상 실험을 하기 시작했다.

1914년 3M은 겨우 20대인 맥나이트를 부장으로 승진시켰다. 맥나이트는 500달러를 투자해서 조그만 창고에 실험과 검사를 위한 싱크대와 접착 욕조를 만들었는데, 이것이 바로 3M 최초의 실험실이었다.[29] 수개월간의 실험 후에 3M은 새롭고 매우 성공적인, 천으로 된 스리 엠 아이트(Three-M-Ite)를 개발했다.[30] 덕분에 3M은 처음으로 배당을 실시했으며, 이 제품은 개발 이후 75년이 지나도록 여전히 3M의 상품 목록에 기재되어 있다.[31]

겉으로 보기에는 겸손하고 수줍어하지만, 맥나이트는 전진을 위한 끊임없는 호기심과 꺾이지 않는 추진력으로 일을 처리했고, 햇병아리 3M의 큰 목표를 달성하기 위해 일주일 내내 일하기도 했다. 그리고 항상 3M이 추구하는 새로운 기회를 찾아나섰다.[32] 예를 들어 1920년 1월 맥나이트는 다음과 같은 내용이 쓰인 편지를 받았다.

"3M이 사포를 제조하는 데 사용하는 모래 샘플을 인쇄 잉크, 동(銅) 파우더, 금빛 잉크액을 제조하는 업자인 필라델피아에 사는 프랜시스 오키(Francis G. Okie)에게 보내 주십시오."[33]

3M은 원료를 팔지 않았기 때문에 그런 거래가 전혀 없었다. 그러나 3M을 발전시킬지도 모르는 새로운 아이디어들을 개발하기 위해 호기심으로 가득 찼던 맥나이트는 다음과 같은 질문을 던졌다. "왜 오키가 그런 샘플을 요구했을까?"[34]

이로써 3M은 3M 역사상 가장 중요한 제품을 우연히 발견하게 되었다. 왜냐하면 오키가 전세계 자동차 제조 업체와 페인트 가게에서 광범하게 사용되는 혁명적인 방수 사포를 이미 개발해 놓았기 때문이다. 오키는 수많은 미네랄 사포 제조 회사에게 샘플을 요구했다. 그러나 3M을 제외하고는 어떤 회사도 왜 오키가 샘플을 요구했는지 물어 보지 않았다. 3M은 재빨리 그 기술에 대한 특허권을 획득하여 웨토드라이(Wetodry)라는 방수 사포를 팔기 시작했다.

그렇지만 이것이 3M이 얻은 전부는 아니었다. 즉, 웨토드라이가 오키와의 거래에서 가장 가치 있는 부분은 아니었다. 조직을 구축하는 데 항상 중점을 두었던 맥나이트는 오키와 단순히 고맙다는 인사나 제품 개발에 관한 계약서를 작성한 것이 아니라 그를 고용해 버렸다. 오키는 필라델피아에 있는 가게를 닫고 세인트폴로 이사했고, 19년 후 정년 퇴직할 때까지 3M에서 새로운 발명품들을 개발하는 데 핵심적인 인물이 되었다.[35]

3M의 '가지내기'와 '가지치기'

3M 초기의 어려웠던 시절은 맥나이트에게 큰 영향을 주었다. 그래서 그는 3M이 스스로를 보호하기 위해 충분한 내부 변화를 시도해야 한다고 생각했다.

"처음에 우리는 광업에 모든 것을 걸었다…… 제품을 다양화함으로써 시장 경쟁에서 한꺼번에 타격을 입지 않을 것이며, 적어도 일부 제품은 여전히 수익성을 유지할 것이다."[36]

그러나 오키의 경우가 말해 주듯이 맥나이트는 회사의 진화와 팽창이 맥나이트 자신에만 의존하는 것을 원하지 않았다. 그는 내부에서 돌연변이를 지속적으로 낳을 수 있는 조직을 만들고자 했다. 즉, 직원들 스스로 동기를 부여하도록 유도하는 조직으로 만들기를 원했다. 맥나이트의 접근 방식은 3M의 전 역사를 통해 3M 사람들에 의해 흔히 다음과 같은 구절로 표현되고 있다.[37]

"처음에는 멍청하게 들리더라도 아이디어를 가진 사람의 이야기를 항상 경청하라."

"격려하라. 이것저것 간섭하지 마라. 아이디어가 있으면 그것을 발전시키도록 배려하라."

"유능한 사람을 고용하라. 그리고 그들을 혼자 내버려두라."

"만일 사람들 주위에 울타리를 친다면 우둔한 사람들만 남게 될 것이다. 그들이 필요로 하는 공간을 제공하라."

"실험적이고 시간 소모적인 일을 장려하라."

"한번 해보게 하라. 그것도 당장!"

개개인으로 하여금 스스로 알아서 하도록 장려하는 것이야말로 진화론적 발전의 원동력이 되는 '기대하지 않은 변화'를 낳게 한다는 것을 맥나이트는 직감적으로 알았다. 또한 그는 그 같은 종류의 모든 변화가 항상 좋은 것만은 아니라는 사실도 알았다.

"사람들에게 자유를 부여하고 자율적으로 행동하도록 독려함으로써 잘못이 생길 수도 있다. 그러나 만일 독재자와 같은 방식으로 모든 사람들을 권위적인 틀에 묶어서 일을 시키는 권위적인 경영이 가져오는 실수보다는, 개개인이 자율적인 환경에서 저지를지도 모르는 실수가 장기적으로는 덜 심각하다. 실수가 저질러졌을 때 창의적인 기업가 정신을 짓밟는 경영 방식은 기업을 망치는 심각한 요소이며, 만약 우리가 지속적으로 성장하기를 원한다면 개개인으로 하여금 창의적인 기업가 정신을 발휘하도록 격려하는 것이 중요하다."[38]

사실 3M은 사포를 뛰어넘는 첫 번째 변화로 1924년에 자동차용 왁스와 광택제를 만들었지만 이것이 심각한 오류임을 깨닫고는 결국 이 생산 라인을 제거해 버리기도 했다.[39]

그러나 두 번째 돌연변이는 커다란 성공으로 귀결되었다. 맥나이트의 '한번 해보라'는 작업 환경에서 일하는 딕 드루(Dick Drew)라는 젊은 3M맨이 있었다. 어느 날 그가 한 자동차 페인트 가게를 방문했는데 아주 상스러운 욕설이 터져나오는 것을 들었다. 당시에는 두 가지 색상을 이용한 자동차 페인트가 유행이었으나, 정작 두 가지 색깔을 분리하는 접착제와 테이프가 적절한 구실을 못하여 이중으로 색깔이 칠해지고 선도 똑바로 그어지지 않았다.

"누군가 도와 줄 사람이 없나요?" 페인트 작업하는 사람이 소리를 질렀다.

"우리가 할 수 있습니다." 3M 사람인 딕 드루가 대답했다.

"우리가 실험실에서 그 테이프에 변화를 가해 제 구실을 하는 테이프를 만들 수 있습니다."[40]

그렇지만 드루는 3M이 당장 그러한 테이프를 가지고 있지 않다는 것을 곧 깨달았다. 그래서 진짜 3M맨답게 3M 마스킹 테이프를 고안해 냈다. 3M의 역사를 통해 수천 번 반복되었듯이, 문제점으로 나타난 기회를 잘 이용하여 오히려 3M은 사포로부터 벗어나는 첫 번째 발전적인 변화를 이룩했다. 이제 그로부터 5년 후 방수 포장 테이프를 요구하는 회사들의 요구에 맞추어 3M은 마스킹 테이프 기술을 접목한 스카치 셀로판 테이프라는 세계적인 가정용 상품을 새로이 개발했다.

스카치 테이프는 계획된 것이 아니었다. 1920년 3M의 어느 누구도 테이프 사업에 뛰어들 것이라고 예상하지 못했고, 어느 누구도 확실히 1930년대 중반까지 스카치 테이프 사업이 가장 중요한 사업이 될지 예상하지 못했다. 스카치 테이프는 훌륭하게 짜인 전략에 의해서가 아니라 맥나이트가 만들어 낸 조직적인 환경의 자연적인 산물이었다.

스카치 테이프 자체보다 더욱 중요한 사실은 3M이 스카치 테이프를 가능케 했던 진화론적 발전 과정을 제도화한 것이었다. 3M의 연구 부장이었고 후에 사장이 된 리처드 칼턴은 '변화와 선택'이라는 전략을 1925년 초 3M의 기술 안내 매뉴얼에 다음과 같이 요약했다.

"우리는 아이디어를 위하여 활발히 생성과 검증을 수행하는 과정을 가져야 한다……. 진화된 아이디어는 그 나름의 가치를 발휘하는데, 이는 두 가지 이유에서 진실이라고 할 수 있다. ① 만일 아이디어가 좋으면 우리가 그 아이디어를 택하고, ② 만일 그 아이디어가 좋지 않다면 우리가 그것을 해보니 별 볼일 없다라는 보험료를 지불하고 안도감을 얻게 될 것이기 때문이다."[41]

칼턴은 기초 아이디어를 평가하고 선택하기 위해 3M의 핵심 이념에 두 가지 다른 기준을 추가했다. 첫 번째 기준은 기본적으로 새로워야 한다는 것이었다. 3M은 혁신적인 아이디어만을 원했다. 두 번째 기준은 현실 문제를 해결하려는 인간의 욕구를 채워 주느냐 하는 것이었다. 즉, 단지 일부 사람들에게만 유익하다는 인식을 심어 주는 혁신에는 관심이 없었다.[42]

그러나 흥미롭게도 3M은 혁신적인 아이디어를 선택할 때 시장 규모를 그다지 중요하게 생각지 않았다. '조금씩 만들어 조금씩 팔자'와 '천천히 하

〈그림 7-A〉 3M의 진화론적 가지내기 나무

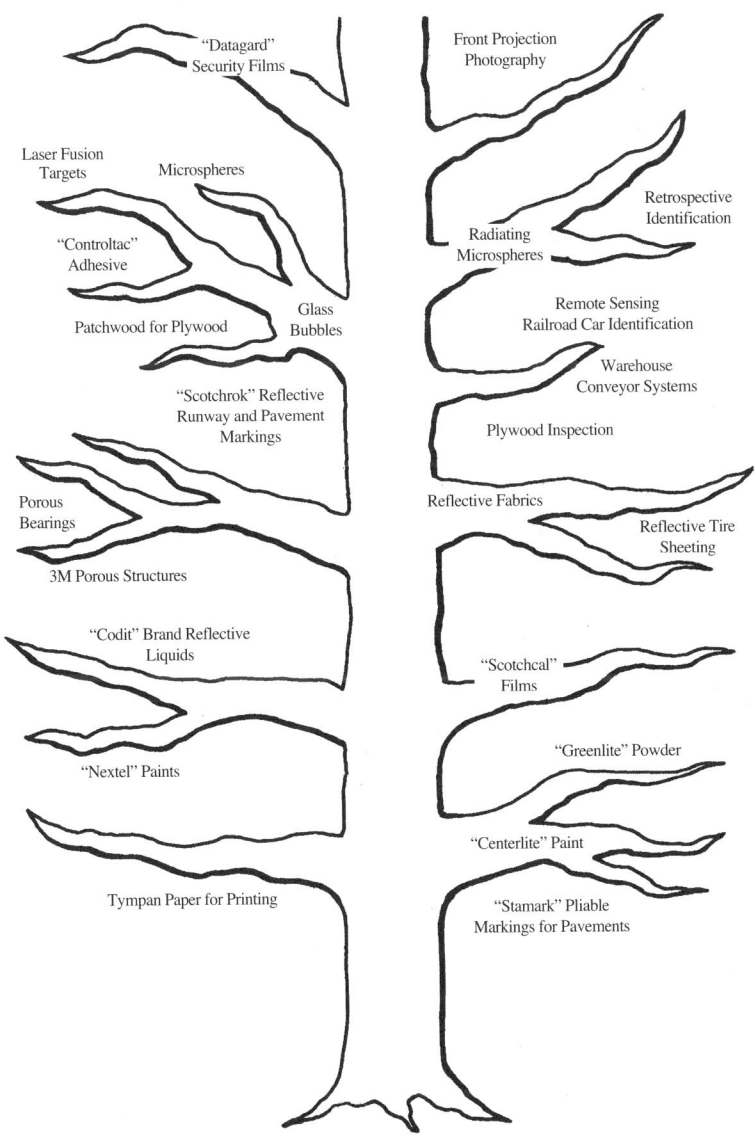

* 3M 사가 공식적인 역사로 기록한, 1970년대 중반 스카치라이트 리플렉티브 시팅 테크놀러지 사 (Scotchlite Reflective Sheeting Technology)에 의해 개발된 제품의 진화.[43]

라'[44]와 같은 표어에서도 알 수 있듯이 큰일은 조그만 것에서 비롯된다는 사실을 3M은 잘 알고 있었다. 그렇지만 그와 같은 조그만 것들 중에서 어떤 것이 크게 될지 예측할 수 없기 때문에 여러 가지를 시도하여 잘되는 것은 발전시키고 잘되지 않는 것은 버려야만 한다.

'시장이 없으면 최종 제품도 없다'[45]는 단순한 원칙하에 영업을 했기 때문에 3M은 직원들로 하여금 문제점을 발견하고, 아이디어가 떠오르면 아무리 작은 것이라도 시작하라고 자극했다. 아마 대부분의 것들은 크게 발전하지 않았을 것이다. 그러나 아무리 조그만 것이라도 성공하리라는 확신만 있다면 3M은 좀더 큰 것으로 발전시킨다. 즉, 조그만 가지 중에서 될 만한 가지는 키워서 커다란 가지로 키우고, 나아가 새로운 나무로 성장시키는 것이다. 이와 같은 가지내기 방식은 3M 내에서 널리 인식되어 〈그림 7-A〉에서 보듯이 3M 제품들을 나뭇가지에 그려 놓고 묘사되곤 한다.

3M 이야기의 진정한 매력은 바로 3M이 초창기부터 맥나이트, 오키, 드루와 다른 모든 개개인들을 뛰어넘고 있다는 것이다. 즉, 그들은 돌연변이 기계인 3M이라는 회사를 창조했다. 그 돌연변이 기계는 누가 사장이 되든 상관없이 지속적으로 진화해 왔다. 비록 3M의 지도자들이 앞으로의 갈 길을 예측할 수는 없었지만, 그들 역시 3M이 계속 전진할 것이라는 사실에 대해서는 믿어 의심치 않았다. 3M이야말로 진화론적 발전을 지속하기 위해 잘 고안된 수만 가지의 메커니즘을 지니고 있는, 절묘하게 동작하는 요술 시계가 되었다. 예를 들어 다음과 같다.

발전을 자극하는 3M의 메커니즘		
'15% 원칙' : 기술직 직원들에게 자신이 선택하고 고안한 프로젝트에 근무 시간의 15%를 투자하도록 독려하는 오랜 전통[46]	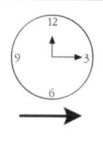	예기치 않은 혁신적인 제품을 발견하여 성공으로 이끌어 줄, 계획하지 않은 실험과 변화를 자극하는 것이다.

'25% 원칙' : 각 부서는 최근 5년 동안 시장에 내놓은 신제품과 서비스로부터 연간 총매출의 25%를 얻어 낸다(1993년에는 이 비율을 30%로 올렸고, 최근 5년을 최근 4년으로 변경했다).[47]

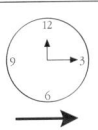

끊임없이 신제품을 개발하도록 자극하는 것이다(예를 들어 1988년 3M의 총 매출 106억 달러 중 32%가 최근 5년 이내에 내놓은 신제품으로부터 나왔다).[48]

'위대한 전진' 상 : 3M에서 성공적으로 신규 사업을 일으킨 사람들에게 수여되는 상[49]

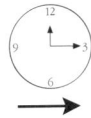

기업 내부에서 기업가 정신과 위험 감수를 자극하기 위한 것이다.

'신규 사업 기금' : 연구진들이 신제품을 만들고 시장에서 시험하는 것을 돕기 위해 연구진에게 5만 달러까지 내부 자본을 제공한다.[50]

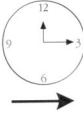

새로운 아이디어를 시험해 보고 기업 내부의 기업가 정신을 자극하기 위한 것이다.

'기술 개발상' : 새로운 기술을 개발하고 그 기술을 타부서와 성공적으로 공유하는 데 기여한 사람에게 수여된다.[51]

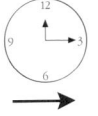

기술과 아이디어를 기업 내부에 확산시키는 것을 자극하기 위한 것이다.

'칼턴회' : 3M 내에서 뛰어난 기술적 기여를 한 사람들만 들어갈 수 있는 기술자들의 모임[52]

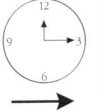

신규 기술과 혁신적인 제품 개발을 자극하기 위한 것이다.

'자기 사업' 기회 : 성공적으로 신제품을 개발하여 그것을 자기 자신의 프로젝트, 부서, 혹은 본부에서 운영할 수 있는 제도[53]

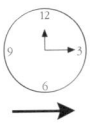

기업 내부의 기업가 정신을 자극하기 위한 것이다.

'이중 사다리' 방식의 경력 관리 : 기술직과 전문직에 종사하는 사람들을 위해 전문가적인

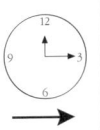

전문가와 기술직 직원들이 경영자로서 완전히 전향할 필요없이 진급을 계속하도록 배려하여 혁

관심과 연구 업무를 희생하지 않고도 진급할 수 있도록 경력 관리를 해준다.54)		신 그 자체를 계속 독려하기 위한 것이다.
'신상품 시사회' : 모든 부서의 사람들이 각 부서별로 신규 제품을 소개한다.55)	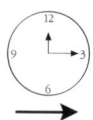 →	부서간의 새로운 아이디어를 자극하기 위한 것이다.
기술평가위원회 : 3M의 모든 직원들이 기술 논문을 발표하고, 새로운 아이디어와 결과들을 교환한다.56)	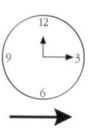 →	아이디어, 테크놀러지, 그리고 혁신의 활발한 교류를 도모하기 위한 것이다.
'문제 해결반' : 상이하고도 특이한 고객의 불만을 해결하기 위해 소규모 집단을 현장에 파견한다.57)	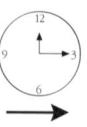 →	새로운 기회를 열어 주는 신호이기도 한 고객의 불만을 통해 혁신을 촉진하기 위한 것으로, 3M 사는 지속적으로 이 과정을 반복함으로써 1920년대에 우연히 마스킹 테이프를 만들어 낼 수 있었다.
'강한 효과 프로그램' : 각 부서는 짧고, 구체적으로 짜여진 시간틀 안에서 마케팅할 1~3개의 우선 상품을 선별한다.58)	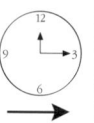 →	상품 개발과 시장 출시 사이클을 가속화하여 혁신적인 '변형과 선별' 사이클을 향상시키기 위한 것이다.
소규모의 독립적인 부서와 유니트 : 1990년 현재 연간 평균 매출액이 2억 달러인 생산 부서가 42군데. 인원 규모가 115명인 공장들이 40개 주의 작은 마을들에 산재되어 있다.59)	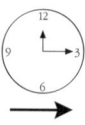 →	대기업 안의 작은 기업이라는 느낌을 불어넣어 줌으로써 개인의 자발적인 노력을 촉진하기 위한 것이다.
수익 배분의 조기 실시(1916		각 개개인이 회사에 투자하고 있

년에 처음 주요 직원에게 도입되었으나, 1937년 전 임직원에게 확대되었다.)[60]	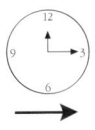	어 회사 전체가 벌어들이는 수익에 동참할 권리가 있다는 인식을 자극하기 위한 것이다. 그렇게 함으로써 개개인의 노력과 기업가 정신을 자극할 수 있다.

위와 같은 메커니즘에 의해 3M은 1990년까지 6천 개의 제품과 40개의 제품 부서를 가지내기식으로 내놓았다. 예를 들어 반사 고속도로 표지판, 비디오 녹음 테이프, 오버헤드 프로젝터(OHP), 컴퓨터용 디스켓, 생명 공학적 전자 귀(ears), 3M 포스트 잇 등과 같이 광범위한 가지내기를 이룩했다.

여러 가지로 쓰이는 3M의 포스트 잇은 무엇인가를 해야만 우연히라도 무엇인가를 얻을 수 있다는 철학에 따라 3M이 경영해 왔다는 점을 보여 주는 대표적인 사례다. 포스트 잇을 공동 개발했던 아트 프라이(Art Fry)는 다음과 같이 말했다.

"1974년 어느 날 교회 의자에 앉아 노래를 부르고 있는데 창조적인 생각이 떠올랐다. 나는 일요일 예배를 볼 때 노래를 쉽게 찾을 수 있도록 조그만 종이 쪽지를 끼워 놓곤 했다. 그렇지만 쪽지가 자꾸 삐져나와 곤란해지는 일이 자주 발생했다. 그래서 나는 '책에 표시를 하기 위한 접착용 쪽지가 있었으면' 하고 생각했다. 그래서 스펜스 실버(Spence Silver)가 발견한 접착물을 확인해 보기로 결정했다."[61]

15% 원칙에 따른 실험적인 시간 보내기 원칙에 따라 스펜스 실버는 실험실에서 몇 가지 화합물을 합성하여 무엇이 될 것인가를 알아보는 실험 과정을 거쳐 독특한 접착물을 개발했다. 그는 이를 다음과 같이 설명했다.

"포스트 잇을 개발한 것은 실험이 주된 원인이었다. 만약 내가 미리 생각해서 뺄 것을 빼고 심사 숙고했다면, 나는 아마 실험조차도 하지 않았을 것이다. 또 내가 실험도 하기 전에 책을 찾고 문헌을 뒤졌다면 거기서 끝났을 것이다. 문헌들에는 온통 그와 같은 것을 절대 만들 수 없다고 예시되어 있었기 때문이다."[62]

이와 같이 약간은 혼돈스러운 과정을 반영하듯 3M의 이사인 제프리 니콜슨(Geoffrey Nicholson)은 "포스트 잇과 같은 상품들을 가능하게 한 많은 일들이 우연히 일어났다"라고 지적했다. 만약 아트 프라이가 15%의 시간을 자기만의 아이디어를 위해 사용하라는 실험적인 환경 속에 있지 않았다면 그와 같은 제품을 개발하지 못했을 것이다. 더욱이 만약 3M이 시장 조사 후 그 제품은 실패할 것이라고 결론을 내려서 프라이와 실버가 창조적인 일을 계속하지 못하도록 했다면, 3M의 포스트 잇은 상품화되지 못했을 것이다.[63] 3M으로부터 얻은 핵심적인 교훈은 다음과 같다.

비록 포스트 잇의 개발이 우연히 이루어졌다고 하더라도 그것을 가능하게 했던 3M의 환경은 결코 우연히 창조된 것이 아니었다.

3M과 노턴의 극단적인 대조

3M과 달리 노턴은 좋은 아이디어를 근거로 설립되어 처음부터 돈을 벌었고, 회사 설립 후 15년이 되던 해에는 투자자 자본을 15배로 키웠다. 1902~1914년까지 3M이 살기 위해서 발버둥치고 있는 동안 노턴은 연마용품 산업에서 선두 주자가 되었고, 해를 거듭할수록 탁월한 수익을 창출했다.[64] 1914년을 기준으로 노턴은 어려움에 처해 있는 3M보다 5배나 큰 기업이 되었고, 수익성도 훨씬 좋았다.

그러나 초기의 우수한 영업 실적에도 불구하고 노턴은 '계속 변화하는 기계'인 3M을 따라갈 수 없었다.[65] 3M은 점차 노턴을 따라잡았고, 결국 규모와 수익성 모두에서 노턴을 훨씬 능가하게 되었다.

규모 비교(천 달러)	3M	노턴	비율(3M/노턴)
1914년 매출액	264	2,734	0.10
1929년 매출액	5,500	20,300	0.27
1943년 매출액	47,200	131,300	0.36
1956년 매출액	330,807	165,200	2.00
1966년 매출액	1,152,630	310,472	3.71
1976년 매출액	3,514,259	749,655	4.69
1986년 매출액	8,602,000	1,107,100	7.77
1990년 매출액	13,021,000	미입수	미입수
수익성 비교			
총자산이익률(1962~1986)	34.36%	17.72%	1.94
자기자본이익률(1962~1986)	23.22%	11.25%	2.06
매출액이익률(1962~1986)	20.27%	9.42%	2.15

어떻게 이렇게 되었을까? 어떻게 노턴은 광업에서 실패했던 3M이 감히 엄두도 못 낼 만큼 월등했던 우위를 3M에 내주었을까?

노턴이 3M보다 상대적으로 부진했던 이유는 1914~1945년 동안 했던 일들 때문이었다. 3M이 개인의 기업가 정신과 실험주의를 적극 장려하며 경영하는 동안 노턴은 실험과 '계획하지 않은 진화'를 자극하기 위한 어떤 명백한 조치나 메커니즘도 내놓지 않았다. 3M이 끊임없는 전진을 하고 무엇인가 할 것을 자극하는 동안("시도하라, 그것도 지금 당장!") 노턴은 '일상적이고 정체된 경영'으로 특징지을 수 있는 극도로 중앙집권적이고 관료주의적인 회사가 되었다.[66]

3M이 방수 사포와 스카치 테이프를 만들 기회를 거머쥐었던 반면, 노

턴은 전통적인 생산 라인을 제외하고 다른 기회를 엿볼 엄두도 내지 못했고 노력도 하지 않았다.[67] 1928년 노턴 매출의 85%, 수익의 90%가 무려 25년 전에 상품화된 노턴의 회전 숫돌 제품에 의존했다.[68] 노턴의 한 연구원은 다음과 같이 기술했다.

"비록 기존 제품과 판이하게 다른 새로운 제품을 만들기 위해 연구한다고 했지만, 모든 연구는 좀더 좋은 회전 숫돌을 만드는 데 집중되었다…… **만약 당신의 연구 제품이 둥글고 가운데 구멍이 나 있기만 했다면 얼마든지 연구할 수 있었을 것이다.**"[69]

1940년대 말과 1950년대 내내 3M은 상당히 앞서갔고 결코 뒤를 돌아보지 않았다. 3M이 지속적으로 진화론적 발전 과정을 자극하는 메커니즘을 정착시키고 분권화된 경영 방식을 채택하는 동안, 노턴은 비용 절감과 효율성을 제고시키는 데 집중했고 여전히 중앙집권적인 경영 방식을 고수했다.[70] 1948년까지 3M이 7개 영업 부문으로 가지내기를 하여 연마 용품을 총수입의 30% 이하로 낮추는 동안 노턴은 여전히 총매출의 100%를 전통적인 연마 용품 생산 라인에서 이루어 냈다.[71] 3M의 스카치 상품들이 스카치라이트 반사 종이, 열처리 팩스 복사 기술과 같은 흥미로운 신기술을 발견하는 데 필요한 돈을 창출하는 동안, 노턴의 연마 용품이 상대하고 있는 시장은 저성장, 과잉 설비, 가격 파괴, 낮은 수익성을 나타내는 성숙 단계로 접어들고 있었다.

1950년대 말 노턴은 성숙 단계에 와 있는 연마 용품 산업으로부터 벗어나려고 노력했지만 돈과 제도적인 뒷받침이 부족하여 수포로 돌아갔다. 흥미롭게도 노턴은 27년이나 늦게 셀로판 테이프를 도입함으로써 3M이 주도하는 접착제 시장에 뛰어들었다. 그러나 스카치 브랜드는 감히 공략할 수 없었으며, 노턴의 판매 직원이 "우리 생애 가장 힘든 싸움이 바로 스카치와의 경쟁이었다"라고 말할 정도였다.[72]

1962년까지 3M은 매출액 3배, 수익성 2배로 노턴보다 더 월등한 실적을 올렸다. 더욱이 3M이 접착용 제품과 같은 안정된 현금 창출 부문, 스카치가드 직물 프로텍터와 마그네틱 녹음 테이프와 같은 고수익 사업 부문, 마이크로필름과 팩스와 같은 신규 시장 부문처럼 다양하고 매력적인 사업 영역을 구축한 반면, 노턴은 여전히 전통적인 연마 용품 시장에서 매출액의 75%를 창출하고 있었다.[73]

더욱 중요한 것은 3M의 진화 기계는 끊임없이 움직였고 미래에도 계속해서 수천 가지의 기회를 창출할 것이 확실시되었다. 이에 반해 노턴은 정지되었다. 노턴은 2%의 매출 증가율과 순익 정체를 경험했으나, 발전을 자극할 만한 뚜렷한 메커니즘이나 전진을 위한 노력이 없었다. 노턴을 역사적으로 잘 설명한 찰스 치프(Charles W. Cheape)는 다음과 같이 기술했다.

"1960년대까지 경영진은 기존 제품의 수익성을 지키기 위한 현상 유지형 영업에 치중했고, 회사의 매각도 검토했다."[74]

마침내 노턴은 3M과 카보런덤(Carborundum) 사에 비해 주식 시장에서 상대적으로 낮은 평가를 받고 있는 점에 대응하기 위해 3M처럼 제품을 다양화하고 발전시키기 위해 노력하기로 결정했다.[75] 그렇지만 3M과 달리 노턴은 진화가 아니라 기업 매수에 의한 사업 다각화와 기업 전략 기획으로 승부를 걸었다. 사실 노턴은 보스턴 컨설팅 사의 초대 고객이 되었고 보스턴 컨설팅 사의 잘 훈련된 문하생이 되었다. 그리고 그 컨설팅 회사의 포트폴리오 경영 기술을 숭배했다. 내부 발전을 자극할 수 있는 메커니즘을 도입하는 대신 노턴은 발전을 바깥에서 사 오려고 했다. 〈포브스〉지는 이를 다음과 같이 묘사했다. "노턴은 증권 투자가들이 포트폴리오를 구성하듯이 필요한 것을 외부에서 사오는 사업 방식을 취했다."[76]

노턴과 3M을 비교할 때 가장 주목할 만한 아이러니는 3M이야말로 어떤 경영 전략 컨설팅 회사라도 탐낼 만한 부문별 사업 포트폴리오를 일관되게 구성해 왔다는 점이다. 여러 종족들이 겉으로 보기에 완벽하게 창조된 것과 같이 3M의 포트폴리오도 매력적으로 계획된 것처럼 보일지 모르나, 사실 3M의 사업 포트폴리오는 변화와 선택의 계획되지 않은 진화 과정에 의해 이루어진 것이었다. 3M이야말로 창조론자들의 전략 기획 관점이 '왜와 어떻게'를 쉽게 구분하지 못하는 이유를 잘 설명해 준다.

> 3M의 사업 포트폴리오를 전략 기획 측면에서 본다면 이 회사가 성공한 이유를 쉽게 발견할 수 있다. 그러나 이 같은 전략 기획적 접근 방식으로는 포트폴리오를 어떻게 구성하게 되었는지를 전혀 파악할 수 없다.

1970년대와 1980년대를 통해 3M은 각 개인이 주도하여 새롭고 예기치 않은 분야로 자주 진화를 계속했다. 이에 반해 노턴은 컨설팅 회사로부터 건네받은 연구 결과와 계획 모델에 주로 의존했다.[77] 3M이 스펜스 실버와 같은 사람들로 하여금 계산에 의해서가 아니라 우연하게 신규 시장을 개척하도록 허락함으로써 발전을 계속 자극한 반면,[78] 노턴의 사장은 "계획을 생활화하자"라고 주장했다.[79]

3M이 '과학적인 장난기'를 발휘하도록 독려했다면 노턴의 경영진은 자신의 전략 방식을 '군사 전략으로부터 온 것'이라고 묘사했다.[80] 3M이 알맹이 있고 스스로 추진한 연구 노력으로부터 얻을 수 있는 가장 발전적인 기회들을 선택함으로써 사업 다각화를 이룬 반면, 노턴의 내부 기술과 연구는 기회를 거의 제공하지 못했기 때문에 외부에서 물건을 떼어 오듯이 밖에서

매수하는 것에 주로 의존했다.[81]

마침내 1990년 3M은 130억 달러의 매출액을 기록했고, 수백 개의 혁신적인 신규 상품을 시장에 도입했다. 반면 노턴은 적대적 기업 인수의 목표가 되었으며, 독립적인 회사로서 더 이상 존재할 수 없게 되었다.

최고경영자, 관리자, 창업자들을 위한 교훈

3M을 진화론적 발전의 가장 알맞은 청사진으로 사용하여 비전 기업에게 진화론적 발전을 자극하는 다섯 가지 기본 교훈들을 제시한다면 다음과 같다.

1. 3M의 운영 방식은 노턴과 달리 "시도하라, 그것도 지금 당장!"이다. 의심이 갈 때 변화를 꾀해 보고 다양화하고 문제를 풀어 나가고 기회를 잡고 실험하며, 미래에 무엇이 일어날지 모른다고 해도 무엇인가 새로운 것을 계속 시도하라. 물론 기업의 핵심 이념 안에서 말이다. 무슨 일이든지 하라. 만약 하나가 실패하면 또 다른 것을 해보라. 완결시키려고 노력하라. 적응하라. 움직여라. 행동하라. 무슨 일이 일어나든 **정지된 채 아무것도 하지 않는 태도를 버려라.**

기대하지 않은 기회 혹은 특별한 고객의 문제점들에 대응하여 적극적으로 나서면 돌연변이를 창조할 수 있다. 만약 맥나이트가 왜 오키가 모래 샘플을 요구했을까라는 내용의 편지를 보내지 않았다면, 또는 딕 드루가 충동적으로 2색 페인트 작업을 위한 문제점을 풀겠다고 장담하지 않았다면, 아니면 스펜스 실버가 교과서에는 안 된다고 적혀 있는 실험을 교과서를 믿고 하지 않았다면, 혹은 아트 프라이가 교회 악보책에서 쉽게 노래를 찾기 위해 문제점을 생각하지 않았다면 3M은 비전 기업이 되지 못했을 것이다.

2. **"잘못이 생길 수도 있다는 점을 받아들여라."** 어떤 변화가 성공할지 예측할 수 없기 때문에 실수와 실패를 진화론적 발전 과정의 일부로 받아들여야 한다. 만일 3M이 오키와 드루를 자동차 왁스 사업이 실패했다고 해서 해고시키거나 곤경에 몰아넣었다면 3M은 아마 스카치 테이프를 발명하지 못했을 것이다. 다윈의 핵심 구절을 기억하라. "번식하라. 변화하라. 강자는 살고 약자는 죽게 하라." 성공적인 진화를 하기 위해 여러 유형의 다양하고 충분한 실험(번식)을 하여 잘되는 것은 계속 발전시키고 그렇지 못한 것은 버려라. 다시 말해서 성공하지 못한 수많은 실험들이 없었다면 스스로 변화하는 시스템을 가질 수 없었을 것이다.

3M의 CEO였던 루이스 레르(Lewis Lehr)는 다음과 같이 말했다. "만약 비밀이 있다면, 안 될 것 같은 것은 미련을 갖지 말고 즉시 버리는 것이다. 그러나 그것조차도 어떤 의미에서는 쓸모가 있다. 성공으로부터도 배울 수 있으나 많은 것을 쏟아 부어야 한다. 실패로부터 배우는 것이 훨씬 쉽다."[82] 이 장의 앞부분에서 언급했듯이 실패와 잘못이 107년 동안 단 한 번도 적자를 내지 않은 건강한 기업을 낳게 하는 필연적인 대가라는 존슨&존슨의 역설적인 관점을 기억하라. 동시에 다음과 같은 종교 의식과 같은 기업 문화를 기억하라. "비전 기업은 잘못을 견뎌 내지만 핵심적인 이념으로부터 벗어나는 '외도'는 그냥 두지 않는다."

3. **"작은 것부터 조금씩 하라."** 잘못된 실험이 회사 전체에 타격을 주지 않는 단순한 실험이었다면 그 실패를 견디는 것은 매우 쉽다. 조그만 발전적인 시도가 중대한 전략적 변화의 기초를 형성할 수 있다는 점을 명심하라. 맥나이트가 오키에게 간단하게 대답한 것이 방수용 사포를 만들었고 이것이 자동차 산업에 하나의 큰 시장을 형성하게 했으며, 딕 드루의 마스킹 테이프를 낳고 스카치 셀로판 테이프를 가져오게 했으며 녹음 테이프 등

으로 확산되었다. 만약 한 기업에 있어서 중요한 전략적 변화를 일으키고자 한다면 발전적인 혁명화가 되도록 노력해야 하고, 전체 기업 전략에 영향을 미칠 수 있는 작지만 눈으로 볼 수 있는 성공적인 일이 주는 힘을 생활화하도록 노력해야 한다.

정말 여러분이 무엇인가 혁명적인 것을 하기 원한다면 실험을 해도 좋다는 허락을 받는 것이 가장 최선의 방법이다. 아메리칸 익스프레스가 금융 서비스 사업으로 조금씩 나아갔지만 결국 금융 서비스 사업이 아메리칸 익스프레스에 전략적 사업이 되었다는 것을 상기하라. 그리고 윌리엄 달리바가 점차 아멕스를 여행 서비스 사업이라는 혁명적 실험으로 이끌어 갔다는 점을 기억하라. '어린 나뭇가지와 큰 나뭇가지'의 이미지를 기억하라. 아니면 작고 특이한 문제점의 개념을 전달하기 위해 이부카 마사루가 사용했던 '씨앗과 열매'의 이미지를 엄청나게 큰 기회의 출발점으로 사용해 보라.[83]

4. "사람들에게 자유롭게 일할 수 있도록 여유를 주라." 3M은 노턴보다 훨씬 분권화된 구조를 유지했고 훨씬 자율적으로 영업을 운영해 왔다. 이것이 계획하지 않은 다양화를 가능케 했던 핵심적 조치였다. 사람들에게 행동할 수 있는 여유를 많이 줄 때 그들이 무엇을 할지는 예측할 수 없다. 이것이 바로 유익한 것이다. 3M은 실버, 프라이, 니콜슨이 15%의 자율 시간에 무엇을 할지 전혀 몰랐다. 사실 비전 기업은 18개 중 12개의 경우에서 비교 기업보다 훨씬 더 분권화된 경영을 했으며, 영업의 자율권을 훨씬 더 보장했다. 이와 같은 교훈에 다음과 같은 결론을 덧붙이자. 사람들로 하여금 꾸준히 일을 추진하도록 놓아 두라. 비록 3M 사람들에게 포스트 잇이라는 메모 쪽지 상품이 어떤 장점을 가지고 있어서 성공할 수 있다라는 의문을 설득시키는 데는 어려움이 있었지만, 어느 누구도 그 실험을 하지 못하게 가로막지는 않았다.

5. **시계를 만들어 주는 메커니즘!** 노턴과 달리 3M은 진화론적 발전을 자극할 수 있는, 손으로 만져 확인할 수 있고 잘 작동하는 메커니즘을 가졌다. 바로 이 점이 3M 이야기의 매력이다. 그런데 3M은 바로 그 메커니즘을 앞서 언급한 네 가지 교훈점을 한데 묶어서 얻었다.

3M의 메커니즘 리스트를 살펴보자. 어떻게 메커니즘 리스트들이 분명하게 되어 있는지를 주목하라. 어떻게 일관되게 개선을 위한 노력들을 했는지 주목하라. 그들이 어떻게 생존할 수 있는 힘을 가졌는지 주목하라. 만약 여러분이 부서의 관리자라면 매출액 중 30%를 신상품으로 구성해야 한다. 3M에서 기술자로서 영웅이 되기를 원한다면 회사의 타부서와 기술을 공유하는 것이 좋다. 만일 상을 받기 원하고 기업가적 영웅이 되기를 원한다면 실질적인 상품, 만족하는 고객, 수익성 있는 판매를 갖춘 성공적인 신규 사업을 개발해야 한다. 훌륭하게 시도한 것만으로 일이 잘되는 것은 아니다. 3M이 무엇인가 벌어지겠지라는 막연한 기대감만을 갖고 유능한 인재들을 배치한 것은 아니었다. 3M은 항상 유능한 인재들을 단련시키고 열심히 일하도록 독려한다.

우리는 흔히 관리자들이 이 다섯 번째 메커니즘을 어느 정도 과소 평가하고 있으며, 무엇을 하려고 하는지를 회사의 뚜렷이 보이는 메커니즘으로 전환시키지 못하고 있다고 생각한다. 관리자들은 그들이 지도자로서의 위치만 지킨다면 사람들이 알아서 실험하고 새로운 것을 시도할 것이라고 생각한다. 그러나 사실은 전혀 그렇지 않다. 관리자들은 아랫사람들로 하여금 계속하여 무엇인가 하도록 독려하고, 진화적인 행위를 강화할 수 있도록 환경을 만들어 주어야 한다.

하지 말아야 할 것들

우리는 또한 비교 기업들이 흔히 그들 역사의 중대한 시점에서 진화론적 발전 과정을 억누르는 많은 경우들을 찾아냈다. 다음의 몇 가지가 해서는 안 되는 것들이다.

체이스 맨해튼 은행의 예 : 1960년대와 1970년대 동안 데이비드 록펠러에 의해 좌지우지되었던 체이스 맨해튼 은행(당시에는 데이비드 은행으로까지 불림)의 경영 환경에서 관리자들은 회의나 하며 소일하고, 어떤 의사 결정이나 행동 조치도 취하지 않았다. 체이스의 관리자들은 "휴! 또 하루가 무사히 지나갔구나"라는 사고 방식에 휩싸여 있었다. 1980년대에도 데이비드를 건드리지 않기 위해 많은 고위직 관리자들은 새로운 아이디어를 짜내지 않았다.[84] 반대로 시티은행은 혼란스럽지만 창조적인 아이디어와 혁신적인 아이디어를 내는 사람에게 그에 상응하는 보수를 지급하는 이른바 '기업 적자 생존 방식'에 의해 움직이는 다소 느슨한 기업 구조를 가지고 있었다.[85]

버로스의 예 : 컴퓨터 산업의 초창기 버로스의 레이 맥도널드(Ray W. Macdonald) 사장은 각 개인이 무슨 일이든 자발적으로 주도하는 것을 하지 못하게 했다. 실험을 좋아하는 유능한 사람들을 축출했고, 실패와 실수를 하는 관리자들을 호되게 꾸짖었다. 자신이 항상 보스라는 것을 입증해야 했던 맥도널드는 모든 권리와 결정권을 혼자 독점했다. 상품 관리자들은 그의 사무실 연장선 외에는 아무것도 아니었다. 3M이 고객의 문제점을 기회로 생각한 것과는 달리 맥도널드는 고객들에 대해 비록 "기분 나쁘게는 하지만 반기를 들게는 안 한다"는 정도에 큰 자부심을 느꼈다. 비록 버로스가 1960년 초반 컴퓨터에 있어서 IBM보다 기술적으로 우위에 있었지만, 맥도널드가 결국 그의 관리자들이 20세기의 가장 큰 기회를 잡는 것을 방해한 셈이었다.[86]

텍사스 인스트루먼츠의 예: 1950년대와 1960년대 TI는 밑으로부터 아이디어와 혁신이 올라오는 환경을 조성했던 CEO 패트릭 해거티의 지도하에 매우 혁신적인 기업으로 상당한 칭송을 받았다.[87] 그러나 해거티의 뒤를 이은 마크 셰퍼드(Mark Shepard)와 프레드 벅시(Fred Bucy)는 완전히 거꾸로 경영을 하여 위에서 밑으로 흐르는 관료적인 접근 방식을 취했다. 두려움과 협박을 통하여 TI의 기업 문화는 말살되었다. 회의 발표 때마다 그들은 별로 마음에 들지 않는 이야기가 나오면 "웃기는 소리 마라. 그것이 말하고 싶은 것이라면 더 이상 얘기를 꺼내지 마라"라고 끼여들었다. 고함을 치고 책상을 두드리며 심지어 물건을 집어 던졌다.

TI의 전직 관리자였던 한 사람은 이러한 상황을 다음과 같이 묘사했다. "셰퍼드와 벅시는 부하 직원들을 믿지 않았다. 낮은 직급의 관리자들은 전혀 자율권이 없었다. 많은 권리가 본사로 이관되었다. 제안된 상품들은 끝없이 본사에서 정의되고 다시 거론되면서 진전이 없었다. 시장에서 원하는 물건은 둥근 모양인데, 결국 나온 결과는 네모난 것이었다."[88]

1970년대 말과 1980년대 동안 TI는 미국에서 가장 존경받는 기업 중 하나였으나, 더 이상 그들의 자리는 없었다. 휼렛 패커드는 높이 존경받고 고수익성을 보였으나 TI는 대규모 적자에 시달렸다.

핵심 이념에 집중하라!

1982년 피터스와 워터맨은 《초우량 기업을 찾아서》라는 책에서 "한 가지만 하라. 뜨개질에만 집중하라"고 조언하고 있다. 다시 말해서 성공의 비밀을 잘 알고 있는 사업에 집중하라는 것이다.[89] 표면상으론 이 개념이 이 장에서 설명하고 있는 진화론적 관점과 일치하지 않는다. 만약 3M이 광업 혹은 사포를 그들의 주된 일로 정의했다면 오늘날의 3M은 존재하지 않았을 것이다. 이 책을 쓰는 동안 우리를 크게 도와 주었던 포스트 잇 메모지도 존재하지 않았을 것이다.

우리가 보는 관점에서 3M은 한 가지에만 열중하지 않았다. 더욱이 노턴은 3M보다 한 가지에만 열중했으나 결과는 정반대였다. 제니스도 모토롤라와 달리 텔레비전보다 라디오에 전념했으나 곤두박질쳤다. 존슨&존슨은 아기 파우더 제품을 팔기 전에는 소비 제품을 생산하지 않았다. 마리오트는 호텔 사업에 진출하기 전에 그와 같은 사업을 해보지 못했다. 휼렛 패커드는 1960년대에 처음으로 컴퓨터 제품을 시작하기 전까지는 컴퓨터 산업에 전문성이 없었다.

디즈니는 디즈니랜드를 만들기까지 놀이동산 사업에 대해 아는 바가 전혀 없었다. IBM이 컴퓨터에 진출할 때도 전자 산업에 대한 경험이 없었다. 보잉이 처음으로 707기를 생산할 때 상용 항공기 사업에 대한 경험이 전혀 없었다. 아멕스가 고속 운송 사업이라는 본업에만 전념했다면 아마 지금은 존재하지 않는 기업이 되었을 것이다.

우리는 진화론적 발전 과정이 방종한 사업 다각화와 일치한다거나 혹은 잘 짜인 사업 전략은 바람직하지 못하다고 말하려는 것이 아니다. 예를 들어 월마트의 경우 할인 소매업이라는 좁은 사업 영역에서나마 진화를 자극해 왔다. 그렇다고 "뜨개질에만 충실하라"는 것이 전혀 말이 안 된다고 평가 절하하는 것도 아니다. 진정한 질문은 과연 비전 기업에 있어서 '뜨개질'이라는 것이 무엇인가라는 것이다. 우리의 해답은 바로 '핵심 이념' 이다.

핵심을 보존하고 발전을 자극하라

앞서 언급한 다섯 가지 사항 외에도 여섯 번째로 배울 점을 첨가하자. 진화론적 발전 과정을 자극하는 동안에도 핵심을 유지하는 것을 잊지 말라는 것이다. 진화는 다양화와 선택 두 가지를 포함한다는 것을 기억하라. 3M과 같은 비전 기업에 있어 선택은 두 가지 질문을 포함하는 것이다. 첫 번째 선택 기준은 단순히 실용적인 것, 즉 시장에 잘 먹혀들어갈 것인가 하는 질문이다. 두 번째는 우리의 핵심 이념과 합치되느냐 하는 것이다.

윌리엄 맥나이트 이래 3M은 인류가 갖는 문제들을 해결하기 위해 혁신적 상품을 개발하려고 노력해 왔다. 이것이 3M의 전부다. 3M에서 다양화가 선택되기 위해서는 새로워야 하고 쓸모 있고 믿음직스러워야 한다. 이 새롭고 쓸모 있고 믿음직한 세 가지가 핵심 이념이다. 스펜스 실버가 자기 시간의 15%를 붙지도 않는 이상한 접착제에 집착하여 실험한다고 해서 3M의 어느 누구도 그것을 막지 않았다.

그러나 마찬가지로 중요한 것은 실버의 신상품이 아트 프라이의 교회 아이디어와 접목하여 3M 사람들에게 포스트 잇 메모가 유용하고 3M의 상품의 질과 신뢰도를 지녔다는 것을 확신시키기 전까지 3M은 그 돌연변이 상품을 채택하지 않았다는 점이다. 3M에서는 누구나 고안하는 상품으로 '신제품 개발상'을 탈 수 없다. 독창적인 기술 기여 없이 칼턴회에 가입할 수 없다. 여러분의 상품이 계속해서 소비자들에 의해 신뢰되지 않는다면 영업 부문 관리자로서 생존할 수 없다. 3M은 경이롭게도 130억 달러의 회사로 성장했으나 3M의 핵심 이념을 꾸준히 지키고 있다.

비슷한 경우로, 만약 한 월마트 사람의 실험이 고객에게 가치를 부가하지 못했다면 그것은 선택되지 못했을 것이다. 만약 J&J의 어떤 사업이 핵심 이념에 반하여 추진되었다면 이 역시도 가지치기를 당했을 것이다. 휼렛 패커드에서 기술적인 기여도가 없는 돌연변이 신상품을 마케팅 담당자가 시작하려고 한다면 아무도 그에게 귀기울이지 않을 것이다. 만약 마리오트의 한 직원이 "고객으로 하여금 비록 집을 떠나 호텔에 머물지만 친구와 함께 있는 것 같고 정말 원해서 숙박한다고 느낄 정도로 만드는 것"으로부터 벗어나는 기회를 발견했다고 해도 마리오트는 그 기회를 버릴 것이다. 만약 한 소니 직원이 기술적으로 별 볼일 없고 저급 생산품을 만드는 씨앗을 뿌리려고 했다면 아마 소니는 그 대신 다른 씨앗을 뿌렸을 것이다.

핵심 이념은 돌연변이와 진화를 하는 동안에도 기업을 뭉치게 하고 안내하는 힘으로서의 역할을 수행한다. 3M의 모든 사업 부문에서 일어난 돌연변이 속에서도 3M을 한데 묶는 응집력을 찾아볼 수 있다. P&G, 디즈니, 노드스트롬에서 보았던 종교 의식과 같은 헌신을 3M 사람들에게서도 찾아볼 수 있다. 이것은 스스로 돌연변이하는 회사인 휼렛 패커드, 모토롤라, 월마트에도 해당한다. 그들도 핵심 이념에 집착했다.

자연 세계에서 종족이 다양화하고 진화하는 동안에도 변하지 않은 유전 코드처럼, 비전 기업의 어떠한 돌연변이 속에서도 핵심 이념은 변하지 않는다. 또한 자연 세계에서 진화하는 종족이 갖지 못한 것을 비전 기업들은 갖고 있는데, 그것은 바로 목적과 정신이다. 3M과의 65년간의 인연을 회상하면서 윌리엄 맥나이트는 다음과 같이 말했다.

"추구하는 사람들에게 깊이 감사할 줄 알아야 한다. 이와 같은 자세야말로 우리 모두를 위한 창조성을 낳게 하고, 새로운 아이디어와 상품으로 우리의 삶을 풍부하게 한다. 가장 훌륭하고 가장 힘든 일은 모험과 도전 정신에 의해 이루어진다."[90]

제 8 장

내부에서 성장한 경영진
HOME-GROWN MANAGEMENT

앞으로 내가 결정해야 할 가장 중요한 사항은 후계자를 고르는 것이다. 나는 거의 매일 누구를 후계자로 선정할 것인가를 고민하면서 많은 시간을 보내고 있다.

- 잭 웰치, 제너럴 일렉트릭의 CEO,
은퇴 예정일이 9년이나 남은 1991년에 승계 계획에 대해 말하면서[1]

유능한 최고경영자들이 계속 이어지게 하여 리더십의 연속성을 갖게 하는 것은 우리에게 주어진 막중한 책임이다. 언제나 우리는 CEO 예비 후보자들을 키워 왔고, 유망한 후보자들에게 CEO직 승계 훈련을 실시하여 미리 준비할 수 있도록 했으며, CEO직 승계 계획을 비밀로 하지 않고 공표해 왔다……. 우리는 리더십의 연속성이 엄청나게 중요한 일이라고 믿는다.

- 로버트 갤빈, 모토롤라 최고경영진의 한 멤버, 1991[2]

1981년 잭 웰치는 제너럴 일렉트릭의 최고 간부로 취임했고, 10년 후 그는 동시대의 전설적인 인물이 되어 있었다. 〈포춘〉지는 웰치를 "우리 시대의 기업 개혁에 있어서 최고의 전문가로 널리 인정받고 있는 사람"이라고 표현한 바 있다.[3]

잭 웰치의 기업 혁신에 관한 수많은 기사들을 읽어 보면, 전기가 발명된 시점인 회사의 창립 이래 별다른 개혁 조치가 이루어지지 않아 문제점

투성이던 GE를 구하기 위해 웰치가 백마 탄 기사처럼 등장하는 것처럼 상상하게 된다. 특히 GE의 역사나 웰치 개인의 배경에 대해 잘 알지 못하는 사람들은 게으름을 피우면서 꼼짝 않고 누워 있는 거인과 같은 GE를 흔들어 일으켜 세우기 위해 그 수혈제(輸血劑)로 회사 외부에서 스카우트해 온 사람으로 웰치를 생각하기 쉽다.

이러한 생각들은 모두 잘못된 것이며, 사실은 정반대다.

예를 들어 웰치는 25세가 되던 해 대학원을 졸업하고 곧바로 GE에 입사하여 회사 내에서 계속 성장해 온 토종 인물이다. 입사 전에 다른 회사에서 일해 본 적도 없고, 오직 GE에서만 20년 동안 근무한 후 최고 간부직에 올랐다.[4] GE의 이전 CEO들 모두가 그랬듯이 웰치도 '회사 내부'에서 양성된 인재다.

또한 웰치가 취임할 당시 회사의 경영 상태가 부실했던 것도 아니다. 정반대로 웰치 바로 전 선임자였던 레지널드 존스(Reginald Jones)는 직위에서 물러나면서 '미국에서 가장 칭송받는 기업인'이라는 호평을 받았다.[5] 또한 그는 〈US 뉴스 앤드 월드 리포트〉지가 기업인들을 대상으로 행한 어느 설문 조사에서 1979년과 1980년 두 해에 걸쳐 연속으로 '오늘날 기업계에서 가장 큰 영향력을 발휘하는 사람'으로 선정된 바 있다. 〈월스트리트 저널〉과 〈포춘〉지에서 실시한 비슷한 형태의 설문 조사에서도 1위로 나타났으며, 1980년의 〈갤럽〉 조사 결과 '올해의 최고경영자'로 뽑히기도 했다.[6] 순이익 증가율, 자기 자본 이익률, 매출액 이익률, 총자산 이익률과 같은 재무 수치면에서 보다라도 8년이라는 재임 기간 중 존스의 경영 실적은 웰치의 최초 8년간 경영 실적과 비교해 볼 때 손색이 없다.[7]

더 나아가 화려한 진용을 갖춘 GE의 역대 CEO들 중에서 웰치가 최초로 경영 혁신을 이룩한 사람도 아니다. 제라드 스워프(Gerard Swope)가 CEO로 재임할 때(1922~1939) GE는 획기적으로 가전 사업에 진출했으며, 스워프는 '기업은 종업원, 주주, 고객 모두에 대하여 골고루 책임을 진다'는 당시로서는 새로운 진보적 경영 이념을 도입했다.[8]

또한 랠프 코디너(Ralph Cordiner)가 CEO로 재임하던 시절(1950~1963)에는 '전진하자!'라는 슬로건 아래 많은 새로운 사업 영역에 뛰어들어 GE의 사업 분야가 20배로 증가했다.[9] 코디너는 회사를 급진적으로 구조 조정하여 조직의 분산화를 이룩했고, 목표 관리(management by objective)라는 개념을 미국에서 최초로 도입했으며, 지금은 매우 유명해진 '크로톤빌(Crotonville)'이라는 경영 훈련 및 의식화 교육 시설을 창설했다. 또 《전문경영인을 위한 새로운 영역》이라는 영향력 있는 책을 저술하기도 했다.[10]

프레드 보치(Fred Borch)의 재임 기간(1964~1972)은 '창의력이 발휘된 격동기'였으며, 항공기 엔진, 컴퓨터와 같은 많은 위험이 따르는 분야에 과감한 투자가 이루어진 시기였다.[11] 그리고 레지널드 존스(1973~1980)는 기업과 정부간의 관계를 개선시키는 데 지도적인 역할을 한 바 있다.

요약하면 웰치라는 인물은 'GE의 경영진은 대대로 유능하다'는 유산(遺産)에서 나온 인물이다. 법인세 공제 전 이익 대비 자기 자본 비율(ROE)을 재무 실적 평가 기준으로 하여 비교해 본다면, 웰치가 CEO로 재임하던 최초 10년간 평균이 26.20%이고, 웰치 이전의 역대 CEO들이 재임한 1915년 이래 평균은 28.29%다. 즉, 웰치의 전임자들도 웰치 이상으로 좋은 성과를 올렸다고 할 수 있다.[12] 실제로 GE의 역대 CEO들을 순이익 기준으로 순서를 매기면 웰치는 7명 중 다섯 번째밖에 되지 않는다(ROE를 기준으로 하여 볼 때 GE의 역대 CEO들 중 라이벌 기업인 웨스팅하우스보다 뒤졌던 사람은 아무도 없다).

물론 단순히 ROE로 경영 성과를 비교하는 것은 업계의 경기 순환 사이클, 전쟁 중이던 시기, 경제 전반의 불경기 등과 같은 요인들을 고려하지 않은 것이기 때문에 잘못일 수도 있다. 그래서 우리는 GE의 주식 수익률을 업종 주가 지수 수익률과 웨스팅하우스 주식 수익률에 각각 재임 기간별로 비교하여 GE의 역대 CEO들의 성적을 매겨 보았다.[13] 이렇게 해보니 웰치는 각각 2등과 5등이라는 결과가 나왔다(1990년대 초반 GE의 최상의 경영 실적과 웨스팅하우스의 쇠퇴를 감안하면 웰치의 최근 석차는 더 올라갈 것이다). 물론 좋은 성적임에는 틀림없으나 GE의 역사상 최고는 아니었다(부록 3의 〈표 A-9〉 참고).

그렇다고 웰치가 이룩한 놀라운 업적을 무시하는 것은 아니다. 웰치는 미국 기업계 역사상 가장 우수했던 최고경영자 중 하나다. 다만 강조하고 싶은 중요한 사실은 '**그의 전임자들도 우수했다**'는 것이다. 웰치는 GE를 변화시켰지만 그의 전임자들도 그러했다. 웰치는 웨스팅하우스의 CEO들보다 경영 실적이 좋았지만 그의 전임자들도 마찬가지였다. 웰치는 기업계에서 '기업 경영의 사부(師父)'로 불렸지만 그의 전임자들도 그랬다. 웰치는 GE의 미래 번영의 기초를 세웠지만 그의 전임자들도 마찬가지였다. 우리는 웰치가 보여 준 뛰어난 경영 업적의 기록들을 보고 웰치 개인을 존경하게 되었지만, 아울러 하나의 회사에 100년 동안 우수한 최고경영진이 계속 이어졌다는 놀라운 사실에 대해 더욱 GE를 존경하게 되었다.

> 회사 내에 웰치와 같은 우수한 인물이 CEO로 있다는 것은 인상적인 일이긴 하다. 그러나 웰치와 같은 우수한 CEO들이 회사 내부에서 양성되어 1세기 동안 계속 이어져 내려왔다는 것이야말로 GE가 비전 기업으로 불리는 핵심적인 이유일 것이다.

실제로 웰치를 GE의 최고경영자로 만든 회사 내부의 CEO 선임 절차는 GE의 전통에 불과하다. 또한 웰치가 GE의 미래를 위해 기업 개혁가의 역할을 하는 것도 GE의 오랜 유산을 반영하는 것이다. 오랫동안 GE의 컨설턴트였던 노엘 티시(Noel Tichy)와 〈포춘〉지의 편집장이었던 스트랫퍼드 셔먼(Stratford Sherman)은 《당신의 운명을 지배하라!》라는 책에서 다음과 같이 말했다. [웰치가 사장으로 선정된 절차에 대해 자세히 다룬 책이 두 권 있다. 하나는 티시와 셔먼의 책, 또 하나는 로버트 슬레이터(Robert Slater)의 《새로운 GE》이다. 여기서는 두 권 모두에서 웰치의 배경 자료를 발췌했다.]

"그 위대한 GE를 웰치의 손에 넘긴 경영권 승계 절차는 오랜 GE 기업 문화의 핵심을 가장 적절하게 보여 주고 있다. 바로 직전에 CEO로 재임한 레지널드 존스는 CEO 후보자 그룹 개개인에 대해 여러 해 동안 숙고한 끝에 웰치를 후임자로 선정했다. 이 CEO 후보자들은 모두 유능하고 손색이 없는 사람들이어서 후에 거의 모두가 주요 기업들의 CEO가 되었다……. 존스는 CEO 자격이 있는 모든 후보자 개개인에 대해 오랜 기간 공을 들여 철저하게 심사 숙고하는 절차를 밟았으며, 이에 의해서 최고의 자격을 갖춘 사람으로 판명된 사람만을 CEO로 선정한다는 원칙을 고수했다. 그 결과 기업 역사상 가장 훌륭한 경영권 승계 사례로 손꼽히게 되었다."[14]

존스는 웰치가 CEO로 선임되기 '7년 전'인 1974년 이미 'CEO 계승을 위한 실행 지침'이라는 제목의 문서를 작성함으로써 경영권 승계 절차의 첫발을 내디뎠다. 존스는 GE의 인사 담당 임원들과의 긴밀한 작업을 통해 96명의 CEO 후보자들이 기재된 최초의 리스트를 만들었으며, 이 후보자들 모두가 내부에서 양성된 사람들이었다. 그 후 96명의 후보자를 12명으로 줄였고, 다시 12명의 후보자를 웰치를 포함한 6명의 유력한 후보자로 압축했다. 여기에 소요된 기간이 2년이었다.

이들 유력한 후보자들을 시험하고 관찰하기 위해 존스는 6명의 후보자 각각을 '사업 부문별 사장'으로 임명하여 회사 중역실로 직접 보고하도록 했다. 그 후 3년 동안은 어려운 과제 부여, 면접 실시, 에세이 제출, 평가 실시 등 다양한 방법을 통해 점진적으로 후보자 테스트의 심도를 더해 갔다.[15]

이러한 CEO 선임 절차의 핵심 가운데 하나로 '비행기 인터뷰' 라는 것이 있었다. 존스가 각 CEO 후보자들에게 다음과 같은 질문을 한다. "당신과 내가 회사 전용 비행기에 타고 있었다. 그런데 비행기가 추락해서 우리 둘 다 죽었다. 이 경우 어떤 사람이 GE의 CEO로 적임자인가?"(존스는 이 질문을 그의 전임자인 프레드 보치로부터 배웠다.)[16] 웰치는 한 중요 분야에서의 가혹한 인내심 콘테스트에서 승리하여 GE의 CEO가 되었고, 경선에서 탈락한 후보자들은 GTE, 러버메이드, 아폴로 컴퓨터, RCA와 같은 유수한 회사의 사장 또는 CEO로 진출했다.[17] 흥미로운 여담이지만 미국 기업의 CEO들 중에서 GE 출신들이 다른 어느 회사 출신보다 많다.[18]

GE와는 대조적으로 웨스팅하우스는 기업 상층부의 혼란과 불연속성에 의해 흔들려 왔다. 웨스팅하우스는 역대 CEO 숫자가 GE의 거의 2배나 되었고, 어떤 경우에는 CEO 재임 기간이 2년이 채 안 되기도 했다. GE의 평균 CEO 재임 기간이 14년인 데 비해 웨스팅하우스의 경우는 8년에 불과하다. 더 나아가 웨스팅하우스는 GE처럼 '예외없이' 내부 인재를 양성하여 기용한 것이 아니라, 주기적으로 외부 인사를 발탁하여 이에 의존했다.

조지 웨스팅하우스는 1908년 CEO 자리에서 쫓겨났으며, 기업 재조직 기간 중 2명의 외부 인사(둘 다 은행 출신)들이 그 자리를 차지했다.[19] 1946년에도 외부 인사(이번에도 은행 출신)가 웨스팅하우스의 CEO가 되었으며,[20] 1991년과 1992년에 연속으로 10억 달러대의 적자를 낸 다음인 1993년에도 회사를 회생시키기 위해 전(前) 펩시 사 중역을 CEO로 데려왔다.[21]

우리는 웨스팅하우스의 내부 승계 절차에 대해 좀더 명백히 기술하고 싶었지만, 이에 관한 자료를 외부 간행물이나 회사 내부에서 거의 발견할 수 없었다. 이것도 우리의 주목을 끌 만한 점이다. GE는 리더십의 연속성에 대해 각별하고 의식적인 관심을 가져왔기 때문에 회사 내부에서나 외부에서 많은 사람들이 이에 대해 수없이 코멘트를 해 왔고, 웨스팅하우스는 경영진 육성과 승계 계획에 대해 매우 관심이 적었다.

기업의 핵심을 보존하기 위한 내부로부터의 승진

이 책의 전반을 통해 우리는 비전 기업에 있어서 리더십의 역할을 그다지

〈표 8-1〉 1806~1992년 동안 외부인을 CEO로 채용한 기업[22]

비전 기업	비교 기업
필립 모리스	에임스
월트 디즈니	버로스
	체이스 맨해튼
	콜게이트
	컬럼비아
	GM
	하워드 존슨
	켄우드
	노턴
	R.J. 레이놀즈
	웰스 파고
	웨스팅하우스
	제니스

* 우리가 분석을 위한 자료 수집을 마친 후인 1993년 IBM은 외부인인 루이스 게스트너(Louis Gerstner)를 CEO로 고용했다. 또한 우리는 보잉 사의 윌리엄 앨런을 외부 채용 CEO로 간주하지 않았다. 앨런이 보잉의 고용 변호사로 20년 동안 조직 재정비, 연구 개발 투자, 자금 차입 결정, 영업 전략과 같은 회사의 경영 정책 결정에 능동적으로 관여해 왔고, CEO가 되기 전 14년 동안 이사로서 회사 업무에 적극적으로 참여해 왔으며, CEO가 되고 나서는 23년 동안 재임했기 때문이다. 이 표를 작성하기 위해 앨런의 배경을 조사하는 과정에는 모튼 핸슨(Morten Hansen)의 도움이 컸다.

중시하지 않았다. 하지만 최고경영진의 리더십이 중요하지 않다고 말하는 것은 명백한 잘못이다. 아무나 비전 기업의 CEO가 될 수 있다고 말하는 것은 순진한 사람들의 이야기이고, CEO 재목의 자질은 언제나 커다란 중요성을 갖는다. 최고경영진은 기업이라는 조직에 영향을 미치며, 대부분의 경우 '중대한' 영향을 끼친다. 문제는 그것이 올바른 종류의 영향이냐 하는 것이다. 다시 말해서 최고경영진이 기업에 영향력을 행사하면서도 기업의 핵심 가치를 보존할 수 있느냐 하는 것이다.

비전 기업들은 비교 기업들보다 더 고도의 수준으로 회사 내부로부터 경영 자질을 갖춘 인재들을 키워서 CEO로 선정해 왔으며, 이는 기업의 핵심을 보존하기 위해 중요한 일이라고 할 수 있다. 우리가 조사한 바에 따르면 1806~1992년에 이르는 기간 동안 비전 기업군 중 단 2개 기업(11.1%)만이 외부에서 CEO를 채용해 온 적이 있었을 뿐이다. 이에 비해 비교 기업군 중에서는 외부에서 CEO를 영입해 온 경우가 13개 기업(72.2%)에 달했다. 또한 우리가 자료를 가지고 있는 비전 기업군의 113명의 CEO들 중 오직 3.5%만이 회사 외부에서 왔으며, 이에 비해 비교 기업군의 140명의 CEO들 중 22.1%가 외부에서 직접 채용한 경우에 해당되었다. 다시 말하면 '비전 기업들은 비교 기업군보다 6배나 더 많이 회사 내부 인물을 CEO로 승진시키는 경향이 있다'는 것이다(본문 〈표 8-1〉 및 부록 3의 〈표 A-8〉 참고).

> 다른 식으로 표현하면 비전 기업들 전부의 연(延) 1700년의 기간 중 단 4건의 개별적인 경우에만 외부 인물이 CEO에 오른 것이 발견된다.

요약하자면 비전 기업들이 비교 기업들과 구별되는 주요한 점은 리더십의 우수성이 아니라 기업의 핵심을 보존할 수 있는 우수한 리더십의 '연속성'이다. 비전 기업들이나 비교 기업들 모두 기업사에 있어서 일정 시기에서는 우수한 최고경영진들을 보유했다.

다만 비전 기업들은 보다 나은 경영진 육성 및 승계 계획을 실행해 왔으며, 기업의 영속성을 생각할 때 이는 핵심적인 사항이라고 할 수 있다. 이렇게 함으로써 비전 기업들은 비교 기업들과 비교할 때 18건 중 15건의 경우에서 내부에서 양성된 유능한 CEO들이 계속 이어지게 할 수 있었다(부록 3의 〈표 A-8〉 참고).

이와 같은 것을 다음과 같이 '리더십의 연속 고리'라는 계속적인 자기 강화 절차라고 볼 수도 있을 것이다.

리더십의 연속 고리

경영진 양성 및 승계 계획 → 유능한 내부 CEO 후보자 → 내부로부터의 우수한 리더십의 연속성 → 핵심을 보존하라 / 발전을 자극하라

위의 요소 중 어느 하나라도 결여되면 경영의 불연속성이 야기되고, 이에 따라 회사는 외부에서 CEO를 영입하지 않을 수 없게 되며, 결국 그 회사는 자신의 핵심적인 기업 이념에서 이탈하게 된다. 이러한 경영의 불연속성은 기업의 발전을 저해하는데, 그 이유는 최고경영진의 혼란이 기업의 정체를 가져오기 때문이다. 실제로 비전 기업들에서 볼 수 있는 '경영 연속성의 고리'와는 달리 비교 기업들에서는 '리더십의 단절과 구원자 신드롬'이라고 부를 수 있는 다음과 같은 공통 현상이 발견된다.

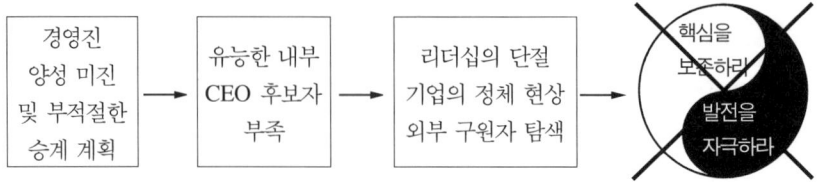

이제는 콜게이트와 P&G, 제니스와 모토롤라의 경우를 각각 대비시켜 보자.

경영이 불연속된 콜게이트 vs. 인재가 장작더미처럼 쌓인 P&G

1900년대 초반까지 콜게이트는 특출한 회사였다. 1806년 창립 이래 100년 동안 안정적인 성장을 보여 왔으며, 회사 규모가 P&G와 거의 비슷한 수준이었다. 또한 우리의 연구 대상인 비교 기업들과 마찬가지로 회사 초기에는 시드니 콜게이트(Sidney Colgate)가 규정한 불후의 기업 목적과 회사의 핵심 가치가 완벽히 명시되어 있는 기업 이념에 따라 행동할 것을 강하게 천명했다.[23] 그러나 1940년대에 콜게이트의 회사 규모는 P&G의 절반도 되지 못했으며, 수익성도 P&G의 4분의 1 수준에 못 미쳤고, 이러한 비율은 이후 40년간 계속되었다. 콜게이트는 또한 본래의 강력한 핵심 이념에서 벗어나게 되었고, P&G보다 훨씬 약화된 기업 동질성(self-identity)을 가진 회사로 바뀌었다.

무슨 이유 때문일까? 그 해답의 일부분은, P&G에 비해 콜게이트는 경영권 승계 계획이 제대로 마련되지 않았으며 이에 따라 경영의 연속성이 단절되었다는 데 있다. 콜게이트는 초대에서 4대 CEO에 이르기까지 모두 완전한 내부 인물(모두 창립자인 콜게이트의 가족)이었으나, 1900년대 초반 경영진 양성 및 승계 계획을 마련하는 데 실패했다. 1920년대 후반에 들어서는 회사 내부에서 적절히 양성된 후계자들이 없어서 '낯선 외부인을 CEO로 모셔 오기 위해' 팜올리브 피트(Palmolive-Peet) 사와의 합병에 의존하기도 했다.[24] 1936년 〈포춘〉지는 한 기사에서 다음과 같이 표현했다.

> "콜게이트 형제들은 점점 노쇠해지고 있었다. CEO인 길버트는 70세였고, 시드니는 66세였다. 그리고 55세에 불과한 러셀은 경영에 별로 참여하지 않고 있었다……. 시드니의 아들인 베이야드 콜게이트(Bayard Colgate)는 예일대를 졸업한 지 이제 6년밖에 되지 않아 콜게이트의 CEO가 되기에는 너무 젊었다. 그래서 콜게이트 형제들은 찰스 피어스(Charles Pearce)가 팜올리브 피트와 콜게이트를 합병하자고 제안했을 때 이를 주의깊게 경청했다……. (회사 합병 후에) 그들은 사임하고 실질적인 은퇴 생활에 들어갔다."

합병된 회사의 CEO가 된 피어스는 회사를 망친 사람이었다. 피어스는 '기업 확장의 열병'[25]에 들떠 스탠더드 브랜즈, 허시, 크래프트와 같은 대기업과의 합병을 통해 콜게이트를 거대 기업으로 만들고자 시도했으나 실패했다. 그는 오로지 기업 규모를 키우는 데만 정신이 팔려 콜게이트의 사업 기반과 기본 가치를 무시했다. 피어스는 81년 동안 비누 제조 사업과의 긴밀한 관계를 위해 뉴저지 주의 저지 시티(Jersey City)에 있던 회사 본부를 시카고로 옮기기까지 했다.[26] 피어스의 재임 기간인 1928~1933년 동안 콜게이트의 평균 매출액 이익률은 9.0%에서 4.0%로 절반 이하나 하락했고, 같은 기간 중 P&G의 매출액 이익률은 대공황 기간임에도 불구하고 11.6%에서 12.0%로 '상승' 했다.[27]

피어스는 콜게이트의 핵심 이념, 특히 소매업자, 고객, 종업원과의 공정한 관계 유지라는 회사의 핵심 가치를 회복하기 어려울 정도로 파괴했다.[28] 그는 소매업자들과 거래할 때 지나치게 인색하게 굴어 그들의 반발을 샀고, 다음과 같은 결과를 초래했다.

"특히 콜게이트와 오랜 기간 변함없이 거래해 온 방식에 익숙하던 편의점 주인들은 분노했다. 피어스의 거래 방식은… 그들을 전혀 만족시키지 못했다. 콜게이트는 수익의 상당 부분을 화장실 용품 부문에서 얻고 있었기 때문에… 편의점 주인들이 콜게이트로부터 등을 돌리자… 이는 치명타가 되었다."[29]

마침내 콜게이트 가족들은, 〈포춘〉지의 표현을 빌려 말하자면 "잠에서 깨어나 피어스가 저질러 놓은 일들을 보고 경악했다."[30] 그래서 당시 36세였던 베이야드 콜게이트는 피어스를 몰아내고 새로운 CEO로 취임했다. 그는 회사 본부를 뉴저지 주로 다시 옮겼으며, 콜게이트 회사 고유의 가치를 회복하는 한편 회사의 새로운 도약을 이룩하고자 노력했다.

하지만 콜게이트 CEO로서의 임무에 대해 어떤 준비나 훈련도 받지 못한 젊은 베이야드 콜게이트가 피어스의 재임 기간 중 크게 기울어진 회사를 되살린다는 것은 매우 어려운 일이었다. 결국 그는 단 5년 동안 CEO로 재직한 후 해외 영업 담당 부장이던 에드워드 리틀(Edward Little)에게 자리를 넘겨 주었다. 결국 콜게이트는 P&G에 뒤지게 되었고, 이후 따라잡을 수 없었다. 피어스가 콜게이트의 CEO 자리에서 물러난 직후 10년 동안을 비교해 보면 P&G는 콜게이트보다 성장 속도는 2배, 수익은 4배나 앞서갔다.[31]

피어스의 실패와 아울러 콜게이트는 경영권 승계도 제대로 하지 못했다. 1938~1960년까지 CEO로 재임했던 에드워드 리틀은 콜게이트를 마치 원맨 쇼처럼 운영했다.[32] 이를 〈포브스〉지는 "콜게이트는 리틀에 의해서 지배당하고 있으며, 사실 '지배'라는 표현보다도 더 심각한 상황이다"라고 썼다.[33] 우리가 조사한 바에 따르면 리틀은 자신이 지배하지 않는 회사라는 것을 스스로 상상할 수 없었으며, 제대로 된 경영권 승계 계획도 전혀 없었던 것 같다.

마침내 리틀이 79세의 나이로 은퇴했을 때 콜게이트는 국내 영업면에서 심각한 난관에 봉착해 있었고, 회사를 기사 회생시킬 '백마 탄 기사'로 해외 부문 부회장 가운데 한 사람을 국내 본부로 불러들여 CEO로 취임시켜야만 했다.[34]

콜게이트는 1979년 당시 CEO였던 데이비드 포스터(David Foster)가 자신의 의사와 상관없이 이사회의 결정에 의하여 자리에서 쫓겨나는 또 한 차례 혼란스러운 경영권 승계 과정을 경험하게 되었다. 포스터는 그의 전임자들과 마찬가지로 "CEO 1인 독재의 전통을 이어받았으며, 그것이 그의 성격에도 맞았다."[35] 사실상 포스터는 경영권 승계 계획을 방해했으며, 〈포춘〉지는 이를 다음과 같이 기술했다.

> "결국 데이비드 포스터는 그의 후계자로 간주될 만한 사람에게는 최소한의 권한만을 부여하고, 나아가 눈에 띄지 못하게 하려고 전력을 기울였다……. 포스터는 CEO 승계 문제에 대하여 이사회가 침묵하도록 가능한 방법을 다 사용했다. 그 당시 콜게이트에는 60세가 되면 CEO 자리에서 물러나야 한다는 불문율이 있었다. 당시 포스터의 나이는 55세였는데, 그는 늘 자신도 이 불문율을 지키겠다고 말했다. 하지만 그의 '후계자'로 유력시되는 사람이 다른 회사로부터 CEO 자리를 제의받았을 때 이를 말리지 않은 것을 보면 그의 속마음을 확실히 알 수 있다."[36]

최고경영진의 혼란으로 다시 한 번 흔들린 콜게이트는 포스터가 축출된 이후 회사 매출액과 순이익 모두 P&G의 4분의 1 수준으로 급락했다. 물론 콜게이트에서 일어난 경영진의 혼란 이외에도 P&G의 월등한 연구 개발 노력, 규모 경제에 따른 우위와 같은 다른 요인들이 콜게이트의 상대적인 쇠퇴를 야기했다고 볼 수 있다. 그러나 가장 중요한 점은, 피어스가 CEO로 재직할 당시의 혼란으로 P&G와 대등하게 될 수 있는 기회를 놓쳤으며, 이후 경영권 승계가 이루어지는 중요한 시기마다 이를 제대로 처리하지 못했다는 것이다.

콜게이트와 P&G는 기업 역사상 동일한 시점에 가족 지배에서 탈피하여 전문경영인 체제로 전환해야 하는 동일한 과제에 직면했지만, P&G는 콜게이트와 달리 경영진의 동요가 없었다. 바로 여기에 차이점이 있다. 1920년대에 콜게이트 형제들은 유능한 후계자를 양성하는 데 관심이 없었지만, P&G에서는 쿠퍼 프록터가 1909년 입사한 리처드 듀프리(Richard Deupree)를 CEO 후계자로 주의깊게 준비시키고 있었다.[37] 쿠퍼 프록터의 관심과 지도하에서 듀프리는 점차 중요한 직책으로 승진하여, 마침내 1928년 최고운영책임자(COO) 자리에 올랐다(그 해는 콜게이트가 '낯선 외부인을 CEO로 모셔 온' 때다).

1930년 듀프리는 P&G 역사상 창립자 가족이 아닌 사람으로서는 최초로 CEO 자리에 올라 18년간의 임기를 성공적으로 마쳤다. 그리고 전임자였던 프록터와 마찬가지로 그도 경영권 승계에 단절이 없도록 확실한 조치를 취했다. 이에 대해 1981~1989년까지 CEO로 재임했던 존 스메일은 다음과 같이 기술했다.

"듀프리는 회사의 특성을 보존하고 승계시키는 데 중추적인 역할을 수행했다. 그는 P&G가 1890년에 설립된 오랜 역사를 가지고 있음에도 불구하고 자신이 세 번째 CEO에 불과하다는 사실을 잘 알고 있었다. 또한 듀프리는 자신의 뒤를 이을 사람이 4명 있다는 것을 알고 그들을 가르치는 데 도움을 주었다. 나도 그들 4명의 후계자 중 한 사람이며, 회사 설립 후 거의 100년의 세월이 흘렀지만 7번째 CEO에 지나지 않는다."[38]

P&G는 끊임없이 경영인의 자질을 지닌 인재를 개발하는 일이 얼마나

중요한지를 깨닫고 있었기 때문에 모든 직급에 있어서 경영 관리권 승계상의 단절을 겪지 않았고, 따라서 기업의 핵심을 보존할 수 있었다. 〈둔스 리뷰(Dun's Review)〉지는 "P&G의 경영인 양성 프로그램은 매우 철저하고 일관된 것이어서 회사의 모든 직급, 직무에 인재들이 마치 장작더미처럼 쌓여 있다"라고 평하기도 했다.[39]

P&G는 "하위 직급에서 상위 경영자 직급에 이르기까지 한 단계 더 높은 직책을 떠맡을 수 있는 동등한 능력을 가진 사람이 항상 2, 3명은 있게" 하는 것을 목표로 삼아 왔다.[40] 이를 듀프리의 후계자인 닐 매켈로이(Neil McElroy)는 다음과 같이 설명했다. "우리 회사에서 미래에 경영자가 될 사람들을 양성하는 일은 좋은 시절, 나쁜 시절을 가리지 않고 매년 계속되고 있다. 이렇게 하지 않으면 언젠가는 단절을 겪게 될 텐데 우리는 그것을 참을 수 없다."[41]

제니스의 리더십 단절 vs. 모토롤라의 리더십 안정

제니스의 창립자인 유진 맥도널드 2세는 총명하고 지배욕이 강해 '사령관'이라는 별명을 가졌는데, 유능한 후계자를 키워 놓지 않고 1958년 사망했다. 맥도널드의 직속 부하였던 휴 로버트슨(Hugh Robertson)이 CEO로 취임했으나, 이미 그의 나이는 70세가 넘었다. 1960년 〈포춘〉지는 "제니스는 미래가 아니라 과거에 속한 인물들의 강한 개성에 의존해서 움직이고 있다"라고 촌평했다.[42]

로버트슨은 2년 동안 CEO로 재임한 후 매우 보수적인 성향을 지닌 회사 고문 조셉 라이트(Joseph Wright)에게 자리를 물려주었는데, 라이트는 제니스가 '고품질에 대한 열정적 헌신'이라는 기업의 핵심 가치에서 멀어지는 것을 방관하기만 했다.[43] 1968년 회사의 내부 인물인 샘 카플란(Sam Kaplan)이 CEO로 취임했으나, 1970년 갑자기 사망하여 또 한 번 최고경영진에 공백이 생겼다. 이에 제니스는 회사를 회생시킬 외부 구원자를 필요로 하게 되었고, 집중적인 탐색 끝에 포드 사 출신의 존 네빈(John Nevin)을 CEO로 데려왔다.[44]

네빈은 재임 기간 중 특별한 업적이 없었고, 회사는 고유의 기업 가치에서 계속 멀어지기만 했다. 결국 네빈은 1979년 사임했고, 할 수 없이 라이트가 68세의 나이로 은퇴 생활을 청산하고 다시 나와 '회사를 다시 세우기 위해 노력했다.'[45] 라이트는 레본 클루크만(Revone Kluckman)을 CEO로 승진시켰으나, 전임자였던 카플란처럼 2년 후에 갑자기 사망하여 다시 한 번 경영권 승계에 위기가 발생했다.

반면 모토롤라는 이 같은 혼란 없이 기업의 핵심 가치를 잘 보존한 경영진 승계의 모범적 사례라고 할 수 있다. 회사 창립자인 폴 갤빈은 공식적인 경영권 승계가 있기 몇 년 전부터 자신의 아들인 보브 갤빈을 훈련시키기 시작했다. 보브 갤빈은 사장이 되기 16년 전이자 CEO가 되기 19년 전인 1940년 고등학생의 신분으로 이미 모토롤라에서 일하기 시작했다.[46] 아버지인 폴 갤빈은 아들을 회사 밑바닥에서부터 키우기 위해 창고 서기(書記) 임무부터 주었으며, 특권은 거의 주지 않았다.

한번은 보브 갤빈이 여름 방학 동안 일하는 임시직에 지원하기 위해 아침 7시에 인사부에 나타났을 때, 인사 과장이 순번을 어기고 직접 인사 부장을 만날 수 있게 해준 적이 있었다. 그러나 보브 갤빈은 이를 거절했다. 그는 다른 모토롤라 직원들과 마찬가지로 밑바닥부터 절차를 밟아 나가고 싶었기 때문이다.[47]

보브 갤빈은 회사 업무를 익혀 가며 차츰 승진, 아버지가 사망하기 3년 동안 공동 CEO로 재직했다. "시간이 얼마간 지나자 아버지는… 우리는 한 사람처럼 행동할 것이라고 선언했다. 어떤 문제에 관해서든 한 사람이 조치를 취하면 나머지 한 사람은 이를 지지할 것이라고 했다."[48] 갤빈 부자

사이에 이루어진 한 세대로부터 다음 세대로의 경험의 이전은 여러 해 동안 계속된 일상적 절차였다고 폴 갤빈의 전기 작가는 쓰고 있다.[49] 그리고 그의 아버지가 사망한 직후인 1959년 보브 갤빈은 다음 세대를 위해 경영진 양성 및 승계 계획에 대해서 생각하기 시작했는데, 이 해는 보브 갤빈이 CEO 자리를 후임에게 물려준 해의 '25년 전'에 해당한다.

보브 갤빈은 내부에서 성장한 리더십의 연속성이라는 개념을 강화하기 위해 1명의 CEO라는 전통적 개념을 버리고 여러 명의 'CEO들'로 구성되는 CEO실(office, 室)이라는 개념을 사용했다. 'CEO들'이라는 표현은 오자가 아니다. 갤빈은 CEO실은 단 1명의 CEO가 아니라 여러 명(보통 3명)의 CEO들로 항상 채워져 있어야 한다고 믿고 이를 실행에 옮겼다. 갤빈이 이렇게 한 이유 중 하나는 어떤 순간이 닥치더라도 회사를 책임질 수 있는 유능한 인물들이 회사 내에 포진해 있도록 하기 위해서였다.

"회사 내에는 항상 경영권 승계 서열에 대해서 비공식적이기는 했지만 명백하게 공감대가 형성되어 있었다"라고 갤빈은 썼다. "우리는 (내가 CEO실의 일원이었던) 25년 동안 예기치 못한 변화에 대한 사전 준비가 항상 되어 있었다."[50]

모토롤라는 이러한 '실' 개념을 CEO 직급뿐만 아니라 보다 낮은 직급에도 적용했다(업무를 위해 2, 3명의 사람이 하나의 팀으로 구성됨). 이는 회사 전체적으로 경영자 개발 및 리더십 연속성을 달성하기 위한 주요 방법이었다. 이러한 방식은 운영상의 어려움은 말할 것도 없고 경영 사상가들 사이에서도 여러 논란을 불러일으킬 수 있었기 때문에 갤빈은 단점보다는 장점이 압도적으로 많다고 주장하면서 1991년 다음과 같이 썼다.

"CEO실 제도가 성공하기 위해서는 회사 경력 초기부터 팀원으로서의 책무에 적응이 되어 있는 경험 많은 CEO 후보자들이 있어야 한다. 따라서 부서 단위 업무에서부터 이러한 경험을 쌓아 가야 한다. 이러한 실 제도는 나름대로 단점이 있는 것도 사실이다. 현직에 있는 사람들 중 어떤 사람들은 이유 없이 그냥 이를 싫어한다……. 여러 명이 실이라는 구조를 통해 지시 명령을 내리다 보면 중복과 혼란이 있을 수 있다……. 그 결과 때때로 어떤 실들은 제대로 움직여지지 않기도 했다. 구성원 중 일부는 스스로 떠나거나 후선으로 물러나기도 했다. 하지만 전반적으로 실 제도는 잘 운영되었다고 볼 수 있다……. 실 제도가 계속 운영되고 있다는 것이 그 증거다. 모든 것을 고려해 볼 때 실 제도는 장점이 있는 제도다. 실 제도 때문에 CEO 후보자들의 능력에 대해 실증 있는 정보를 수집할 수 있었고, 이에 따라 후계자를 선정했기 때문에 경영권 승계에 전혀 문제가 없었다."[51]

모토롤라는 65년의 역사 동안 제니스가 보여 준 리더십의 단절과 같은 고통을 경험하지 않았다. 모토롤라는 시어스 라디오의 배터리 수리업에서 출발하여 집적 회로 생산업을 거쳐 인공위성 통신 시스템 제작업에 이르기까지 끊임없이 자기 자신을 재창조해 왔으며, 최고경영자가 예기치 않게 공석이 되었을 때도 기업의 핵심 가치에 깊숙이 스며들어 있는 우수한 최고경영진에 의해 단절 없는 연속성을 보여 왔다.

1993년 CEO실의 핵심 구성원이던 조지 피셔(George Fisher)가 코닥 사의 CEO가 되기 위해 모토롤라를 떠나게 되었을 때의 경우가 좋은 예다. 제니스에서 CEO가 갑자기 사망했을 때 그랬던 것처럼 대부분 회사의 경우 피셔와 같은 유능한 CEO가 예기치 않게 회사를 떠나게 되면 회사 내에 무질서와 혼란이 야기되고 경영의 단절 현상이 발생한다. 하지만 모토롤라의 경우는 달랐다. 피셔가 떠난 후 CEO실에 남은 두 사람[개리 투커(Gary Tooker, 54세), 크리스토퍼 갤빈(Christopher Galvin, 43세)]이 좀더 많은 책임을 지게 되었을 뿐이다. 동시에 모토롤라는 잘 훈련되고 경영 자질을 갖춘 회사 내부의 많은 인재들 중에서 CEO실의 세 번째 구성원을 선정하기 위해 내부 절차를 밟기 시작했다.

〈뉴욕 타임스〉지는 '모토롤라는 문제없이 잘할 겁니다. 감사합니다'라는 적절한 표제가 붙은 기사에서 이를 다음과 같이 요약했다. "피셔는 모토롤라가 예기치 않은 CEO 사임과 같은 충격을 문제없이 잘 흡수할 수 있게 준비되어 있다는 것을 알고 있었기 때문에 편안한 마음으로 다른 회사로 자리를 옮길 수 있었다."[52]

경영진의 혼란과 회사의 쇠퇴

조사 연구를 통해 우리는 비교 기업들 중에는 최고경영진의 혼란과 단절 현상을 보인 회사들이 웨스팅하우스, 콜게이트, 제니스 외에도 많음을 알 수 있었다.

멜빌(Melville Corporation)에서도 1950년대에 그런 일이 있었다. 당시 CEO였던 워드 멜빌(Ward Melville)은 적절히 양성된 후계자를 찾을 수 없었음에도 불구하고 '너무나 은퇴를 갈망했기 때문에' 아무에게나 CEO 자리를 물려주겠다는 절박한 심정으로 회사 내의 어느 생산 부장에게 그 자리를 맡겼다. 그 후계자는 CEO 임무에 제대로 준비가 안 되어 있었을 뿐만 아니라, CEO 자리를 원하지도 않았기 때문에 회사는 급속도로 쇠퇴해 갔다. 후에 멜빌은 이를 보고 "잘못된 사람이 CEO 자리에 앉아 있으면 얼마나 빠른 속도로 회사가 쇠퇴할 수 있는지를 보고 큰 충격을 받았다"라고 말했다.[53]

그래서 멜빌은 회사를 회생시킬 수 있는 CEO 적격자를 외부에서 찾기 위해 1년 동안이나 노력했다. 다행히 현명한 멜빌은 CEO의 외부 영입을 포기하고 그 대신 회사 내부에서 어느 유망한 젊은 인재를 육성하기 시작했는데, 시간이 지남에 따라 그는 매우 유능한 CEO임이 판명되었다.[54]

경영진의 혼란에 따른 회사 쇠퇴의 사례는 1950년대 후반 더글러스 항공사(Douglas Aircraft)에서도 찾아볼 수 있다. 그 당시 회사 창립자인 도널드 더글러스(Donald Douglas)는 준비가 제대로 되어 있지 않은 도널드 더글러스 2세에게 회사를 넘겨 주었다. 이에 대해 어느 전기 작가는 다음과 같이 기술했다. "더글러스 2세는 그의 아버지가 했던 역할을 물려받을 만한 그릇이 되지 못했다……. 더글러스 2세는 그의 적이라고 간주되는 사람들(주로 그의 아버지가 경영하던 시절의 사람들)에 대해 보복 조치를 취했다. 그리고 경험 많은 관리자들을 몰아내고 그 자리를 자신과 가까운 사람들로 채웠다."[55]

더글러스 2세가 회사의 고위 직책에 자신의 친한 친구들을 앉힘으로써 라이벌 회사인 보잉 사와의 극심해지는 경쟁에 대처하기 위해 유능한 경영 관리자들이 가장 필요했던 시기에 많은 인재들이 회사를 떠났다. 1960년대 초반 더글러스 사는 보잉을 따라잡기 위해 필사적으로 노력했으나 유능한 경영자의 부족으로 실패했다. 1966년 중대한 위기를 맞이하자 더글러스 2세는 회사를 구하기 위해 맥도넬 항공사(McDonnell Aircraft)와 합병했다.

R.J. 레이놀즈에도 1970년대에 그런 일이 있었다. 〈비즈니스 위크〉지 기사에 따르면, 페더레이티드(Federated) 백화점에서 CEO를 역임했고 당시에는 레이놀즈의 이사였던 폴 스타이트(Paul Sticht)가 '이미 정해져 있던 CEO 후계자 승계 계획을 뭉개 버리고 술수를 써서 자신이 CEO로 취임했다.'[56] 스타이트는 CEO 권한을 행사하여 경영진 구성원들을 거의 모두 외부 인물로 채워 넣었다.[57]

1985년 레이놀즈가 내비스코를 인수 합병한 직후 레이놀즈 기업 문화와 전통면에서 볼 때 말 그대로 전혀 낯선 인물이라 할 수 있는 로스 존슨(Ross Johnson)이 CEO로 취임했다. 존슨의 CEO 취임 과정은 기업 역사상 유명한 최고경영진 참사로 불린다. 존슨 시대는 정크 본드로 자금을 동원한 기업 인수 합병 전문 회사인 KKR(Kohlberg Kravis Roberts & Co.)에 의해 끝났다. 하지만 KKR은 회사에 또 다른 외부 CEO를 불러들였다. [여기서의 기업 매수 합병에 대해서는 버로스(Bryan Burroughs)와 헬리어(John Helyar)가 함께 쓴 《문 앞의 야만인들 : RJR 내비스코 사의 몰락》이라는 책에 자세히 기술되어 있다.]

경영진의 혼란과 단절 사례는 에임스 사에도 있었다. 에임스의 창립 가족들은 유능한 후계자가 없어서 외부인들을 CEO로 불러들였고, 외부에서 영입한 CEO들은 회사를 쇠퇴시켰다. 버로스 사에서도 같은 일이 일어났다. 레이 맥도널드(Ray W. Macdonald)가 회사의 CEO로서 독재적으로 지배하던 시절에 새로운 경영자들이 육성되지 못했다. 그 때문에 회사의 경영 구조에 명백한 간격이 생겼고, 벤딕스(Bendix) 사에 재임 중이던 블루멘탈(W. Michael Blumenthal)을 새로운 CEO로 영입해 왔을 때도 마찬가지 현상이 나타났다.[58] 이러한 일들은 체이스 맨해튼, 하워드 존슨, 컬럼비아 영화사 등에서도 발생했다.

또한 우리의 조사 연구에서 비전 기업으로 분류되는 디즈니와 IBM에서도 최근 그런 사례가 있었다.

디즈니에서도 월트가 유능한 후계자를 양성해 두지 않았기 때문에 후임 경영자들은 "월트라면 어떻게 했을까?"에만 관심을 갖고 있었다. 결국 1970년대에 회사는 실패만을 거듭했다. 1984년 이사회는 회사를 회생시키기 위해 마이클 아이스너와 프랭크 웰스(Frank Wells)라는 두 외부 인사를 고용했다. 그러나 한 가지 지적하고 싶은 점이 있다. 디즈니는 외부 인사를 고르는 과정에서도 항상 기업 이념의 연속성을 보존하기 위해 최선을 다했다는 것이다.

CEO 선정 과정에서 주도적인 역할을 수행한 레이 윗슨(Ray Watson)은, 아이스너를 원한 것은 그가 영화 제작 업계에서 눈부신 업적을 쌓아 왔다는 이유 외에도 디즈니의 기업 가치를 이해하고 이에 대해 실제로 불굴의 열정을 보였다는 점을 높이 샀기 때문이라고 밝혔다.[59] 디즈니의 한 고참 직

원의 말처럼 "아이스너는 월트 본인보다도 더 월트적인 성격을 가지고 있음이 판명되었다."⁶⁰⁾

디즈니의 사례는 다음과 같은 중요한 점을 잘 설명해 주고 있다. 즉, 최고경영자를 외부에서 찾아야 할 상황에서는 그 기업의 핵심 이념과 가장 잘 조화될 수 있는 인물을 찾아야 한다는 사실이다. 이러한 인물은 경영 방식 면에서는 개성이 있어도 좋으나, 그 내부 심리면에서는 기업의 핵심 가치를 공유할 수 있어야 한다.

IBM이 1993년 회사 내부에서 양성된 CEO를 쫓아내고, 대신 컴퓨터 업계에 전혀 생소한 루이스 게스트너를 CEO로 결정한 것에서 무엇을 느끼는가? IBM의 이러한 비정상적인 조치는 우리가 조사한 비전 기업들의 연(延) 1700년의 역사에서 나타나는 흐름에 비추어 볼 때 크게 잘못된 것이다.

아마 IBM 이사회의 결정은 극적인 기업 변화를 위해 외부 인물이 필요하다는 가정하에서 이루어졌는지도 모른다. 우리의 생각으로는 이러한 가정은 잘못된 것이며, 그 올바른 대안으로 그냥 잭 웰치 같은 인물을 선택했다면 큰 문제가 없었을 것이다. '우리 시대의 기업 개혁에 있어서 최고의 전문가'로 불리는 잭 웰치는 그의 일생을 한 회사에서만 보낸 후 CEO가 되었다.

IBM은 이 지구상에 존재하는 어느 회사보다도 더 철저한 경영진 양성 프로그램을 가지고 있었다. 또한 IBM은 특출나게 우수한 인재들을 채용해 온 오랜 역사가 있다. IBM 내부에 웰치에 필적할 만한 기업 개혁가가 한 사람도 없었다고는 믿어지지 않는다. 실제로 IBM이 외부에서 아주 유능한 인물을 데려왔다고 해도, 회사 내부에는 그 정도 능력을 가진 인재가 최소한 12명은 있었을 것이다.

> GE, 모토롤라, P&G, 보잉, 노드스트롬, 3M, 휼렛 패커드와 같은 회사들이 오랜 기간 동안 입증해 주었듯이 비전 기업은 개혁을 추구하고 새로운 아이디어를 위해 외부로부터 최고경영자를 영입해 올 필요성을 전혀 갖고 있지 않다.

　　IBM의 이사회와 CEO 선임 위원회는 회사의 극적인 변화와 발전을 원했다. 게스트너 정도의 인물이라면 아마 그 정도의 임무는 수행할 수 있을 것이다. 그러나 IBM에서 향후 10년 동안 중요한 이슈가 될 현실적인 과제는 '회사의 개혁'을 이룩하면서 동시에 핵심 이념을 보존하는 것이다. 만약 아이스너가 디즈니에서 한 정도만 게스트너가 IBM에서 할 수 있다면 IBM은 전세계에서 가장 비전 있는 기업 중의 하나라는 원래의 지위를 되찾을 것이다.

최고경영자, 관리자, 창업자들을 위한 메시지

요약하면 우리의 조사 연구 결과, 회사 외부로부터 최고경영자를 영입해서는 비전 기업이 되기가 매우 어렵다는 결론에 도달했다. 또 하나 중요한 결론은, 내부에서 성장한 CEO라고 해서 기업 혁신을 이루지 못하는 것도 절대 아니라는 점이다.

　　만약 여러분이 대기업의 CEO이거나 임원이라면, 이 8장의 교훈을 직접 적용할 수 있을 것이다. 한 세대에서 다음 세대로의 경영권 승계 과정이 순탄하게 이루어지기 위해 여러분의 회사에는 경영진 육성 과정과 장기간의 승계 계획이 갖춰져 있어야 한다. 창업자 월트가 기업의 영속성을 위해 필수적인 이 후계자 양성을 무시했기 때문에 미국의 우상이던 월트 디즈니 사가 큰 난관에 봉착했다는 사실을 명심해 주기 바란다.

콜게이트, 제니스, 멜빌, 에임스, 레이놀즈, 버로스와 같은 회사들의 실수를 반복해서는 안 된다. 외부 인물을 CEO로 데려오는 것이 기업에 변화와 진보를 가져오는 유일한 방법이라는 사고의 함정에 빠져서도 안 된다. 외부에서 영입한 CEO들은 기업 고유의 핵심을 흐리게 하거나 파괴할 수 있기 때문이다. 관건은 기업의 핵심을 보존하면서도 건강한 변화와 진보를 촉진할 수 있는 매우 유능한 내부 인물들을 양성하고 승진시키는 것이다.

만약 여러분이 중간 관리자라고 해도 이 장의 주요한 교훈이 적용될 수 있다. 여러분이 회사 내에서 비전 있는 부서나 단위, 그룹 등을 이끌어 나가고 있다면, 여러분도 제한된 범위 내에서나마 부서장 양성과 승계 계획에 대해 생각해 볼 수 있을 것이다. 만약 여러분이 불의의 교통 사고를 당한다면 여러분 부하 중 누가 후임자가 될 수 있을 것인가? 후임자 양성을 위해서 여러분이 할 수 있는 일은 무엇인가? 여러분이 상위 직급으로 승진하게 되었을 때 순탄한 직무 인계가 이루어질 수 있도록 여러분이 해 온 일은 무엇인가? (또한 여러분의 '상급자들에게' 순탄한 직무 인계를 위해서 어떤 조치들을 취해 왔는가를 물어 볼 수도 있을 것이다.) 마지막으로, 여러분의 적성에 잘 맞는 회사를 찾아내어 그 회사에서 여러분의 능력을 키워 나가는 것도 이리저리 직장을 전전하는 것보다 가치 있는 일일 것이다.

이 장의 교훈이 소규모 기업이나 개인 사업에도 적용될 수 있을까? 물론 소규모 기업이 GE처럼 96명의 후보자 명부에서 출발하는 CEO 승계 절차를 갖출 수는 없다. 그럼에도 불구하고 중소기업들도 경영자들을 양성하고 승계 계획을 세울 수 있다. 폴 갤빈이 그의 아들을 CEO로 양성하기 시작했을 당시에는 모토롤라도 소규모 기업이었다. 초기에 가족 승계 형태를 취한 메르크, P&G, 존슨&존슨, 노드스트롬, 마리오트 같은 회사들도 마찬가지였다. 샘 월턴은 회사가 소유한 점포 수가 채 50개가 되기도 전에 미래의 회사 경영진에 대해 생각하기 시작했다.[61] 빌 휼렛과 데이비드 패커드는 회사 직원 수가 500명에 불과한 1950년대에 이미 경영진 양성 프로그램과 경영권 승계 계획을 시작했다.[62]

흥미로운 점은, 비전 기업의 창립자들은 거의 모두가 CEO에 오래 머물러 있었기(평균 32.4년) 때문에 회사 규모가 작고 아직 역사가 짧은 시기에 실제로 경영권 승계 문제에 직면한 회사는 거의 없다는 사실이다. 그럼에도 불구하고 대부분의 비전 기업들이 현실적으로 CEO 승계 시기가 닥치기 오래전에 경영권 승계를 계획했다는 점이 중요하다. 이러한 사실은 만약 여러분이 개인 사업가라면 매우 장기적인 안목을 가질 것을 가르쳐 주고 있다. 좋은 아이디어 하나로 회사를 창립하여 급속한 성장을 이룬 다음, 회사의 이익금을 곧바로 현금화하고, 회사를 외부의 전문경영인에게 넘기는 식으로 경영해서는 휼렛 패커드, 모토롤라, 제너럴 일렉트릭, 메르크와 같은 훌륭한 회사를 만들 수 없을 것이다.

비전 기업을 만들겠다는 관점에서 볼 때 중요한 문제는, 그 회사가 지금 세대에 얼마나 잘하느냐 하는 것뿐만 아니라 다음 세대와 그 다음 세대, 그리고 또 그 다음 세대에 얼마나 잘할 수 있느냐 하는 것이다. 기업의 지도자 개인은 언젠가는 죽는다. 그러나 비전 기업은 CEO 개인의 유한성을 넘어 수세기에 걸쳐 활동하며, 기업 목적을 추구하고, 기업의 핵심 이념을 실현해 갈 수 있는 회사다.

제 9 장

끊임없는 개선 추구
GOOD ENOUGH NEVER IS

당신의 선조들이나 동시대 사람들보다 앞서려고 노력할 필요는 없다. 그저 자기 자신보다 나아지려고 노력하라.
- 윌리엄 포크너[1]

사람들이 나의 아버지에게 "당신 참 대단한 사람이군요. 정말로 잘해 왔습니다. 이제는 좀 쉬셔도 되겠습니다"라고 말할 때마다 아버지의 대답은 이랬다. "아닙니다. 앞으로도 계속 일해서 더 나아지도록 노력하겠습니다."
- 마리오트 2세, 마리오트의 회장, 1987[2]

비전 기업의 중요한 사안은 '우리가 얼마나 잘하고 있는가?', '어떻게 하면 잘할 수 있을까?', '경쟁에 대처하기 위해 어느 정도 잘하면 될까?' 하는 것들이 아니다. 비전 기업이 생각하는 중요한 과제는 **'어떻게 하면 오늘 우리가 했던 것보다 내일 더 잘할 수 있을까?'** 하는 것이며, 이것이 일상 생활의 규범처럼 되어 사고와 행동의 습관을 지배하는 것이다. 비전 기업에게 있어 최상의 실적 달성이란, 그 자체가 최종 목적이라기보다는 자발적인 자기 개선과 미래를 위한 투자라는 끊임없는 순환 과정에서 생기는 부수적인 결과물일 뿐이다. 비전 기업에게는 궁극적인 결승점이란 존재하지 않는다. 비전 기업 내에는 '달성했다(having made it)'라는 개념이 존재하지 않기 때문에 그 동안의 성과에 만족하면서 앞날을 편히 지낸다는 것은 상상할 수도 없다.

우리가 아는 바로는 비전 기업들이 그러한 위치에 올라서게 된 것은 무슨 특출한 예측 능력이 있거나 특수한 성공 비결이 있어서가 아니라, 그들 **자신에 대한 요구 사항이 엄청나게 크다는 단순한 사실에서 기인한다.** 비전 기업이 되고 그 자리를 유지하려면 평범한 전통적 규율, 열성적인 노력, 편안한 자기 만족 성향에 대한 본능적인 혐오 등과 같은 특징들이 많이 요구된다. 마리오트(J. Willard Marriott, Sr.)는 자신이 성공하게 된 원인에 대해서 다음과 같이 요약했다.

규율(discipline)이란 세상에서 가장 값진 것이며, 이것 없이는 근성(character)도 있을 수 없다. 또 근성 없이는 발전(progress)이 있을 수 없다……. 역경은 우리에게 성장할 기회를 준다. 그리고 우리는 항상 얻고자 노력하는 것을 얻는다. 우리에게 문제가 생겨도 그것을 극복한다면 그만큼 성장하는 것이며, 이러한 우수한 자질이 성공을 가져다 준다.[3]

1980년대에 '끊임없는 개선'이라는 말이 경영 유행어가 되었지만, 비전 기업에서는 이미 수십 년 동안, 또 어떤 회사에서는 1세기 동안 일상화된 개념이었다. 예를 들어 윌리엄 프록터와 제임스 갬블은 끊임없는 개선이라는 개념을 이미 1850년대에 사용했다.[4] 윌리엄 맥나이트는 이 개념을 1910년대에 3M에 도입했다. 또 마리오트는 그가 1927년에 최초의 음료 판매대를 개설한 직후 이 개념을 받아들였다. 데이비드 패커드는 1940년대부터 시작하여 계속 '끊임없는 개선'이라는 용어를 사용했다.

우리의 조사 연구를 통해서도 끊임없는 개선이라는 개념이 기업 성공에 중요하다는 것이 명백히 밝혀졌지만, 단순히 유행성이거나 계획에만 그쳐서는 안 된다. 비전 기업의 경우 끊임없는 개선이라는 명제는 규율 있는 생활 양식으로 제도화된 습관이며, 기업 조직이라는 직물에 깊이 새겨진 문양과 같은 것으로서 현상 유지를 타파하고자 하는 가시적인 힘에 의해서 더욱 깊이 있게 되는 것이다.

더 나아가 비전 기업들은 자기 개선이라는 개념을 단순한 절차 개선 이상의 의미로 광범위하게 사용한다. 즉, 미래를 위한 장기적인 투자, 직원 능력 개발을 위한 투자, 새로운 아이디어와 기술의 채택 등을 의미한다. 요약하자면 끊임없는 개선이란 오늘보다 내일 더 강한 기업을 만들기 위해 가능한 모든 방법을 사용하는 것을 의미한다.

불만족 제도

여러분은 아마 비전 기업은 결코 편안한 직장이 되지 못하리라는 느낌을 받았을지도 모르겠다. 그러나 사실이 그러하기 때문에 이러한 느낌은 당연한 것이다.

> 만족이란 비전 기업의 목표가 아니다. 실제로 비전 기업에서는 자기 만족을 없애기 위해 일부러 불만족을 유도할 수 있는 강력한 제도를 만들어 놓는다. 이렇게 함으로써 외부 세계가 변화와 개선을 요구하기 전에 기업 스스로 변화와 개선을 촉진한다.

마치 위대한 예술가나 발명가처럼 비전 기업도 불만족이라는 바탕 위에서 번성한다. 만족하면 자기 도취에 빠지고, 결국 쇠퇴의 길을 걷는다는 것을 비전 기업들은 잘 알고 있다. 물론 문제는, 한 기업이 성공을 이룩하거나 자신의 분야에서 최강자가 되었을 때 어떻게 하면 자기 만족에 빠지지 않고 규율 있는 기업으로 남아 있을 수 있느냐 하는 것이다. 즉, 어떻게 하면 만족하는 일 없이 사람들을 계속 앞으로 나아가게 하고 항상 개선을 추구하게 만드는, '내부에서 타오르는 불길'을 계속 살릴 수 있을 것인가 하는 문제다.

P&G의 리처드 듀프리는 바로 이러한 문제에 생각이 미쳤고, 20세기 초반에 이룩한 P&G의 압도적인 지위로 인하여 회사가 비대해지고 자기 만족에 빠지는 것을 염려했다. 듀프리는 어떠한 조치를 취해야 했을까?

그는 회사 안을 돌아다니면서 규율을 지키는 것이 얼마나 중요한지에 대하여 열정적인 연설을 할 수도 있었을 것이다. 아니면 자기 만족이 얼마나 위험한 것인가에 대하여 주의 공문과 회람문을 작성할 수도 있었을 것이다. 그것도 아니면 변화와 개선이 그 자체로 가치가 있다는 사실을 주입시키기 위해 회사 전체의 관리자들과 개인적인 면담을 가질 수도 있었을 것이다. 하지만 듀프리는 미래를 위해 개선하고자 하는 선의의 의도 이상의 것이 회사에 필요하다는 것을 잘 알고 있었기 때문에 내부로부터 끊임없이 진보를 추구하도록 몰아칠 수 있는, 실질적으로 알맹이 있는 그 무엇을 원했다.

그래서 듀프리는 P&G의 각 제품이 마치 다른 회사에서 생산된 것처럼 여기고 서로 경쟁을 벌이는 제품 관리 방식을 도입하자는, 마케팅 매니저 닐 매켈로이의 획기적인 제안을 호의적으로 받아들였다. P&G에는 이미 최상의 인력과 최상의 제품과 최상의 판매망이 있었다. 회사 밖의 시장에서는 거의 경쟁 상대가 없었으므로 P&G가 생산하는 최상의 제품들끼리 경쟁을 붙이지 않을 이유가 없었다. 만약 회사 내부에 경쟁을 유도하는 제도를 도입하면 어떤 P&G 제품이라도 현재의 최고 지위에 그냥 주저앉아 있기는 사실상 불가능할 것이었다.

자사 제품간의 경쟁 제도는 1930년대 초반에 실시되었는데, 이는 P&G

가 내부로부터 변화와 개선을 촉진하는 강력한 수단이 되었다. 이 제도를 실시한 결과 효과가 크다는 것이 입증되었고, 결국 콜게이트를 포함하여 미국의 거의 모든 소비자 제품 생산 회사들이 이 제도를 여러 가지 형태로 모방하게 되었다. 그렇지만 이렇게 된 것도 P&G에서 이 제도를 실시한 지 거의 30년이 지나서였다.[5]

이 논의의 초점은 성공적인 기업이라면 내부에 활력을 불어넣기 위하여 반드시 내부적인 경쟁 제도를 가지고 있어야 한다는 것이 아니다. 그보다는 성공적인 기업이라면 결국은 감염되게 마련인 자기 만족이라는 질병과 싸우기 위해 어떤 형태로든 불만족 메커니즘이 자리잡고 있어야 한다는 사실이다. 내부 경쟁 제도는 그러한 수단의 하나이기는 하지만 유일한 수단은 아니다. 비전 기업들을 살펴보면 다양한 수단들을 사용해 왔음을 알 수 있다.

1950년대에 메르크는 마진이 줄어든 제품의 시장 점유율을 의도적으로 떨어뜨리는 정책을 채택함으로써 성장과 번영을 위해 기업 스스로 혁신을 이루어 내도록 했다. 모토롤라는 메르크와 비슷하게 '혁신 아니면 죽음'이라는 수단을 사용했다. 그리하여 매출액의 상당 부분을 차지하기는 하지만 이미 시장 성숙기에 도달한 제품들의 생산 라인을 스스로 폐쇄시킴으로써, 결국 이를 만회하기 위해서는 신제품을 만들어 낼 수밖에 없는 기제를 가동시켰다.[6] 이러한 방침에 따라 모토롤라는 텔레비전과 카 라디오의 생산 라인을 폐쇄한 적도 있었다.[7] (로버트 갤빈 회장은 모토롤라가 '보다 고도의 기술을 추구하기 위한 선구자로서 늘 새롭게 태어나는' 기업임을 상기하기 위해 미국의 공장에서 마지막으로 생산된 카 라디오를 늘 책상 위에 보관하고 있었다.[8])

모토롤라는 경쟁 기업 및 예상되는 시장 수요를 지표가 되는 기술 진보에 대비해 보면서 '기술 발전 계획(Technology Road Map)'이라는 종합적인 수단을 사용했다. 모토롤라는 이를 통해 10년 뒤의 미래까지 점검하게 되었으며, 자연스럽게 생산 라인의 폐쇄에 따른 제품 공백이 없도록 했다.[9]

제너럴 일렉트릭은 '문제 해결(work out)'이라고 불리는 절차를 이용하여 내부에 불만족 제도를 만들었다. 이 제도를 통해 노동자들은 그룹 단위로 개선의 여지가 있는 사항에 대해 토론을 벌이고 그 구체적인 대안을 제시한다. 상급 관리자들은 토론에 참가할 수 없고, 제시된 방안에 대해 그룹 전원이 보는 앞에서 즉시 결정을 내려야 하며, 도망가거나 숨거나 회피하거나 지연시킬 수 없다.[10]

보잉은 우리가 '적군의 관점(eyes of the enemy)'이라고 부르는 계획 작성 절차를 통해 보잉 자신을 위한 불만족 제도를 창안했다. 이 제도에 따르면 관리자들은 스스로를 보잉을 제거할 목적을 가진 경쟁 회사에서 일하는 사람이라고 가정한다. 관리자들은 스스로 적군의 입장이 되어 전략을 만들어 낼 임무를 부여받는다. 경쟁자들이 이용할 우리의 약점은 무엇인가? 경쟁자들은 우리의 어떤 강점에 대해 승부를 걸 것인가? 우리의 어떤 제품 시장이 쉽게 공격받을 수 있는가? 마지막으로 이러한 사항들에 대한 답변에 기초해 볼 때 보잉은 어떻게 대응해야 하는가?[11]

월마트의 기업 역사 초기에 샘 월턴은 '어제보다 잘하기(Beat Yesterday)'라고 불리는 장부를 사용했다(아래의 예시 참고). 이 장부에는 정확히 1년 전의 그 날과 비교할 수 있도록 매일매일의 매출액을 기재하게 되어 있다. 월마트는 이러한 장부를 사용하여 기준이 되는 매출액을 영원히 계속 높여 감으로써 새로운 도전을 위한 자극제로 삼고자 했다.[12]

노드스트롬도 직원들로 하여금 영원히 개선 노력을 멈추게 할 수 없는 환경을 창안했다. 노드스트롬은 시간당 매출액으로 순위를 매기면서 동료들과 비교하여 상대적으로 그 성과를 측정함으로써 한번 달성하면 그 후로는 편안해질 수 있는 절대적인 기준이 존재할 수 없도록 했다. 또한 노드스트롬은 고객의 만족도를 조사해서 보너스와 승진에 연계시켰다.[13] 이에 대해 브루스 노드스트롬은 다음과 같이 설명했다.

월마트의 '어제보다 잘하기' 장부

	1964	1965	1966	1967	1968
1주차 월요일					
1주차 화요일					
1주차 수요일					
1주차 목요일					
1주차 금요일					
1주차 토요일					
1주차 일요일					
1주차 일주간					

"진심으로 고객들의 소리에 귀기울이다 보면, 고객들은 절대로 만족하지 않으며 당신이 무엇을 잘못하고 있는지를 알려 준다는 사실을 깨닫게 될 것이다. 이렇게 되면 당신은 보다 더 잘해야 할 것이다. 우리가 점점 무감각해지는 것이야말로 내가 가장 걱정하는 것이다. 언론이 우리의 서비스에 대해 호평을 해주고 있기 때문에 우리가 서비스를 잘하고 있다고 믿기 시작하고, 그 다음에는 우리가 고객보다 더 낫다고 생각하게 되는데, 이렇게 되면 우리는 바로 망하게 될 것이다."[14]

HP도 직원들에 대해 동료들과 상대적으로 비교하여 등급을 매기는 제도를 갖고 있다. 중간 관리자들이라면 누구든지 자신의 부하 직원들에게 최상위의 등급을 부여하고 싶겠지만, 직원 등급 평가회에서 다른 중간 관리자들과 토론을 벌여야 한다. 또 모든 중간 관리자들의 의견이 일치될 때까지 토론을 벌여 직급별로 1등에서 꼴찌까지 등급을 매길 수 있게 된 경우에만 모든 절차가 완료된다. 이러한 절차는 매우 까다롭고 끈질기며 불편한 일이기 때문에 어느 직원도 자신이 속한 직속 상사에게 좋은 평가를 받는다고 해서 이 절차를 순조로이 통과할 수는 없다.[15]

또 HP 역시 '버는 대로 갚아라(pay as you go : 회사의 장기 채무 보유를 금지하는 정책)'라고 불리는 강력한 제도를 만들었다. 정교한 재무 이론들에 따르면 이러한 정책은 이치에 맞지 않는 것이다. HP와 같은 우량 기업들은 회사 가치를 극대화하기 위해 채무를 보유하는 것이 타당하다. 하지만 이러한 재무 이론들은 '무채무(無債務) 정책이 규율을 강화한다'는 강력한 내부적 효과를 고려하지 않은 것들이다.

HP는 성장을 추진하기 위한 재원을 확보하기 위해 장기 채무에 의존하는 것을 거부했다. 따라서 20% 이상의 연간 성장률을 유지하기 위해서 필요한 재원을(매출액의 10%를 연구 개발 투자에 계속 사용하고 있었다는 사실은 차치하고라도) 순전히 회사 내부에서 조달하는 방법을 배워야 했다. 이러한 제도가 비합리적인 것으로 비춰질지도 모르겠다. 하지만 놀랍게도 이 제도는 회사 전체의 부서 책임자들로 하여금 자금 운용에 제약이 많은 소규모 기업에서나 볼 수 있는 수준의 절약 정신과 효율성을 갖고 일하도록 만들었다. HP의 어느 부사장은 이를 다음과 같이 표현했다.

> "이러한 '버는 대로 갚아라'는 철학은 회사 밑바닥에까지 미치는 규율을 확립하는 계기가 되었다. 혁신은 반드시 자력으로 행해야 한다. 이 철학은 가장 강력하면서도 잘 알려지지 않은 채 회사 내에 널리 영향력을 행사하고 있다."[16]

반면 비교 기업들이 비전 기업과 같은 정도의 불만족 제도를 창안했다는 증거를 발견할 수 없었고, 무자비할 정도의 지속적인 자기 극복 노력도 찾을 수 없었다. 더 나아가 비교 기업군 중 일부 회사에서는 일부러 편안한 길을 택하기도 했으며, 때로 장기적인 이익을 희생하면서 단기적인 이득을 취하기도 했다. 그러나 이러한 일들은 비전 기업에서는 거의 발견할 수 없는 것이었다.

미래를 위한 포석(그리고 오늘도 잘하기)

여러분이 1946년 당시의 빌 휼렛과 데이비드 패커드의 입장이 되었다고 가정해 보자. 회사는 10년이 채 안 된 소기업이며, 제2차 세계대전의 종전으로 군수 계약이 줄어들어 최근 매출이 50%나 감소했다. 회사의 생존 자체를 위협할 정도로 자금이 부족하여 급박한 위기에 직면해 있으며, 당장 민간 시장에 진출하여 문제를 해결할 수 있는 전망도 보이지 않는다. 데이비드 패커드는 이 상황을 다음과 같이 기술했다.

"우리 모두 종전을 축하하고 있었지만, 동시에 우리에게 심각한 문제가 닥치고 있음을 깨닫고 있었다. 회사 매출은 150만 달러 정도에서 1946년에는 절반 수준으로 떨어졌고, 우리가 계속 견뎌 나갈 수 있을지 걱정을 많이 했던 기억이 난다."[17]

이런 경우 여러분이라면 어떻게 했겠는가? 여러분은 그들이 어떻게 했을 것이라고 생각하는가?

첫째, 그들은 직원 수를 20% 가량 줄였다. 정부와의 계약이 물거품처럼 사라지는 상황에서는 회사를 살려 내기 위해서 우선 인원을 감축하지 않을 수 없었다. 둘째, 그들은 앞으로 부침(浮沈)이 심한 정부와의 계약에 지나치게 의존하지 않기로 굳게 결심했다.[18]

휼렛과 패커드 두 사람은 여기서 멈추지 않았다. 그들은 영업 실적이 40%나 감소하여 소기업으로서는 위태로운 상황에서도 매우 대담하고 장기적인 안목을 갖춘 조치를 취했다. 즉, 그들은 모든 정부 지원 기관들이 처해 있는 어려운 상황을 활용하기로 결심하고, 전쟁 기간 중 정부 지원 연구소에 고용되어 있다가 당시 실직 상태에 처한 재능 있는 과학자들과 기술자들을 고용하기 시작했다. 또 두 사람은 장기적으로 손실이 될 수 있는 인원 감축을 원하지 않았기 때문에 높은 봉급을 받고 있던 회사 내의 최고 인재들은 계속 고용하기로 결정했다. 이를 패커드는 다음과 같이 설명했다.

"비록 사업이 하락세를 보이고 있었지만 우리는 이런 총명한 젊은 기술자들을…고용하기로 결정했다. 우리는 랠프 리(Ralph Lee), 브루스 홀리(Bruce Wholey), 아트 퐁(Art Fong), 호레이스 오버래커(Horace Overacker) 등을 사세가 기울고 있는 시점에 고용했다. 그 이유는 이런 시기야말로 훌륭한 기술자들을 얻을 수 있는 호기라고 확신했기 때문이다."[19]

이러한 결정에서 특기할 만한 점은 휼렛과 패커드 두 사람 모두 종전 후의 사업 전망이 그들이 고용한 기술자들에게 봉급을 줄 수 있을 정도로 좋아질지에 대한 확신이 없었다는 사실이다. 그것은 일종의 도박이었다. 그리고 실제로 HP는 종전 후의 경기 조정기를 고통스럽게 견뎌야 했고, 1950년까지는 성장 속도도 빠르지 못했다. 그러나 이후 20년 동안 HP의 엔지니어링팀이 혁신적이고 수익성 높은 신제품을 무수히 개발함으로써 1946년에 이루어진 장기적 안목의 투자는 결국 상당한 보상을 받게 되었다.[20]

회사가 커질수록 빌 휼렛과 데이비드 패커드는 단기적인 이익을 위해 HP의 장기적인 원칙과 건전성을 위태롭게 해서는 절대로 안 된다고 강조했다. 패커드는 1976년 단기간의 부서 실적을 올리기 위해 회사의 윤리 원칙을 어길 경우 관련자를 모두 해고할 것이며, 상황이 어떠했든 위반 사항이 어느 정도였든 예외가 없다는 것을 확실히 밝혔다.[21] 패커드의 관점에서 볼 때 HP의 오랜 명성은 어떤 상황에서든지 보호되어야만 했다. 휼렛과 패커드 두 사람은 장기적인 관점을 갖는다는 것을 오해하여 현재에 자기 만족하면서 유유자적하는 명분으로 삼아서는 안 된다는 것도 잘 알고 있었다. 이를 구체적으로 설명하기 위해 패커드가 1970년대에 회사 관리자들에게 행한 연설 중 2개를 인용하여 보면 다음과 같다.

데이비드 패커드의 50년 관점	데이비드 패커드의 1년 관점
"만약 우리가 처음 50년 동안 지켜 온 원칙들을 계속 충실하게 이행할 수 있다면 향후 50년 동안에도 지속적으로 성공할 수 있다고 확신할 수 있습니다. 나 자신뿐만 아니라 빌 휼렛을 대변해서 말하건대, 우리는 여러분들이 성취하고 있는 일들을 매우 자랑스럽게 여기고 있으며, 또한 여러분들이 앞으로 더욱 잘해 나가기를 기대합니다."[22]	"만약 내일 쉽게 이익을 낼 수 있다면, 오늘도 쉽게 이익을 낼 수 있다고 보아야 합니다. 장기적인 이익을 낼 수 있다는 희망 속에서 단기적인 이익을 감소시키는 결과를 초래하는 조치를 취한다면 성공할 확률은 매우 적습니다. 그러한 조치들은 거의 대부분 희망 사항에 불과한 데서 나오는 것이며, 전반적으로 최적의 성과를 달성하는 데는 거의 대부분 실패합니다."[23]

텍사스 인스트루먼츠에서 데이비드 패커드에 필적할 만한 인물이라고 할 수 있는 패트릭 해거티(Patrick Haggarty)도 공정하게 평가하자면 장기적인 안목을 갖고 회사를 이끌어 나간 인물이다. 비록 TI가 HP와 같은 극심한 재정상의 위기를 겪지는 않았지만, 해거티도 실제로 1946년에 정부 연구소 출신의 최고급 과학자들을 고용했다.[24]

그러나 해거티의 시대가 지나자 TI는 HP가 직면했던 어려운 도전, 즉 미래 50년의 안목을 가짐과 '아울러' 금년에도 엄청난 실적을 올린다는 과제로부터 방향이 빗나가기 시작했다. HP과 달리 TI는 1970년대에 들어서 저가의 소비자 제품들을 생산하기 시작했고, 시장 점유율을 높이기 위해 대리점의 이익을 희생시키면서까지 갑작스럽게 큰 폭의 가격 인하를 단행했다. 1979년 어느 대리점 상인은 'TI는 가격 인하에 지나치게 급급하여 소비자 입장에서 볼 때 결국 품질이 떨어지고 말았다'라고 말하기도 했다.[25]

이러한 전략은 결국 실패하여 TI는 재정상의 손실을 입었고 회사의 명성도 손상되었다. HP는 단기적인 안목과 장기적인 안목을 모두 지니고 있었으나, TI는 단기적인 안목에서 회사 규모의 성장만을 추구했다. 그 때문에 우수하고 혁신적인 제품의 창조자라는 회사의 기반과 유산을 잃게 되었고, 회사의 장기적인 발전을 위한 잠재력도 심각한 손상을 받게 되었다.[26]

HP와 TI의 경우를 비교해 보면 비전 기업과 비교 기업 사이의 기본적인 차이점을 알 수 있다. 즉, 비전 기업은 우리가 조사한 비교 기업보다 더 높은 강도로, 그리고 항상 장기적인 관점에서 투자와 관리를 해가고 있다. 비전 기업들이 말하는 '장기적인 관점'이란 5년이나 10년을 의미하는 것이 아니다. 수십 년, 아니 더 정확히 말하자면 50년 정도를 말하며, 그러면서도 동시에 단기적인 관점도 소홀히 하지 않는 것이다.

> 비전 기업의 관리자들은 단기적인 실적과 장기적인 성공 사이에 양자 택일이 필요하다고 생각하지 않는다. 그들은 장기적인 성공을 최우선적인 과제로 여겨 미리 준비해 나가며, 동시에 만만치 않은 단기적인 실적 목표에도 전력을 기울인다.

다시 말해서 만족은 비전 기업의 목표물이 아니다.

비전 기업이 보여 주는 더 거대한 장기 투자

우리의 조사 연구 대상인 모든 기업들을 체계적으로 분석해 본 결과 비전 기업들은 비교 기업들보다 상대적으로 더 강도 높게 미래를 위해 투자하고 있다는 실질적인 증거들을 발견할 수 있었다. 즉, 1915년까지 거슬러 올라가 기업들의 재무 제표를 분석해 보았을 때, 비전 기업들은 비교 기업들보다 연간 매출액 대비 고정 자산 투자 비율이 항상 높았던 것으로 나타났다(15건 중 13건).* 또한 비전 기업들은 비교 기업들보다 주주들에 대한 현금 배당을 더 적게 하면서 매년 수익의 상당 부분을 회사 내에 유보시켰다(15건 중 구분이 곤란한 1건을 포함하여 13건).* (부록 3의 〈표 A-10〉 참고)

우리의 조사 대상 기업들 중 그들의 오랜 기업 역사상 연구 개발비를 별도로 계상한 회사는 거의 없었다. 월마트와 마리오트에서는 전통적인 의미에서의 연구 개발이란 것이 아예 없었다. 하지만 우리가 조사했던 바로는 모든 경우에 있어서 비전 기업들이 매출액 대비 연구 개발비 비율이 더 높았다(8건 중 8건).[27]

기초 연구가 기업의 장기적인 발전에 가장 중요한 요인으로 작용하는 제약업계에서는 매출액 대비 연구 개발비 비중이 비교 기업들보다 비전 기업들이 30% 가량 더 높게 나타났다. 예를 들어 메르크는 파이저와 비교해서는 1940년대 이래로, 다른 '모든' 제약 회사와 비교해서는 1960년대 이래로 매출액 대비 가장 높은 비율의 연구 개발비를 지출했다. 이렇게 했기 때문에 1980년대에 메르크가 업계에서 최상의 지위를 점할 수 있었던 것이다.[28]

또한 비전 기업은 다방면의 인원 채용, 직원 훈련, 전문 능력 개발 계획 등을 통하여 보다 더 적극적으로 인적 자산에 투자했다. 메르크, 3M, P&G, 모토롤라, GE, 디즈니, 마리오트, IBM 등은 모두 집중적인 훈련 및 개발 계획의 일환으로 '사내 대학'과 '훈련 센터'에 상당한 투자를 했다(비교 기업들도 교육 훈련에 투자를 했으나, 그 시기가 늦었거나 강도가 약했다). 예를 들어 모토롤라는 직원 한 사람마다 매년 1주 40시간의 교육 훈련을 받는 것을 목표로 하고 있으며, 각 부서는 총 직원 수의 1.5%가 항상 연수 중에 있어야 한다고 규정하고 있다.[29] 메르크의 모든 부서장들은 채용 및 면접 기술을 익히기 위해 3일 동안의 연수에 참여하고 있다. 메르크의 사장인 로이 배젤로스는 회의를 시작할 때마다 "최근 당신이 고용한 사람은 누구입니

---

* 조사 건수는 일관성 있는 재무 자료가 있느냐에 따라 달라진다. 예를 들어 금융 회사나 오락 산업 분야의 경우에는 제조 회사와 달리 계정 과목이 상이하여 비교가 곤란하다. 그래서 우리는 소니와 켄우드를 제외시켰다.

까?"30)라는 질문을 던진다.

일반적으로 말해서 비전 기업들은 비교 기업들보다도 더 정교하고 광범위한 채용 및 면접 절차를 실시하는 경향이 있는데, 이를 위해서는 상당한 전문성과 시간 투자가 필요하다. 예를 들어 HP는 새로 채용될 사람이 근무하게 될 부서에 속한 직원 8명 이상과 면접을 가지도록 하고 있다.

마지막으로 비전 기업들은 기술적인 노하우, 신기술, 신경영 방식, 업무 혁신 등을 위해서 비교 기업들보다 더 빠르게 더 적극적으로 투자해 왔다. 비전 기업들은 비교 기업들과는 달리 외부 세계가 변화를 요구하기 이전에 먼저 스스로 변화해 왔다.

기업 역사 내내 제너럴 일렉트릭은 웨스팅하우스보다도 더 빨리 목표 관리 경영(MBO), 조직 분산화, 권한 하부 위임 같은 신경영 방식을 채택해 왔다. 실제로 역사적으로도 GE는 신경영 방식 채택에 있어서 선구자적인 역할을 해 왔다. GE는 1956년 《전문경영을 위한 고전적인 글들》이라는 제목이 붙은 2권의 책을 출판하여 회사 내의 모든 관리자들에게 배포했다. 이 책에는 당시까지의 가장 중요한 경영 사고 방식을 대표하는 36편의 논문들이 수록되어 있었는데, 그 목적은 GE의 모든 직원들에게 강력한 경영 아이디어를 전파시키고자 한 것이었다.

메르크는 미국 기업 역사상 '무결점' 종합 품질 관리(TQM) 절차를 전사적으로 채택, 수용한 최초의 회사들 가운데 하나이며, 그 시기는 1965년으로 거슬러 올라간다.31) 또한 메르크는 아주 오랜 기간의 예측을 통하여 전략적 의사 결정을 내릴 수 있게 해주는 몬테 카를로 컴퓨터 모의 실험에 기초를 둔 최신 재무 분석 기술을 도입한 최초의 기업이기도 하다.32) 필립 모리스는 매우 중요한 시기였던 1960~1985년에 R.J. 레이놀즈보다도 더 빨리 최신의 생산 기술들을 채택했다.33)

모토롤라는 미래에 중요해질 것으로 예상되는 신기술 도입에 일찍부터

> **체이스 맨해튼보다 시티은행에서 먼저 채택한 것들**
>
> 부서별 수익성 보고서
> 능력급 제도
> 경영 훈련 프로그램
> 대학생 채용 프로그램
> 산업별(지역별이 아닌) 조직 구성
> 연방법에 따른 은행 인가획득
> 현금 자동 지급기
> 크레디트 카드
> 소규모 지점
> 해외 지점

노력한 반면, 제니스는 그냥 준비 없이 있다가 시장 상황에 의해 어쩔 수 없이 신기술을 채택했다. 월트 디즈니는 늘 새로운 영화 기술에 투자하고 이를 적극적으로 활용했는데, 그 동안 경쟁 기업들은 새로운 기술에 있을지도 모르는 결점을 두려워하면서 검토만 계속하고 있었다.[34] 시티은행은 체이스 맨해튼보다도 일찍─어떤 경우에는 30년이나 앞서서─중요하다고 여겨지는 새로운 방식을 개발, 도입하기 위해 끊임없이 투자했다.

비교 기업들은 의사 결정이 느리고 과감성이 부족했다. 뿐만아니라 많은 경우 경영진들이 미래를 위한 투자를 게을리했고, 최악의 경우에는 기업 역사상 중요한 시기에 회사의 내부 유보금을 유출시키기도 했다. 예를 들어 1970년대와 1980년대에 필립 모리스가 최고의 회사가 되는 것을 목표로 혹독하다고 할 정도로 노력하고 있을 때(5장 참고), 정작 R.J. 레이놀즈의 임원들은 주로 자신들의 개인적인 위엄과 부귀를 위한 발판으로 회사를 이용하고 있었다.[35]

그들은 회사 전용 비행기들을 사들였고('레이놀즈의 공군 부대'라고 불림), 사치스러운 비행기 격납고를 지었으며('타지마할 같은 회사 전용 격납고'라는 별명이 붙음) 정교하지만 불필요한 회사 사무실들을 건축했고('유리 동물원'이라고 불림), 회사 건물 내부를 값비싼 골동품 가구와 세련된 예술품들로 장식했으며('내가 지금까지 일해 본 회사 중 예산 제한이 없는 유일한 회사'라고 어느 납품업자가 말한 바 있음), 판매 촉진 효과가 없음에도 불구하고 유명 스포츠 선수들과 대규모 스포츠 행사들에 스폰서 역할을 했다.

이러한 비용 지출이 과연 현명한 일인가라는 질문을 받았을 때 당시 최고경영자였던 로스 존슨(F. Ross Johnson)은 "수백만 달러 정도의 돈은 시간이 흐르면 자연히 사라지게 되어 있다"라고 간단하게 대답했다.[36]

맥도넬 더글러스는 단기적인 목표에 지나치게 집착하여 10원을 아끼고 100원을 잃는 행태를 계속했기 때문에 점보 제트기 생산을 주저하는 등 미래로의 과감한 도약이 어려웠다. 1970년대에 들어와서는 이러한 보수주의가 계속 반복, 재현되는 양상을 보였다.

〈비즈니스 위크〉지는 1978년의 어느 기사에서 맥도넬 더글러스의 특징은 '푼돈을 아끼는 취미로 가득 차 있는' 회사라는 점이라고 하면서, 회사의 보수적이고 단기적인 원칙론 때문에 차세대 항공기 개발을 포기하는 결정을 내린 것에 대해 "검소함과 신중함으로 유명한 맥도넬 더글러스는…비용이 많이 드는 신개발 계획을 시작하기보다는…기존 디자인 변경에만 전력을 기울이고 있다"라고 썼다.[37] 보잉의 '미래로 뻗어 나가기'와 맥도넬 더글러스의 '푼돈을 아끼는 보수주의'와의 대조적인 차이점은 50년 이상의 기간 동안 중요한 의사 결정 때마다 드러났다.

콜게이트는 수십 년 동안 신제품 개발, 마케팅 계획, 시설 현대화 등에 필요한 투자를 게을리했다. 다음은 〈포브스〉지와 〈포춘〉지에서 콜게이트에 대한 논평 중 대표적인 것들을 시간 순서대로 인용해 본 것이다.

1966년 : "성공할 수 있는 신제품을 만들기 위해서는 정교한 마케팅 기술이 필요하다. 콜게이트에는 리틀 사장의 22년 동안의 지배(1938~1960)가 끝났을 때 이러한 것이 전혀 없었다. 레시(Lesch) 사장은 P&G가 30년에 걸쳐 완성시킨 것을 하룻밤에 창출해 내려고 번개처럼 계획을 실시했다."[38]

1969년 : "여러 해가 지나도록 콜게이트는 주요 신제품을 생산해 내지 못했다. 현재 작업 진행 중인 것도 없으며, 실제로 1956~1960년 사이에 콜게이트의 국내 생산량은 감소했다."[39]

1979년 : "포스터 사장은 이익을 계속 증가시키기 위해 콜게이트와 같은 제품 판매 회사에서는 피와 같은 역할을 하는 광고비와 연구 개발비를 줄이고 있다. 요약하면 그는 내일 당장 경기가 좋아져서 그를 구제해 줄지도 모른다는 기대 속에서 미래를 희생하여 현재를 살리고 있는 것이다."[40]

1982년 : "현재 콜게이트는 주요 신제품 생산 계획이 없는 국내 유일의 소비자 제품 생산 회사라고 해도 틀린 말이 아니다."[41]

1987년 : "주요 사업 부문에서 산출하는 이익 때문에 포스터의 기업 인수가 가능했다. 그러나 이것 때문에 재정적인 압박을 받게 되었고, 신제품 개발과 시설 현대화 같은 중요한 일들이 곤란에 부딪치게 되었다."[42]

1991년 : "돌파구가 될 만한 제품을 개발하는 일에는 엄청난 돈이 든다. 그러나 비용 절약가로 알려진 마크(Mark) 사장은 다른 회사들이 치르고 있는 비용을 지불할 의사가 없는 것 같다. 콜게이트는 매출액의 2% 미만을 연구 개발비로 사용하고 있다. 이를 P&G의 거의 3%에 육박하는 수치와 비교해 보라."[43]

마리오트 vs. 하워드 존슨—거대한 미국 체인점의 쇠퇴

1960년 하워드 존슨은 그가 창립한 회사에서 갑자기 은퇴하고 아들인 하워드 2세에게 자리를 물려주었다. 오랜 기간 그의 보좌관이었던 어떤 사람은 "한 번도 이런 일을 본 적이 없었다. 대부분의 사람들은 자신이 이룩한 것을 내버려두지 않는다. 그러나 그는 그냥 떠났고, 그것이 전부였다"라고 말했다.[44] 그가 뒤에 남긴 것은 700개의 호텔과 식당으로 이루어진 미국에서 가장 잘 알려진 사업체 중 하나였다. 이들 체인점들은 모두 눈길을 끄는 밝은 오렌지색 지붕으로 장식되어 있었고, 전국 고속도로변에 점점이 흩어져 있었는데, 특히 미국 중부 지방에서 많은 사랑을 받았다.

이 무렵 마리오트 2세는 그가 아버지로부터 물려받은 사업체(마리오트 사)도 언젠가는 하워드 존슨 사처럼 성공할 수 있을 것이라고 말했다.[45] 실제로 1985년 마리오트 사는 하워드 존슨 사만큼 성공했을 뿐만 아니라, 더 나아가 7배나 앞서가고 있었다.

그 사이에 무슨 일이 일어났는가? 그 해답은 마리오트 사에서 이루어진 끊임없는 개선을 위한 엄격한 내부 규율과 하워드 존슨 사에서 이루어진 자기 만족을 비교해 보면 쉽게 알 수 있다. 하워드 존슨 2세는 1975년 어느 인터뷰에서 "우리는 즉각적인 반응에 능한 회사다. 우리는 미래를 예측하려고 하지 않는다. 우리가 하는 사업에서는 먼 앞날을 미리 내다본다는 것이 불가능하다. 기껏해야 2년 앞이나 내다볼 수 있을까"라고 말했다.[46]

마리오트와는 달리 하워드 존슨은 개별 고객층의 수요에 맞게 호텔과 레스토랑을 차별화하는 투자를 거부했는데, 결국 스스로 '파멸을 위해서 차별화' 당하는 결과를 초래했다. 마리오트 사는 불황기에도 미래를 위한 투자를 계속했던 반면에 하워드 존슨은 비용 절감, 효율성, 단기적 재무 목표와 같은 것들에 지나치게 집착했다.[47] 마리오트는 서비스의 질을 향상시키기 위해 끊임없이 노력했지만, 하워드 존슨은 '가격이 비싸고, 일손이 부족하고, 음식이 맛없고, 낡은 사고 방식에 얽매여 있는' 곳으로 각인되고 말았다.[48] 하워드 존슨의 임원이었던 어떤 사람은 "하워드 존슨은 호텔과 레스토랑을 좀더 고급화시키고자 하는 생각을 늘 갖고 있었던 것 같지만, 결코 이에 필요한 돈을 쓰려고는 하지 않았다"라고 말했다.[49]

1979년 하워드 존슨을 인수했던 임페리얼 그룹 출신의 어떤 임원은 6년 후 회사를 매입가의 절반 이하로 다시 매각한 이유에 대해 다음과 같이 설명했다.

"이익이 높았던 것은 인위적인 것이었다. 재투자는 무시되었고, 회사는 인력 충원, 식단 작성, 시설 개조에 지나치게 인색했다. 결국 재투자를 하지 않음으로써 단기적인 이익만을 올리고 있었다."[50]

한때 하워드 존슨 2세는 회사의 경영진들을 보스턴에 남겨둔 채 뉴욕 록펠러 센터에 있는 우아한 사무실로 옮겨 가서 대부분의 시간을 상류 사회에서 사교하는 데 소비했다.[51] 이를 어느 경쟁 회사 사람은 다음과 같이 함축해서 표현했다.

"하워드 존슨을 만날 때마다 그는 늘 비용 절감 계획에 대해서 얘기했다. 내 생각으로는 그가 자기 소유의 레스토랑들에서 제대로 시간을 보낸 것 같지 않았다. 만약 그가 (뉴욕의 유명한 식당인) '21'에서 식사하는 대신 자신의 레스토랑들에서 식사할 기회를 더 가졌다면 무언가 느끼는 것이 있었을 것이다."[52]

반면 마리오트 2세는 스스로 '모르몬 교도식 근로 윤리(매주 70시간씩 일하기)'라고 부른 생활 지침하에서 비교적 검소하게 살았다. 그는 매년 200개에 달하는 마리오트 체인점들을 개인적으로 방문했고, 다른 임원들도 자신과 같이 체인점을 방문해 주기를 바랐다.[53]

더욱 중요한 사실은 마리오트 2세는 '자신의 개인적인 발전 추구 노력을 회사 내에도 일정한 형태로 주입시키고자' 했다는 것이다. 이 기간 중 마리오트에서는 볼 수 있지만 하워드 존슨에서는 볼 수 없는, 발전을 자극하기 위한 제도들을 요약해 보면 다음과 같다.

- **'고객 만족 지수(Guest Service Index ; GSI)' 보고서** : 이 보고서는 고객 의견 카드와 무작위 추출된 고객들을 대상으로 한 구체적인 조사들에 근거하여 작성된다. 관리자들은 컴퓨터를 통해 이를 파악할 수 있으며 필요한 조치를 취할 수 있다. 이 보고서는 보너스와 승진에 영향을 준다.[54]
- **연간 실적 평가서** : 모든 직원들에 대해 시간별, 관리자별로 작성된다.[55]
- **인센티브 보너스** : 밑으로는 커피숍 매니저에게까지 적용되며, 비용 절감뿐만 아니라 서비스의 내용과 질, 청결도에 근거하여 지급하는 보너스다.[56]
- **이익 분배 제도** : 직급을 불문하고 회사 내의 모든 직원들이 가입할 수 있으며, 각 직원은 임금의 10%까지를 이익 분배 기금에 투자할 수 있다. 이렇게 함으로써 직원 개인의 복지와 회사의 발전을 직접적

으로 연계시킬 수 있다.[57]

- **우수한 직원의 채용을 위해 면접 및 선정 절차에 대해서 광범위하게 투자** : 새로 문을 여는 마리오트 호텔들은 100명을 채용하기 위해 일상적으로 1천 명 이상에 대해 면접을 실시한다.[58]
- **임직원 능력 개발 프로그램** : 1970년대 초반까지 마리오트는 세전(稅前) 이익의 5%까지를 경영진의 능력 개발에 사용하고 있었다.[59]
- **대규모 회사 연수원(Learning Center)에 대한 투자** : 1970년에 지어진 이 연수원에는 최신 시청각 및 컴퓨터화된 교재가 구비되어 있다. 〈포브스〉지는 1971년의 어느 기사에서 "수백 명의 마리오트 관리자들이 재충전 과정을 위해서 물 흐르듯 들락날락하고, 바로 옆에서는 새로 채용된 직원들이 사전 준비와 고객에 봉사하는 방법을 배우기 위해 '완전 동화(完全同化)' 훈련에 참가하고 있었다"라고 쓰고 있다.[60]
- **'유령 고객(Phantom Shoppers)'** : 감사관들이 고객으로 가장하여 감사를 실시한다. 만약 서비스가 좋으면 감사관은 자신의 명함 뒤에 10달러짜리 지폐를 붙여서 건네준다. 만약 서비스가 개선을 요한다면 10달러를 주지 않으며 명함에는 '어이쿠(Oops)'라고 적혀 있다. 이 '어이쿠' 명함을 받은 직원은 재교육 과정에 보내지며, 각 직원에게는 3번의 개선 기회가 주어진다.[61]

최고경영자, 관리자, 창업자들을 위한 메시지

마리오트에 비하여 하워드 존슨이 쇠퇴의 길을 걷게 된 것은 이 장에서 얻을 수 있는 거의 모든 교훈을 보여 주는 좋은 사례다. 그러나 우리는 더 많은 예를 들 수도 있었다. 우리는 어떻게 해서 에임스가 혁신적인 판매 방식을 채택하는 데 있어 월마트보다 항상 뒤지게 되었는지, 그리고 어떻게 해서 투자 회수 기간이 2년 이상이라는 이유로 바코드 방식과 같은 신기술에 대한 투자를 지체했는지에 대해 설명할 수도 있었다.[62] 또 우리는 어떻게 해서 노턴이 단기적인 이익에만 집착하여 모든 사람들이 매일 오늘이 마지막 일지도 모른다고 생각하여 유리창을 수개월 동안이나 닦지 않고 내버려두었는지에 대해 설명할 수도 있었다.[63]

우리는 어떻게 해서 제니스가 모토롤라와 일본 기업들이 자기 개선을 계속 추구하는 동안에도 반도체 전자 공학에 대한 투자를 게을리하고(1950년대에 인쇄 회로기판으로 전환한 마지막 회사), 컬러 텔레비전 진출을 주저했으며, 단기적인 이익을 올리기 위해 연구 개발비를 삭감하고, 품질 제일주의라는 회사의 명성을 희생시켰는지에 대해 구체적으로 설명할 수도 있었다. 이러한 예는 수도 없이 많았다.

진실로 자기 개선의 규율을 갖고 있느냐의 여부가 비전 기업들과 비교 기업들을 구분하는 뚜렷한 차이점이라고 할 수 있다. 미래를 위한 장기 투자와 자기 불만족 제도를 기준으로 본다면, 비전 기업들이 비교 기업보다도 18건 중 16건에서 더욱 강력하게 자기 개선을 추구했다는 증거를 발견할 수 있다(부록 3의 〈표 A-10〉 참고).

만약 여러분이 한 회사를 창립하여 경영하고 있다면 다음과 같은 질문들에 대해 생각해 보기 바란다.

- 당신은 어떤 '불만족 제도'를 창안하여 자기 만족을 제거하고, 회사 내부로부터 변화와 개선을 가져오는 동시에 회사의 핵심 이념과 조화시켜 나갈 수 있겠는가? 어떻게 하면 이러한 제도가 계속 좋은 효과를 가져오게 할 수 있겠는가?

- 당신은 현재에도 좋은 실적을 올리면서도 '동시에' 미래를 위하여 무엇을 투자하고 있는가? 당신의 회사는 동종 업계의 다른 회사들보다 앞서서 혁신적인 방식과 기술을 채택하고 있는가?
- 당신은 불황에 어떻게 대처하는가? 당신의 회사는 어려운 시기에도 미래를 위한 장기 투자를 계속하는가?
- 당신 회사의 사람들은 **'만족이란 회사의 목표가 아니라는 것'**, 즉 비전 기업에서의 생활이란 그리 쉬운 것이 아니라는 것을 이해하고 있는가? 당신의 회사는 현재 잘하고 있다는 것이 회사의 최종 목표가 될 수 없으며, 오늘 한 것보다 내일 더 잘하기 위해서 계속 규율을 지킨다는 것이 중요하다는 사실을 알고 있는가?

이 장에는 좋은 소식도 있고 나쁜 소식도 있다. 좋은 소식이란 비전 기업이 되기 위한 주요한 요건 중 하나는 놀라울 정도로 단순한 것이라는 것이다. 즉, 고전적인 근면성, 개선을 위한 확고한 의지, 개선 추구 노력, 지속적인 미래 투자가 있다면 그 회사는 오래갈 수 있을 것이다. 이것은 경영자라면 누구든지 이해할 수 있는 매우 간단한 사항들이다. 나쁜 소식은 비전 기업이 되기 위해서는 고전적인 근면성, 개선을 위한 확고한 의지, 개선 추구 노력, 지속적인 미래 투자가 엄청난 수준에 달해야 한다는 것이다. 여기에는 지름길도 없고, 요술을 부릴 여지도 없으며, 피해갈 수도 없다. 비전 기업을 만들기 위해서는 장기간에 걸쳐 힘든 노력을 경주할 준비가 되어 있어야 한다. 성공은 최종적인 것이 아니다. 이것은 하워드 존슨이 결코 배우지 못했던 교훈들이다.

무술 유단자의 우화

오랜 수행 끝에 검은 띠를 받기 위하여 스승 앞에 무릎을 꿇고 앉아 있는 어느 무술인을 상상해 보자. 그 제자는 수년간의 혹독한 훈련을 마치고 마침내 무술 단련의 정점에 도달한 것이다.

"검은 띠를 수여하기 전에 한 가지 시험이 남아 있다"라고 스승이 말한다.

"시작하십시오"라고 대답한 제자는 한 차례의 마지막 대련이 있을 것이라고 짐작한다.

"너는 가장 중요한 질문에 대답해야 한다. 검은 띠의 진정한 의미는 무엇이냐?"

"제 수련 과정의 끝이며, 제가 오랫동안 노력한 데 대해 주어지는 보상입니다"라고 제자가 대답한다.

스승은 제자가 더 얘기하도록 기다려 준다. 확실히 스승은 만족스러운 대답을 얻지 못했다. 마침내 스승이 말한다. "너는 아직 검은 띠를 받을 준비가 안 되어 있다. 1년 후에 다시 오너라."

1년 후 제자는 다시 스승 앞에 무릎을 꿇었다.

"검은 띠의 진정한 의미는 무엇이냐?"라고 스승이 묻는다.

"뛰어남의 상징이며, 우리 무술에 있어서 최고의 성취를 의미합니다"라고 제자가 대답한다.

스승은 한참을 말없이 기다린다. 확실히 스승은 만족스러운 대답을 얻지 못했다. 마침내 스승이 말한다. "너는 아직도 검은 띠를 받을 준비가 안 되어 있다. 1년 후에 다시 오너라."

1년 후 제자는 다시 스승 앞에 무릎을 꿇었다. 그리고 스승은 또 한 번 묻는다. "검은 띠의 진정한 의미는 무엇이냐?"

"검은 띠는 시작을 의미합니다. 자기 극복, 꾸준한 노력, 보다 높은 수준의 추구라는 영원한 여행을 시작하는 것입니다"라고 제자가 대답한다.

"그래 맞다. 이제 너는 검은 띠를 받고 너의 노력을 '시작할' 준비가 되어 있구나."

제 10 장

시작의 끝
THE END OF THE BEGINNING

> 이것은 끝이 아니다. 끝의 시작도 아니다. 아마 이것은 시작의 끝이리라.
> - 윈스턴 처칠[1]

최근 수십 년간 회사들이 수많은 시간과 돈을 들여 품위 있는 비전 기술문, 가치 기술문, 사명 기술문 및 목표, 목적 또는 야망에 관한 기술문 등을 만드는 것이 유행처럼 되어 왔다. 그런 것들은 다 좋고, 사실 아주 유용할 수도 있다. 그러나 그것이 비전 기업의 본질은 아니다. **어떤 회사가 비전 기술문 또는 그와 유사한 것이 있다고 해서 그 회사가 비전 기업이 되리라고 볼 수는 없다.** 만약 여러분이 이 책을 읽은 후 비전 기업을 만드는 데 가장 중요한 단계가 그런 기술문을 작성하는 것이라고 생각한다면, 이 책의 논지를 전혀 파악하지 못했다고 할 수 있다. 기술문이 비전 기업이 되기 위한 훌륭한 첫 단계일 수도 있으나, 그것은 글자 그대로 겨우 첫 단계에 불과할 뿐이기 때문이다.

비전 기업의 본질은 그 회사의 핵심 이념과 그 회사 특유의 발전을 향한 충동을 그 조직의 구조나 행위에 적합하게 전환시키는 데 있다. 그 조직의 목표, 전략, 전술, 프로세스, 기업 문화, 경영 스타일, 사무실 배치, 임금 구조, 회계, 직무 설계 등에 부합하도록 비전 기업은 구성원들에게 일관성 있고 상호보완적인 신호를 계속 보냄으로써 그 구성원들이 회사의 이념이나 큰 목표를 잘못 파악하는 것이 거의 불가능할 정도로 전체 환경(total environment)을 형성시킨다.

이 점에 관해서는 앞서 여러 번 언급했다. 하지만 이 점은 그 정도로 충분히 중요한 것이다. 사실 이 책에서 찾아낼 수 있는 가장 중요한 것일 수도 있다. 이 짧지만 중요한 장에서는 지금까지 이 책에 내재되어 있던 '얼라인먼트(alignment)'라는 중추적 개념을 설명하면서 우리의 연구 결과를 마무리 짓고자 한다. '얼라인먼트'란 회사의 핵심 이념 및 달성하고자 하는 발전, 즉 비전하에서 회사의 모든 요소들이 함께 조화를 이루어 움직이고 있는 것을 의미한다(우리는 비전을 단지 지속적인 핵심 이념과 미래를 위해 기대되는 발전을 더한 것이라고 생각한다). 그러면 얼라인먼트의 최상이라고 볼 수 있는 다음의 세 가지 예를 보기로 하자.

얼라인먼트의 파워 : 포드, 메르크, 휼렛 패커드

포드

우리는 포드의 임원진이 1980년대의 경탄할 만한 사세 반전의 핵심 요소로 '사명, 가치 및 지침 원칙(Mission, Values, Guiding Principles : MVGP)'을 어떻게 작성했는지에 대해 앞에서 언급했다. MVGP는 인간과 상품을 이익보다 앞에 두고, 품질 향상, 사원 참여 및 고객 만족의 중요성을 거듭 강조했다. 하지만 MVGP가 사세를 반전시킨 것은 아니었다. 적어도 그 하나만으로 그런 결과가 나타난 것은 아니었다. 포드가 만약 MVGP를 현실로 대폭 전환시키지 않았다면, 즉 포드의 작업, 전략 및 전술을 MVGP와 일관성 있도록 전환시키지 않았다면 포드는 사세 회복에 실패했을 것이고, 우리는 이 책에서 포드에 대한 글을 쓰지 못했을 것이다.

포드는 역사상 처음으로 통계적 품질 관리 시스템을 전면적으로 시행했고, 생산 관리자들로 하여금 불량 부품이나 잘못된 재료가 발견될 때는 그 라인 전체를 중단시키도록 지시했다.[2] 하지만 포드는 이러한 일련의 조치를 자사에만 국한시키지 않았다. 포드는 'Q1' 프로그램을 통해 품질 향상 운동을 공급업체들에게까지 확산시켰다. Q1 프로그램을 통해 품질 등급에 따라, 또한 공급 업체의 통계적 품질 관리 시스템 실행 여부에 따라 공급 업체들을 선별했다. 포드는 공급 업체들이 포드와 함께 지속적으로 계속 높여 온 Q1 기준을 맞출 수 있도록 교육 세미나와 현장 자원까지 제공했다.[3]

포드는 사원 참여 프로그램을 통해 생산직 사원들을 품질 향상 노력의 핵심 일원으로 참여시켰다. 뿐만아니라 참여적인 경영 프로그램을 통하여 사원 참여 프로그램을 어떻게 지원할 것인가에 대해 중간 관리자들과 감독자들을 교육시켰다. 또한 참여적인 경영 능력을 승진의 한 요소로 강조함으로써 이러한 프로그램을 강화시켰다.[4] 사원들이 회사에서 일어나는 일에 대해 잘 알게 하고 보다 더 소속감을 느낄 수 있도록 하기 위해 위성 TV 시스템을 통해 일반 TV나 신문보다 앞서 포드 뉴스를 전달했다.[5]

사원과 회사의 성공 사이에 보다 직접적인 상관 관계를 만들기 위해 미국자동차노조(UAW)와의 계약에 있어서 최초로 이익 공유 조항을 노조측과 합의했다.[6] 1980년대 초 미국 자동차 회사의 CEO로는 최초로 필립 콜드웰(Philip Caldwell)이 은퇴할 때 미국 자동차 노조의 명예 회원으로 영입될 정도로 포드와 노조의 관계는 매우 호전되었다.[7]

회사를 '자동차'를 만드는 원래의 본질로 환원시키기 위해 포드는 그 부류에서 세계적이며 모델 T 이후로 어느 때보다 고객을 더 많이 생각하여 설계된 아주 새로운 차를 만들어 내겠다는, BHAG를 가진 별개의 그룹을 만들었다. 포드는 토러스/세이블(Taurus/Sable) 프로그램이라고 알려진 프로그램에 포드 역사상 가장 많았던 예산의 네 배나 되는 32억5천만 달러를 지원했다. 토러스/세이블 프로그램을 통해 포드는 생산직 종업원들로부터 생산에 들어가기 전에 설계 기간에 대한 의견을 수렴하기 시작했다.[8]

고객의 의견과 만족의 중요성을 더욱 강조하기 위해 포드의 최고경영자층은 고객의 소리를 직접 듣는 포커스 그룹 간담회에 참석했다. 또한 판매원의 서비스의 질에 관한 고객의 의견을 듣기 위해 그 후속 조치로 '품질-책임-성과' 프로그램을 광범위하게 실시했으며, 고객으로부터 최고의 평가를 받는 판매 대리점을 시상하기 위해 '프레지던트 상'을 만들었다.[9]

크고 작은 수백 가지 방법을 통해 포드는 MVGP 이념을 일상 업무, 즉 현실로 전환시켰다. 그것은 포드의 경탄할 사세 전환에 중추적 역할을 했다. 여러분은 과연 포드가 MVGP를 발표하여 그것을 단지 거창한 연설로만 그치고 현실로 전환하지 않았다면 얼마나 엄청난 냉소를 받았을지 상상할 수 있겠는가? 노조는 물론 고객, 주주들까지도 모두 냉소적이었을 것이다. 그리고 모든 사세 전환 노력은 실패했을 것이다.

메르크

1920년대 후반에 조지 메르크는 메르크 사가 가지고 있는 비전의 근간을 수립했다. 조지 메르크는 정직, 사회 공헌, 고객과 종업원에 대한 책임 및 품질과 탁월함에 대한 절대적 추구라는 핵심 가치를 바탕으로 메르크를 의학에의 창조적 공헌을 통해 인류에 혜택을 주는 세계적인 기업으로 전망했다. 그는 수입을 주요 목표로 생각하지 않고, 비전을 성공적으로 달성함으로써 생기는 부산물로 여기는 회사로 전망했다. 1993년 메르크 연구소의 창립식에서 그는 다음과 같이 말했다.

"우리는 인내와 끈기를 갖고 추진된 연구 활동을 통해 산업 부문에 새로운 생명을 불어넣을 수 있다고 믿는다. 또한 우리는 실험 도구들을 이용해서 이 연구소에서 과학이 발전하고, 지식이 증대되며, 인류는 고통과 질병으로부터 훨씬 더 큰 자유를 얻을 것이라는 신념을 갖고 있다……. 우리는 이 기업이 우리의 신념을 달성할 수 있도록 모든 지원을 아끼지 않을 것을 맹세한다. 빛을 밝혀라. 진리를 추구하는 자, 이 세상을 좀더 살기 좋은 곳으로 만들려고 애쓰는 자, 현재의 사회적·경제적 암흑기에 과학과 지식의 횃불을 높이 든 자들이 새로운 용기를 갖고 그들을 누군가가 받쳐 주고 있다는 사실을 느낄 수 있도록."[10]

우리는 비전이 담긴 조지 메르크의 이 같은 연설문에 깊은 감명을 받았다. 특히 그가 '비전 기술문'이 일반화되기 오래전인 60여 년 전에 이런 말을 했다는 걸 생각하면 더욱 그렇다. 그러나 아무리 그것이 고무적이고 감명을 주는 것일지라도 그의 말과 감정만으로는 메르크를 비전 기업으로 만들지도 못하고 만들 수도 없다. 메르크가 정말 탁월했던 점은 핵심 이념 및 조지 메르크에 의해 조망된 진보를 회사 내에서 매우 일관성 있게 얼라인(align)했다는 데 있다.

예를 들어 단순히 일반적인 산업 연구 개발(R&D) 연구소를 만드는 것이 아니라, 대학 및 전문 연구 기관과 동등한 위치에서 상대할 수 있는 연구 능력이 탁월한 연구소를 만들겠다는 BHAGs를 세웠다.[11] 사실 메르크는 명백하게 아카데믹한 분위기와 모양새를 띠도록 연구소를 설계했다. 연구소가 대학과 너무 흡사하여 곧 '메르크 캠퍼스'라고 불릴 정도였다.[12] 나아가 순수 연구 활동이 서재 속에 파묻히지 않도록 하기 위해 연구원들이 전문 저널에 연구 결과를 발표하도록 장려했으며, 이로 인해 최고 수준의 과학자들을 끌어들일 수 있었다.[13]

또한 메르크는 학계의 저명한 과학자들을 이사로 선임했으며,[14] 과학자들이 경제적인 손실을 보지 않고도 경영층으로의 승진 기회를 그냥 지나쳐 버릴 수 있도록 이중 경력 과정(dual career track)을 도입했다.[15] 메르크는 마치 대학들이 그러하듯이 사원 채용을 위한 회사 소개 자료에 회사 연구원들의 연구 발표를 나열하기까지 했다. 어떤 과학자는 이렇게 요약했다.

"메르크는 MIT와 하버드 또는 연구 명성을 지닌 다른 대학들과 흡사하다. 이 연구소에서는 당신이 자기 분야의 연구를 집중적으로 하기를 원한다."[16]

과학적 탐구와 실험을 더욱 조장하기 위해 메르크는 연구 과학자들에게 실용적인 결과에 상관없이 연구를 계속할 수 있도록 최대한의 폭넓은 범주를 허용했으며, 전망이 있어 보이는 실마리를 계속 집중 연구할 수 있도록 최상의 자유를 허용했다.[17] 다른 대부분의 미국 기업들과는 달리 메르크는 제품이 확실한 개발 단계에 접어들기 전까지는 마케팅 측면의 의견이 순수 연구 과정에 개입되는 것을 금지했다.[18] CEO인 로이 배젤로스는 이에 대해 다음과 같이 말했다.

"우리는 기초 연구를 반드시 연구소의 영역에만 국한시킨다. 제품이 인간에게 시험 투여될 때까지 마케팅을 시야에서 배제시킨다. 우리는 시장성 또는 시장 잠재력에 대한 우려 때문에 미래에 커다란 결과를 가져다 줄 수도 있는 기초 과학 탐구와 실험이 방해받기를 원하지 않는다."[19]

이런 그리고 이와 유사한 관행은 상당 부분 전통적 기업 논리와 상치되긴 하지만, 본질적으로 변화하지 않은 채 60여 년 동안 메르크에 남아 있다. 그 동안 메르크는 종래의 관행과 다를지라도 메르크에 딱 들어맞는 다른 관행들을 추가해 왔다. 한 예로 메르크는 R&D에서 기획이나 조정 기능으로서의 예산이라는 개념을 명백히 거부한다. 새로운 제품 프로젝트팀을 만들 때 그들에게 예산을 세워 주는 대신 이른바 '챔피언'이라고 불리는 팀 리더가 여러 분야의 인재들을 설득해 끌어모으고, 각 부문으로부터 프로젝트에 필요한 재원을 약속받도록 하는 것이다. 이런 과정은 최상의 프로젝트에 재원이 집중됨으로서 약한 프로젝트는 소멸하는 적자 생존의 선별 과정을 만들어 낸다.[20]

사업 분야에서 보다 다양성을 띤 다른 경쟁사들과는 달리 메르크는 첨단 내지는 획기적인 약품 개발 능력에 사활을 건, 제품 다양성이 가장 적은 제약 회사의 하나가 된다는 전례 없는 전략을 채택했다.[21] 메르크는 새로운 제품이 경쟁사의 것보다 월등히 우수해야 하며, 그렇지 않고는 시장에 내놓을 수 없다는 요건을 자체적으로 세우고 있다. 이는 우수한 신제품들이 전혀 나오지 않을 때 오랫동안 신제품 가뭄을 초래할 수도 있는 위험한 전략이기도 하다.[22]

사실 메르크는 그 역사를 통해 회사의 이념과 완벽하게 얼라인된 매우 대담한 BHAGs을 세워 왔다.

1930년대 초 : (이미 언급된 바와 같이) 대학 및 연구 기관들과 동등하게 상대할 수 있도록 탁월한 연구 능력을 배양하겠다는 BHAG.[23]

1950년대 초 : 의약 분야의 극적인 변화에 충분히 참여할 수 있도록 회사를 종합 제약 회사로 전환시키겠다는 BHAG. 이는 메르크에 유통망 및 마케팅 네트워크를 가져다 준 거대 제약 회사인 샤프&돔(Sharp&Dohme)의 인수를 통해 뒷받침되었다.[24]

1970년대 말 : 1980년대에는 메르크가 세계적으로 탁월한 제약 회사로서 입지를 굳히겠다는 BHAG.[25]

1980년대 말 : 모든 질병 부문에서 앞선 연구 결과를 갖고 있는 최초의

제약 회사가 되겠다는 BHAG.[26]

1990년대 초 : 최종 소비자와의 직접적인 관계를 확대하기 위해 60억 달러를 들여 메드코(Medco) 사를 인수하여 제약 패러다임을 재규정하고자 하는 BHAG.[27]

메르크는 또한 기업 책임의 이념과 잘 얼라인되어 온 오랜 역사를 갖고 있다. 많은 회사들이 기업의 사회적 책임, 평등한 기회, 그 외의 다른 고고한 이상들에 대해 얘기하고 있다. 하지만 과연 이 중 몇 개 회사가 메르크가 1944년에 한 것처럼 흑인 대학생 장학 기금에 기부했는가?[28] 1970년대 과연 몇 개나 되는 회사가 차별 철폐(affirmative action) 목표를 회사의 연간 목표에 포함시키고 이를 보너스, 주식 매입 선택권(stock option), 고과 판정, 호봉에 연계시켰는가?[29] 과연 몇 개나 되는 회사가 전미여성협회(National Organization for Women)로부터 여성 및 소수계 민족을 채용, 개발, 승진시키는 활발한 프로그램을 시행했다고 인정받았는가?[30]

과연 몇 개나 되는 회사가 〈블랙 엔터프라이스(Black Enterprise)〉지나 〈워킹 마더(Working Mother)〉지에 의해 미국에서 여성이나 소수 민족이 가장 일하기 좋은 직장으로 선정되었는가?[31] 몇 개나 되는 대기업이 여성을 최고 재무관리자(CFO)로 채용하고 있는가?[32] 몇 개나 되는 회사가 제2차 세계대전 이후에 결핵의 심각한 확산을 막기 위해 스트렙토마이신을 일본에 제조 원가로 제공했는가?[33] 과연 몇 개의 회사가 리버 블라인드니스 질병을 치료하기 위해 멕티잔을 개발해 무료 공급하기로 결정했는가?[34] 과연 몇 개나 되는 회사가 "1995년까지 환경 보호를 위해 유해 물질 방출을 현재의 90% 이상으로 줄이겠다"는 것과 같은 탁월한 환경 BHAG를 세웠는가?[35] 실제로 다른 대부분의 기업들보다 훨씬 광범위하게, 메르크는 회사의 사회적 양심을 행동으로 옮겨 왔다.

메르크는 발전과 탁월이라는 비전을 단지 직원들 마음에 심어 주는 데 그치지 않았다. 발전과 탁월을 성취하기 위해 메르크는 전력을 다했다. 메르크에 취직하려면 마치 대학원에 지원하는 것처럼 엄격하고 철저한 과정을 거쳐야 한다. 마치 일류 교육 기관에 입학 신청을 할 때처럼 메르크는 종종 지원자들에게 그들의 자격에 관한 추천서를 여러 통 제출하도록 요구한다.[36] 메르크는 직원의 채용과 개발, 유지를 위해 과감하게 투자한다. 또한 최고 인력의 채용 및 유지는 매니저들을 평가하는 주요 척도로 활용한다. 1980년대까지 메르크는 의약 산업 부문에서 가장 낮은 이직률을 유지해 왔다(미국 평균이 20%인 데 반해 메르크는 5%의 이직률을 유지하고 있다[37]).

마지막으로 메르크는 주주 보고서, 직원 채용 책자, 직원 매뉴얼, 자체 발행 책자, 회사 연혁에 관한 비디오, 임원 연설, 오리엔테이션 세미나, 잡지나 전문 서적의 기사, 수많은 사내 잡지 및 신문을 통해 수십 년 동안 매일매일 메르크의 핵심 이념을 일관성 있게 강화해 왔다. 우리가 회사의 가치관이나 목적을 잘 소개할 수 있는 서류들을 보내 달라고 요청했을 때 메르크는 자그마치 85개나 되는 자료들을 보내 주었는데, 그 중 몇 가지는 20세기 초까지 거슬러 올라가는 독특한 자료들이었다.

1991년 메르크는 회사 창립 100주년을 축하하는 여러 행사들을 광범위하게 가졌는데, 주로 회사의 역사와 가치관을 강조한 책자, 연설문, 비디오, 역사적 분석 자료 등의 출간을 위주로 진행했다. 메르크에서 일하면서 회사 이념에 깊이 빠져들지 않기는 거의 불가능하다고 볼 수 있다. 왜냐하면 그 회사 이념은 모든 것에 스며들어 있고, 또 거의 1세기 동안 그렇게 해 왔기 때문이다. 이에 대해 메르크의 과학 및 기술 정책 담당 이사인 제프리 스터치오(Jeffrey L. Sturchio)는 다음과 같이 술회했다.

"나는 메르크에 오기 전에 다른 미국 대기업에서 일했는데, 두 회사의 기본적인 차이점은 주장하는 것과 현실과의 차이에 있었다. 전에 일했던 회사는 기업의 가치나 비전 등을 강조했지만 주장과 현실 사이에는 차이가 많았다. 그러나 메르크에서는 두 가지 사이에 차이점이 전혀 없다."[38]

휼렛 패커드

빌 휼렛과 데이비드 패커드는 발전적인 인사 제도, 혁신적이고 창업가적인 문화 및 기술적 공헌을 하는 제품의 지속적인 개발로 잘 알려진 모범적인 회사로 HP를 구상했다. 데이비드 패커드는 "우리의 주요 과제는 과학의 발달과 인류의 복지를 위해 최상의 전자 기기를 설계, 개발, 제조하는 것이다. 우리는 그 과제를 달성하기 위해 최선을 다하고자 한다"[39]라고 기술한 적이 있다. HP의 이사인 프레드 터먼(Fred Terman)은 회사의 목표를 '모범 사회 기관(Model Social Institution)'이 되는 것이라고 묘사했다.[40]

후에 빌 휼렛은 HP의 지도 지침을 정리하여 '4가지 꼭 해야 할 일'로 집약시켰다. 즉, 수익성 있는 성장을 달성해야 하며, 기술적 공헌을 통해 수익을 실현해야 하며, 직원들의 인격을 존중하고 회사의 성공을 그들과 공유해야 하며, 사회의 책임 있는 시민으로서 회사가 운영되어야 한다는 것이었다.[41]

모두 좋은 이야기지만 이러한 것들이 현실로 전환되지 않았다면 휼렛과 패커드의 비전은 본질적으로 무용지물이었을 것이다. 메르크의 경우처럼 HP에서도 고매한 가치관과 야망 때문이 아니라, 그 이념과 현실을 일관성 있게 전반적으로 얼라인한 점에서 탁월함이 드러난다.

예를 들어 HP는 오랫동안 여러 가지 가시화된 방법으로 직원들에게 존경을 표해 왔다. 1940년대에는 수위에서부터 사장까지 똑같은 비율로 보너스를 지급하는 '생산 보너스' 제도(일종의 이익 공유 제도)를 도입했으며, 그 당시로 특히 소규모 업체에서는 들어보지 못한 파격적인 의료 보험 혜택을

직원들에게 제공했다.[42)]

　1950년대에 회사가 기업을 공개했을 때 6개월 이상 근무한 모든 직급의 직원들에게 주식을 배당해 주었고, 주식 매입 선택권 프로그램에도 참여할 수 있는 자격을 부여해 주었다.[43)] 그 이후 HP는 곧 25%의 회사 지원을 바탕으로 종업원 주식 매입 프로그램을 도입했다.[44)] 또 감원이라는 사태를 가능한 한 막기 위해 아무리 수익성이 높은 대규모 정부 수주 사업이라고 해도 그것이 일시적으로나마 고용과 해고를 반복해야 하는 경우에는 그 사업을 포기했다.[45)] 더욱이 HP는 각 부서마다 직원 채용시에 외부로 눈을 돌리기 전에 HP 내부 직원들 중에서 적절한 인재를 선발할 것을 요구함으로써 회사 전체에 보다 안정된 근무 여건을 제공했다(기업 문화를 좀더 견고하게 유지하겠다는 언급 없이 말이다).[46)]

　회사 전체가 불황에 직면했을 때 HP는 10%의 감원을 선택하지 않고 전 직원에게 금요일에 쉬는 대신 10%의 감봉을 선택해 주도록 요청했다.[47)] HP는 전 직원에 대해 유연성 있는 근무 시간제를 도입했고, 직원의 관심 사항을 알아내기 위해 직원 설문 조사를 광범위하게 실시한 첫 미국 회사 중 하나였다.[48)]

　또한 HP는 오픈 도어 제도를 통해 직원들이 불만 사항을 최고경영자층에게까지 보복 조치 없이 전달할 수 있도록 한 최초의 회사들 중 하나였다.[49)] 의사 소통과 비형식주의를 장려하고 서열 체계의 중요도를 감소시키기 위해 HP는 넓고 오픈된 플로어 플랜(floor plan)을 채택했다. 이 제도에 따라 어떤 직급의 매니저도 문이 달린 개인 직무실을 가지는 것이 허용되지 않았으며, 이는 1950년대에는 매우 이례적인 방식이었다. 이런 사항들을 보면 HP가 노조 없는 기업으로 남아 있는 것이 놀라운 일이 아니다. 이에 대해 HP의 한 직원은 이렇게 말했다.

"노조를 결성하려는 시도가 여러 번 있었지만 모두 완전히 실패했다. 직원들을 경영의 한 부분이라고 여기면서, 시위용 피켓을 든 사람들을 안으로 불러서 휴식 시간에 따뜻한 커피와 도넛을 함께 나누는 그런 분위기의 회사에서 어떤 노조가 유지될 수 있겠는가?"[50]

HP는 또한 기술적 공헌의 중요성을 강화하고 창업적 분위기를 증진시키기 위해 여러 조치를 취했다. 1950년대를 시작으로 HP는 경험은 많지만 재능이 부족한 경력 사원들을 채용하기보다는 명성 있는 공과대학의 상위 10%에 해당하는 졸업생만을 채용하고자 노력했다.[51] (30년 후에도 HP는 여전히 최고 수준의 공대생 사이에서 가장 좋은 직장으로 손꼽혔다[52]). 3M의 경우처럼 HP도 제품 생명 사이클을 따라가면서 기존 제품의 생산량을 최대화하는 것을 도모하는 대신, 매년 새롭고 우수한 제품들을 생산함으로써 성장을 도모하는 전략을 추구했다.

1963년 HP 매출 중 50% 이상이 이전 5년 동안에 출시된 제품으로부터 나왔으며, 1970년대에는 50%의 매출이 이전 3년 동안에 출시된 제품을 통해 이루어지는 발전이 있었다.[53] 그리고 단지 제품들이 새롭다고 해서 모두 받아들여지는 것도 아니었다. 다른 회사 제품의 모방이나 그냥 다른 회사들이 하니까 나도 한다는 식의 발상에서 나온 제품은 시장성에 관계없이 모두 배제되었다. 빌 휼렛은 이 점에 대해 다음과 같이 설명했다. "만약 당신이 우리 회사의 경영 관련 회의에 참가하여 귀기울일 기회가 있다면, 특정 제품을 시장에 내놓는 것을 정당화시킬 만한 충분한 기술적 공헌이 없다고 여겨져 많은 접근 방법이 거부당하고 있음을 볼 수 있을 것이다."[54]

이런 엄격하고 철저한 자체 기준으로 인해 HP는 기술적 공헌을 하면서 시장에 진입하는 방법을 알기 전까지 IBM의 호환형 PC 같은 대규모 시장을 그냥 지나쳐 버리곤 했다. 다음에 제시될 1984년의 한 경험담은 HP의

노련한 연구소 매니저와 젊은 상품 매니저간의 실제 대화 내용이다.[55]

상품 매니저: 지금 당장 IBM의 호환형 PC를 시장에 내놓아야 합니다. 그 곳에 바로 시장이 있고, 볼륨이 있으며, 고객의 니즈가 있기 때문입니다.

연구소 매니저: 하지만 그에 걸맞는 기술적 공헌이 어디 있습니까? 우리가 명확한 기술적 우위를 갖고 IBM의 호환형 PC 생산 방식을 분석해 내기 전까지는 아무리 큰 시장이라도 그렇게 할 수 없습니다.

상품 매니저: 하지만 그것이 고객이 원하는 바가 아니라면 어떻게 하시겠습니까? 고객이 기술적 공헌에 개의치 않고 단지 자신들의 소프트웨어를 사용하는 데만 신경을 쓰고 있다면 어떻게 하시겠습니까? 그리고 우리가 지금 당장 뛰어들지 않을 경우 더 이상의 시장 진입이 힘들다면 어떻게 하시겠습니까?

연구소 매니저: 그렇다면 그런 사업에 뛰어들어선 안 됩니다. 우리는 기술적 공헌의 가치를 인정받을 수 없는 시장에 뛰어들어서는 안 됩니다. 그런 방식은 HP와는 전혀 맞지 않습니다.

그 연구소 매니저는 HP 연구소의 매니저들이 늘 그러하듯이 쉽게 이길 수 있었다. 빌 휼렛은 "마케팅 사람들도 중요하지만, 제품 규정에 있어서는 부차적인 역할을 해야 한다"고 말했다.[56] 수년 동안 HP는 이른바 '넥스트 벤치 신드롬(Next Bench Syndrome)'을 선호하고 마케팅의 개입을 도외시했다. 넥스트 벤치 신드롬이란 기술적 공헌 및 시장에서의 공헌 기회를 파악하기 위한 주요 수단으로, 자신의 기술적 문제를 풀어 가는 엔지니어들의 전략을 말한다.[57]

1950년대와 1960년대에 HP는 제품 리스트를 '실험 기기 필드에의 공헌(Contribution to the Test Equipment Field)'이라고 명명했다.[58] 전사적 공로 인정 프로그램들은 대개 새로운 제품을 판매한 사람들이 아니라 발명을 한 엔지니어들 위주로 이루어졌다. 승진 또한 기술적 측면의 강조를 반영하고 있다. HP의 부문 일반 매니저들은 90% 이상이 기술과 관련된 학위를 갖고 있다.[59]

창업가적인 문화를 증진시키기 위해 HP는 일찍부터 "잘 정의된 목표를 제시하고, 그 목표를 향하여 일하는 데 있어서 최대한의 자유를 주며, 마지막으로 그 개인의 성과가 전 조직을 통해 인정받을 수 있도록 함으로써 동기를 부여하는" 경영 방식을 채택했다.[60] 그 후 1950년대에 회사가 급격히 팽창함에 따라 HP는 이 경영 방식을 회사 자체의 R&D, 제조, 마케팅 전략 및 작업에 관련된 결정권을 지닌 소규모 기업들처럼, 매우 자율적인 부문(divisions)으로 이루어진 분권화된 구조로 확산시켜 나갔다(물론 HP의 기업 이념 테두리 안에서). 새로운 사업을 시작할 때 HP는 대개 새로운 부문을 만들어 시장 진입을 가장 적절하게 수행할 수 있는 방법을 자체 개발할 수 있도록 자율성을 부여했다. 다음은 휴렛의 말이다.

"우리는 '여기 우리가 진입하고자 하는 분야가 있으니, 당신이 만들 수 있는 특정 제품을 정의해 보라'고만 말했다. 우리는 그들이 최상의 가능한 기술을 바탕으로 제품을 설계할 것이라고 가정했다."[61]

창업가적 정신을 강화하기 위해 HP는 회사의 부문들을 본사 주위에 집중시키는 대신 여러 주에 분산시켰다. 이노베이션을 보상하기 위해 R&D 자금을 할당했는데, 가장 많은 혁신을 달성한 부문에게 가장 많은 자금이 할당되었다. ['HP 랩(HP Lab)'이라고 불리는 중앙 연구소가 있었지만, 대부분의 R&D는 각 부문에 할당되었다.[62]] 제조 공장으로 출발한 회사의 기구들은 자력으로 마련한 자금을 가지고 혁신적인 상품을 개발, 시장에 판매함으로써 완전한 부문 위치를 확보할 수 있었다.[63] 그리고 대부분의 회사들과는 달리 HP는 국제 부문들을 단순히 판매 및 유통 센터로만 남게 하지 않고, R&D 역량의 개발을 적극적으로 장려했다.[64]

HP가 행한 일들만큼 중요한 것이, 인기 있는 경영 이론이나 일시적 유행에도 불구하고 '행하지 않았던 일들'이었다. 예를 들어 휼렛과 패커드가 부채는 기업가적 규율을 좀먹는다고 믿었기 때문에 HP가 얼마나 기업의 부채를 피해 왔는가를 생각해 보라(그런 관행이 '비합리적'이라고 지적받았음에도 말이다). 다른 많은 하이테크 회사들과 달리 HP는 벤처 캐피털 회사와 같은 외부 투자자들을 피했다. 왜냐하면 "그들이 회사를 너무 빨리 성장시킬 수 있고, 이에 따라 기업이 그 가치를 잃을 수도 있기" 때문이었다.[65] 대부분의 다른 회사들과는 극단적인 대조를 이루는 사안으로, HP는 인사부가 인사 문제에 개입하는 것을 금지했다.

> "자신의 사람들을 돌보는 일은 경영자층의 임무 중 가장 중요한 부분이다. 어떠한 경우에도 인사부가 매니저의 인사 문제를 다루지 않는 것으로 되어 있다. 유능한 매니저가 되기 위해서는 인사 책임을 잘 수행해야 한다."[66]

HP가 일시적 경영 이론의 유행을 따르지 않고 원래의 비전을 고수하는 점을 특히 잘 보여 주는 예는, 1970년대에 '학습 곡선/시장 점유율'이라는 기업 전략 이론이 미국의 비즈니스 세계를 휩쓸던 시절에 잘 나타난다. 명성 있는 경영 컨설팅 회사들에 의해 크게 전파되고, 유수한 명문 경영대학원에서 가르쳐진 이 이론은 각 산업 분야에 있는 수많은 기업의 수천 명의 임원들에 의해 채택되어 경영의 도구로 사용되었다. 증대된 시장 점유율이 원가를 낮추어 궁극적으로 더 큰 이익을 실현시킨다는 이 이론을 바탕으로,

많은 회사의 관리자들이 시장 점유율을 높이기 위해 가격을 낮추기 시작했다. 거의 10년 동안 이 이론이 전략적 사고를 지배했다.

그러나 HP는 학습 곡선 이론을 명백히 거부하고 다음과 같은 새로운 기준을 따랐다. "만약 제품이 첫해에 탁월한 총이익을 낼 수 없을 만큼 충분히 우수하지 못하다면, 그것은 의미 있는 기술적 우위를 가진 제품이 아니라고 볼 수 있다. 따라서 HP는 그런 제품을 만들어서는 안 된다."[67] 1974년 패커드는 관리자들에게 이렇게 말했다. "만약 내가 어떤 직원으로부터 시장 점유율이 얼마고 그것을 늘리기 위해 어떤 일을 하겠다는 등의 이야기를 듣는다면, 나는 개인적으로 그 사람의 인사 기록에 벌점이 찍히는 것을 확인하고야 말겠다."[68]

마지막으로 HP는 포드나 메르크와 같이 'HP 방식'이라고 알려진 원칙에 직원들이 계속 몰두할 수 있도록 많은 노력을 기울였다. 휼렛과 패커드는 1950년대에 관리자들을 '소노마 컨퍼런스(Sonoma Conferences)'에 데려가서 HP의 이념과 목표를 미국 헌법과 유사한 형태로 문서화했다. 이 문서는 현재의 해석과 수정에 의해 기본 이념을 표현한 것이다.[69] 그 후로 곧 HP는 엄격한 내부 승진 원칙을 적용하기 시작했으며, 직원 채용시 HP 방식에 맞게 적응할 수 있는 능력과 적성을 강조한 광범위한 면접 절차를 실행했고, 일선 감독자들을 교육시키는 프로그램을 만들었다.

"우리는 일찍부터 일선 관리자들에게 회사 철학을 이해시키고, 또 그에 걸맞게 교육시키는 것이 중요하다는 점을 인식하고 있었다. 왜냐하면 그들은 가장 많은 직원들과 직접적인 관계를 맺고 있었기 때문이다"라고 데이비드 패커드는 설명했다.[70]

우리는 내부 회의, 외부 연설, 문서 기록 및 개인적인 대화를 통해 HP의 가치관과 목적에 대해 언급하고 있는 HP 매니저들의 사례를 100여 가지나 찾아냈다. 그들은 수십 년 동안 동일한 가치와 목적에 대해 얘기하고 행동해 왔다. 우리는 또한 HP 방식의 정수를 보여 주면서 직원들 사이에서 전해져 내려온 수십 가지의 '빌과 데이비드 이야기들'을 접했다. 예를 들어 다음과 같은 일화가 있다. 빌 휴렛은 창고가 주말에 체인으로 잠겨 있는 것을 발견했다. 그는 볼트 절단기로 그 체인을 잘라서 토막내었고, "자물쇠로 채워진 창고는 HP의 직원 존중 이념과 맞지 않는다"는 짧은 메모와 함께 그 토막들을 담당 관리자의 책상에 남겨 두었다.[71]

이 일화가 사실이든 아니든 HP의 경영진은 HP 방식을 회사 생활의 참된 방식으로 만들기 위해 지속적으로 노력해 왔다. HP 연구소의 부장으로 오랫동안 근무해 온 바니 올리버(Barney Oliver)는 HP가 급부상한 기간을 다음과 같이 요약했다.

"내가 1952년 처음 HP에 입사했을 때 거의 400명 직원 모두가 회사에 대해 이상할 정도로 열광적이었고, 충성심을 갖고 있었으며, 자부심이 대단하다는 사실을 뚜렷이 느낄 수 있었다……. 한 직원은 '내가 빌과 데이비드 밑에서 일하는 게 아니라 그들이 내 밑에서 일하는 것 같은 기분이 든다'고 말했다. 오늘날에도 방문객들을 놀라게 하는 건 바로 이 정신이 HP의 성장을 되살려 냈다는 것이다. 1만7천여 명이나 되는 직원을 가진 회사가 그러한 정신을 갖고 있다는 게 특이한 일이긴 하나, HP의 경우에 그건 놀라운 일이 아니다. 좀더 깊이 들어가면 HP 초기에 일어났던 일들은 경영에 관한 교육 과정이었다……. 초기의 직원들은 빌과 데이비드라는 인물이 가지고 있는 개성과 철학의 연장선상에 있었으며, 그들이 생산 라인의 리더, 감독자 혹은 부문 책임자가 되었을 때 그들은 그 철학과 기법을 잘 이용했다……. 우리는 그 경영 철학을 믿고 실천한다. 그것은 우리 삶의 방식 중 일부분이다."[72]

최고경영자, 관리자, 창업자들을 위해 얼라인먼트가 주는 교훈

우리는 1950년대에 휼렛과 패커드가 했던 것처럼 기업 이념에 대해 회사 외부로 나가 토의하는 것에 대해 찬성한다. 1930년대에 조지 메르크가 했던 것처럼 높은 기업 이상을 세우는 것도 추천한다. 포드가 그랬듯이 기업의 비전을 명문화하기를 바란다. 그러나 그런 절차만으로 비전 기업이 될 수 없다는 사실을 잊지 마라. 마지막 얼라인먼트나 최후의 성공이란 없다. 항상 그 목표를 위해 끊임없이 노력해야 할 뿐이다. 여기 몇 가지 지침을 소개한다.

1. 전체 그림을 그려라(Paint the Whole Picture)

여러분은 포드, 메르크 및 HP의 포괄적인 이런저런 자세한 이야기를 듣고 약간은 압도당한 듯한 느낌을 가졌을지도 모른다. **그것이 바로 가장 중요한 포인트다.**

> 핵심을 보존하고 발전을 자극하기 위해 비전 기업은 한 가지 프로그램이나 전략, 전술, 기법, 문화적 규범 또는 최고경영자의 연설문에만 의존하지는 않는다. 중요한 것은 전체를 종합한 것이다.

중요한 것은 남들이 감탄할 정도의 지속적인 포괄성과 일관성이다. 끊임없이 핵심 이념을 강화하고 발전을 자극하는 압도적인 시그널과 행동들이 비전 기업을 만들어 간다. 만약 포드나 메르크, HP에 관한 사실들을 별개로 고려한다면, 그것은 비전 기업들의 위치를 설명하기에는 너무 사소하고 충분하지도 않을 것이다. 그러나 수백 개의 그런 사실들을 하나의 맥락으로 종합하면 일관성 있는 전체 그림을 그릴 수 있다.

이 책의 어떤 한 장을 따로 분리하여 실행함으로써 비전 기업을 만들 수 있다고 결론을 내린다면 그건 큰 실수라고 생각한다. 핵심 이념만으로는 그것을 이룰 수 없다. 발전을 향한 충동만으로도 안 된다. BHAGs만으로도 안 된다. 자율 및 창업가 정신을 통한 발전만으로도 안 된다. 또한 내부에서 성장한 경영진, 종교 집단과 같은 기업 문화, 또는 끊임없는 개선 추구라는 이론의 실천만으로 비전 기업이 될 수는 없다.

비전 기업은 마치 위대한 예술 작품과 같다. 미켈란젤로의 시스티나 성당 천장의 〈천지창조〉 벽화나 다비드상 조각을 생각해 보라. 《허클베리 핀》이나 《죄와 벌》 같은 위대한 불후의 명작을 생각해 보라. 베토벤의 〈9번 교향곡〉이나 셰익스피어의 《헨리 5세》를 생각해 보라. 프랭크 로이드 라이트(Frank Lloyd Wright)나 루트비히 미스 반 데어 로에(Ludwig Mies van der Rohe)의 작품처럼 아름답게 설계된 건축물을 생각해 보라. 어떤 한 부분만을 지적하여 그것이 전체를 그렇게 위대하게 만들었다고 할 수는 없을 것이다.

전 부분이 함께 어우러져 전체 효과를 나타내는 총체적 조합을 통해 불후의 명작이 탄생된다. 또한 큰 부분만이 중요한 것이 아니라 한 구절의 변화, 적시에 이루어지는 템포의 변화, 중심에서 약간 벗어난 창문의 완벽한 위치, 조각품의 눈에 나타난 섬세한 표정 같은 아주 작은 부분들도 매우 중요하다. 위대한 건축가 미스 반 데어 로에가 말했듯이 "신은 세부적인 것들에 존재한다."

2. 작은 일에 최선을 다하라(Sweat the Small Stuff)

사람들이 '전체 그림'을 가지고 그 속에서 매일매일 일하는 것은 아니다. 그들은 회사와 업무의 아주 작은 세부 사항들을 다루고 있다. 큰 전체적 시각이 상관없다는 얘기가 아니라 큰 감명을 주고 강력한 메시지를 주는 것들은 작은 것들이라는 것이다. 노드스트롬은 영업 직원들에게 부여되는 명함을 통해 "우리는 당신이 영업에 있어서 프로가 되길 원한다"는 신호를 직원들에게 전달한다.

월마트는 하위층 직원들에게 부서별 영업 보고서를 작성케 함으로써 "당신은 우리 회사의 동업자이며, 당신 사업을 하듯이 당신 부서를 운영해 주기를 바란다"는 신호를 보낸다. 모토롤라도 품질 향상 보고를 항상 안건의 최우선 순위에 두고 있다. 모토롤라는 재무 보고보다 품질 향상 보고를 먼저 들음으로써 "영업 이익이 아니라, 바로 품질 향상이 우리 회사가 살 길이다"라는 신호를 직원들에게 보낸다. J&J는 주요 부문들에게 J&J 로고 대신 그 부문의 로고를 제품에 표시할 수 있게 함으로써 "우리는 당신들이 자율적으로 창업자적인 정신을 가지고 당신의 사업 부문에서 근무하기를 희망한다"는 신호를 보낸다. 필립 모리스는 사원들에게 월급 봉투와 함께 담배한 박스를 집에 보냄으로써 "의사들이 뭐라고 말하든 우리는 우리의 제품에 자부심을 갖고 있다"는 신호를 보낸다.

사회적 인식에 대한 한 연구에 따르면 사람들은 크든 작든 그들의 작업 환경에서 오는 모든 신호를 그들의 행동 지침으로 받아들인다고 한다. 사람들은 조그만 일에 주의를 기울인다. 사람들은 위대한 영웅의 이야기보다 창고의 자물쇠 체인을 잘라서 토막낸 것과 같은 조그만 사건을 더 잘 기억한다. 사람들은 비전을 믿으려고 하지만 '아, 저걸 봐. 경영진은 그냥 말만 하고 있군. 그들 자신들이 말한 걸 정말 확신하고 있는 것은 아니군'이라는 생각을 갖게 하는 그런 작은 불일치가 혹시 있지 않을까 항상 신경을 곤두세우고 있다.

3. 무차별적이 아닌 집약적으로 실시하라(Cluster, Don't Shotgun)

비전 기업은 몇 가지 메커니즘이나 프로세스를 계획 없이 그냥 도입하지 않는다. 비전 기업들은 각 부분들이 서로 상호 보완하고, 함께 뭉쳐서 강력한 힘을 발휘할 수 있도록 시너지 효과와 연계성을 잘 생각하여 시행한다. 포드의 경우를 보자. 통계적 품질 관리(SQC)는 사원 참여 프로그램에 의해 보강되며, 사원 참여 프로그램은 참여 경영 교육 프로그램에 의해 강화되고, 또 참여 경영 프로그램은 참여 경영 기술에 따른 승진 기준에 의해 뒷받침된다. 메르크의 경우를 보자. 최고 수준의 과학자들을 모집하는 것은 그들에게 연구 논문의 외부 발표를 장려함으로써 보강되고, 그것은 다시 외부 과학자들과의 공동 연구를 허용함으로써 강화되며, 이 공동 연구는 '메르크 캠퍼스'에 의해 뒷받침되고, 그것은 또한 이원 경력 관리를 추구함으로써 강화된다.

HP에서 일하면서도 관리자가 사원들을 잘 대우해야 하고, 각 부문은 기술적 공헌을 통해 이익을 내야 한다는 메시지를 받기가 불가능하다고 상상해 보라. HP에서 일한다는 것은 마치 1개의 스피커가 아니라 몇 개의 스피커를 설치해 놓은 것과 같아서 일관성 있는 똑같은 메시지가 바닥에서, 천장에서, 전후 좌우에서, 양옆에서 계속 전해진다.

4. 자신의 리듬에 따라 수영하라, 비록 그것이 조류에 역행할지라도
(Swim in Your Own Current, Even if You Swim Against the Tide)

스스로에게 진실하기 위해 메르크와 HP가 일반적인 업계의 관행에 맞서 어떻게 했는가를 기억해 보라. 얼라인먼트는 외부 세계의 기준, 관행, 관습, 경향, 일시적 유행이나 유행어에 따라서가 아니라 무엇보다도 먼저 자신의 내부 나침반에 따라서 회사를 이끌어 간다는 뜻이다. 이는 현실을 무시하라는 뜻은 아니다. 오히려 그 정반대. 여러분 회사의 내부에서 규정된 이념과 야망이 현실과의 모든 거래에서 지침이 되어야 한다는 뜻이다. 이것이 제대로 이루어지기만 하면, 여러분은 아무리 특이하더라도 여러분의 회사에 완벽하게 맞는 특유한 방법과 전략으로 경쟁사, 언론 기자들, 경영학 교수들, 그리고 그 외의 다른 사람들을 놀라게 할 것이다.

한 예로 존슨&존슨은 1970년대에 뉴저지 주의 황량한 뉴브런즈윅(New Brunswick)으로 본사를 이전하기로 결정했는데, 이는 일반적인 경영 이론에 따른 것이 아니라 J&J의 신조에 가장 맞았기 때문이다. 보잉은 경쟁사들에 비해 훨씬 높은 수준의 항공기 설계 안전 기준을 고수했는데, 이것도 시장의 요구에 따른 것이 아니라 보잉의 기업 이념에 따른 것이었다. 3M의 경우 소규모 성장 업체는 한 가지 사업 분야에 전념해야 한다는 전통적 논리를 배격했는데, 이것이 3M 사람들이 만들고자 하는 유형의 창조적 회사와는 맞지 않았기 때문이다. 1970년대에 학습 곡선/시장 점유율 모델은 많은 기업 임원들에게 대단한 인기를 끌었을지 모르지만, HP에는 전혀 맞지 않았다.

여기서 말하고자 하는 바는, 비전 기업은 좋은 관행을 추구하고 다른 회사들은 나쁜 관행을 추구한다는 것이 아니다. 좋음과 나쁨이라는 기준은 잘못된 분석의 틀을 줄 수 있다. HP에 좋은 것이 메르크나 3M, 또는 마리오트나 P&G에는 나쁠 수도 있기 때문이다.

> 실제로 질문해야 할 것은 "이것이 과연 좋은 관행인가?"가 아니라 "이것이 과연 우리의 이념과 야망에 맞는 적합한 관행인가?"라는 것이다.

5. 잘못된 얼라인먼트를 없애라

여러분이 지금 당장 회사를 둘러보면 핵심 이념에 맞지 않거나 발전을 저해하는 요소, 또는 모르는 사이에 생겨난 부적절한 관행들을 적어도 10개 이상 지적할 수 있을 것이다. 회사의 조직 구조가 발전을 방해하고 있지 않은가? 여러분 회사의 인센티브 제도는 핵심 가치와 부합하는가? 목표나 전략이 회사를 회사의 기본 목적으로부터 멀어져 가게 하지는 않는가? 회사의 정책이 변화와 향상을 저해하지는 않는가? 사무실이나 빌딩의 설계 구조가 발전을 저해하고 있지는 않은가?

얼라인먼트를 성취한다는 것은 단지 새로운 것을 더해 가는 과정만은 아니다. 그것은 또한 핵심 이념으로부터 회사를 멀어지게 하거나 발전을 저해하는 잘못된 얼라인먼트를 파악하여 집요하게 수정해 가는 끝없는 과정이다. 빌딩의 설계 구조가 발전을 저해한다면 빌딩의 설계 구조를 변경하거나 아예 이사를 가라. 조직의 구조가 발전을 저해한다면 조직의 구조를 바꿔라. 인센티브 시스템이 회사의 핵심 가치와 불일치하는 행동을 보상하고 있다면 인센티브 시스템을 바꿔라. 비전 기업에서 바꿀 수 없는 유일한 신성물은 그 회사의 핵심 이념뿐이다. 그 외의 것들은 모두 바꾸거나 없앨 수 있다.

6. 새로운 방법을 개발하여 보편적인 요건을 유지하라

한 회사가 비전 기업이 되기 위해서는 핵심 이념을 가지고 있어야 한다. 그리고 마지막으로 핵심 이념을 보존하고 발전을 자극하며, 모든 주요 부분이 서로 잘 얼라인되어 작동할 수 있도록 설계되어야 한다. 이것이 바로 비전 기업의 보편적인 요건들이다. 이 요건들이 바로 100년 전의 비전 기업이 다른 기업과 구별되는 점이었고, 그것은 현재도 그러하며, 21세기에도 비전 기업을 다른 기업들과 구별짓는 요건일 것이다. 우리가 만약 2095년에 이 책을 다시 쓴다고 가정해도 이와 동일한 기준이 가장 장수하는 성공 기업을 다른 회사들과 구분하는 기본 요건이 될 것이다.

그러나 핵심 이념을 보존하고 발전을 자극하기 위해 비전 기업이 사용하는 구체적 방법들은 분명히 변화하고 개선될 것이다. BHAGs, 컬트 같은 문화, 실험을 통한 진화, 내부에서 성장하는 경영진, 지속적인 자기 개선, 이런 것들은 모두 핵심 이념을 고수하고 발전을 자극하기 위해 실증된 방법들이다. 그러나 이것들이 개발할 수 있는 효과적인 방법의 전부는 아니다.

회사들은 오랫동안 실험되어 온 방법을 보완할 새로운 방법을 개발해 낼 것이다. 미래의 비전 기업은 지금 벌써 새롭고 더 나은 방법을 가지고 실험하고 있다. 경쟁 업체의 경영자들은 이를 이상하고 예외적이라고 말할지도 모르겠지만 언젠가는 일반적인 관행이 될 그런 방법들을 이미 개발하고 있다.

만약에 여러분의 회사가 비전을 가진 소수의 성공적인 기업들 중 하나가 되기를 원한다면, 이와 같은 것들이 바로 여러분이 현재 해야 할 일이다.

여러분이 창업자든, 중간 관리자든, 최고경영자든, 이사회 임원이든, 컨설턴트든 문제가 되지 않는다. 모든 층의 사람들을 인도하고 의욕을 북돋을 수 있는 핵심 이념을 보존하기 위해 될 수 있는 한 많은 방법을 실행하도록 노력해야 한다. 정체 상태에 대해 불만족한 감정을 불러일으키고, 변화·개선·창조·재생을 자극하는 메커니즘, 즉 사람들을 발전 정신으로 감염시키는 메커니즘을 개발하도록 노력해야 한다.

이 책에 나오지는 않았지만 핵심 이념을 보존하는 새로운 방법을 생각할 수 있다면 다른 모든 일을 제쳐놓고 그 일을 우선 순위에 올려 놓아라. 발전을 자극할 수 있는 새로운 메커니즘을 개발할 수 있다면 일단 시도해 보라. 입증된 방법을 사용하고 동시에 새로운 방법을 개발하라. 두 가지를 동시에 해야만 한다.

이것은 끝이 아니다

우리는 지금까지 오랫동안 시련을 이겨 낸, 진정으로 탁월한 회사들의 본질적인 바탕을 발견, 설명하기 위해 최선을 다했다. 우리는 이 책을 통해 상당량의 세부적인 내용과 증거를 제시했다. 하지만 모든 세부 내용을 여러분이 다 기억하리라고는 생각지 않는다. 하지만 이 책을 읽은 후 앞으로 여러분이 경영하는 동안 여러분을 이끌고 다른 사람들에게 전해 줄 수 있는 다음의 네 가지 핵심 개념을 기억해 주길 바란다.

1. 시간을 알려 주는 사람이 아니라 시계를 만들어 주는 사람, 즉 건축가가 되라.
2. '그리고' 라는 영신을 받아들여라.
3. 핵심을 보존하고 발전을 자극하라.
4. 일관성 있는 얼라인먼트를 추구하라.

우리는 마치 〈오즈의 마법사〉에 나오는 도로시 같은 기분이 든다. 그 영화에서 도로시는 마법사를 찾아 긴 여행을 하고 돌아온다. 도로시가 막상 장막을 제쳐 보니 마법사라고 생각했던 것이 결국 마법사가 아니었음을 발견한다. 그는 단지 정상적인 한 인간이었다. 도로시처럼 우리도 비전 기업이 반드시 다른 회사보다 특별히 더 명석하고, 카리스마가 있으며, 창의력이 뛰어나고, 사고가 복잡하며, 위대한 생각을 해내는 데 더 익숙한 회사는 아니라는 사실을 발견했다.

지금 우리가 한 이 작업은 세계의 중간 관리자, 최고경영자, 창업자들이 모두 다 개념적으로 이해할 수 있는 것들이다. 비전 기업들을 세운 사람들 역시 사업에 접근하는 방식에 있어 단순(simple)하려고 노력하는 경향이 있다. 하지만 단순이라는 것이 곧 쉽다는 이야기는 아니다.

우리는 이것이야말로 이 책을 통해 얻을 수 있는 것들에 대해 심오한 의미를 부여해 준다고 생각한다. 즉, 이것은 여러분이 무엇을 하든 여러분이 비전 기업을 만드는 데 큰 공헌을 할 수 있다는 것을 의미한다. 여러분은 위대한 카리스마를 가진 선지자가 이 땅에 내려오길 기다릴 필요가 없다. 창조적인 영감이 번개 치는 것 같은 위대한 아이디어를 바랄 필요가 없다.

"자, 현실을 인정합시다. 우리의 CEO는 카리스마를 가진 비전 있는 리더가 아니오. 희망이 없어요"라고 하는 무기력한 시각을 인정할 필요도 없다.

이는 또한 지금부터의 삶이 더 어려울 것이라는 점을 의미한다. 이는 여러분 주위의 다른 사람들이 이 책의 교훈을 이해할 수 있음을 의미한다. 이는 여러분의 조직이 비전 기업이 될 수 있도록 도움을 줄 수 있는 사람은 바로 여러분이며, 여러분이야말로 다른 어떤 사람들보다 더 자격이 있는 사람이라는 놀라운 사상을 인정하는 것을 뜻한다. 이는 여러분이 오늘부터 이 책에서 배운 바를 바로 적용할 수 있다는 사실을 깨닫는 것을 의미한다. 마지막으로 그리고 가장 중요한 의미로, 이는 기업이야말로 우리가 대학이나 정부에 보내는 것과 마찬가지의 관심과 배려를 필요로 하고 있으며, 중요한 사회적 기관으로서의 기업을 위해 깊고 지속적인 존경을 가지고 일하는 것을 뜻한다. 왜냐하면 세상 대부분의 일들이 공동의 대의를 가지고 함께 일하는 인간 조직의 힘을 통해 이루어지기 때문이다.

그래서 이것은 끝이 아니다. 끝의 시작도 아니다. 바라건대 이것은 시작의 끝이다. 도전적이고 힘들지만 그러나 정말 해볼 만한 비전 기업을 만드는 일의 시작이다.

제 11 장

비전 세우기
BUILDING THE VISION

"우리는 탐험을 멈춰서는 안 된다. 그리고 그 탐험의 끝은 우리가 시작한 곳에 도달하는 것이며 처음으로 그 곳이 어떤 곳인가를 알게 되는 것이다."

—T.S. 엘리엇, 〈4개의 4중주〉

비전은 단어 가운데서 가장 많이 사용되지만 또한 가장 적게 이해되고 있는 것 중 하나일 것이다. '비전'이라는 단어는 갖가지 종류의 이미지를 불러일으킨다. 우리는 아주 뛰어난 성취를 떠올리기도 한다. 또한 우리는 사회에서 그 성원들을 결합시키는 깊이 간직된 가치를 떠올리기도 한다. 우리는 사람들을 끌어들일 수 있는 대담하면서도 재미있는 목표들을 생각하기도 한다. 어떤 영구적인 것을 생각하기도 하는데, 그것은 조직이 존재해야 하는 근본적인 이유이다. 우리의 내면에 도달해서 최선의 노력을 이끌어 내는 무엇인가를 생각하기도 한다. 우리가 되고자 하는 꿈을 떠올리기도 한다. 그리고 바로 거기에 문제가 있다. 우리 모두 비전이 중요하다는 것을 알지만, 정확히 그것이 무엇이란 말인가?

개정판에 추가된 이 장에서 우리는 개념틀을 제시하고 있는데, 그것은 비전을 정의하고 유행과 같은 이 용어를 휩싸고 돌고 있는 희미하고 혼란된 개념에 선명함과 뚜렷함을 더하며, 조직 내에서 일관된 비전을 제시할 수 있는 실용적인 지침을 제시한다. 이 처방적인 개념틀은 이 책에 포함된 비전 있는 회사들에 대한 6년에 걸친 연구의 산물이며, 세계 각지에 있는 다양한 규모의 사업체의 강인한 지도자들과의 지속적인 실험을 통해 다듬어졌다.

다음 장에서 우리는 이 개념틀에 대해 철저하게 기술할 것이다. 이 개념틀을 구성하는 중요 아이디어들 중 어떤 것은 이전 장들에서 기술된 연구의 결과들과 겹친다. 따라서 이 장의 어떤 부분들은 불필요하게 여겨질지도 모르지만 우리는 이 장이 홀로 독립된 장으로서 효과적이길 바란다. 또한 이 장은 아이디어를 어떻게 적용할 수 있는지, 거기에는 비전 있는 회사들로부터 수집했거나 이 책을 위한 우리 본래의 목표를 넘어서는 다른 업체들과의 연구나 협력 사업으로부터 얻은 모범 사례들도 포함되는데, 이것들에 대한 실용적인 지침을 제공한다.

또한 《성공하는 기업들의 8가지 습관》에서 연구된 중요한 발견들을 재삼 강조하기 위해, 가장 지속적이고 성공적인 사업체를 구별짓는 가장 근본적인 특징들은 소중한 핵심 이념을 잘 간직하고 있을 뿐만 아니라 동시에 그 핵심 이념이 아닌 것들의 발전과 변화를 자극하고 있다는 점이다. 달리 말해, 그들은 변치 않는 핵심 가치와 영속적인 핵심 목표(절대 변하지 말아야 할 것들)와 사업 운영 관습과 전략들(변화하는 세계에 맞추어 변해야 하는 것들)을 구별한다. 진실로 위대한 회사에 있어, 변화란 하나의 상수(constant, 常數)이지만 그것이 유일한 상수인 것은 아니다. 그들은 절대 변하지 말아야 할 것과 변화를 위해 열려 있어야 하는 것의 차이를 이해하고 있고, 무엇이 진실로 신성한 것인가와 그렇지 않은 것을 구별할 줄 안다. 그리고 절대 변하지 말아야 하는 것을 분명히 인식함으로써, 그들은 다른 모든 것에 있어서 변화와 진보를 더 잘 자극할 수 있다.

이 장에 제시된 개념틀을 이용해 비전을 명확히 기술함으로써 조직에 있어 "핵심 가치를 보존하는 동시에 변화를 자극하는" 개념을 실천해 옮길 수 있는 지도 원리를 알 수 있다.

비전의 개념틀

〈그림 11-A〉 비전을 명확히 기술하기

잘 창안된 비전은 두 개의 주요한 요소로 이루어져 있다. 그것은 핵심 이념과 제시된 미래상이다. 이것이 "핵심 가치를 보존하는 동시에 변화를 자극한다"라는 동적인 개념과도 직접적인 평행선을 그리고 있음을 주목하라. 좋은 비전은 이와 같은 상보적인 음과 양의 힘들 사이의 상호작용에 근거해 만들어진다. 이것은 "우리가 왜 존재하며 무엇을 옹호하고 있는가"와 같은 변하지 않는 것들(핵심 이념들)을 정의하며 "우리가 어떤 조직이 되고 무엇을 이루고 무엇을 만들어 낼 것인가라고 열망하는 것들"을 제시하는데, 이것을 이루기 위해서는 상당한 변화와 진보가 필요하다(제시된 미래상).

비전을 추구한다는 것은 제시된 미래상을 향하여 핵심 이념을 보존하고 변화를 자극하기 위한 조직적이고 전략적인 얼라인먼트(alignment)를 만들어 냄을 뜻한다. 얼라인먼트를 통해 비전에 생명을 불어넣고, 그것을 단순한 선의의 의도가 아닌 구체적인 현실로 바꿀 수 있다.

핵심 이념

우리가 3장에서 살펴보았듯이, 핵심 이념은 조직체의 영속적인 성격을 규정한다. 이것은 사업체의 정체성이기도 한데 시간이 흘러도 일관성을 유지하고 제품/시장의 라이프 사이클과 기술적인 혁신, 경영 기법상의 유행, 개개인의 리더십 스타일을 초월한다. 사실 비전 있는 사업체의 토대에 가장 지속적이고 중요한 공헌을 하는 것은 그 핵심 이념이다. 빌 휼렛은 1996년 그의 오랜 친구이자 사업 파트너인 데이비드 패커드가 죽었을 때 다음과 같이 말했다.

"이 사업체에 관해 데이비드가 남긴 가장 큰 유산은 HP Way(휼렛 패커드 방식)[1]라고 알려진 일련의 윤리 코드입니다. 회사가 시작한 1938년 이래 회사를 이끌어 온 지도 이념인 이 휼렛 패커드의 핵심 이념은 개개인을 도덕적인 계율처럼 깊이 존중하고, 저렴한 가격에 질과 신뢰성을 주기 위해 헌신하며, 지역 사회에 대한 책임을 담당한다는 것입니다(회사는 그의 43억 달러에 달하는 회사 주식을 자선 단체에 기부했다). 또한 회사는 인간 생활의 복지를 향상시키기 위한 기술적인 공헌을 이루기 위해 존재한다는 것입니다. 데이비드 패커드, 소니의 마사루 이부카, 메르크의 조지 메르크, 3M의 윌리엄 맥나이트, 그리고 모토롤라의 폴 갤빈과 같은 창업주들은 당신이 어디를 향해 가고 있는가보다는 당신이 어떤 사람인지를 아는 것이 훨씬 중요함을 이해했는데, 왜냐하면 당신이 향하는 지향성은 당신을 둘러싼 세계가 변함에 따라 틀림없이 변할 것이기 때문입니다. 지도자들은 죽고, 제품들은 낡은 것이 되고, 새로운 기술이 부상하고, 시장도 변하고, 경영 기법도 왔다가 사라지지만, 위대한 회사의 핵심 이념은 지도 이념과 영감의 원천으로 계속 남아 있기 때문입니다.

핵심 이념은 조직이 성장하고 분산하고 여러 가지로 다양화하고 지구촌 곳곳으로 확장하며 그 안에서 다양성을 이루어 낼 때, 이것을 함께 결속시키는 접착제로 작용한다. 핵심 이념을, 수세기 동안 나라 없이 세계 곳곳에 흩어져 살았던 유대인들을 하나로 결합시켰던 유대교의 원칙들로 생각해 보라. 이러한 그들의 삶의 모습에서 디아스포라(Diaspora)라는 말이 유래되기도 했다. 또는 이것을 미국 독립 선언문에 자명한 것으로 제시되어 있는 진리로 생각해 보라. 또는 인류의 보편적인 지식의 진보를 위해 힘쓴다는 기치 아래 세계 각지에서 모여 한데 묶여 있는 과학자들의 공동체를 관통하는 이상이나 원리들이라고 생각해 보라. 효과적인 비전이라면 조직체의 핵심 이념을 반드시 구현하고 있어야 하며, 이것은 또한 두 가지 하위 요소들로 이루어진다. 핵심 가치와 핵심 목표들이 그것이다.

핵심 가치들

핵심 가치들은 조직체의 본질적이고 영속적인 조항들이다. 외적으로 정당화할 필요가 전혀 없는, 변함없이 지도해 주는 원칙들이다. 이것은 조직 내부의 사람들에게 고유한 가치와 중요성을 가지고 있다. 디즈니 사의 핵심 가치들인 상상력과 온전함은 시장에서 요구해서 생긴 것이 아니라 상상력과 온전함이 그들 자신의 이익을 위해 계속 가꾸어져야 한다는 내부의 믿음에서 비롯되었다. 윌리엄 프록터와 제임스 갬블은 제품의 성능의 우수성을 단순히 성공을 위한 '전략'으로 창안한 것이 아니라, 15년 동안 프록터&갬블

사원들에게 거의 종교적인 신념으로 받아들여지는 조항이 되도록 만들었다. 노드스트롬이 고객에 대한 서비스를 생활화한 것 또한 1901년으로 그 뿌리가 거슬러 올라간다. 이것은 고객에 대한 서비스가 사업에서 유행하기 시작한 것보다 80여 년이나 이른 것이었다. 빌 휼렛과 데이비드 패커드의 사원한 명 한 명에 대한 존경심은 어디까지나 자신들의 깊은 믿음에 바탕을 둔 것이었지 다른 책에서 읽은 것이라거나 어떤 경영 지도자에게서 들은 것이 아니었다. 존슨&존슨의 대표이사인 랠프 랄슨은 이것을 다음과 같이 말했다.

"우리 회사의 신조에 구현되어 있는 핵심 가치들은 비교 우위의 원천이 될 수 있다. 하지만 그렇기 때문에 그것을 가지고 있는 것은 아니다. 그것이 우리가 무엇을 옹호하는가를 잘 정의하고 있기 때문에 가지고 있는 것이며, 그것이 어떤 상황에선 경쟁상에 있어 불이익을 초래할지라도 우리는 그것을 유지할 것이다."[2]

중요한 점은 오랫동안 시장에서 견뎌 온 위대한 기업들은 현재의 환경이나 경쟁을 위해 필요한 것, 또는 경영상의 유행 기법과는 대체로 무관하게 그 자신들을 위해 어떤 가치들이 핵심이 되어야 하는지를 결정한다는 사실이다. 그렇다면 분명히 여기에는 보편적으로 받아들여지는 그 어떤 '올바른' 핵심 가치들은 없다. 회사는 고객에 대한 서비스를 반드시 가져야 하는 것은 아니고(소니 사의 경우 이것이 없다), 개개인에 대한 존경심을 꼭 가져야 하는 것도 아니며(디즈니 사의 경우 이것이 없다), 또는 제품의 질에 대해서도(월마트의 경우 이것이 없다), 또는 시장의 요구에 대한 반응(휼렛 패커드의 경우 이것에 대한 고려가 없다), 또는 팀워크에 대한 조항을(노드스트롬의 경우 이것이 없다) 꼭 가져야 하는 것도 아니다(물론 이러한 회사들도 비슷한 영역에 대하여 사업상의 관례나 전략들을 가지고 있을 수는 있다). 또한 이 연구에서 기초적으로 발견된 것을 강조하기 위해 중요한 것은, 조직체가 어떠한 핵심 가치를 가지고 있느냐가 아니라 핵심 가치를 가지고 있다는 사실 그 자체이다.

당신의 조직에 어울리는 핵심 가치들을 확인하기 위해 무자비할 정도의 정직함으로, 진실로 핵심적인 가치를 찾아보라. 만약 다섯이나 여섯 개 이상의 조항들이 기술되어진다면, 당신은 정말 본질적인 것들에서 벗어나 있을 우려가 있다. 아마도 핵심 가치들(변하지 않아야 한다)과 사업상의 관례들, 전략 또는 문화 규범(변화를 위해 열려 있어야 한다)을 혼동하고 있을지도 모른다. 기억해야 할 것은, 이러한 가치들은 오랜 시간을 견뎌 낼 수 있어야 한다는 것이다. 핵심 가치들에 대한 예비적인 목록을 뽑은 다음에 각각의 조항에 대해 질문해 보라. "만약 환경이 바뀌어 이러한 조항들을 옹호한다는 것이 회사를 오히려 위태롭게 할 경우에도 우리는 여전히 이것을 유지할 것인가?" 만약 정직하게 그렇다고 할 수 없다면, 이것은 핵심 가치가 될 수 없으며 따라서 버려져야 한다.

예를 들어, 우리가 함께 일했던 한 하이 테크 회사의 경우 '제품의 질'을 그들의 핵심 가치 목록에 두어야 하는지를 두고 고민했다. 대표이사가 물었다. "예를 들어 지금부터 10년이 지난 후 제품의 질은 시장에서 그다지 중요한 요소가 아니라고 합시다. 문제가 되는 유일한 것은 제품의 질이 아니라 스피드나 마력(horsepower)과 같은 요소라고 합시다. 그래도 여전히 질에 대한 것을 핵심 가치의 목록에 놓아 두어야 합니까?" 경영자팀의 멤버들은 서로를 쳐다보며 마침내 말했다. "정직하게 말한다면, 아닙니다." 질에 대한 항목은 핵심 가치에서 더 이상 거론되지 않았다.

제품의 질은 그 회사에 있어 현재의 기업 전략의 항목에 놓여져 있다. 제품의 질을 향상시킨다는 항목으로 진보를 자극하기 위한 메커니즘의 하나로 목록에 놓여져 있는 것이지, 핵심 가치의 목록을 이루는 것은 아니다. 기억하라. 시장 상황이 변화함에 따라 전략은 달라지지만, 핵심 가치의 경우 비전 있는 기업에 있어선 달라지지 않는다.

이 경영자팀은 이제 '경쟁에 있어 우위를 지킬 수 있는 혁신'을 그들의 핵심 가치 항목에 두어야 하는가를 두고 고민하기 시작했다. 대표이사는 같은 질문을 던졌다. "우리를 둘러싼 세계가 변화한다 해도 우리는 이것을 여전히 핵심 가치 항목에 두어야 합니까?" 이번엔 경영자팀 모두가 한결같은 목소리를 내었다. "네! 우리는 언제나 선두를 유지할 수 있는 혁신을 원합니다. 그것이 우리입니다. 이것은 정말로 중요하고 언제나 그러할 것입니다. 그것이 무엇이든 말입니다. 만약 현재의 시장이 그것을 가치 있게 여기지 않는다 해도, 우리는 그것을 소중하게 생각하는 시장을 찾아낼 것입니다." 혁신을 이끌어 간다라는 항목은 핵심 가치 항목에 그대로 남아 있게 되었고 앞으로도 여전히 그러할 것이다. 회사는 핵심 가치를 변화하는 시장에 맞추어 바꿔서는 안 된다. 그보다는 차라리 시장을 바꾸어야 한다. 필요하다면 핵심 가치에 충실하기 위해서 꼭 그러해야 한다.

핵심 가치를 명확히 기술해야 하는 과제에 누가 참여해야 하는가는 회사의 나이와 크기 그리고 지리적인 배치에 따라 달라지지만, 많은 경우 우리는 '화성 그룹'을 제시한다. 이것은 다음과 같이 작동한다. 당신의 조직이 가진 가장 좋은 속성을 다른 행성에다 재창조하려면 어떻게 해야 하는지 요구받았다고 상상해 보라. 하지만 이 행성에 보낼 우주선에 사람이 탈 수 있는 자리는 다섯 명에서 일곱 명으로 제한되어 있다. 그러면 누구를 보낼 것인가? 그들은 핵심 가치를 잘 이해하고 있어야 하고, 동료들에게 가장 신뢰 받을 수 있는 사람들이어야 하며, 가장 유능해야 한다.

우리는 종종 다섯 명에서 일곱 명의 화성 그룹을 선발하기 위해 핵심 가치에 대한 일을 해야 하는 사람들을 한데 모아 줄 것을 요구하곤 한다. 거의 언제나 그들은 핵심 가치를 명확하게 가장 잘 제시할 수 있는 유능하고 신뢰할 수 있는 그룹을 선별해 우리에게 제시하곤 하는데, 그것은 그들이 핵심 가치를 가장 잘 나타내고 있기 때문이다. 회사의 '유전 정보'를 드러내는 모범 답안과 같다(이 '화성 그룹'은 아래에 기술되어 있는 핵심 목표들을 잘 기술하기 위해서도 효과적으로 쓰일 수 있다).

  공유된 핵심 가치의 집합을 가지고 있지 않은 조직은, 심지어 서로 다른 문화에서 자란 다양한 성원들로 이루어진 지구촌 규모의 기업이라 해도 발견할 수 없었다. 중요한 것은 개개인에서 시작하여 조직으로 작업을 해 나가는 것이다. 핵심 가치를 명확히 기술하는 과제에 참여하고 있는 사람들은 다음과 같은 질문과 씨름해야 한다. 당신이 개인적으로 일터에 가져오는 핵심 가치들은 무엇인가? 당신이 가장 기초적인 것이라 여기고 있기 때문에 그것이 보상을 받든 안 받든 당신이 꼭 간직하고 싶어하는 그 무엇 말이다. 당신의 아이들이나 사랑하는 이들에게 당신이 일터에서 지키려 애쓰고 있는 핵심 가치들, 또 그들이 커서 일하게 되었을 때도 꼭 지켜주었으면 하고 바라는 가치들이 무엇이냐고 묻는다면 무엇을 말하겠는가? 만약 내일 아침 잠에서 깨었을 때 당신이 여생을 보낼 수 있는 충분한 돈을 가지게 되었다 해도 당신은 여전히 그 핵심 가치를 지키려 애쓰며 살아갈 것인가? 바로 오늘 유효한 것처럼 지금으로부터 100년이 지난 후에도 이 핵심 가치들이 당신에게 여전히 유효할 것인가? 어떤 상황에선 이러한 핵심 가치들이 경쟁상에 있어 불리함을 가져온다 해도 당신은 여전히 이를 지키고 싶어할 것인가? 만약 당신이 새로운 조직을 다른 작업 선상에서 시작한다고 할 때, 그 새로운 사업체의 종류에 상관없이 어떠한 핵심 가치들을 그 새로운 조직에다 쌓아 올릴 것인가? 이 마지막 세 가지 질문들은 특별히 중요한데, 왜냐하면 이것이야말로 절대 변하지 말아야 할 핵심 가치들과, 그렇지 않고 항상 변할 수 있는 사업상의 관례나 전략을 구별짓는 중요한 차이이기 때문이다.

핵심 목표

핵심 이념을 이루는 두 번째 요소인 핵심 목표는 조직체가 존재해야 하는 가장 근본적인 이유이다. 전에 우리는 핵심 가치들과 구별되는 요소들로서 핵심 목표에 대해 충분한 주의를 기울이지 않았는데, 그 결과 이것의 중요성을 제대로 강조하지 못했다. 핵심 목표와 핵심 가치들 중 어떤 것을 선택할 것인가 하는 질문에 대해, 조직을 지도하고 영감을 불러일으키는 보다 중요한 요소로서 우리는 핵심 목표를 선택할 것이다. 이것은 또한 핵심 가치들보다 더 구별해 내기가 어려운 것이다.

효과적인 목표는 단순히 조직체의 산물이나 타깃이 되는 주고객을 기술하는 것보다 성원들이 조직의 업무에 부여하는 중요성을 반영한다. 이것은 성원들에게 성취 동기를 불러일으킨다. 이것은 조직체의 영혼을 담고 있다고 할 수 있다(이러한 목표들의 예가 〈표 11-1〉에 제시되어 있다). 목표가 있음으로 해서 단순히 돈을 버는 것을 초월하여 조직이 존재해야 하는 이유에 대해 보다 깊이 이해하게 되는데, 이 점에 대해 데이비드 패커드는 1960년에 연설을 한 바 있다.

> "내 생각엔 많은 사람들이 회사란 돈을 벌기 위해 존재한다는 그릇된 생각을 가지고 있는 것 같습니다. 이것은 분명히 회사가 존재함으로써 생기는 중요한 결과이긴 합니다. 하지만 이것보다 더 깊이 있게 들어가서 우리가 존재해야 하는 진정한 이유를 찾아야 합니다."

적어도 100년은 유지되어야 하는 목표라면 100년 동안 많이 바뀔 수도 있는 특정한 사업 전략이나 단기적으로 이루려 하는 것들과 혼동되어서는 안 될 것이다. 소기의 목적을 달성하고 전략을 완성시킬 수는 있지만, 이것을 통해 목표를 실현하지 못할 수도 있다. 이것은 수평선 위에 있는 길잡이

별과도 같다고 할 수 있다. 영원히 도달하려 해도 결코 도달할 수 없는 것이다. 목표란 절대 완전히 실현될 수 없다는 바로 그 사실은, 조직체란 그 목표를 위해 변화와 진보를 이끌어 내기 위한 노력을 결코 멈출 수 없음을 뜻한다.

〈그림 11-1〉 핵심 목표들의 예

3M	풀리지 않는 문제들을 혁신적으로 해결한다.
카길	지구촌 삶의 질을 향상시킨다.
패니 마이	계속적으로 홈 오너십을 민주화함으로써 사회 조직을 강화한다.
휼렛 패커드	인류의 복지 증진을 위해 기술적인 측면에서 공헌한다.
이스라엘	유대 민족을 위한 안전한 장소를 이 땅에 제공한다.
로스트 애로우 코퍼레이션	사회 변혁을 위한 모델이 되고 그 도구를 제공한다.
퍼시픽 시어터	사람들의 삶이 풍부해지고 지역 공동체를 살찌울 수 있는 장소를 제공한다.
마리 캐이	여성들에게 무한한 기회를 제공한다.
맥킨지	일류의 사업체나 정부가 보다 더 성공할 수 있도록 돕는다.
메르크	인간의 삶을 보존하고 개선한다.
나이키	경쟁자를 눌러 이기고, 경쟁에서 승리하는 감정을 경험한다.
소니	여러 사람들에게 진보된 기술을 사용하는 즐거움을 경험하게 한다.
텔레캐어	정신적 장애를 가진 사람들에게 그들의 가능성을 최대한 실현할 수 있도록 돕는다.
월마트	보통 사람들에게 부유한 사람들이 사는 것과 같은 좋은 제품을 살 수 있는 기회를 제공한다.
월트 디즈니	사람들을 행복하게 한다.

목표를 찾아내고 수립하기 위해, 어떤 회사들은 단순히 현재의 생산 라인이나 고객의 인자(因子)들을 서술하는 실수를 범하기도 한다. 다음과 같은 것은 효과적인 목표라 볼 수 없다.

"우리는 정부로부터 받은 인허를 충실히 이행하기 위해 담보물을 증권으로 바꿔 이차 담보물 시장에 참여함으로써 존재한다."

이것은 단순히 서술적일 뿐이다. 이보다 훨씬 더 효과적인 목표에 대한 선언은 패니 마이의 간부에 의해 표시되었다.

"계속적으로 홈 오너십을 민주화함으로써 사회 조직을 강화시킨다."

우리가 아는 것처럼 2차 담보 시장은 100년도 가지 못할지 모르지만, 계속적으로 홈 오너십을 민주화함으로써 사회 조직을 강화시킨다는 것은 영속적인 목표가 될 수 있다. 아무리 세상이 바뀐다 할지라도 말이다. 이러한 목표에 의해 지도되고 이끌려서, 패니 마이는 1990년대 초 일련의 담대한 이니셔티브를 취하기 시작했는데, 5년 동안 40%나 담보 보험 가입 비용을 감소시켜 주는 새로운 시스템을 개발하고, 보험 가입에 대한 새로운 시도로 50억 달러의 자금을 보조받아 대출에 있어 차별을 없애고, 전통적으로 집을 소유하지 못한 1천 만 가구들(소수 민족들, 이민자들, 그리고 저소득 계층들)에게 2000년까지 1조 원을 제공하는 대담한 조치를 도입했다.

마찬가지로, 3M은 접착제나 연마제의 경우 그 목표를 규정하지 않는다. 하지만 해결되지 않은 문제를 혁신적으로 해결한다는 회사의 가치를 지속적으로 추구함으로써 3M은 새로운 사업 영역들로 진출할 수 있는 선구자라는 목표를 이루고 있다. 맥킨지의 목표는 경영에 대한 컨설팅을 제공하는 것이 아니라 사업체나 정부가 보다 더 성공할 수 있도록 돕는 것이다. 따라서 100년이 지나면 컨설팅이 아니라 다른 방법으로 그들을 도울지 모른다. HP는 전자 제품을 만들려고 존재하는 것이 아니라 어떤 방식으로든 사람들의 삶을 향상시키기 위해 기술적인 공헌을 하는 것이다. 이 목표가 있으므로 해서 회사는 애초의 전자 제품 생산이라는 것에서 훨씬 벗어난 영역으로 나아갈 수 있었다. 만약 월트 디즈니 사가 사람들을 행복하게 한다는 목표가 아니라 만화를 만드는 것을 회사의 목표로 구상했다고 상상해 보라. 우리는 아마도 디즈니랜드나 EPCOT 센터, 또는 애너하임 마이티 덕스 하키팀을 보지 못했을 것이다.

우리가 함께 일했던 한 제약 회사의 경우 자신들의 목표를 "사람들의 치료를 돕기 위한 약품 생산"이라고 할 것인지 고려했다. 우리는 물었다. "그 목표가 지금부터 100년 후에도 유효할 수 있을까요?" 한 매니저가 아마도 재래식 약품 외에도 사람들의 질병 치료에 도움을 줄 수 있는 다른 방법을 개발하거나 발견할지도 모른다고 지적했다. 다른 사람은 다음 몇 십 년 이내에 회사는 동물 치료 기술을 개발할 수도 있다고 얘기했다. 세 번째 중역은 "저는 치료를 위한 것들만을 만들기 위해 여기 있는 것은 아닙니다. 저는 치료에 있어 의미 있는 발전을 하기 위해 여기에 있습니다. 다른 사람들이 해낸 것 이상의 것을 남기려 하는 것입니다. 그렇지 않다면 무슨 소용이 있겠습니까?" 궁극적으로 회사는 자신들의 목표를 다음과 같이 설정했다. "우리는 치료에 있어 의미 있는 공헌을 하는 것을 목표로 존재한다." 이 목표가 회사를 다음 몇 백 년 동안 이끌고 영감을 줄 것이다.

목표를 수립할 수 있도록 돕는 한 가지 강력한 방법 중 하나가 '다섯 번의 왜'라는 질문들이다. 서술적인 성명들로부터 시작하라. "우리는 X 제품을 만든다" 또는 "우리는 X라는 서비스를 제공한다"라고 써 놓고서 물어 보라. "왜 이것이 중요한가"라는 질문을 다섯 번만 해보라. 몇 번의 왜라는 질문을 던진 다음, 아마도 당신은 회사가 존재해야 하는 가장 근본적인 목표에 접근할 수 있을 것이다. 우리는 이 방법을 시장에 대한 연구를 수행하는 회사와 목표를 세우는 토의를 심화시키고 풍부하게 하기 위해 사용했다. 경영자팀은 몇 시간 동안 처음으로 만나 그들의 조직에 대한 다음과 같은 목표 선언을 만들어 냈다. "가능한 가장 최선의 시장 연구 데이터를 제공한다." 그리고 나서 우리는 다시 물었다. "왜 가능한 가장 최선의 시장 연구 데이터를 제공하는 것이 중요한가?" 약간의 토의를 거친 후에, 그들의 대답은 이 조직체의 목표를 깊이 반영하고 있었다. "가능한 최선의 시장 연구 데이터를 제공하는 것은 소비자들로 하여금 그렇지 않은 경우보다 더 나은 시장에 대한 이해를 할 수 있도록 돕는 것이다." 토의를 좀더 하자 그들은 그들의 자부심이 시장에 대한 연구를 파는 것으로부터 얻는 것보다 고객들이 성공할 수 있도록 돕는 데서 더 생긴다는 것을 깨달을 수 있었다. 이러한 일련의 자기 검증을 통해 회사는 자신들의 목표를 다음과 같이 확인할 수 있었다. "고객들이 시장에 대한 이해를 도움으로써 그들의 성공을 돕는다." 이러한 목표를 염두에 두고, 회사는 이제 그들의 제품에 관한 결정을 할 때 "이것이 팔릴 것인가?"와 같은 질문이 아니라, "이것이 우리 고객의 성공에 도움을 줄 것인가?"와 같은 질문을 던지게 되었다.

'다섯 번의 왜'라는 질문을 던짐으로써 평범한 업계에 있는 회사들도 보다 더 의미 있는 방식으로 그들의 사업을 정돈할 수 있다. 예를 들어, 아스팔트와 자갈을 만드는 회사라면 "우리는 아스팔트와 자갈을 만듭니다"라는 문구로부터 시작할 수 있다. 몇 번 왜 그래야 하는가 하는 질문을 던진 다음, 그들은 그들이 만드는 것의 밑바탕이 되는 기간 산업이 사람들의 안전과 경험을 쌓는 데 있어 굉장히 중요한 역할을 담당하기 때문에 자신들의 일이 중요하다고 결론을 내리게 되었다. 공사 중인 길에 차를 몰고 가는 것은 짜증나고 위험한 일이다. 747 여객기는 형편없는 노동 인력과 저급의 콘크리트로 만들어진 활주로 위에 절대로 안전하게 내릴 수 없다. 표준 이하의 자재를 이용해 만든 건물은 시간이 지날수록 약해질 것이고 지진이 발생할 경우 무너질 수도 있다. 이와 같은 내적인 반성을 통해 다음과 같은 목표가 떠오를 수 있다. "인간이 쌓아 올린 건축물의 질을 개선시킴으로써 사람들의 삶을 향상시킨다."

이러한 목표 의식을 바탕으로, 캘리포니아의 왓슨빌에 있는 그래닛 록 회사는 맬컴 볼드리지 우수 품질상을 받았다. 조그만 아스팔트와 석회 회사에게 있어 이것은 쉬운 성취가 아니었다. 그리고 이 회사는 우리가 접했던 그 어떤 회사보다도 더 진취적이고 활발한 성공 사례의 회사가 되었다.

이 장에서 논의된 핵심 목표들 중 그 어떤 것도 "주주의 이익을 극대화한다"라는 항목에 들어가지 않았음을 주목하라. 핵심 목표의 주요한 역할은 지도하고 영감을 불러일으키는 것이다. "주주의 이익을 극대화하는 것"은 조직에 있어 모든 수준의 사람들에게 영감을 불러일으키지 않는다. 이것은 또한 귀중하긴 하지만 별 도움이 안 되는 지도 이념이기도 하다. "주주의 이익을 극대화하는 것"은 자신들만의 진정한 목표를 아직 찾아내지 못한 회사가 손쉽게 빌려다 쓰는 그러한 목표에 불과하다. 이것은 대체 이념에 불과하며, 그러면서도 약한 대체 논리에 불과하다.

위대한 조직에 몸담고 있는 사람들이 자신들이 성취한 것에 대해 얘기하는 것을 들어 보면, 주당 수익률에 대해서는 거의 얘기하지 않는 것을 알 수 있다. 모토롤라는 인상적인 제품의 질 향상에 대해, 그리고 자신들의 제품이 세상에 끼친 영향에 대해서 얘기한다. 휴렛 패커드의 사람들은 그들의 제품이 시장에 나와 기술적으로 공헌한 것에 대해 자랑스럽게 얘기한다. 노드스트롬의 사람들은 자신들의 영웅적인 고객 봉사 정신에 대해 얘기하고, 스타급 영업 사원들이 거둔 뛰어난 개인적 성취에 대해 얘기한다. 보잉 사의 한 엔지니어가 혁신적이고 뛰어난 777 여객기가 취항하는 것에 대해 얘기할 때, 그녀는 "저는 이 과제가 실현될 수 있도록 내 마음과 영혼을 모두 바쳤습니다. 그것은 주당 7센트 정도의 가치를 더 불려 줍니다"라고는 결코 말하지 않는다.

주주의 이익을 극대화한다라는 것을 뛰어넘는 수준의 목표를 세울 수 있는 또 다른 방법은 '임의로 회사를 인수해 죽여 버리는(Random Corporate Serial Killer)' 게임을 해보는 것이다. 이것은 다음과 같다. 당신이 회사의 내외부에서 인정된 가격보다 더 쳐줘서 회사를 사려는 사람에게 회사를 팔려 한다고 하자. 그 인수자가 회사의 미래의 현금의 흐름을 모두 고려해서 가장 관대하게 회사를 인수하려 한다고 하자. 또한 회사의 인수 후에도 동일한 임금 수준에서 직원들의 안전한 고용은 보장하지만, 이들의 직업이 동종 업계에 계속 머물러 있을지는 보장할 수 없다고 하자. 마지막으로, 이 인수자가 기업을 인수한 후엔 이 회사를 '죽이고자' 한다고 하자. 제품의 생산과 서비스는 일단 중단될 것이고, 더 이상 공장은 영업을 멈추고 문을 닫을 것이며, 회사의 상표는 영원히 쓰이지 않게 될 것이며, 뭐 이런 식으로 말이다. 회사는 더 이상 존재할 수 없게 될 것이고, 이 땅에서 완전히 사라질 것이다. 당신은 이러한 매수 제의를 받아들일 것인가? 그렇다면 그 이유는 무엇이고 아니라면 또 무엇인가? 회사가 더 이상 존재하지 않게 된다면 도대체 무엇을 잃게 될 것인가? 현재와 미래에 있어 회사가 계속 존재해야 하는 중요한 이유는 무엇인가? 우리는 이 방법이 돈에 대해 지나치게 집착하고 있는 고집이 센 지도자들이 자신들의 조직이 진실로 존재해야 하는 더 깊은 이유에 대해 반성해 볼 수 있도록 돕는다는 것을 알게 되었다.

또 다른 접근법은 화성 그룹의 각각의 멤버들에게 다음과 같은 질문을 던져 보는 것이다. 당신이 계속해서 조직의 사업을 수행할 수 있도록 어떻게 회사의 목표를 틀 안에 넣을 것인가? 어떤 더 깊은 목표 의식이 당신을 동기 부여하도록 해서 당신의 소중한 에너지를 이 회사를 위해 쓰도록 계속 채찍질할 것인가?

21세기로 나아감에 따라, 회사는 최대한 창의적 역량을 끌어모으고 성원들의 능력을 활용할 필요가 있다. 하지만 왜 성원들이 이러한 수준의 헌신을 해야 하는가? 피터 드러커가 지적했듯이, 가장 뛰어나고 헌신하는 사람들은 자원 봉사자들이다. 왜냐하면 그들은 자신의 삶을 통해 다른 것을 할 수 있는 기회가 있기 때문이다. 사회가 점차 유동성을 지니고, 회사 생활에 대한 냉소주의와 경제에 있어서의 기업 팽창주의가 확산됨에 따라, 회사들은 그 어느 때보다 자신들의 목표를 선명하게 인식하여 보다 자신들의 업무를 의미 있게 하고 뛰어난 성원들을 끌어들이고 보유하며 성취 동기를 부여하게 될 것이다.

핵심 이념에 대한 몇 가지 중요한 점들

매우 중요한 점이 하나 있다. 당신은 핵심 이념을 만들어 내거나 확정하는 것이 아니다. 당신은 그것을 발견해 내는 것이다. 이것은 외적인 환경에서 유도되는 것이 아니다. 당신은 자기 자신을 들여다봄으로써 거기에 이를 수 있다. 핵심 이념은 독창적이어야 한다. 당신이 이념을 꾸며 낼 수는 없다. 또한 당신은 그것을 지적으로 유도해 낼 수만 있는 것도 아니다. "어떤 핵심 가치를 우리가 가져야만 하는가"라고 묻지 말라. 대신 다음과 같이 물어 보라. "어떤 핵심 가치를 우리는 실제로 가지고 있는가?" 핵심 가치나 목표들은 가장 기초적인 단계에서 옹호되어야 하며, 그렇지 않다면 이것은 핵심 가치가 아닌 것이다. 조직이 가져야 한다고 보지만 조직이 아직 가지고 있지 않은 가치들은 진정한 핵심 가치에 포함되어서는 안 된다. 그렇게 하는 것은 조직 전반에 냉소를 불러일으킬 수 있다(누가 감히 농담을 하는 거야? 여기서 그건 핵심 가치가 될 수 없다구!).

이와 같이 무엇인가가 되고 싶다는 당신의 열망은 당신 자신의 미래상의 일부(뒤에서 더 논의하기로 한다)나 또는 당신의 전략의 일부로는 적합하다 할 수 있지만, 핵심 이념의 일부로는 적합하지 않다. (한때는 진정한 핵심 가치였다가 시간이 지남에 따라 약해진 가치들은 당신이 조직에 그것을 다시 들여오면서 더 많은 일을 할 수 있음을 보여 줄 수 있을 때 합당한 핵심 이념의 일부가 될 수 있다.)

핵심 이념의 역할은 지도하고 영감을 불러일으키는 것이지만 이것이 차별화를 가져오는 것은 아니다. 두 개의 회사가 전적으로 동일한 핵심 가치나 목표를 가질 수 있다. 그러나 많은 회사가 "기술적인 공헌을 이룬다"는 목표를 가질 순 있지만, 휴렛 패커드만큼 이 목표를 열정적으로 실천하고 있는 회사는 드물다. 많은 회사들이 "인간의 삶을 향상시키고 보존한다"는 목표를 가질 순 있지만, 메르크만큼 이 목표를 받들고 있는 회사는 드물다. 많은 회사들이 "영웅적인 소비자 서비스 정신"이라는 핵심 가치를 가질 순 있지만, 노드스트롬만큼 그 가치를 중심으로 일종의 컬트적인 강렬한 문화를 가지고 있는 회사는 드물다. 많은 회사들이 '혁신'이라는 핵심 가치를 가지고 있지만, 우리가 3M에서 보는 것과 같은 혁신을 자극하는 강력한 메커니즘을 가지고 있는 회사는 드물다.

또한 한 회사를 비전 있게 만드는 것은 이념의 내용이 아니라 그 이념을 얼마나 일관적으로 열심히 실천하느냐 하는 것이다. 즉 얼마나 비전에 맞추어 조직을 운영할 수 있느냐가 다른 회사들과 비전 있는 회사를 차별화하는 관건이다. 당신을 다른 이들과 차별화하는 것은 당신이 무엇을 믿느냐가 아니라 무엇인가의 가치를 믿고, 그것을 깊이 받아들이고, 그것을 지키고 보존하며, 일관적인 얼라인먼트를 통해 삶 속에 실현하는 것이다.

핵심 이념은 조직 내부의 사람들에게만 의미를 가지고 영감을 불러일으키면 된다. 외부인에게 꼭 흥미를 불러일으킬 필요는 없다. 장기간에 걸쳐 조직의 성공을 가져올 수 있도록 핵심 가치와 목표에 의해 동기 부여될 필요가 있는 사람은 조직 내부의 성원들로 족하다.

핵심 이념이 조직 외부의 사람들에게 끼치는 영향은 사실 덜 중요한 것이고, 이것이 핵심 이념을 찾아내는 작업을 결정짓는 요소가 되어서는 안 된다. 그러므로 핵심 이념은 누가 조직의 내부에 있어야 하고 누가 조직의 외부에 있어야 하는가를 결정하는 데 필수적이다. 선명하고 잘 진술되어 있는 이념은 성원들을 그 회사로 불러들이고, 그 회사는 개인이 가진 가치를 회사의 그것과 양립할 수 있도록 되며, 개인의 가치가 회사의 그것과 대치할 경우 이를 거부한다.

당신은 새로운 핵심 가치나 목표를 성원들에게 주입할 수는 없다. 핵심 가치나 목표들은 성원들이 사들여야 하는 그 무엇이 아니다. 성원들은 사전에 그것을 옹호하고 싶어하는 경향을 가지고 있어야만 한다. 중역들은 흔히 묻곤 한다. "어떻게 하면 성원들이 우리의 핵심 가치들을 나눌 수 있습니까?" 당신은 그렇게 할 수 없다는 것이 답이다. 그 대신, 주어진 과제란 당신의 핵심 가치와 목표를 함께 나눌 수 있는 성향의 사람들을 찾아내어 그들을 끌어들이고 잘 관리하며, 이러한 핵심 가치를 나누기 싫어하는 사람들은 떠나보내는 것이다. 요컨대 핵심 가치를 명확히 하는 과정을 통해 그 성원들 중 조직의 핵심 가치와 양립하기 힘들다는 것을 확실히 알게 된 사람들이 회사를 떠나도록 돕는 것이다. 이것은 긍정적인 성과물의 하나이며 피할 수 없는 것이기도 하다. 물론 당신은 엄격한 핵심 이념 내에서도 조직의 다양성을 가질 수 있고 또한 그래야만 한다. 성원들이 핵심 가치나 목표들을 나누고 있다고 해서 그것이 성원들 모두가 같은 것을 생각하거나 바라본다는 것은 아니다.

핵심 이념과 핵심 이념을 담고 있는 성명서를 혼동해서는 안 된다. 회사는 형식적인 성명서 없이도 매우 강력한 핵심 이념을 가지고 있다. 예를 들어 나이키는 우리가 아는 한 그들의 핵심 목표에 대한 그 어떤 형식적인 성명서를 가지고 있지 않다. 그럼에도 불구하고 우리가 관찰한 바에 의하면, 나이키는 강력한 핵심 목표를 가지고 있는데 이것은 조직 전반에 컬트적인 열정과 함께 스며들어 있다. 즉 경쟁자를 눌러 이기고, 경쟁에서 승리하는 감정을 경험한다는 것이다. 나이키는 일종의 캠퍼스를 가지고 있는데,

이것은 복합적인 기업의 사무실이라기보다는 경쟁심을 불러일으키는 일종의 사원과도 같다. 나이키를 신고 있는 영웅들의 사진이 벽면을 장식하고 있고, 청동 표찰들이 나이키의 '명예의 전당'에 걸려 있으며, 나이키 선수들의 흉상이 캠퍼스를 둘러싼 트랙을 따라 늘어서 있고, 빌딩들은 올림픽 마라톤 챔피언인 조앤 베노이트나 농구 황제인 마이클 조던, 그리고 테니스 스타인 존 맥켄로와 같은 선수들의 이름을 따서 붙여져 있다. 나이키 성원들 중 투지와 '용맹스러울 수 있는' 정신에 의해 동기 부여되지 않은 사람들은 그 문화에서 오래 버틸 수가 없다. 심지어 회사의 이름조차(나이키는 그리스 신화에 나오는 승리의 여신이다) 일종의 경쟁 의식을 반영하고 있다. 따라서 나이키는 자신들의 목표를 명확히 구체적으로 제시한 적은 없지만, 그들은 확실히 강력한 목표를 가지고 있는 것이다.

핵심 가치와 목표를 찾아내는 작업은 그러므로 멋있는 단어를 찾아내는 연습이 아니다. 조직체는 오랜 세월을 두고 다양한 성명서를 산출함으로써 그들의 핵심 이념을 서술하게 될 것이다. 휼렛 패커드의 문서 보관실에 가 보면 데이비드 패커드가 1956년부터 1972년까지 초안을 잡은, 6개가 넘는 'HP Way'의 문서를 발견할 수가 있다. 모두 다 같은 원칙들을 서술하고 있지만, 사용된 단어들은 그때그때의 상황과 시대적인 여건에 따라 달라지고 있다. 마찬가지로, 소니 사의 핵심 이념 또한 회사가 창립된 이래 여러 차례 다른 방식으로 서술되고 있다. 회사가 창립되었을 당시, 마사루 이부카는 소니의 핵심 이념의 두 가지 주요 요소를 다음과 같이 서술했다.

"우리는 기술상에 있어서의 어려움을 환영할 것이며, 그 개수에 관계없이 사회적으로 큰 유용성을 가진 고도로 정교하게 조립된 제품을 개발하는 데 노력을 집중할 것입니다. 우리는 주요한 강조점을 개인의 능력과 업적 그리고 인격에 두어 개개인이 그들의 능력과 자질을 최대로 발휘할 수 있도록 할 것입니다."

40년의 세월이 흐른 후, 이와 같은 이념이 '소니의 선구자적 정신'이라는 이름을 입고 다시 나타났다.

"소니는 선구자이며 다른 사람들의 뒤를 좇지 않는다. 진보를 통해 소니는 전세계인을 섬기기를 바란다. 우리는 알려지지 않은 것을 탐구하는 자로 항상 남을 것이다. 소니는 개인의 능력을 존중하고, 그것을 격려해 주는 정신을 원칙으로 하며, 개개인이 최선의 역량을 발휘할 수 있도록 돕는다. 이것이 소니의 생명력이다."[3]

같은 핵심 가치들이지만, 다른 말로 표현되어 있는 것이다.

따라서 당신은 올바른 내용을 가지는 데 노력을 집중해야 한다. 돌에 새겨진 완벽한 성명서처럼 멋진 어휘를 찾는 것이 아니라, 핵심 가치와 목표의 정수를 파악하는 데 주력해야 하는 것이다. 요점은 완벽한 성명서를 만드는 것이 아니라 조직의 핵심 가치와 목표를 깊이 인식하는 것이며, 그런 후에 이것은 여러 가지 방식으로 표현될 수 있는 것이다. 사실 일단 핵심을 파악하게 되면, 우리는 모든 매니저들이 그들 자신의 핵심 가치나 목표 선언서를 작성하여 그것을 조직의 다른 성원들과 나누기를 바란다.

마지막으로, '핵심 이념'을 '핵심 능력'과 혼동하지 않기를 바란다. 여기에 그 차이들이 있다. 핵심 능력이란 당신의 조직이 가진 역량에 대해 말하는 전략적 개념이며(당신이 특별히 잘하는 그 무엇), 그 반면 핵심 이념은 당신이 무엇을 옹호하며 왜 존재하고 있는가를 나타내는 개념이다. 핵심 능력이란 회사의 핵심 이념과 잘 조화를 이루어야 한다. 이는 이념에 뿌리를 내리고 있는 경우가 흔하지만, 그렇다고 해서 이념 자체와 똑같은 것은 아니다. 예를 들어 소니는 모든 것을 작게 만드는 데 핵심적인 능력을 가지고 있는데, 이것은 폭넓은 범위의 제품과 시장에 전략적으로 적용될 수 있다. 하지만 그들이 "작게 축소시킨다(miniaturization)"는 핵심 이념을 가지고 있는 것은 아니다. 소니는 지금으로부터 100년이 흐른 뒤 "작게 축소시킨다"는 전략을 버리게 될지도 모른다. 하지만 위대한 회사로 남아 있기 위해서 그들은 '소니의 선구자적 정신'에 나타난 핵심 가치들을 여전히 가지고 있을 것이며, 일반 대중들에게 혜택을 주기 위해 기술을 발전시킨다는 소니의 근본적인 존재 이유를 계속 고수할 것이다. 소니와 같은 비전 있는 기업의 경우, 핵심 능력은 세월이 흐름에 따라 바뀔 수 있지만 핵심 이념은 바뀌지 않는다.

일단 당신이 핵심 이념이 무엇인지 확실히 알게 되었다면, 당신은 핵심 이념이 아닌 것은 어떤 것이나 자유롭게 바꿀 수 있어야 한다. 그러고 나서, "그것이 우리의 기업 문화가 아니기 때문에" 또는 "우리는 그것을 항상 이런 식으로 해 왔기 때문에" 또는 다른 어떤 이유로 이러한 변화에 저항한다면, 그들에게 다음과 같은 단순한 규칙을 일깨워 줘라. 만약 그것이 핵심에 관계되는 것이 아니라면, 바꾸어 보라. 물론 핵심 이념을 분명히 해두는 것은 시작에 불과하다. 당신은 또한 어떤 종류의 진보를 자극하길 원하는지 결정해야 하며, 이것은 비전을 개념틀에 넣는 데 있어 두 번째 구성 요소이기도 하다.

미래상에 대하여

비전을 개념틀로 만드는 데 있어 두 번째 주요 요소인 미래상이란 두 부분으로 이루어진다. 10년에서 30년에 이르는 'BHAG'가 그 하나이고, 다른 하나는 조직이 이 BHAG를 달성했을 때 과연 어떻게 변할 것인가에 대한 구체적인 서술이다. 우리는 '제시된 미래상(envisioned future)'이라는 개념을 선택했는데 여기에는 모순이 포함되어 있음을 인식하고 있다. 한편으로는, 이것에는 구체적인 그 무엇이라는 느낌이 들어 있다. 무엇인가 선명하고 현실적인 것이다. 당신은 이것을 볼 수도 있고 느낄 수도 있고 만질 수도 있다. 다른 한편으론, 이것은 아직 실현되지 않은 어떠한 시간을 뜻한다. 그것은 꿈이고 희망이며, 또한 열망이기도 하다.

비전의 단계에 있어서 BHAG

조직이란 항상 다른 단계에서 작동하고 있는 많은 BHAG들을 가질 수 있지만, 비전을 위해선 특별한 종류의 BHAG를 필요로 한다. '비전을 위한 단계'의 BHAG는 모든 조직에 적용되며, 이것을 완성하기 위해선 10년에서 30년에 이르는 노력을 필요로 한다(BHAG에 대한 논의에 대해선 5장을 참고). BHAG를 10년에서 30년으로 상정하고 미래에 적용하는 것은 조직이 가진 현재의 역량이나 최신 유행, 힘이나 상황을 뛰어넘어 생각할 것을 요구한다. 이러한 목표를 창안함으로써 최고경영자들은 그저 단순히 전략적이거나 전술에 의존하는 대신 비전을 추구할 수 있다. BHAG가 확실한 성공을 담보하는 것은 아니다. 아마도 50%에서 70% 정도의 성공 확률이라고 본다. 하지만 조직은 "어쨌든 우리는 할 수 있다"는 것을 믿어야 한다. 보통 이상의 노력을 요하고 또한 약간의 행운이 따라 주어야 한다.

이러한 비전 단계의 BHAG를 만들어 냄에 있어서, 우리는 다음과 같은 네 가지 카테고리에 대해 생각해 볼 것을 권한다. 타깃, 공동의 적(common enemy), 모범적인 역할, 또는 내부적인 전환이 그것이다.

타깃 BHAG는 질적일 수도 있고 양적일 수도 있다. 예를 들어,

- 2000년까지 1천2백50억 달러의 기업이 된다(월마트, 1990).
- 자동차를 민주화한다(포드, 1900년대 초).
- 일본 기업이란 저품질의 상품을 만든다는 이미지를 전세계적으로 바꾸는 첫 번째 기업이 된다(소니, 1950년대 초).
- 지금까지 존재한 금융 기관들 중 가장 강력하고 가장 서비스를 잘 지원하고 가장 멀리 도달할 수 있는 그런 금융 기관이 된다(시티은행, 시티코프의 전신, 1915).
- 상업용 비행기 사업에 있어서 주도적인 업체가 된다. 그리고 제트기의 시대의 도래를 알린다(보잉, 1950).

공동의 적(common enemy)에 대한 BHAG, 즉 다윗과 골리앗의 BHAG의 경우 적을 물리치는 데에 중점을 둔다. 예를 들면,

- RJR을 세계 제일의 담배 생산 업체에서 끌어내리기(필립 모리스, 1950년대 초)
- 아디다스와의 충돌(나이키, 1960년대)
- Yamaha Wo tsubusu!(우리는 야마하를 누르고 납작하게 만들어 죽일 것이다!)(혼다, 1970년대)

모범적인 역할 BHAG의 경우 전망이 밝은 계속 뻗어 나가는 회사의 경우에 특히 유효하다. 예를 들면,

- 사이클 업계에 있어서 나이키가 되기(지로 스포츠 디자인, 1986)
- 휼렛 패커드가 오늘날 그런 것처럼 20년 후에 존경받는 기업이 되기(윗킨스-존슨, 1996)
- 서부에서 하버드가 되기(스탠퍼드 대학교, 1940년대)

내부적인 전환에 있어서 BHAG의 경우 조직이 오래되고 거대하며 내적인 변형이 필요할 경우에 효과적이다. 예를 들면,

- 우리가 다루는 모든 마켓의 시장에서 1위나 2위의 자리를 차지하고, 회사를 혁신하여 작은 기업이 가진 민첩함과 원활함을 결합한 큰 기업의 힘을 갖춘다(제너럴 일렉트릭, 1980년대).
- 회사를 방위 산업체에서 세계 최고의 분산화된 하이 테크놀러지를 갖춘 회사로 변환시킨다(록웰, 1995).
- 우리 부서를 열악한 내부 자제를 공급하는 부서로부터 회사에서 가장 존경받고 재미있고 많은 사람들이 찾는 부서로 전환시킨다(한 컴퓨터 업체의 부품 지원 부서, 1989).

선명한 서술의 경우

제시된 미래상의 두 번째 구현 요소인 선명한 서술의 경우, 이것은 BHAG를 이루었을 때 조직이 어떤 모습을 띨 것인가에 대한 살아 있는 구체적인 서술이다. 이것을 비전을 언어에서 그림으로 옮기는, 사람들의 머릿속에 이미지를 만들어 내는 것이라고 생각하라. 우리는 이것을 "언어로 그림을 그리는 것"이라고 부른다. 10년에서 30년에 걸쳐 추구되는 BHAG를 사람들의 마음에 선명히 불러일으키기 위해선 이 작업이 꼭 필요하다.

예를 들어, 헨리 포드가 어떻게 선명하게 묘사된 BHAG를 이용해서 자동차 산업을 민주화했는지 생각해 보라.

"나는 수많은 대중을 위한 자동차를 만들 것이다. 가격은 매우 저렴해서 열심히 일하는 사람이라면 누구나 이 차를 소유할 수 있을 것이다. 그래서 가족과 함께 하느님의 열린 장소에서 몇 시간이고 즐길 수 있는 축복을 맛볼 수 있게 할 것이다. 내가 가고 나면 모든 사람들이 이 차를 구입할 수 있게

될 것이며, 모두가 이 차를 가지게 될 것이다. 말은 더 이상 고속도로에서 보이지 않게 될 것이고, 자동차는 당연한 것으로 받아들여지게 될 것이다. 그리고 많은 수의 근로자들에게 좋은 급료를 지불할 수 있을 것이다."

위에 제시된 부품 공급 부서의 경우, 일반 매니저는 BHAG를 생생하게 묘사한다.

"우리는 동료들에게 존경받고 칭송받을 것이다. 우리의 해결책은 최종 생산 라인 부서로부터 적극적으로 요구될 것이고, 그들은 우리의 기술적인 공헌을 통해 시장에서 히트 상품을 생산할 수 있을 것이다. 우리는 우리 자신들에게 자부심을 갖게 될 것이다. 회사에서 가장 뛰어난 일꾼들이 우리 부서에서 일하길 원할 것이다. 성원들은 자신들이 하는 일을 사랑하기 때문에 자발적인 피드백을 주게 될 것이고… 자신들의 능력을 최대한 발휘할 것이다……. 성원들은 자신들이 원하기 때문에 자발적으로 일할 것이며… 고용자와 고객 모두 우리 부서가 일을 통해 사람들의 삶에 공헌했음을 느끼게 될 것이다."[4]

열정, 감정, 그리고 확신과 같은 것들이 생생한 묘사를 이루는 본질적인 요소들이다. 어떤 매니저들은 그들의 꿈에 대한 감정을 표현하길 불편해하지만, 다른 이들을 끌어들이고 동기를 부여하는 것은 감정이다. 윈스턴 처칠은 1940년 영국이 직면한 BHAG를 기술할 때 이것을 이해하고 있었다. 그는 단순히 히틀러를 쳐 부숴야 한다고 말하지 않았다.

"히틀러는 우리를 이 섬에서 깨뜨려야 전쟁에서 이길 수 있음을 알고 있다. 우리가 그에 맞서 싸울 수 있다면 온 유럽이 자유로울 수 있을 것이고 세상은 넓고 밝은 쪽으로 향해 나아갈 수 있을 것이다. 하지만 만일 실패할 경우에는 미국을 비롯한 모든 세계가, 우리가 알고 소중히 생각했던 모든 나라를 포함해, 새로운 어둠의 시대 속으로 빠져들 것이다. 보다 더 사악해지고 왜곡된 과학의 힘에 의해 질질 끌려 다니게 될지도 모른다. 따라서 우리는 우리의 임무를 껴안고, 대영 제국이 앞으로도 1천 년을 지속하려면 사람들로 하여금 말하게 해야 한다. '이것이 그들이 가진 가장 멋진 시간이었다고.'[5]

제시된 미래상에 대한 몇 가지 요점들

핵심 이념과 제시된 미래상을 혼동하지 말기 바란다. 특히나 경영자들은 핵심 목표와 BHAG를 혼동하곤 하는데, 전자를 후자인 양 또는 두 가지를 혼합하거나 두 가지를 분리해서 선명하게 제시하지 못하곤 한다. 목표란 조직체가 존재해야 하는 근본적인 이유이고, 이것은 수평선 위에 떠 있는 도달할 수 없는 별에 비유될 수 있다. 그것은 지도하고 또한 영감을 불러일으킨다. 그 반면에 BHAG는 특정한 목표이며 반드시 올라야 하는 특정한 산과 같이 정해진 시간틀을 가지고 있고 성취할 수 있는 것이다. 핵심 이념을 확인하는 것은 발견의 과정이며, 제시된 미래상을 정하는 것은 창조적인 과정이다.

경영자들이 흥미 있는 BHAG를 들고 나오는 데 굉장한 어려움을 겪는 것을 우리는 흔히 발견할 수 있었다. 그들은 미래를 향한 자신들의 길을 분석하고 싶어한다. 그러므로 우리가 발견한 것은 어떤 경영자들은 생생한 묘사로부터 출발해 거기서 다시 BHAG를 수립하는 쪽으로 후퇴하는 과정을 통해 많은 진보를 이루기도 한다는 것이다. 이러한 접근법은 다음과 같은 질문으로 시작한다. 우리는 여기에 20년 후에 다시 앉게 되었다. 그때 진정으로 무엇을 보고 싶어할 것인가? 이 회사는 어떤 모습으로 변해 있을 것인가? 고용자들에겐 어떤 느낌으로 20년 후가 다가올 것인가? 회사는 무엇을 성취했을 것인가? 20년이 흐른 후 누군가가 경영 전문지에 이 회사에 대한 글을 기고할 경우 어떤 글이 나올 것인가? 우리가 함께 일한 생명공학 기업의 경우 자신들의 미래를 그리는 데 어려움을 겪고 있었다. 그 경영진 중 한 명은 다음과 같이 말했다.

"우리가 회사 전체를 위한 무엇인가를 들고 나올 때면 언제나 너무나 일반적이어서 흥미를 잃는 경우가 많다. '전세계에서 통용되는 진보된 생명공학 기술'과 같은 허황된 것이 그것이다."

20년 후 회사의 모습을 그려 달라는 주문을 받자 그들은 다음과 같은 것들을 말했다.

"모범적인 성공 사례로 〈비즈니스 위크〉지의 표지에 실리는 것… 〈포춘〉지의 가장 존경받는 10대 기업 리스트에 오르는 것… 최고의 자연과학대학원이나 경영대학원을 나온 인재들이 여기서 일하길 바라는 것… 항공 산업에 있는 사람들이 우리의 제품을 옆 좌석의 동석자에게 적극 추천하는 것… 2년간 계속 이윤이 증가하는 것… 내부에서 자생적으로 여섯 개의 새로운 부서가 생기는 것… 경영의 대가들이 뛰어난 경영 사례와 진취적인 사고의 사례로 우리를 인용하는 것……."

이것을 한 뒤에 그들은 BHAG를 세워 메르크나 존슨&존슨과 같은 존경받는 최초의 생명공학 기업이 되려고 했다.

하나의 제시된 미래상이 '올바른' 성질의 것이냐를 분석하는 것은 타당하지 않다. 무엇인가를 창조하는 경우, 특히나 그것이 미래를 만들어 내는 것이고 미래를 예측하는 것이 아닌 경우, 여기엔 올바른 정답이란 있을 수 없다. 베토벤이 '올바른' 9번 교향곡을 작곡했는가? 이는 무의미할 뿐이다. 제시된 미래상에 관한 본질적인 질문들은 다음과 같은 것들이다. 이 미래가 계속 풍요로운 앞날을 제시하는가? 이것이 자극적이라 생각하는가? 이것이 우리를 계속 앞으로 이끄는가? 성원들을 계속 진취적으로 만드는가? 제시된 미래상은 조직 내부의 사람들에게 진실로 흥미를 불러일으켜야 한다. 그렇지 않으면 이것은 충분히 발전한 BHAG라고 할 수 없다. 참으로 제시된 미래상은 성원들을 불러모으고, 목표를 달성하기 위해 필요한 것과 어느 정도의 헌신이 필요한지를 결정할 때 성원들에게 기대감을 불러일으킬 수 있어야 한다.

제시된 미래상을 실현하려다 실패할 경우엔 어찌할 것인가? 우리는 위대한 기업의 경우 매우 대담한 목표일지라고 그것을 달성할 수 있는 대단한 능력을 보이고 있음을 발견할 수 있었다. 필립 모리스의 경우 서열 6위에서 1위가 되어 R.J. 레이놀즈를 전세계 시장에서 누르고 선두 주자가 될 수 있었다. 포드는 진실로 자동차를 민주화했다(누구나 자동차를 이용할 수 있도록 했다는 뜻-역주). 보잉 사는 진실로 민간 항공 업계에서 지배적인 위치를 차지할 수 있었다. 시티코프의 경우 세계에서 가장 멀리 뻗어 나가는 은행이 되었다. 샘 월턴이 없다 해도 월마트는 그들의 1천2백50억 달러 목표를 달성할 것으로 보인다. 이와 대조적으로 우리 연구에서 조사된 비교 회사들은 BHAG를 정하고 노력한 경우에도 그들의 BHAG를 달성하지 못했다. 차이점은 보다 더 쉬운 BHAG를 세웠느냐 아니냐에 있는 것이 아니다.

사실 비전 있는 회사들이 비교 회사들보다 더 대담한 목표를 수립하는 경향이 있었다. 이것은 누가 더 카리스마와 비전을 겸비한 리더십을 보유하고 있느냐에 달려 있지도 않았는데, 비전 있는 기업의 경우 그들은 종종 거대한 삶을 살고 있는 지도자 없이도 그들의 BHAG를 성취하곤 했다. 또한 이것은 누가 더 좋은 전략을 가지고 있느냐에 달려 있지도 않았는데, 왜냐하면 비전 있는 회사의 경우 잘 정돈된 전략 계획에 의존하기보다는 유기적인 과정이라고 할 수 있는 '시도해 보고 그 중에 알맞은 것을 자신들의 것으로 만드는' 과정을 통해 자신들의 BHAG를 더 많이 달성할 수 있었기 때문이다. 결국 그들의 성공의 원천은 미래를 창조하는 가장 주요한 수단으로 조직체를 쌓아 나가는 데 있다고 볼 수 있다.

    마지막으로, 제시된 미래에 대하여 생각해 볼 때 "자, 이젠 이루었다"라는 증후군을 조심하길 바란다. 일단 BHAG를 성취하고 나면 자만심에 도취되어 기존의 목표를 새로운 것으로 바꾸고 계속 노력하는 것을 잊어 버리는 것이다. NASA는 달 착륙을 성공적으로 달성한 뒤 "자, 이젠 이루었다"라는 증후군에 시달려야 했다. 이제 달 착륙을 이루었으니, 도대체 무슨 레퍼토리로 앵콜 곡을 연주할 것인가? 애플 컴퓨터의 경우 전문 기술자가 아닌 사람들도 쓸 수 있는 컴퓨터를 만들어 낸다는 목표를 달성한 뒤 "자, 이젠 되었다"는 증후군에 시달려야 했다. 새로 시작하는 회사들의 경우, 일단 기업을 공개하거나 또는 더 이상의 생존에 대한 걱정이 문제가 되지 않는 지점에 이르면 "자, 이젠 되었다" 증후군에 시달리곤 한다. 제시된 미래상의 경우 그것이 아직 달성되기 전까지 효력을 발휘하여 회사를 돕는다. 우리의 연구에서 중역들이 흔히 이렇게 말하는 것을 들었다. "회사가 전에 그랬던 것처럼 흥미를 주지 못합니다. 우리는 아마도 추진력을 잃어 버린 듯합니다." 보통 이것은 회사가 하나의 산을 정복하고 나서 다음 정복해야 할 산을 고르지 못하고 있다는 신호이다.

모든 것을 결집하기

비전에 관한 개념틀을 더 구체적으로 열거하기 위해, 우리는 〈표 11-2〉와 〈표 11-3〉에 모든 요소가 잘 들어맞아 하나의 완전한 비전을 이루는 두 개의 예를 제시했다. 메르크의 경우 1930년대 화학 회사로부터 제약 회사로 변신을 시도하던 때이고, 소니의 경우 1950년대 조그만 창업주의 회사였다.

〈표 11-2〉 완전한 비전의 예

1930년대 메르크의 핵심 이념	
핵심 가치들	기업의 사회적 책임감 회사의 모든 측면에서 뚜렷한 탁월함 과학에 기초한 혁신 정직과 성실함 이윤, 그러나 인류에 공헌하는 일로부터 나온 이윤
핵심 목표	인간의 삶을 보존하고 개선시킨다.
제시된 미래상 BHAG	회사를 화학 제조 회사로부터 세계 일류의 의약품 제조 회사로 변형시킨다. 연구 능력을 일류 대학의 그것에 뒤떨어지지 않게 한다.
명확한 서술	우리가 공급한 도구를 통하여 과학이 발전하고 지식이 증대될 것이며, 인간의 삶은 고통과 질병으로부터 보다 더 큰 해방감을 맛볼 것이다. 우리는 우리의 신념이 빛을 발할 수 있도록 모든 도움을 다 제공할 것을 맹세한다. 당신의 빛이 환히 타오를 수 있게 하라. 진리를 추구하는 자들, 이 세상을 보다 더 나은 곳으로 만들기 위해 애쓰는 사람들, 이러한 사회적·경제적 어둠의 시기에 과학과 지식의 횃불을 높이 든 사람들, 이들 모두가 새로운 용기를 가지고 그들의 손이 도움을 받는다는 것을 느끼게 한다.

〈표 11-3〉 완전한 비전의 예

	1950년대 소니의 핵심 이념
핵심 가치들	일본의 국가적 문화와 지위를 고양하기 선구자가 되기—다른 사람을 좇는 것이 아니라 불가능한 것을 한다. 개인적 능력과 창의성을 존중하고 격려해 주기
핵심 목표	일반 대중들이 즐기고, 혜택을 누릴 수 있도록 적용된 기술과 혁신의 순전한 기쁨을 경험하게 한다.
제시된 미래상 BHAG	세계적으로 일본제는 저품질이라는 인식을 변화시키는 데 공헌하는 기업이 된다.
명확한 서술	우리는 세계 시장을 파고들 수 있는 제품을 만들 것이다. 우리는 미국 시장에 진출해서 직접 제품을 배급하는 최초의 회사가 될 것이다. 우리는 미국 회사들이 실패한 트랜지스터 라디오를 만드는 것처럼 혁신을 통해 성공할 것이다. 지금으로부터 5년 후, 우리의 상표는 지구촌에서 흔히 볼 수 있는 것이 될 것이다……. 또한 가장 혁신적인 기업들과 겨룰 수 있을 정도로 가장 혁신을 추구하는 회사가 될 것이며… '일본제'라는 것은 무엇인가 우수한 것을 뜻하지 값싼 싸구려를 뜻하지 않을 것이다.

　　대부분의 중역들은 '사명 선언서'나 '비전 선언서'를 만들기 위해 많은 고생을 한다. 불행하게도 이들이 만든 대부분은 가치나 이루려는 것들, 목표, 철학, 신념, 야망, 규범, 전략, 관례, 그리고 처방과 같은 것이 뒤섞인 잡동사니가 되어 버리고 만다. 보다 더 문제가 되는 것은, 우리가 이 책에서 발견한 비전 있는 기업들의 기본적인 역학과 연결되지 못한다는 것이다. 그 역학이란 핵심적인 것을 보존하는 동시에 진보를 자극하는 것이다. 비전이나 사명 선언서가 아니라 이와 같은 동적인 조직 구조가 지속적으로 성공을

거두는 위대한 기업의 원동력임을 알아야 한다. 비전이란 그저 이와 같은 동적인 구조에 생명력을 불어넣는 지도 개념일 뿐이다. 이와 같은 깊은 이해를 바탕으로, 우리는 당신이 가진 비전이나 사명을 효과적으로 이용하여 비전 있는 회사로 만들 수 있도록 이 장에 소개된 개념을 적극적으로 적용하기를 촉구한다. 당신이 이것을 올바로 해낼 수 있다면, 아마도 적어도 1년 정도는 다시 이 일을 할 필요가 없을 것이며, 당신은 가장 중요한 일에 매달릴 수 있을 것이다. 정돈된 조직을 만드는 일 말이다.

정돈된 조직을 만드는 것은, 이는 비전 있는 회사로 변신하는 데 중요한 부분이기도 한데, 두 가지 주요 과정을 필요로 한다. 첫 번째 과정은 핵심을 보존하고 진보를 자극할 수 있도록 새로운 조직의 정비를 개발하는 것이다. 두 번째 과정은 잘못된 조직 구조—핵심 이념으로부터 멀어지게 하는 것이나 제시된 미래상을 구현하는 것을 방해하는 것을 제거하는 것이다.

첫 번째 과정은 창의적인 과정인데, 핵심 가치와 목표를 살리고 제시된 미래상을 향해 사업체를 자극할 수 있도록 새로운 메커니즘과 과정, 전략을 개발하는 것을 필요로 한다. 예컨대 7장에서 우리는 3M이 어떻게 혁신과 내적인 경영 기법을 보존하기 위해 복수의 기제를 설치했는가를 기술한 바 있다.

두 번째 과정은 분석적 과정인데, 핵심 이념에 어긋나거나 발전을 가로막는 행동을 조장하는 잘못된 것들을 드러내어 조직의 과정과 구조, 전략에 대한 철저한 분석을 필요로 한다. 우리가 일했던 대부분의 경영자들의 경우 잘못된 조직을 제거하는 데는 매우 미숙함을 드러냈다. 팀워크를 핵심 가치로 선언했음에도 주로 개인의 업적에 대해서 보상했다면 분명 보상 체계를 바꾸어야 할 것이다. 혁신을 핵심 가치로 정했음에도 시장에서의 점유율을 높이는 것을 주요 전략 목표로 정했다면 그 전략을 바꿔야 할 것이다. 성원들이 여러 가지를 시도해 보고 그 중에 효과적인 것을 택하도록 장려한다면, 정직한 실수에 대해서는 체벌을 하지 말아야 할 것이다. 이것이 절대 끝나지 않는 과정임을 명심하라. 잘못된 것들이 드러난 경우 가능한 한 빨리 그것을 제거해야 한다. 잘못 정비된 것을 암세포 덩어리라고 생각하라. 그 곳에 가서 그것이 더 이상 확산되기 전에 잘라 내는 것이 가장 좋다.

비전을 명확히 하기 위해 현장에 갔다면, 당신은 조직을 얼라인하기 위해 할 수 있는 구체적 변화들을 적어도 다섯 개 이상은 가지고 돌아와야 한다. 핵심을 보존하고 발전을 자극하기 위해 조직체에 무엇을 보탤 수 있을 것인가? 또한 이것도 중요한데, 당신의 조직에서 핵심에서 멀어지게 하거나 발전을 가로막는 것들을 완전히 없애 버릴 수 있는가? 만약 이것을 제대로 할 수 있다면 당신은 비전을 명확히 하는 데 오직 약간의 시간만을 들이는 것으로 족할 것이다. 당신 시간의 대부분을 조직을 정비하는 데 쓸 수 있을 것이다. 하던 일을 멈추고 비전에 대해 생각해 보는 것은 매우 중요하다. 하지만 보다 더 중요한 것은 단순히 선언서를 쓰는 것이 아니라, 핵심 이념을 보존하고 제시된 미래상을 향해 발전을 자극할 수 있도록 조직을 얼라인하는 것이다. 비전 선언서를 가지고 있는 회사가 되는 것과 진실로 비전 있는 회사가 되는 것과는 큰 차이가 있음을 명심하라. 당신이 최상으로 얼라인된 조직을 가지고 있다면, 외계인이 다른 행성에서 찾아와 당신의 조직에 들어와도 그들은 비전 사명서가 적힌 종이를 보지 않고도 그것을 조직의 모습 속에서 추론할 수 있을 것이다. 이것이 경영자가 해야 할 주요한 일이다.

EPILOGUE

흔히 받는 질문들

회사들을 상대로 세미나를 개최하거나 대화를 나누거나 컨설턴트로 일할 때 우리의 연구 결과에 대해 많은 질문을 받았다. 그 중 가장 일반적인 질문들과 우리의 간략한 대답을 소개한다.

Q 회사를 비전 기업으로 만들고 싶은데 어디서부터 시작해야 하는가?

먼저 당신 회사의 핵심 이념을 똑바로 파악하라. 당신 조직의 핵심 가치를 분명히 말하는 것으로 시작하라. 핵심 가치 말이다. 다섯 내지 여섯 가지를 말하고 있다면 당신은 핵심 요소만을 말하고 있는 것이 아니지만 좋은 기회를 가지고 있는 셈이다. 이런 가치들은 세월이라는 시험을 거쳐야 한다는 사실을 기억하라. 당신이 핵심 가치의 예비 리스트를 만들었다면(또는 과거 언젠가 이런 연습을 했다면) 각각에 대해 "만약 상황이 변해서 이런 핵심 가치를 가지고 있다는 이유로 피해를 본다고 해도 이를 계속 유지하겠는가?"라는 질문을 하라. 만약 "예"라고 정직하게 대답할 수 없다면 그건 핵심 가치가 아니며, 따라서 빼야 한다.

예를 들어 한 첨단 기술 회사가 품질을 핵심 가치 리스트에 올려야 할지 궁리하고 있었다. 우리는 "만약 10년 후에 품질이 아니라 단지 순수한 스피드와 마력이 시장에서 차별성을 가지고 있다고 가정한다면 그래도 품질을 핵심 가치

리스트에 올리겠는가?"라고 물었다. 경영진은 서로를 둘러보면서 마침내 "솔직히 말하면 아니다"라고 답했다. 우리는 품질을 핵심 가치에서 뺐다. 현재 품질은 회사 전략의 하나로 남아 품질 향상 프로그램을 통해 발전을 자극하는 메커니즘으로 자리잡게 되었지만, 핵심 가치 리스트에서는 탈락했다. 전략은 시장 여건에 따라 변할 수 있지만, 핵심 가치는 비전 기업 내에서 변하지 않고 남아 있다는 사실을 기억하라.

같은 임원진들이 이번엔 '첨단 기술의 창조'를 핵심 가치에 포함시켜야 하는지를 놓고 씨름하고 있었다. 우리는 이번에도 "당신 주위의 세상이 어떻게 변하든 그것을 핵심 가치로 계속 유지하겠는가?" 하고 물었다. 이번엔 그 임원진들이 확실하게 "그렇다. 우리는 첨단 기술을 항상 창조하고 싶다. 그게 바로 우리다. 그것은 우리에게 정말 중요하고 앞으로도 그럴 것이다. 어떤 일이 있어도"라고 대답했다. 첨단 기술의 창조는 핵심 가치의 리스트에 올랐고, 앞으로도 영원히 남을 것이다.

또한 핵심 이념의 두 번째 요소인 목적(purpose)을 똑바로 파악하려고 노력하라. 목적은 조직의 본질적 존재 이유다. 다음과 같은 질문을 해보라. "만약 우리가 이 회사를 직원들이나 소유주 모두에게 경제적 손해를 전혀 주지 않고 폐쇄할 수 있다고 가정하자. 우리가 왜 그렇게 해서는 안 되는가? 이 회사가 더 이상 존재하지 않는다면 세상에서 사라질 것은 무엇인가? 또 우리가 잃을 것은 무엇인가?" 그리고 이 질문에 대한 대답이 현재만이 아니라 앞으로 100년 후에도 똑같이 유효할 수 있도록 대답하라.

예를 들어 우리와 함께 일한 어떤 제약 회사가 '인간 치료를 위해 약품을 만드는 것'을 자신의 목적으로 삼을지를 고려했다. 우리는 "그 목적이 앞으로 100년 후에도 그대로일 것인가?" 하고 물었다. 한 중간 관리자는 회사가 전형적인 약품 외에 인간 치료를 위한 새로운 방법을 발견할 수도 있다고 지적했다. 또 한 사람은 그 회사가 앞으로 몇 십 년 후에 동물 치료 분야에 해결책을 발명해 낼 가능성이 높다고 지적했다. 세 번째 임원은 다음과 같이 지적했다. "글쎄, 난 치료를 위해 어떤 약 같은 걸 만들어 내기 위해 여기 있는 건 아니다. 나는 치료법에 있어 의미 있는 향상을 가져다 주기 위해, 즉 다른 모든 사람들이 했던 일 이상의 어떤 흔적을 남기기 위해 여기에 있는 것이다. 그렇지 않다면 과연 무엇 때문에 이 회사에 있겠는가?" 그래서 그 회사는 "우리는 치료 요법에 있어서 향상을 가져오기 위해 존재한다"라고 목적을 확정했다. 그 기업은 앞으로도 이 목적을 항상 추구할 것이다. 적어도 앞으로 100년 동안은 말이다.

중요한 점은, 핵심 이념은 창조하는 것이 아니고 당신이 정하는 것도 아니다. 당신은 핵심 이념을 발견한다. 내부를 잘 관찰함으로써 핵심 이념에 접근한다. 그것은 진실해야 한다. 이념을 가짜로 할 수는 없다. 또한 그것을 지적으로 치장할 수도 없다. 핵심 가치와 목적은 모든 수준에서 열렬히 지켜져야 한다. 그렇지 않다면 그것은 핵심이 아니다.

누가 핵심 이념을 뚜렷하게 말로 표현하는 데 참여해야 하는가는 그 회사의 규모와 설립 연수에 의해 좌우된다. 그러나 많은 경우 우리는 '화성 그룹'이라는 것을 제안하고 싶다. 화성 그룹은 다음과 같이 움직인다.

만약 당신이 다른 행성에서 회사를 다시 창조하고 싶은데, 우주 안에는 6~15명 정도의 사람밖에 들어갈 자리가 없다고 치자. 당신은 이 사람들이 회사를 대표하는 진짜 표본 또는 회사의 유전자 코드를 닮은 대표적인 한 조각이길 원한다. 그 그룹은 회사의 가장 상위 사람도 포함하지만, 거의 틀림없이 조직의 상위 12명만으로 구성할 수는 없을 것이다. 만약 그룹 멤버를 선발하는 것이 정치적이거나 자아의 대립 같은 문제를 일으킨다면 전체 사원들이 지명 과정에 참여하여 대표자를 선발하는 것이 좋다는 사실을 발견할 것이다.

일단 당신이 핵심 이념에 대해 명확한 이해를 갖게 되었다면 핵심이 아닌 것은 그 어떤 것이든지 모두 바꿀 수 있다는 자유를 느껴야 한다. 그 이후 어떤 사람이 "우리 문화의 한 부분이다"라거나 "우리는 항상 그렇게 해 왔다" 또는

"어떤 것은 바꾸면 안 된다"라는 등의 이유를 대면서 변화해서는 안 된다고 말한다면 언제나 이런 원칙을 상기시켜 주어야 한다. 핵심이 아니라면 변화할 준비를 하라. 아니면 이 원칙을 더 강하게 말하라. 핵심이 아니면 바꿔라!

물론 핵심 이념을 분명히 말하는 것은 하나의 시작에 불과하다. 당신은 어떤 종류의 발전을 자극하고 싶은지 결정해야 한다. 보잉처럼 BHAG를 추구할 것인가? 3M처럼 스스로 발전적으로 '가지를 뻗어 가는 나무' 같은 회사가 되겠는가? 당신은 마리오트처럼 자기 향상 기계 같은 회사가 되기를 원하는가? 우리는 세 가지를 다 고려할 것을 제안한다. 아울러 당신이 생각해 낼 수 있는 발전을 자극하는 방법도 고려해 보기를 바란다. 우리는 BHAGs(적어도 하나의 BHAG), "많은 것을 시도해 보고 잘되는 것에 집중하라"고 사람들을 자극하는 메커니즘, 그리고 끊임없는 자기 향상을 자극하는 메커니즘, 이 세 가지를 제대로 설정하는 것이 좋다고 본다. 예를 들어 모토롤라는 지금까지 계속해서 이 모든 세 가지 형태의 발전을 기술적으로 사용해 왔다.

무엇보다도 중요한 것은 핵심을 보존하고 발전을 자극할 수 있도록 조직을 얼라인해야 한다는 것이다. **중간 관리자들이 범하는 가장 큰 실수는 얼라인먼트의 결정적인 중요성을 무시하는 것이다.** 만약 당신이 핵심 이념을 분명히 밝히고 미래의 발전을 예측하기 위해 한 팀을 따로 뽑아 비전 기업을 설립하기로 결정한다면 당신은 우선 얼라인먼트를 증진시킬 수 있는 적어도 대여섯 가지 구체적인 세부 변화를 갖고 돌아와야 한다. 핵심을 더 잘 보존하고 발전을 더 자극하기 위해 조직에 무엇을 보충할 수 있을까? 그리고 동등하게 중요한 것은 현재 당신의 회사를 핵심으로부터 멀어지게 하고/하거나 발전을 가로막는 요소들 가운데 어떤 것을 당신의 조직에서 없애야 하는가이다.

우리가 함께 일한 대부분의 중간 관리자들은 핵심을 보존하고 발전을 자극하기 위해 새로운 메커니즘을 보충하는 일은 잘해 왔지만, 잘못된 얼라인먼트를 없애는 일은 아직도 미숙한 점이 많다. 만약 당신이 팀워크를 핵심 가치로 기술했는데 현재 회사가 주로 개인의 성과에 기초한 급여 제도를 갖고 있다면, 당연히 현재의 급여 제도를 바꿔야 한다. 만약 당신이 이노베이션을 핵심 가치로 표명했는데 주요 전략적 목표는 시장 점유율을 늘리는 것이라면, 당신은 전략을 바꿔야 한다. 만약 당신이 사람들을 격려하여 많은 것을 시도하되 잘되는 것에 집중하도록 유도하려면, 정직한 실수에 대한 징계를 제거해야만 한다.

이것은 끝이 없는 과정이라는 사실을 잊지 말아야 한다. 잘못된 얼라인먼트가 나타나자마자 가능한 한 빨리 그것을 제거해야 한다. 잘못된 얼라인먼트를 암세포라고 생각하라. 너무 번지기 전에 그 부문을 잘라내는 것이 최선의 방법이다.

Q 나는 CEO가 아니다. 이 책의 연구 결과를 갖고 무엇을 할 수 있나?

많은 것을 할 수 있다.

무엇보다도 먼저 좀 작은 스케일이긴 해도 우리 연구 결과를 당신이 일하는 장소에 대부분 적용할 수 있다. 당신의 직급이 무엇이든 당신은 시계를 만들어 줄 수 있다. 왜냐하면 이것은 운영 방법일 뿐만 아니라 마음의 상태이기 때문이다. 영웅적인 리더처럼 본능적으로 문제를 해결하기 위해 뛰어드는 대신 먼저 "이 문제를 해결하기 위해 어떤 프로세스를 사용해야 할까?"를 물어보라. 당신은 어떤 계층에서든 강력한 이념을 바탕으로 종교 집단 같은 문화를 만들어 나갈 수 있다. 물론 전체 조직의 이념에 의해 어느 정도 제한되기는 하겠지만, 그것은 실행 가능하다. 그리고 만약 회사가 명확한 이념을 갖고 있지 않다면, 당신 정도의 위치에서나마 그런 이념을 갖출 충분한 이유(그리고 자유)가 있다! **단지 회사 전체가 강력한 핵심 이념을 갖고 있지 않다고 해서 당신이 근무하는 부문에서도 그것이 없어야 하는 것은 아니다.**

한 컴퓨터 회사의 중간 관리자는 이렇게 말했다. "나는 윗사람들이 행동에 옮길 때까지 기다리는 데 정말 지쳐서 부서 사람들과 함께 행동에 옮겼다. 이제 우리 그룹은 회사 내에서 강한 자아 의식을 갖고 있고, 우리는 이 가치에 따라 운영하고 있다. 이에 따라 사람들은 일의 의미를 더욱 분명히 느끼고 있다. 우리는 회사와 강한 정체감을 공유하고 있으며, 사람들을 대할 때 그들이 우리 팀에 얼마나 적당한가라는 시각으로 대하고 있다. 심지어 우리는 우리만의 재킷과 모자도 갖고 있다."

당신은 또한 어떤 수준에서든지 발전을 자극할 수 있다. 우리는 BHAGs가 중간 계층에서 특히 잘 이루어지는 것을 보았다. 어떤 큰 회사의 한 부동산 업무 담당 관리자는 자신의 그룹에 있는 모든 직원과 중간 관리자들에게 매년 BHAGs를 세우라고 요구한다. 그녀는 또한 전 그룹에 대한 BHAGs도 세운다. 사람들에게 많은 것을 시도해서 잘되는 것에 집중하도록 권장하는 그룹 문화를 만들어 내지 못할 이유는 없다. 3M 스타일의 15% 원칙을 당신 그룹에 도입해 보는 것은 어떤가? 당신이 타의에 의해 변화, 개선되기 전에 변화와 개선을 자극할 수 있는 불만족의 메커니즘을 개발하는 것은 어떤가?

사내 고객을 갖고 있는, 즉 사내의 다른 부서에 부품을 공급하는 부서를 담당하고 있는 한 관리자는 이렇게 말했다. "이제부터 당신의 부서가 반드시 우리로부터 부품을 구입해야 한다는 정책을 고집하지 않겠다. 외부 공급자들로부터 더 나은 부품, 신속하고 좋은 서비스와 더 나은 품질을 얻을 수 있다면 다른 회사를 이용해도 괜찮다. 당신이 다른 곳에 갈 수도 있다는 사실 그 자체가 우리를 보다 더 나아지도록 자극할 것이다."

또 하나의 강력한 방법은 당신 주위의 사람들에게 우리가 지금까지 연구해 온 회사들에 대해 발견한 점들을 교육시키는 것이다. 그들에게 조직을 만드는 일이 또 하나의 좋은 제품을 만드는 것보다 더 중요하다는 사실을 인식시켜 줘라. 사람들에게 조직의 어떤 부분에서 얼라인이 잘못되어 있고, 왜 얼라인먼트가 그토록 중요한지를 지적해 줘라.

아울러 '아니면'이라는 악령을 과감히 거부하도록 도와 줘라. 예를 들어 우리가 알고 있는 어떤 한 중간 관리자는 회의 도중에 흔히 다음과 같이 말함으로써 사람들을 편견으로부터 벗어나도록 한다. "이 봐! 내 생각에 우리가 여기서 '아니면'의 악령에 너무나 굴복하고 있는 것 같군. '그리고'의 영신을 받아들이는 방법을 한번 찾아보자고." 그러면 그들은 항상 그렇게 한다.

당신은 비전 기업을 거대한 신뢰성의 원천으로 사용할 수 있다. 예를 들어 만약 고참 임원이 핵심 가치나 목적에 대해 분명히 밝히기를 "너무 손에 와 닿지 않는다"거나 '신세대적'이라는 이유로 저항한다면 휼렛 패커드, 메르크, 3M, P&G, 소니 및 이 책에 나온 다른 회사들의 사례와 그들이 수십 년 동안 어떻게 해 왔는지 보여 줘라. 아무리 콧대 센 임원도 그 회사들이 오랫동안 이루어 놓은 성과를 보면 더 이상 논란을 벌이지 않을 것이다. 사실 당신은 신뢰도가 있는 이런 회사들의 사례를 최고경영층이 관심을 가지도록 실제적으로 요구하기 위한 수단으로 사용할 수도 있다. 세상에 어떤 임원이 이들 회사처럼 지속적인 위치를 달성하는 데 관심이 없겠는가?

Q 오래되고, 비대하고, 비전이 없는 기업도 희망이 있는가?

희망이 있다. 하지만 처음부터 비전 기업을 만들어 나가는 일보다는 더 어려울 가능성이 높다. 한 예로 기업 이념과 얼라인하기 위해 바뀌거나 없어져야 할 프로세스와 관행들 중 이미 깊숙이 뿌리 박힌 것들도 많을 것이다. 오래되고 큰 회사일수록 그런 잘못된 얼라인먼트가 더 많다.

그러나 우리는 많은 긍정적인 예를 보아 왔다. 우리의 연구에서도 기업 이념으로부터 멀어져 방황하다가 다시 몇 십 년 후 놀랍게도 다시 얼라인먼트를 한 포드의 경우가 있었다. 그리고 필립 모리스의 경우에도 창립 약 100주년이 되던 1940년대 후반까지도 비전 기업으로서의 속성을 별로 보여 주지 못했다.

아울러 우리와 함께 작업한 회사들에게서 놀라운 발전을 보아 왔다. 한 예로, 어떤 큰 은행은 회사 역사상 처음으로 몇 년 전부터 우리의 예비 분석 결과를 토대로 일을 시작하여 핵심 이념을 명확히 규명하고, 핵심을 보존하고 발전을 자극하기 위해 회사를 얼라인하는 긴 프로세스를 시작했다. 어떤 부사장이 다음과 같이 말했다.

"나는 이 회사에서 평생을 일했는데, 희망을 잃기 시작했다. 그러나 우리 회사가 정말 무엇을 표방하는지 명확해지고, 그 표방하는 것과 맞추기 위해 조직을 바꾸기 시작한 후부터 나타나는 인간의 에너지에 놀라움을 금치 못하고 있다. 본점에서 지점 차원에까지 많은 사람들은 그들이 하는 일에 대해 더 큰 의미를 느끼게 되었다. 그리고 이제 무엇이 핵심이고 어떤 것을 고정시켜 놓아야 하는지를 안 이상, 그 이외의 것은 무엇이든 변화시킬 수 있다는 해방감을 느끼게 되었다. 이것은 마치 우리의 앞을 가로막던 우상을 제거하는 것과 같았고, 잠자는 거인을 깨우는 것과 같았다. 우리가 아직은 비전 기업들의 수준에는 못 미치지만, 이제 많이 접근하고 있다는 것을 느낀다."

비전 기업이 된다는 것은 하나의 연속선이지 정지된 것이 아니다. 어떤 회사라도 어느 시점에서나 그 연속선을 따라 움직여 더 나은 비전 기업이 될 수 있다. 비록 그 과정이 길지라도 말이다. 다시 말하지만 그것은 기나긴 과정이다. 그 경주의 승리는 인내를 가지고 그 방향으로 걸어가며 포기하지 않고 나아가는 자에게 돌아간다. 우리의 연구 결과는 미봉책, 일시적으로 유행하는 경영 문구나 단어 또는 새로 도입해야 할 프로그램이 아니다. 비전 기업을 만드는 유일한 방법은 조직을 건설하여 핵심을 보존하고 발전을 자극하는 영원한 프로세스를 장기간의 헌신을 통해 계속해 나가는 것이다.

Q IBM처럼 비전 기업으로서의 지위를 잃어가고 있는 기업에게 어떤 조언을 할 수 있겠는가?

IBM은 아주 좋은 사례다. 왜냐하면 70년 가까이 비전을 가졌던 가장 앞선 회사 중 하나였기 때문이다. IBM의 사례는 비전 기업이 연속선 상태에서 더 발전해 갈 수도 있고, 퇴보해 갈 수도 있다는 것을 잘 보여 준다. 한때 비전 기업이었다고 해서 언제나 그런 지위를 유지한다는 보장은 없다. 민주주의와 마찬가지로 비전 기업도 끊임없이 깨어 있어야 한다.

IBM과 같은 회사는 그 자신의 과거로부터 교훈을 배워야 한다. 수십 년 동안 IBM은 지구상에서 가장 발전적인 회사였고, 동시에 '세 가지 기본 신념'이라는 핵심 가치를 고수하면서 이를 광신적으로 보호해 왔다. IBM은 역사상 가장 대담한 BHAGs를 추진하는 데 전념했다. 그 중에는 회사의 사활을 걸고 이전의 제품 모두를 거의 다 진부하게 만들 정도였던 IBM 360도 있었다. 정말 대담했다. 그러나 그 후 IBM은 1980년대에 메인프레임 라인을 고집하면서 보수화되고 말았다. IBM은 자신의 과거를 잃어 버렸다.

만약 IBM 임원들과 자리를 같이 할 수 있는 기회가 있다면 우리는 IBM 360을 만들 때처럼 대담한 BHAGs를 가지라고 요구할 것이다. IBM 360에서 그랬던 것처럼 BHAGs의 성패에 회사의 사활을 걸라고 요구할 것이다. IBM 360에서 그랬던 것처럼 불가능을 가능케 하리라는 신념을 갖도록 요구할 것이다. IBM은 대단한 인력을 갖고 있고, 의심할 여지없이 그런 과업을 수행할 수 있을 것이다.

또한 우리는 존슨&존슨이 1970년대에 회사 신조를 재검토했던 것처럼 IBM 임원들에게 세 가지 기본 신념을 다시 검토할 것을 요구할 것이다. 우리는 100명의 최우수 중간 관리자들과 무작위로 선발된 1천 명의 IBM인들이 그 신념에 다시 서약하고, 그 신념을 인쇄한 문서에 서명하도록 요구할 것이다.

그래서 그 내용을 동판에 새긴 후 복제품들을 만들어 세계의 모든 IBM 시설에 걸어 놓도록 요구할 것이다. 또 IBM의 현 직원들이 이 세 가지 기본 신념에 개인적으로 다시 서약하고 헌신하기를 요구할 것이다.

끝으로 핵심을 보존하고 발전을 자극하는 얼라인먼트 프로세스를 다시 시작하도록 촉구할 것이다. 그리하여 회사의 신념과 맞지 않는 적어도 50개의 잘못된 얼라인먼트를 확인하기를 기대한다. 여기에 더하여 발전을 저해하는 50개의 잘못된 얼라인먼트를 추가로 파악하기를 바란다. 그리고 이런 잘못된 얼라인먼트를 단지 바꾸는 데 멈추지 않고 아예 뿌리째 제거하도록 요구할 것이다.

우리는 IBM이 다시 비전 기업의 위치를 찾을 소지가 충분히 있다고 믿는다. 만약 IBM이 비전 기업이 되기 위해 과거의 교훈을 다시 포용한다면 그 원래의 지위를 회복하여 앞으로 70여 년 동안은 그 지위를 충분히 유지할 수 있다고 믿는다. 그러나 만약 IBM이 과거의 교훈을 포용하지 못한다면 일시적으로는 회복을 할 수 있다고 해도 장기적으로는 계속 쇠퇴할 것이다.

비록 그 세부 내용은 다를지 몰라도 과거에 비전 기업이었으나 계속 쇠퇴하고 있는 회사가 있다면 같은 조언을 해줄 것이다. 과거로부터 교훈을 배우길 바란다. 우리는 그들이 다시 기본 정신으로 돌아가 자신들의 기업 이념을 다시 명확하게 파악하고 다시 그 이념에 서약하길 바란다. 그 기업들이 앞을 향하여 대담하면서도 극적인 조치를 취하기를 바란다. 그리고 가장 중요한 것은 핵심을 보존하고 발전을 자극하기 위해 지나칠 정도로 무자비하게 얼라인먼트 프로그램을 다시 수행하기를 바란다.

Q 비전 기업을 만들 수 없는 사람도 있는가?

거의 없다. 그런 일을 할 수 없는 사람들이 있다면 오랫동안 인내를 갖고 견뎌내려는 의사가 없고, 현재 위치에 그저 만족하며, 핵심 이념이 없고, 자신들이 회사를 떠난 후의 회사 상태에 대해서 관심이 없는 사람들이라고 할 수 있다.

만약 당신이 회사를 급조해서 돈을 많이 벌고 난 후에는 팔아 넘기고 은퇴할 생각이라면 비전 기업을 만드는 일은 당신에게 적합하지 않을 것이다. 발전을 향한 충동, 즉 끊임없이 개선해 나가려는 내재적 욕망이 없는 사람에게도 비전 기업을 만드는 일은 맞지 않을 것이다. 만약 당신에게 돈을 최대한 많이 벌려는 것 이상의 다른 목적이 없다면 비전 기업을 만드는 일은 당신에게 적합하지 않을 것이다. 당신의 임기 동안만이 아니라 당신이 회사를 떠난 후에도 수십 년 동안 회사가 건실하게 남아 있을 수 있도록 하는 일에 당신이 관심이 없다면 역시 이러한 일은 적합하지 않을 것이다. 여기서 말한 네 가지 이외에 특별히 다른 전제 조건은 더 이상 없다고 생각한다.

Q 이 연구 결과가 비영리 기관에도 적용되는가?

그렇다. 비록 그 형태는 다를지 모르지만 이 연구 결과들은 어떤 형태의 조직에도 적용 가능하다. 우리는 비영리 기관인 스탠퍼드 대학에서 일하고 있으며, 제리(Jerry)는 그 대학의 부학장이다. 우리는 우리의 연구 결과가 스탠퍼드 대학에서도 잘 적용되는 것을 보아 왔다. 또 영리 기관의 임원들이 우리의 연구 결과를 비영리 기관에 적용하는 사례도 보아 왔다. 비전 기업의 한 최고경영자는 그 아이디어를 자신이 다니는 교회에 적용했고, 어떤 한 임원은 그녀가 이사로 있는 한 병원에 적용했다. 미국의 건축가들도 비전 기업의 개념을 사용한 것으로 알고 있다.

Q 이 책은 《초우량 기업을 찾아서》 같은 책과 어떻게 맥락이 통하나?

《초우량 기업을 찾아서(In Search of Excellence)》는 최근 20년간의 책들 중에서 탁월한 작품으로 손꼽히며 그럴 만한 가치가 있다. 따라서 모든 사람이 다 읽어야 한다고 본다. 우리는 피터스(Peters)와 워터맨(Waterman)이 쓴 그 책과 우리의 책이 많은 공통점을 가지고 있다고 생각한다.

하지만 몇 가지 주요한 차이점이 있다. 첫째 차이점은 방법에 있다. 그들의 연구 작업과는 달리 우리는 분석 대상 회사들을 창립 초기부터 현재까지의 기업 역사 전반에 걸쳐서 다른 회사들과 비교해 보았다. 또 다른 주요한 차이점은 우리의 연구 결과를 기본적인 사고의 틀 속에서 다시 검토해 보았다는 점이다. 특히 핵심의 보존 및 발전의 자극이라는 개념은 우리가 관찰한 거의 모든 사실 자료에 대해 포괄적인 사고의 틀을 제공하고 있다.

우리는 《초우량 기업을 찾아서》라는 책에서 주장하고 있는 일류 기업의 여덟 가지 특성 중 특히 다음과 같은 몇 가지가 우리의 연구 결과에 의해 잘 뒷받침되고 있다는 점을 발견했다. 그것은 적극 참여/가치 창조 위주, 자율 및 기업가 정신, 행동 위주, 강약이 동시에 드러나는 성격 등이다. 다른 한편으로 그 여덟 가지 특성 중 몇 가지가 우리의 연구 결과로 잘 뒷받침되지 않는다는 사실도 발견했다. 그것은 기본에 충실하기, 고객과의 근접성 유지 등이다.

기본이라는 사항을 우리가 말하는 핵심 이념이라고 한다면 비전 기업도 기본에 충실하다고 볼 수 있다. 핵심을 해치지만 않으면 어떤 것이든 괜찮다. 그런 것들이 모토롤라와 3M이 처음 시작한 분야에서 다른 분야로 도약할 수 있도록 만들었다.

고객과의 근접성 유지라는 점에 대해서 말하자면 우리는 소니, HP, 메르크 등 많은 회사들이 고객 위주보다는 테크놀러지 위주로 기업을 운영해 왔음을 발견했다. 그들이 고객에 대해 신경을 쓰지 않는다거나 제대로 고객 서비스를 하지 않는다는 것은 아니다. 사실은 그와 정반대라고 할 수 있다. 그러나 이런 회사들은 HP가 저가의 IBM 호환형 PC나 값싼 포켓용 계산기를 원하는 고객의 요구를 무시한 것처럼 고객의 요구가 그들의 핵심 이념에서 이탈한다면 과감하게 그 요구를 무시할 것이다.

우리는 또한 우리의 책이 피터 드러커의 작품과도 많이 부합한다는 사실을 발견했다. 사실 우리는 드러커의 통찰력에 대해 대단한 존경심을 갖게 되었다. 그의 작품 중에서 경영학의 고전이라고 할 수 있는《기업의 개념》(1949),《경영 실행》(1954),《결과를 위한 경영》(1964)을 읽어 보면 그가 오늘날의 경영 사고보다 얼마나 앞섰는지에 대해 놀라고 말 것이다. 사실 우리는 연구 작업을 하면서 HP, GE, P&G, 메르크, 모토롤라, 포드 등 수많은 기업들이 드러커의 작품으로부터 지대한 영향을 받았다는 사실을 알았다.

마지막으로 우리는 에드거 샤인(Edgar Shein)의 《조직 문화와 리더십》(1985)과 존 코터(John Kotter)와 제임스 헤스켓(James Heskett)의《기업 문화와 성과》(1992) 같은 책들도 부합하는 점이 있다는 것을 발견했다. 샤인은 회사의 핵심 가치 아래에서 성장했지만 핵심 가치를 잃지 않고 문화적 변화를 일으킨 중간 관리자들을 문화적 '변종(hybrids)'이라고 기술했다. 회사 내부에서 성장한 경영진에 대하여 쓴 장, 특히 GE의 잭 웰치에 대해 논의한 부분이 샤인의 연구 결과와 잘 부합한다. 코터와 헤스켓은 강력한 문화와 조직의 성과 사이의 관계에 대하여 연구했는데, 이것은 우리의 연구 결과 중 하나인, 높은 성적을 거두고 있는 조직에서 볼 수 있는 컬트 같은 문화와 일맥 상통한다.

Q 과거를 연구했는데, 그런 연구 결과가 21세기에는 진부해지지 않겠는가?

아니다. 우리의 연구 결과가 20세기보다 21세기에 더욱 잘 적용될 것이라고 믿는다. 특히 우리 연구의 주요 아이디어인 시계 만들기, '그리고'의 영신, 핵심의 보존과 발전의 자극, 그리고 얼라인먼트는 미래에도 오래도록 핵심 개념으로 계속 남을 것이다. 우리는 그런 것들이 진부해질 정도의 미래 시나리오를 쉽게 그릴 수 없다.

예를 들어 시계 만들기를 보자. 위대한 생각을 얻게 된다거나 카리스마를 가진 리더라는 것에 신경 쓰지 않고 조직의 특성을 형성시켜 나가는 데 초점을 맞춘다는 개념은 앞으로 그 중요성이 더할 것이다. 앞으로는 테크놀러지가 더욱 빠른 속도로 변화하고, 국제 경쟁이 심화되며, 제품 수명이 더욱 짧아짐에 따라 아이디어의 수명도 계속 단축될 것이다. 아무리 대단한 아이디어라도 과거보다는 훨씬 빨리 진부해질 것이다.

카리스마적 리더라는 모델에 관한 한 세계가 그와는 정반대의 방향으로 나아가고 있다고 생각한다. 20세기를 한번 보라. 거의 전세계가 민주주의라는 방향으로 움직여 왔다. 민주주의는 프로세스다. 민주주의의 진정한 본질은 어느 한 지도자에 지나치게 의존하는 것을 피하고 프로세스에 주요 초점을 맞추는 것이다. 금세기 가장 위대한 지도자라고 할 수 있는 처칠도 국가와 그 프로세스보다 밑에 있었고, 결국 제2차 세계 대전이 끝날 무렵 수상 자리에서 물러나야 했다.

히틀러, 스탈린, 무솔리니는 모두 자신이 속한 조직보다는 자신이 본질적으로 덜 중요하다는 사실을 이해하지 못한 카리스마적 지도자들이었다. 그리고 만약 당신이 민주주의로의 전환과 기업의 발전 사이의 분석을 받아들이지 않는다고 해도 위대한 카리스마적 지도자 모델은 21세기는 물론이고 1천 년이 지나도 없어지지 않을 근본적인 결함을 가지고 있다. 그것은 모든 리더는 죽는다는 사실이다. 그리고 이런 불변의 진리를 진정으로 극복하기 위해서는 기업의 성격을 만들어 내는 일에 무엇보다 먼저 초점을 맞추어야 한다.

우리의 주요한 분석 개념인 핵심의 보존/발전의 자극도 21세기에 더욱 중요해질 것이다. 더욱 평등하게 되고, 분권화되며, 지역적으로 분산되고, 개인에게 자율성이 더 주어지며, 좀더 지식을 갖춘 근로자를 필요로 하는 기업 조직의 추세를 보라. 계층 조직, 제도, 예산과 같은 전통적 통제 방식으로는 회사를 지탱해 나가기가 과거 그 어느 때보다 더 어려워질 것이다. 테크놀러지의 발전에 따라 원격 근무가 가능해지면서 출근이라는 개념조차도 무색해지고 있다. 따라서 회사라는 결속력은 더욱 이념적인 면을 통해 다져질 것이다.

사람들은 아직도 자부심을 가질 수 있는 그 어떤 것에 소속되고자 하는 본연의 욕구가 있다. 사람들은 생활과 일에 의미를 부여해 주는 가치관과 목적 의식을 본질적으로 필요로 한다. 사람들은 공통의 신념과 포부를 다른 사람들과 공유하면서 유대 관계를 쌓고자 하는 기본적인 욕구도 가지고 있다. 과거 그 어느 때보다도 사원들은 그들이 소속한 조직이 무언가 의미 있는 것을 표방하도록 요구할 것이며, 동시에 업무 자율성도 요구할 것이다.

분열화, 세분화, 혼란스러운 변화, 예측불가능성, 기업가 정신의 증대 등 외부 세계의 추세를 보라. 발전을 자극하는 데 특히 뛰어난 기업들만이 번창할 수 있을 것이다. 기업들이 활기 차게 일할 수 있는 곳으로 남기 위해서는 대담한 **BHAGs** 등을 통해 자신을 끊임없이 새롭게 할 필요가 있다. 위대함을 추구하는 기업은 세상이 변화와 개선을 요구하기 전에 스스로 변화와 발전을 자극하는 방향을 선택하여 이를 과감히 밀고 나가야 한다.

생물학적으로 환경의 변화에 잘 적응하는 종처럼 변화에 잘 적응하는 기업들, 즉 많은 것을 시도하고 잘되는 것에 집중하는 기업들은 예측하기 힘들고 변화하는 환경에서 비록 다른 회사는 사라지더라도 계속 살아남을 가능성이 높다고 할 수 있다. 우리는 21세기의 비전 기업들은 핵심 이념을 보존하는 데 더욱 광신적이어야 하며, 동시에 사원 개개인에게 더욱 과감하게 업무의 자율성을 부여해야 할 필요가 있다고 생각한다. 과거 어느 때보다 더 기업들은 핵심을 보존하고 동시에 발전을 자극하는, 역동적인 음양의 원리를 받아들일 필요가 있다.

이런 맥락에서 기업들은 우리의 연구 결과를 **상상력을 갖고** 적용해야 한다. 우리는 의도적으로 '10단계 프로그램'과 같은 식으로 책을 쓰지 않기로 했다. 그것은 독자들과 우리의 연구에 상당한 누를 끼칠지도 모르기 때문이다.

비전 기업이 절대로 하지 말아야 할 것은 요리책에 나와 있는 대로 정해진 단계별 설명에 따라 성공을 추구하는 것이다. 이는 마치 미켈란젤로가 미리 그려진 밑그림 위에다 설명서 내용에 따라 물감을 칠해 가는 것과 마찬가지 꼴이라고 할 수 있다.

비전 기업을 만든다는 것은 설계의 문제라고 할 수 있다. 위대한 설계자는 일반적인 원칙을 적용할 뿐 고정된 기계적 과정을 그대로 하나하나 따라하지는 않는다. 아무리 구체적인 방법 지침서라 해도 곧 진부해질 것이다. 그러나 조건의 변화에도 잘 적용할 수 있는 일반 개념은 다음 세기까지도 지도 원칙으로 남아 있을 수 있다. 우리는 메르크, 모토롤라, P&G, 3M과 같은 회사들의 기저에 깔려 있는 기본 요소들은 한 세기가 지난 후에도 달라지지 않을 것이라고 생각한다. 형식은 변하겠지만 근본적인 내용은 변하지 않을 것이다.

APPENDIX 1

조사의 한계

파산한 비전 기업의 처리 문제

본 조사는 비전을 가지고 있으나 결국 실패한 기업들을 연구 대상으로 삼지 않았다. 그러나 비전 기업이 그렇지 않은 기업보다 더 많이 도산할 가능성이 있지 않을까? 다음과 같은 상황을 유추해 보자. 만약 우리가 두 가지 다른 그룹의 등산 기술을 연구 대상으로 한다고 하자. 한 그룹은 에베레스트산을 성공적으로 오른 '비전 등산가'라고 하고, 다른 그룹은 그렇지 못한 '비교 등산가'라고 하자. 더 나아가 연구 결과, 두 그룹 사이에 철학이나 연습 또는 위험 감수성 등의 차이를 발견했다고 가정하자.

'비전 등산가'가 '비교 등산가'보다 더 많이 사망한다고 가정할 수 있지만 우리는 생존한 등산가만을 연구 대상으로 했으므로 그러한 사실을 포착할 수 없을지도 모른다. 비록 이상적인 등산가가 되기 위해 무엇이 필요한지 지침을 제공할 수도 있지만, 알게 모르게 사망률을 높이는 지침을 줄 수도 있기 때문이다. 비슷한 경우로 비전 기업의 범주에 드는 기업의 부도율이 75%(그 중 25%가 최고의 기업이 된다고 가정)이며, 비교 기업의 범주에 드는 기업의 부도율이 50%(생존하는 50% 기업은 최고의 기업이 되지 못함)라고 가정하자. 이러한 상황에서 아마도 어떤 경영자는 비전 기업을 포기하고 단지 생존율을 선택할지도 모른다.

이 문제에 대해 두 가지 대답이 가능하다. 첫째, 어떤 등산가는 에베레스트산

등정 도중 사망할지도 모른다. 그러나 어쨌든 위험을 무릅쓰고 정상에 오르려고 하는 자만이 최고의 자리에 오를 수 있는 것이다. 이상적 특성을 가진 기업들이 기업 세계에서 사라져 버릴 가능성을 부인할 수는 없다. 그러나 그것은 중요한 문제가 아니다. 왜냐하면 이 책은 단순한 생존을 의도하고 있는 것이 아니기 때문이다. 단순한 생존은 흥미로운 주제가 못 된다. 우리는 기업이 어떻게 하면 최고의 특별한 자리에 도달할 수 있는가에 관심이 있으며, 당연히 그런 경지에 이르려면 많은 위험 요소를 무릅써야 한다는 점을 인정한다.

그러나 우리는 두 번째 대답에 비중을 둔다. 우리는 비전 기업의 특성이 기업의 위대함과 생존의 확률을 둘 다 증가시킬 수 있다고 믿는다. 다시 역사적 관점으로 돌아가 보자. 본 연구는 지금 당장 눈에 띄는 기업에 대한 연구가 아니라, 수십 년 동안 수많은 변화와 번영을 지켜 온 지속적인 기업에 대한 연구다. 만약 이상적인 기업이 되는 일이 위험한 것이라면 비전 기업들이 어떻게 그리 오랫동안 좌초되거나 파산하지 않았는가를 반문해 보면 좋을 것이다.

'비전을 갖고 있다'는 것이 단지 '성공적'이라는 말의 다른 표현일까?

최고경영자들을 상대로 조사하면 그 결과는 암묵적으로 재무적인 측면의 성공을 기준으로 삼게 된다. 본 연구도 이를 인지하고 있다. 그렇다면 최고경영자들은 이윤을 많이 내지 못하는 기업을 비전 기업이라고 선정할 수 있을까? 아마 그렇지 않을 것이다. 이것은 닭이 먼저냐 달걀이 먼저냐는 식의 질문을 제기한다. 우리는 성공한 기업 모두에 대해 '비전'이라는 말을 부여해야 할까? 물론 아니다. 재무적으로는 성공한 많은 기업들이 우리의 비전 기업 명단에 들지 못했다.

본 연구를 시작하기 전 10년 동안을 기준으로 우리는 〈포춘〉 500대 기업의 성과에 대해 광범위한 분석을 했다. 분석 결과 그 기간 동안 비전 기업들만이 높은 성공을 이룬 것은 아니었다. 사실 만약 1978~1988년까지(조사 기간 10년) 투자가 수익률 측면에서 〈포춘〉 500대 기업의 상위 18개 기업을 보면, 아래 표에서 볼 수 있듯이 비전 기업의 리스트와 상당한 차이를 보인다.

투자 수익률 기준 〈포춘〉 상위 18개 기업(1978~1988)

1. 하스브로(Hasbro)
2. 리미티드(The Limited)
3. 월마트(Wal-Mart : 비전 기업)
4. 어필리에이티드(Affiliated)
5. 텔레커뮤니케이션스(Tele-Communications)
6. 자이언트 푸드(Giant Food)
7. 토이스 'R' 어스(Toys 'R' Us)
8. 매리언 연구소(Marion Laboratories)
9. 스테이트 스트리트 보스턴 그룹(State Street Boston Group)
10. 버크셔 해서웨이(Berkshire Hathaway)
11. DCNY
12. 맥밀런(Macmillan)
13. 쿠퍼 타이어&러버(Cooper Tire & Rubber)
14. 타이슨 푸즈(Tyson Foods)
15. 필립스 산업(Philips Industries)
16. MCI 커뮤니케이션스(Communications)
17. 딜러드 백화점(Dillard Department Stores)
18. 푸드 라이온(Food Lion)

이처럼 조사에 참가한 최고경영자들은 비전 기업을 이윤을 많이 내는 기업으로 국한시키지 않았다. (그렇지 않다면 최고경영자의 응답과 1978~88년까지의 상위 기업군이 일치했어야 할 것이다.) 물론 1926~1990년까지의 기간을 보면 비전 기업들이 탁월한 성과를 보였다. 그러나 만약 최고경영자가 재무적 성공에만 집착했다고 가정하면, 그들은 장기적 측면에서만 그것을 고려하고 있다는 것을 알 수 있다. 그리고 이것은 지속적인 위대한 조직이라는 비전 기업들의 모습과 일치하는 것이다.

최고경영자에 대한 설문 조사가 올바른 기업을 선택하는 데 도움을 줄까?
설문 조사는, 비록 그것이 최고경영자처럼 사려깊고 지적인 사람을 대상으로 할지라도 불완전한 방법이다. 본 조사는 어느 쪽에도 치우침이 없도록 노력했지만 완벽한 것은 아니다. 하나의 예로, 조사 기간 중 언론 매체에 긍정적으로 보도된 기업들은 조사 결과상 실제보다 과대하게 부각될 수도 있을 것이다. 예를 들어 아메리칸 익스프레스는 조사 몇 달 전부터 언론에 비전을 가진 기업으로 부각되고 있었다. 이러한 사실은 아마도 최고경영자의 응답에 영향을 끼쳤을 것이며, 조사 자료에 과도하게 부각될 수도 있었을 것이다. 아메리칸 익스프레스를 비전 기업군의 다른 기업들과 비교해 보면 비전 기업으로서의 특성을 상대적으로 적게 지니고 있음을 알 수 있다.

또 설문 조사에 의존할 경우 비전 기업은 그 개념 규정상 널리 알려지고 존경받는 회사로 가정된다는 점도 우리는 인지하고 있다. 따라서 대형 공개 주식회사가 비전 기업이라는 편견을 갖을 수 있다(마지막 표본의 모든 회사들이 공개 기업이다). 하지만 대중에 잘 알려지지 않았거나 작은 규모로 남아 있기를 원하는, 아마도 본 조사의 비전 기업보다 더 비전을 가지고 있는 기업이 있을 법하지 않을까? 예를 들어 L.L. 빈(Bean)과 그래닛 록(Granite Rock : 1992년 맬컴 볼드리지상 수상)은 비전 기업의 특성을 많이 지니고 있으나 공개되지 않은 다소 소외된 조직으로 남아 있다.

이러한 어려움을 인정하면서도 최고경영자를 이용한 조사 방법이 비록 완벽하지는 않지만 연구를 구성하는 데 사용할 수 있는 최선의 방법이라 믿는다. 우리는 사전에 비전 기업의 주요 특성을 알 수 없었기 때문에(바로 그걸 찾으려고 연구했다). 과학적으로 정교한 스크린 장치를 구축할 수 없었다. 가장 중요한 것은 이 조사가 우리와 같은 편견을 갖지 않은 분별력 있는 사람들로부터 광범위한 도움을 받았다는 것이다.

이와 관련하여 어떤 사람들은 이 조사가 '비전 기업 리스트' 라기보다 〈포춘〉의 가장 존경받는 기업 리스트(이것 또한 최고경영자에 대한 설문 조사를 이용한 것이다)를 재구성한 것이 아니냐고 물어 왔다. 물론 아니다. 우리는 1983~1990년까지 〈포춘〉에서 선정한 가장 존경받는 기업들의 리스트를 완전히 분석해 보았다. 비록 비전 기업이 〈포춘〉 조사에도 자주 나타나지만 1 대 1의 상관 관계는 발견할 수 없었다. 1989년에 두 가지 리스트에 모두 오른 비전 기업들은 〈포춘〉 상위 30%에 포함되어 있었으나 상위 18대 기업과는 1 대 1의 상관 관계가 없었다(비교 기업 중 두 기업만이 〈포춘〉 상위 30%에 들었을 뿐이다). 물론 비전 기업은 예상한 대로 존경받는 기업이다. 하지만 그렇다고 〈포춘〉 리스트를 단지 재구성하여 비전 기업을 선정한 것은 아니다.

상관 관계와 인과 관계

우리는 표본 집단을 통해 비전 기업과 비교 기업을 구분하는 특성을 알아 냈다. 그러므로 이러한 차이와 비전 기업 사이에는 상관 관계(correlation)가 있다고 주장할 수 있다. 그러나 인과 관계(causal link)가 있다고 할 수는 없다. 즉, 비전 기업의 특성을 갖고 있다고 해서 모든 경우에 있어 지속적 성공을 이끌어 낸다는 것을 증명할 수는 없다. 또한 본 연구 대상 기업이 사업에 있어 최적의 경영 방식을 도입하고 있다고 단정할 수도 없다. 훨씬 더 오랫동안 성공적이었지만 다른 역학에 의존하고 있는 미공개 기업도 많이 있을 것이다.

따라서 본 연구가 원인과 결과를 규명했다고는 할 수 없다. 잘 통제된 실험이라 해도 실제 기업에 적용할 수는 없는 것이고, 따라서 100% 확신을 갖고 원인과 결과를 주장할 수도 없다. 우리의 비교 연구가 별다른 비교 분석이 없는 무작위적인 상관 관계가 아닌 원인 규명에 보다 많은 확신을 주었지만, 단정적인 확신을 줄 수는 없다.

그러나 여기서 강조하고 싶은 것은 **비전 기업을 구분하는 기본 요소가 그 기업이 최고의 기업이 되기 오래전부터 존재했다는 것**이다. 사실 이러한 특성이 궁극적인 성공에 선행했다는 점은(역사적 접근법의 힘을 다시 보여 준다) 우리가 단지 우연한 상관 관계 이상의 것을 발견했다는 확신을 준다.

비전 기업의 어려웠던 시절

1990년대 초 비전 기업의 대다수는 분명히 그들이 속한 산업에서 최고의 조직이었다. 그럼에도 불구하고 몇몇 비전 기업은 어려움을 겪었다. 그러나 이러한 사실이 본 연구 결과의 타당성을 손상시킬까? 우리는 두 가지 이유에서 아니라고 생각한다.

첫째, 연구 대상이 된 비전 기업 모두가, 또 1990년대에 성공적인 기업도 역사의 어느 한순간에는 어려움을 겪었다. 비전 기업들이 어려운 시기에 대해 면역성을 갖고 있는 것은 아니지만, 끝까지 살아남는 탄력성과 장기적으로 훌륭한 기업 성과를 보여 주었다.

IBM을 예로 들어 보자. 1990년대에 나타난 IBM의 문제점이 무엇이든 IBM이 두 차례의 세계 대전, 대공황, 컴퓨터의 발명 등을 포함하는 70여 년 동안 인상적인 기록을 남겼다는 사실이다. 사무 기기 분야에서 70여 년 동안 IBM과 필적하는 기록을 남긴 회사는 없다. IBM이 가장 어려웠던 시절에도 언론은 IBM을 국보(國寶)라고 지칭했다. 이 회사가 우연히 이러한 위치를 얻은 것은 아니다. 우리는 성공과 실패를 포함한 IBM의 역사로부터 많은 교훈을 얻을 수 있다고 믿는다. IBM은 자신의 과거로부터 어떤 교훈을 얻어야 할까? 과거의 위치를 되찾기 위해 무엇을 해야 할까? 바로 이런 것들이다.

둘째, 본 연구는 시종일관 두 회사를 비교하는 방법을 채택했다는 사실을 잊지 말아야 한다. 비록 어느 기업도 완벽하지는 못하지만 장기적으로 우월적인 지위를 획득한다. 예를 들어 버로스가 쇠퇴하고 자신의 독특한 정체성을 상실했을 때 아무도 그것을 국보의 사망으로 칭하지는 않았다. 대다수 사람에게 버로스는 단지 또 하나의 기업일 뿐이었다. 왜 버로스가 미국인의 정서나 세계 경제에서 IBM과 비슷한 위치에 오르지 못했고, IBM은 어떻게 탁월한 지위를 얻을 수 있었을까? 비록 불완전한 면이 있었지만 비전 기업은 일반 시장에서 탁월한 성과를 보였으며, 오랫동안 훌륭한 조정 기능을 갖추어 왔다. 이러한 비교를 통해 많은 것을 배울 수 있다.

대기업과 소기업

본 연구가 대기업에 편향된 것은 아닐까? 대답은 긍정, 부정 모두다. 긍정을 한 이유는 리스트가 대기업만으로 구성되어 있기 때문이다. 그러나 리스트에 오른 모든 회사들도 한때는 소기업이었다. 우리는 이들 기업이 대기업이었을 때뿐만 아니라 소기업이었을 때도 조사했으며, 대기업이나 소기업 모두에 적용할 수 있는 식견을 얻고자 했다. 유의할 점은 본 연구가 중소기업의 최고경영자(⟨Inc.⟩지의 500대 기업에서 100대 기업까지)를 설문 대상에 포함했다는 점이며, 소기업의 최고경영자들도 대형화된 기업으로부터 교훈을 얻을 수 있도록 했다는 점이다.

정보의 불균등

역사적 정보의 질과 양은 회사에 따라 차이가 있다. HP와 메르크 같은 회사들은 우리에게 그들의 문서고를 공개했고, 일차적인 정보를 다량으로 제공했다. 대부분의 회사들은(비교 기업들조차) 비록 정보의 질에서 차이가 있을지 몰라도 자유롭게 협력했다. 그러나 몇몇 회사는 본 연구에 협조할 것을 거절했고, 그래서 이차적인 자료에만 의존했다. 더구나 이 이차적인 자료는 회사에 따라서 질과 양의 차이가 컸다. 예를 들어 노드스트롬에 대한 책은 한 권도 발견하지 못했지만, 포드 · IBM · 디즈니 · GE 같은 회사에 대한 책들은 수없이 찾을 수 있었다. 모든 회사에 대해서 가능한 모든 정보를 찾으려고 노력했고, 한 회사(켄우드)를 제외하고는 많은 자료를 찾을 수 있었다.

완벽한 정보란 있을 수 없다. 그러나 우리가 갖는 정보의 중요성을 감안하면 조사 결과가 완전한 정보에서 크게 벗어나지 않을 것이라고 확신한다.

미국적인 편견

본 연구는 미국인 최고경영자만을 대상으로 했고, 미국 기업이 아닌 것은 단 두 회사뿐이었다(소니와 켄우드). 비전 기업을 만드는 '기본적인 역학'은 문화와 국적을 떠나 성립한다고 믿지만, 이런 역학에 대한 이해는 문화에 따라 차이가 있을 것이라 생각한다. 이러한 점을 인정하여 미래의 연구에서는 비전 기업에 관한 문화적 차이를 규명하도록 장려하고 싶다.

APPENDIX 2

비전 기업과 비교 기업의 설립 기원

3M[1]

- 설 립 연 도 : 1902년
- 설 립 자 : 5명의 미네소타 투자자—철도 종사자 2명, 내과 의사, 정육점 주인, 변호사
- 위 치 : 미네소타 주 크리스털 베이
- 설 립 취 지 : 연마기 제조업자에게 필요한 연마제인 강옥(鋼玉)을 채취하기 위해 광산 개발
- 초창기성과 : 광산 사업은 1t만을 채취하고 더 이상 구매자를 찾지 못해 실패. 회사는 도산했으나 새 투자가인 루이스 오드웨이가 인수하여 1905년 사포 생산을 시작함. 3M은 사장인 에드거 오버에게 첫 11년 동안 월급을 지급하지 못함.

노턴[2]

- 설 립 연 도 : 1885년
- 설 립 자 : 다양한 사업적 배경을 가진 7명의 투자자

부록 | 381

- 위   치 : 매사추세츠 주 우스터
- 설 립 취 지 : 기계 공작 산업 중 연마 기계 시장의 성장을 노리고 프랭크 노턴으로부터 소규모 연마 기계 회사를 인수
- 초창기성과 : 초기 15년 동안 한 해를 제외하고 매년 배당금 지급. 같은 기간 동안 자본금 15배 증가. 1990년 업계 1위에 오름.

아메리칸 익스프레스[3]

- 설 립 연 도 : 1850년
- 설   립   자 : 헨리 웰스(나이 미상), 윌리엄 파고(나이 미상), 존 버터필드(나이 미상)
- 위   치 : 뉴욕 주 뉴욕
- 설 립 취 지 : 항공 배달 산업에서 3개의 라이벌 회사(웰스, 리빙스턴 파고, 버터필드 위슨) 사이의 불필요한 경쟁을 없앤다. 세 회사는 하나로 통합되어 일종의 독점 회사가 되었다.
- 초창기성과 : 즉각 수익을 올려서 급속한 성장(거의 독점이었음)

웰스 파고[4]

- 설 립 연 도 : 1852년
- 설   립   자 : 헨리 웰스(나이 미상), 윌리엄 파고(나이 미상)
- 위   치 : 캘리포니아 주 샌프란시스코
- 설 립 취 지 : 성장하는(골드 러시 때문) 캘리포니아 시장에서 빠른 배달과 은행 서비스 제공
- 초창기성과 : 1855년 캘리포니아 은행이 흔들릴 때 살아남은 유일한 회사. 그 후 독점적 지위를 차지함. 1855~1866년까지 급성장

보잉[5]

- 설 립 연 도 : 1915년
- 설   립   자 : 윌리엄 보잉(35세)
- 위   치 : 워싱턴 주 시애틀
- 설 립 취 지 : '일반 제조 기업이 되기 위해, 모든 종류, 특히 항공기 종류의 상품을 제조하기 위해'라고 회사 헌장에 나와 있다. 빌 보잉은 처음부터 잡다한 상품을 취급하지는 않았다.
- 초창기성과 : 빌 보잉의 첫 번째 비행기인 B&W는 해군 실험 비행에서 실패했다. 그 후 두 번째 비행기인 모델 C 15대를 해군에 판매했으나, 계약은 더 이상 연장되지 않았다. 1919~1920년 사이에 회사는 바닥으로 떨어졌고, 1920년에만 30만 달러의 손해를 보았다. 빌 보잉의 돈과 가구 및 쾌속정 사업으로 명맥만 근근히 이어갔다.

더글러스 항공사[6]

- 설 립 연 도 : 1920년
- 설   립   자 : 도널드 더글러스(28세)
- 위   치 : 캘리포니아 주 로스앤젤레스
- 설 립 취 지 : 미국 대륙을 횡단하는 최초의 논스톱 비행기를 설계하고 제조하기 위해, 해군에 실험적인 폭격기 제조 계약을 이행하기 위해 1921년 새로운 회사로 재조직되었다.
- 초창기성과 : 해군으로부터 18대의 폭격기를 수주받았고, 곧 미국 정부와 노르웨이 정부와 더 많은 계약을 체결했다. 회사는 초기에 성공하여 첫 4년 동안 매년 284%의 평균 성장률을 보임.

시티코프[7]

- 설 립 연 도 : 1812년
- 설   립   자 : 새뮤얼 오스굿(나이 미상)
- 위   치 : 뉴욕 주 뉴욕
- 설 립 취 지 : 원래 상점 소유자들이 자신들의 사업 자금을 융통하기 위해 만든 개인 신용 조합이었음.
- 초창기성과 : 별다른 사업 전략 없이 거의 70여 년 이상을 개인 은행처럼 운영해 옴. 1890년 제임스 스틸먼의 지휘 아래 전국적 은행으로 성장하기 시작함.

체이스 맨해튼[8]

- 설 립 연 도 : 맨해튼 1799년, 체이스 1877년
- 설   립   자 : 맨해튼 은행 아론 버(나이 미상), 체이스 은행 존 톰슨(나이 미상)
- 위   치 : 뉴욕 주 뉴욕
- 설 립 취 지 : 은행
- 초창기성과 : 맨해튼 은행은 1808년 이후 번창. 체이스 은행은 1911년이 되어서야 유명해짐.
- 기   타 : 체이스와 맨해튼은 1955년에 합병됨.

포드[9]

- 설 립 연 도 : 1903년
- 설   립   자 : 헨리 포드(40세), 알렉스 맬콤슨(나이 미상)
- 위   치 : 미시간 주 디트로이트

- 설 립 취 지 : 기계 전문가인 헨리 포드의 기술에 기초하여 자동차를 만들기 위해, 특히 수직 피스톤 기술에 투자하기 위해. 1900~1908년에 미국에서 자동차를 만들기 위해 설립된 502개 기업 중 하나
- 초창기성과 : 최초의 차인 모델 A는 출시한 해 말까지 매달 600대 이상 판매할 정도로 성공적이었다. 1908년 모델 T가 출시될 때까지 5개의 모델(A, B, C, F, K)이 나왔다. 모델 T는 자동차 산업계에 태풍을 일으켜 포드를 업계 1위 자리에 올려 놓았다.
- 기　　　타 : 포드는 특별히 모델 T를 만들기 위해 회사를 설립하지는 않았으나, 1903년 초에 대규모 생산을 위한 라인 제조 과정을 구상한 듯하다.

제너럴 모터스[10]

- 설 립 연 도 : 1908년
- 설　립　자 : 윌리엄 듀랜트(나이 미상)
- 위　　　치 : 미시간 주 디트로이트
- 설 립 취 지 : 소규모 자동차 제조업자들을 하나의 회사로 조직하기 위하여 설립. 다양한 계층의 기호에 맞는 다양한 제품을 제공하며, 자금 및 기타 자원을 공동으로 투자한다는 전략 구사
- 초창기성과 : 1908~1910년에 듀랜트는 뷰익 자동차를 보완하기 위하여 올즈모빌, 캐딜락, 폰티악을 포함한 17개 회사를 인수함. 1918년 시보레를 추가로 인수. 그러나 재정적 위기가 닥쳤고 듀랜트는 1920년 사임함.
- 기　　　타 : 1921~1927년까지 GM은 앨프레드 슬론의 지휘 아래 포드를 추월하여 업계 1위의 자동차 회사가 되었다.

제너럴 일렉트릭[11]

- 설 립 연 도 : 1892년
- 설   립   자 : 토머스 에디슨(45세), 엘리후 톰슨(39세), 찰스 코핀(48세)
- 위   치 : 뉴욕 주 뉴욕
- 설 립 취 지 : 에디슨 사(에디슨의 전기 연구를 개발하고 상품화하기 위하여 1878년 설립)와 톰슨 사(전기 관련 복합 기업으로 1883년 설립)의 통합
- 초창기성과 : 첫해 7개월 동안 300만 달러의 수입으로 성공. 불황으로 인해 1893년 재정적 어려움과 현금 부족으로 고전. AC 시스템의 발전으로 그 후 20년 동안 안정적 발전을 거듭함.

웨스팅하우스[12]

- 설 립 연 도 : 1886년
- 설   립   자 : 조지 웨스팅하우스(39세)
- 위   치 : 펜실베이니아 주 피츠버그
- 설 립 취 지 : AC 기술과 중앙 전력 시스템(에디슨의 DC 시스템보다 우월함이 입증된 기술)의 개발과 상품화를 위하여, 따라서 AC 시스템을 전세계의 주요 시스템으로 만들기 위하여
- 초창기성과 : 우월한 기술 능력으로 초기에 업계 2위로 올라섬. 조지 웨스팅하우스는 20년 동안 회사의 초기 성장을 재정적으로 뒷받침
- 기   타 : 1907년의 재정적 위기로 인해 웨스팅하우스는 1910년 회사에서 물러남.

휼렛 패커드[13]

- 설 립 연 도 : 1937년
- 설   립   자 : 윌리엄 휼렛(26세), 데이비드 패커드(26세)
- 위   치 : 캘리포니아 주 팰러앨토
- 설 립 취 지 : 초기에는 라디오, 전기, 전자 엔지니어링 분야 내에서 확실한 기회를 잡기 위해 접근. 초기 상품으로는 용접 장치, 체중 감량 기계, 자동 소변 세척기, 볼링 센서, 라디오 트랜스미터, 주소 시스템, 에어컨 장치, 망원경에 사용하는 시계 장치, 의료 장비, 오실로스코프 등을 제조
- 초창기성과 : 첫해에는 차고 안에 작업실을 차려 놓고 엔지니어링일로 근근히 유지. 1939년에 몇 대의 오디오 오실로스코프를 팔아서 매출 5100달러에 수익 1300달러를 기록. 1940년 차고 밖으로 나옴. 1941년 17명의 종업원을 고용. 제2차 세계 대전으로 인한 사업 확장으로 144명까지 증원. 전쟁 이후 20% 매출 하락. 1948년 매출은 210만 달러

텍사스 인스트루먼츠[14]

- 설 립 연 도 : 1930년
- 설   립   자 : 클래런스 카처 박사(26세), 유진 맥더못(31세)
- 위   치 : 뉴저지 주 뉴어크
- 설 립 취 지 : 지오피지컬 서비스 사로 출발. 석유 탐사용 진동 조사 장치를 만들기 위해 설립한 최초의 개인 독립 회사. 텍사스 연구소는 그 같은 장비의 개발과 생산을 위해 이용됨. 1934년 석유 개발 사업 내에서 위치를 다지기 위해 텍사스 주 댈러스로 회사를 옮김. 1951년 TI로 사명을 변경함.

- 초창기성과 : 지구물리적 탐사 사업의 선두 주자로 갑자기 부각됨. 1930년 초·중반에 성장 및 번창. 석유 탐사 사업에 본격적으로 뛰어든 1940년대 초반에 위기를 맞음. 진동 기술을 군사용 신호 추적 장치에 이용하여 위기에서 빠져 나옴. 제2차 세계대전 동안 사업 회복

IBM[15]

- 설 립 연 도 : 1911년(모태가 된 회사는 1890년)
- 설　립　자 : 찰스 플린트(나이 미상)
- 위　　　치 : 뉴욕 주 뉴욕
- 설 립 취 지 : 2개의 작은 회사가 판매 점원들이 사용하는 저울, 시계, 태뷸레이팅 기계를 제조하는 소규모 복합 회사로 합병됨(이름은 컴퓨터 태뷸레이팅 레코딩 사 또는 CTR).
- 초창기성과 : 3년 동안의 고전 끝에 파산 신청을 심각히 고민함. 1914년 토머스 웟슨을 기용했는데, 그는 회사를 회생시켜 1930년에 태뷸레이팅 기계 분야의 선두 주자가 됨.
- 기　　　타 : 1925년 IBM으로 이름을 변경

버로스[16]

- 설 립 연 도 : 1892년
- 설　립　자 : 윌리엄 버로스(나이 미상), 조셉 보이어(나이 미상)
- 위　　　치 : 미주리 주 세인트루이스
- 설 립 취 지 : 윌리엄 버로스는 최초의 계산 기계를 만들어 이를 마케팅하기 위해 회사(아메리칸 아머스모미터 사)를 설립

- 초창기성과 : 제품은 나오자마자 성공했고, 회사는 새로운 제품과 인수를 통해 산업계 내에서 위치를 공고히 함. 1914년 회사는 90개의 제품을 보유하고 있었고, 1920년 사무 기기 산업의 주류를 형성했다.
- 기   타 : 윌리엄 버로스는 발명의 공로를 인정받아 프랭클린 재단으로부터 존 스콧 메달을 받음. 그는 1898년 결핵으로 사망함. 1905년 그를 기념하기 위해 '버로스 계산기 사'로 회사명을 바꿈.

존슨&존슨[17]

- 설 립 연 도 : 1886년
- 설   립   자 : 로버트 존슨(41세), 제임스 존슨, 미드 존슨(로버트 존슨의 동생들, 나이 미상)
- 위   치 : 뉴저지 주 뉴브런즈윅
- 설 립 취 지 : 의료 장비 제조, 특히 외상 치료제와 의료용 석고에 중점을 두었다. 32쪽짜리 첫 카탈로그는 일련의 제품으로 가득 차 있었다.
- 초창기성과 : 1886년 14명의 직원으로 시작한 회사는 1888년 직원이 125명으로 늘어났고, 1894년에는 400명이 되었다. 초기의 성공은 혁신적 제품들과 종합 병원의 등장, 그리고 강한 브랜드 이미지의 개발 등에 힘입은 것이다.

브리스틀 마이어스[18]

- 설 립 연 도 : 1887년
- 설   립   자 : 윌리엄 맥레린 브리스틀(20대 초반), 존 R. 마이어스(20대 초반)
- 위   치 : 뉴욕 주 클린턴

- 설 립 취 지 : 클린턴이라는 의약품 제조 회사를 5천 달러에 매입. 브리스틀이나 마이어스 중 어느 누구도 약품에 대한 지식이 없었다.
- 초창기성과 : 초기부터 어려움이 있어서 1889년 직원은 9명에 불과했고, 초기 12년 동안 수익이 없었다. 1903년이 되어서야 본격적인 성장이 시작되었는데, 그 해에 새로운 히트 상품으로 샐 헤파티카(변비약의 일종)와 이파나(최초의 살균 치약)를 내놓았다.

마리오트[19]

- 설 립 연 도 : 1927년
- 설 립 자 : 월러드 마리오트(26세), 앨리 마리오트(22세)
- 위 치 : 워싱턴 D.C.
- 설 립 취 지 : 처음에는 자신들을 위한 사업으로 시작했다. 9개의 좌석이 달린 A&W 맥주집으로 출발했으나, 뒤이어 매운 음식(주로 멕시코 음식)을 메뉴로 추가한 후 핫 숍 레스토랑이라는 이름을 붙였다.
- 초창기성과 : 16일 만에 건설한 그 가게는 첫해 1만6천 달러의 수입을 올렸고, 1929년까지 24시간 운영하는 지점 3개로 확대되었다. 1931년에는 볼티모어에도 가게를 차렸고, 1940년까지 모두 40개의 핫 숍을 거느리게 되었다.

하워드 존슨[20]

- 설 립 연 도 : 1925년
- 설 립 자 : 하워드 존슨(27세)
- 위 치 : 매사추세츠 주 울러스턴

- 설 립 취 지 : 광천수에 어머니의 아이스크림 제조 비법을 적용하여 제조. 뉴잉글랜드 사람들에게 인기를 모음.
- 초창기성과 : 6개월 이내에 수요가 공급을 초과했다. 1928년까지 아이스크림 매출은 24만 달러를 넘어섰고, 1933년 그 유명한 오렌지색 간판의 길거리 레스토랑을 차렸다. 1940년까지 125개 지점을 건설했다.
- 기　　　타 : 하워드 존슨은 길거리 레스토랑에 대한 기본 구상을 한 후 전력을 다하여 그 일에 매달렸다.

메르크[21]

- 설 립 연 도 : 1891년
- 설　립　자 : 조지 메르크(23세)
- 위　　　치 : 뉴욕 주 뉴욕 시
- 설 립 취 지 : 독일 제약 회사인 E. 메르크의 판매 대리점. 기원은 1668년 독일의 약제사 가문인 메르크 가문으로 거슬러 올라간다.
- 초창기성과 : 독일에서 수입한 약품의 판매 성공(1897년 100만 달러). 자기 고유의 약품을 제조하지 못하다가 1903년경 뉴저지 주 라웨이에 새로운 약품 제조 시설을 건설하여 요오드화물과 다른 약품을 제조하기 시작함.

파이저[22]

- 설 립 연 도 : 1849년
- 설　립　자 : 찰스 파이저(25세), 찰스 에르하르트(28세)
- 위　　　치 : 뉴욕 브루클린

- 설 립 취 지 : 그때까지 미국에서 생산되지 않은 고품질 약품을 제조. 수입품에 비해 관세의 혜택을 입음. 첫 제품은 산토닌이라는 구충제였음.
- 초창기성과 : 산토닌의 판매 호조로 팽창을 위한 기초를 다졌다. 1855년 요오드 화물에 기초한 제품을 제조하기 시작했다. 1860년까지 5개의 제품 라인을 구축했고, 1857년에는 맨해튼 시내에 사무실을 개설했다. 1857~1888년에 사세 확장을 위해 72개의 토지 구역을 매입했다.

모토롤라[23]

- 설 립 연 도 : 1928년
- 설 립 자 : 폴 갤빈(33세)
- 위 치 : 일리노이 주 시카고
- 설 립 취 지 : 시어스 로벅 제품의 수리를 포함한 라디오용 배터리 엘리미네이터. 갤빈은 '엘리미네이터 시장이 오래가지 않을 것'으로 생각했다. 그래서 초기부터 다른 시장을 모색하기 시작했다.
- 초창기성과 : 엘리미네이터 제조와 수리 사업으로 첫해는 근근히 유지했으나 1929년 말에는 거의 파산 지경에 이르렀다. 1930년 자동차 라디오를 구상, 1930년에는 적자를 보았으나 1931년에 흑자로 돌아서서 그 후 착실한 성장을 거듭했다.

제니스[24]

- 설 립 연 도 : 1923년
- 설 립 자 : 유진 맥도널드(37세)
- 위 치 : 일리노이 주 시카고

- 설 립 취 지 : 라디오 산업의 성장에 발맞추어 라디오를 판매하고 마케팅함(1920년 상업 라디오 방송이 시작되었고, 곧 라디오 공급량이 부족해졌다). 1923년 시카고 라디오 랩이 만든 라디오를 팔 수 있는 독점권을 가짐. 1924년 세계 최초의 휴대용 라디오를 출시함.
- 초창기성과 : 초기의 혁신적 제품들로 인해 매출 성장(1924년 최초의 휴대용 라디오, 1926년 AC로 작동하는 최초의 가정용 라디오, 1927년 최초의 버튼식 튜닝 라디오). 그러나 느슨한 자산 관리로 인해 1920년대 중반부터 불안정해지면서 신용에 문제가 생김.

노드스트롬[25]

- 설 립 연 도 : 1901년
- 설 립 자 : 존 노드스트롬(30세), 칼 왈린(나이 미상)
- 위 치 : 워싱턴 주 시애틀
- 설 립 취 지 : 존 노드스트롬은 이렇게 말했다. "내가 무얼 할 건지 아직 모르던 시절이었다……. 뛰어들 수 있는 소규모 사업을 물색하고 있었다. 왈린은 판매용 구두를 만들고 있었고, 이미 구두 수선 가게를 운영하고 있었다. 나는 종종 왈린 가게로 찾아갔는데, 어느 날 그가 합작해서 구두 가게를 차리자고 제안해 왔다."
- 초창기성과 : 초기부터 수익을 올림. 최초 13년 동안 세 번이나 이사를 했지만 1923년까지는 1개의 상점만을 운영했고, 그 해 두 번째 상점을 개점했다.
- 기 타 : 존 노드스트롬은 1928년 회사 지분을 자신의 두 아들(에버렛, 엘머)에게 팔았다.

멜빌[26]

- 설 립 연 도 : 1892년
- 설   립   자 : 프랭크 멜빌(나이 미상)
- 위   치 : 뉴욕 주 뉴욕
- 설 립 취 지 : 구두 판매원이던 프랭크 멜빌은 상점 소유주가 자신에게 대금을 지불하지 않고 도망간 3개의 상점을 얻었다.
- 초창기성과 : 초기부터 수익을 올림. 1895년 체인형으로 확장을 시작. 1923년까지 31개 소매 상점을 보유했고, 1935년에는 571개로 늘어났다. 1930년대 초반에는 미국 최대의 구두 소매상이 되었다.

프록터&갬블[27]

- 설 립 연 도 : 1837년
- 설   립   자 : 윌리엄 프록터(36세), 제임스 갬블(34세)
- 위   치 : 오하이오 주 신시내티
- 설 립 취 지 : 양초 제조업자인 프록터와 비누 제조업자 갬블은 자신들의 제품을 만들기 위해 동일한 동물성 기름 원료에 의존하고 있었다. 의형제를 맺은 그들은 힘을 합쳐 비누와 양초를 함께 판매하기로 했다.
- 초창기성과 : 회사는 초기에 더디게 성장하여, 15년이 흐른 후에야 시 중심가에 상점과 제조 설비를 갖출 수 있었다. 비록 대단한 성장은 아니었지만 이익을 남기기 시작했고, 1847년에는 2만 달러를 벌어들였다. 설립 후 20년이 되었을 때 공장 종업원의 수는 80명이었다.

콜게이트[28]

- 설 립 연 도 : 1806년
- 설 립 자 : 윌리엄 콜게이트(23세)
- 위   치 : 뉴욕 주 뉴욕
- 설 립 취 지 : 1956년 당시 콜게이트 회장의 말에 따르면 "미국 역사상 당시 (1806)에는 최소한 비누 사용자의 75%가 집에서 직접 만들어 사용하고 있었다. 집에서 만든 비누는 피부를 거칠게 했으며 향기가 좋지 않았다. 윌리엄 콜게이트는 기분이 좋으면서도 보통 사람들이 사용할 수 있는 비누를 만들고자 노력했다"고 한다.
- 초창기성과 : 이용할 수 있는 정보가 거의 없었다. 최초의 20년 동안 P&G와 현격한 차이가 있었다는 지표는 없다.
- 기   타 : 미국 내에서 일반 판매용 비누를 만든 최초의 회사 중 하나

필립 모리스[29]

- 설 립 연 도 : 1847년
- 설 립 자 : 필립 모리스(나이 미상)
- 위   치 : 영국 런던
- 설 립 취 지 : 런던의 본드 가에 담배 가게를 차림.
- 초창기성과 : 1854년까지는 소매 가게로만 남아 있다가 그 후부터 직접 담배를 제조하기 시작했다. 초기 성장에 대한 실질적 지표는 거의 없다. 1902년 미국에 자신의 담배를 도입했고, 미국 투자자들이 1919년 필립 모리스 상표권을 사들였다.
- 기   타 : 1924년 여성용 담배 브랜드로 말보로를 출시함.

R.J. 레이놀즈[30]

- 설 립 연 도 : 1875년
- 설   립   자 : 리처드 레이놀즈(25세)
- 위   치 : 노스캐롤라이나 주 윈스턴
- 설 립 취 지 : 씹는 담배에 알맞은 독감 치료용 잎사귀를 개발한 데 힘입어 씹는 담배 개발, 판매
- 초창기성과 : 첫해 15만 파운드의 제품을 생산. "그 후 거의 2년에 한 번씩 수요를 따라가기 위해 공장을 증설해야 했다." 1880년대 중반 레이놀즈는 개인 재산이 10만 달러가 넘었다.
- 기   타 : 1913년 캐멀 브랜드 담배 시판. 1917년 미국 제일의 브랜드가 됨.

소니[31]

- 설 립 연 도 : 1945년
- 설   립   자 : 이부카 마사루(37세)
- 위   치 : 일본 도쿄
- 설 립 취 지 : 기술을 사용하여 소비재 제품을 만든다는 모호한 개념 외에 다른 특별한 아이디어는 없음.
- 초창기성과 : 밥솥, 테이프 녹음 시스템이 실패하여 고전. 조야한 전기장판으로 간신히 명맥만 유지하다가 방송국 스튜디오용 볼트미터와 제어 콘솔과 같은 잡동사니 제품으로 일본 방송국과 계약을 맺음. 1955년 최초의 히트 상품인 소형 라디오를 개발. 종업원을 500명으로 늘리는 데 12년이 걸림.

켄우드[32]

- 설 립 연 도 : 1946년
- 설   립   자 : 리스트가 없음.
- 위   치 : 일본 고마카네 시
- 설 립 취 지 : 오디오 기술 분야의 전문 개척자가 되기 위하여
- 초창기성과 : 오디오 기술 분야에서 곧 리더의 자리에 오름. 최초의 제품인 특수 라디오 부품이 성공하여 기반을 다짐. 고주파 트랜스포머는 일본 방송사의 형식 승인을 획득한 최초의 일본 제품이다.

월마트[33]

- 설 립 연 도 : 1945년
- 설   립   자 : 샘 월턴(27세)
- 위   치 : 애리조나 주 뉴포트
- 설 립 취 지 : 조그만 마을에서 벤 프랭클린 잡화점의 라이선스를 획득. 그 이상의 계획을 가지고 있었다는 증거는 없음.
- 초창기성과 : 첫해 매출 8만 달러, 셋째 해 매출 22만5천 달러. 1950년 프랜차이즈 권리를 잃음에 따라 상점도 잃음. 아칸소 주의 벤턴빌로 이사하여 '월턴'이라는 소규모 잡화점을 엶. 1952년 2개로 팽창
- 기   타 : 1962년에 최초의 대규모 지역 할인점 개장

에임스[34]

- 설 립 연 도 : 1958년
- 설   립   자 : 밀턴 길먼(33세), 어빙 길먼(나이 미상)

- 위   치 : 매사추세츠 주 사우스브리지
- 설 립 취 지 : 할인 소매 체인을 시작하기 위하여 가족 소유 농장을 저당잡힘.
- 초창기성과 : 5년간 매출이 100만 달러. 2년 이내에 뉴욕과 버몬트에 많은 체인을 거느림.
- 기   타 : 1958년에 최초의 대규모 지역 할인점 개장

월트 디즈니[35]

- 설 립 연 도 : 1923년
- 설 립   자 : 월트 디즈니(21세), 로이 디즈니(27세)
- 위   치 : 캘리포니아 주 로스앤젤레스
- 설 립 취 지 : 영화 산업에 종사하기 위해 월트는 캔자스시티에서 로스앤젤레스로 이주. 하지만 직업을 구하지 못한 그는 혼자 힘으로 영화 산업에 뛰어들기로 결심하고, 카메라를 빌린 후 만화 스탠드를 만들어 삼촌의 차고에 스튜디오를 차림. 디즈니 전기 작가 쉬켈에 따르면 "영화 산업에 뛰어든 후 6년 정도까지는 너무 늦었다고 여겼다. 하지만 이 영역이야말로 그가 가진 유일한 재능"이었다.
- 초창기성과 : 최초의 영화 시리즈인 〈앨리스〉는 겨우 회사를 유지할 만한 수입(지출을 최대한 억제했기 때문)을 안겨 주었다. 두 번째 작품인 〈오스왈드 토끼〉(1927)는 조금 나았지만, 계약을 잘못하여 판권을 잃어 버렸다. 1928년 그는 미키 마우스를 내놓았다.

컬럼비아 영화사[36]

- 설 립 연 도 : 1920년
- 설   립   자 : 해리 콘(29세), 잭 콘(나이 미상)
- 위   치 : 캘리포니아 주 로스앤젤레스
- 설 립 취 지 : 해리와 잭은 영화 배우들의 사생활과 그들의 최근 영화를 공개하는 만화와 단편 영화를 만들기 위해 1920년 회사를 설립했다. 그 후 장편 영화 제작에 뛰어들었다.
- 초창기성과 : 초기 단편 영화로는 평범한 성과를 거두었다. 최초의 장편 영화는 더 성공적이어서 2만 달러를 투자하여 13만 달러의 수입을 올렸다. 1922년 8월부터 1923년 12월 사이에 10개의 장편 영화를 제작하여 많은 수익을 올렸다.

설립 기원 요약	일류 아이디어를 가지고 시작했는가? *		비전 기업과 비교 기업 중 창업 초기에 더 성공을 거둔 것은?
	비전 기업	비교기업	
3M : 노턴	아니오	네	비교 기업
아메리칸 익스프레스 : 웰스 파고	아니오	아니오	비전 기업
보잉 : 맥도넬 더글러스	아니오	네	비교 기업
시티코프 : 체이스	아니오	아니오	구별 불가능
포드 : GM	네	아니오	비전 기업
GE : 웨스팅하우스	네	네	구별 불가능
HP : TI	아니오	네	비교 기업
IBM : 버로스	아니오	네	비교 기업
존슨&존슨 : 브리스틀 마이어스	네	아니오	비전 기업
마리오트 : 하워드 존슨	아니오	아니오	구별 불가능
메르크 : 파이저	아니오	네	구별 불가능
모토롤라 : 제니스	아니오	네	비교 기업
노드스트롬 : 멜빌	아니오	아니오	비교 기업
P&G : 콜게이트	아니오	네	구별 불가능
필립 모리스 : R.J. 레이놀즈	아니오	네	비교 기업
소니 : 켄우드	아니오	네	비교 기업
월마트 : 에임스	아니오	네	비교 기업
월트 디즈니 : 컬럼비아	아니오	아니오	비교 기업
전체	네 3개 아니오 15개	네 11개 아니오 7개	비전 기업 3개 구별 불가능 5개 비교 기업 10개

* 구체적이고 헌신적이고 매우 성공적인 제품 혹은 서비스로 정의됨.

부록2의 주

1. *Our Story So Far*(St. Paul, MN : 3M Company, 1977), pp. 51~56.
2. Charles W. Cheape, *Norton Company : a New England Enterprise*(Cambridge, MA : Harvard University Press, 1985), p. 12.
3. Alden Hatch, *American Express 1850-1950*(Garden City, NY : Country Life Press, 1950) ; "About American Express," corporate publication ; Peter G. Grossman, *American Express : The Unofficial History of the People Who Built the Great Empire*(New York : Crown, 1987).
4. *International Directory of Corporate Histories*(Chicago : St. James Press, 1988), p. 380.
5. E. E. Tauber, *Boeing in Peace and War*(Enumaclaw, WA : TABA, 1991), p. 19 ; Robert J. Serling, *Legend and Legacy*(New York : St. Martin's Press, 1992), pp. 2~6.
6. Rene Francillon, *McDonnell Douglas Aircraft Since 1920*(Annapolis, MD : Naval Institute Press, 1988), pp. 1~12.
7. Harold van B. Cleveland and Thomas F. Huertas, *Citibank 1812-1970*(Cambridge, MA : Harvard University Press, 1985) ; *International Directory of Corporate Histories*(Chicago : St. James Press, 1988). p. 253.
8. *International Directory of Corporate Histories*(Chicago : St. James Press, 1988), p. 247.
9. Alfred Chandler, *Giant Enterprise : Ford, General Motors, and the Automobile Industry*(Cambridge, MA : M.I.T. Press, 1964) ; Arthur Kuhn, *GM Passes Ford, 1918-38*(University Park, PA : Pennsylvania State University Press, 1986) ; Robert Lacey, *Ford : The Men and the Machine*(New York : Ballantine

Books, 1986).

10. Alfred Sloan, *My Years with General Motors*(New York : Anchor Books, 1972) ; Alfred Chandler, *Giant Enterprise : Ford, General Motors, and the Automobile Industry*(Cambridge, MA : M.I.T. Press, 1964) ; Maryann Keller, *Rude Awakening*(New York : Morrow, 1986) ; Arthur Kuhn, *GM Passes Ford, 1918-38*(University Park, PA : Pennsylvania State University Press, 1986) ; Arthur Pund, *The Turning Wheel : The Story of General Motors Through 25 Years, 1908-1933*(Garden City, NY : Doubleday Doarn, 1934).

11. *The General Electric Story*(Schenectady, NY : Hall of History Foundation, 1981), volumes 1-2.

12. Henry G. Prout, *A Life of George Westinghouse*(New York : American Society of Mechanical Engineers, 1921), pp. 1~150.

13. Materials courtesy Hewlett-Packard Company Archives.

14. "Research Packed with Ph. D.'s," *Business Week*, 22 December 1956, p. 58 ; *Hoover's Handbook, 1991*(Emeryville, CA : The Reference Press, 1990), p. 528 ; John McDonald, "The Men Who Made T.I.," *Fortune*, November 1961, pp. 118~119.

15. Thomas J. Watson, Jr., *Father, Son & Company*(New York : Bantam Books, 1990), pp. 13~17 ; *International Directory of Corporate Histories*(Chicago : St. James Press, 1988), p. 147.

16. *International Directory of Corporate Histories*(Chicago : St. James Press, 1988), p. 165.

17. Lawrence G. Foster, *A Company that Cares*(New Brunswick, NJ : Johnson & Johnson, 1986), pp. 9~27.

18. *Bristol-Myers Company—Special Report : The Next Century*, company

publication(1987), pp. 3~5.

19. Robert O'Brian, *Marriott : The J. Willard Marriott Story*(Salt Lake City : Deseret, 1987), pp. 123~137.

20. "Glorified Road Stands Pay," *Business Week*, 17 February 1940 : "The Howard Johnson Restaurants," *Fortune*, September 1940.

21. *Values and Visions : A Merck Century*(Rahway, NJ : Merck, 1993), pp. 13~15.

22. Samuel Mines, *Pfizer : An Informal History*(New York : Pfizer, 1978), pp. 1~6.

23. Harry Mark Petrakis, *The Founder's Touch*(New York : McGraw-Hill, 1965), pp. 62~111.

24. *International Directory of Corporate Histories*(Chicago : St. James Press, 1988), p. 123.

25. John W. Nordstrom, *The Immigrant in 1887*(Seattle : Dogwood Press, 1950), pp. 44~50 ; "Nordstrom History," company publication, 26 November 1990.

26. Francis C. Rooner, Jr., *Creative Merchandising in an Era of Change*(New York : Newcomen Society, 1970), pp. 8~12 ; "Largest American Shoe Retailer," *Barron's*, 8 April 1935 ; *Hoover's Handbook, 1991*(Emeryville, CA : The Reference Press, 1990), p. 372.

27. "Procter & Gamble Chronology," company publication ; Oscar Schisgall, *Eyes on Tomorrow : The Evolution of Procter & Gamble*(New York Doubleday, 1981), pp. 1~14 ; Alfred Lief, *It Floats : The Story of Procter & Gambler*(New York : Rinehart, 1958), pp. 14~32 ; plus over forty outside articles on the company dating back to the 1920s.

28. "Colgate Palmolive Company : Memorable Dates," company publication ; "Colgate-Palmolive-Peet," *Fortune*, April 1936 ; William Lee Sims II, *150 Years... and the Future! Colgate-Palmolive*(1806-1956)(New York : Newcomen Society, 1956), pp. 9~10.

29. *The Philip Morris History*, company publication(1988).

30. *RJ Reynolds : Our 100th Anniversary*, company publication(1975).

31. Nick Lyons, *The Sony Vision*(New York : Crown, 1976), pp. 1~35.

32. *Japan Electronics Almanac '88*(Tokyo, Japan : DEMPA Publications, 1988), p. 282 ; Kenwood annual reports.

33. Vance Trimble, *Sam Walton*(New York : Dutton, 1990), pp. 45~72.

34. "Cornering the Market," *Forbes*, 23 May 1983, 46. Also *Hoover's Handbook, 1991*(Emeryville, CA : The Reference Press, 1990), p. 84.

35. Richard Schickel, *The Disney Version*(New York : Simon & Schuster, 1968), pp. 91~117.

36. Clive Hirschhorn, *The Columbia Story*(New York : Crown, 1989), pp. 7~16.

APPENDIX 3

표

〈표 A-1〉 비전 기업과 비교 기업의 비교 연구에서 이용된 주요 특성 분류 (창업~1991년)

분류 1 : 기초적 조직 구성 요소
조직 구성, 정책 및 절차, 시스템, 상벌, 소유 구조, 일반적 기업 전략 및 활동 등과 같은 하드웨어적 요소들(예 : 기업 매수, 중대한 전략의 변경, 기업 공개 등)

분류 2 : 사회적 요소
기업의 문화적 관행, 분위기, 규범, 행사, 자주 입에 오르내리는 신화적 혹은 일반적인 이야기들, 그룹 역학, 경영 스타일 등 소프트웨어적인 요소들

분류 3 : 실제적 배치
공장 혹은 사무실의 레이아웃이나 새로운 시설 등의 실제적인 공간을 어떻게 관리하는가 하는 점. 기업 핵심 부문의 지리적 위치에 대한 중요한 결정도 여기에 포함됨.

분류 4 : 기술
정보 기술, 최신 공정 및 설비, 선진화된 업무 배치 등 기업 활동과 관련된 제반 기

술을 어떻게 활용하는가 하는 점

분류 5 : 리더십
창업자와 후계자 사이의 리더십의 승계 과정, 최고경영자의 재직 기간, 최고경영자가 되는 과정(소요 기간, 내부 출신인가 외부 영입인가, 언제 그 기업에 들어왔는가 등), 최고경영자의 선택 과정 등 창업 이래 그 기업의 리더십에 관한 사항

분류 6 : 상품과 서비스
그 기업의 역사에 있어 중요했던 상품이나 서비스 등. 그러한 상품 아이디어가 어떻게 나왔는가? 어떻게 그 아이디어를 선택하고 발전시켰는가? 그 기업이 상품 개발에 크게 실패했던 경험이 있는가? 있다면 이를 어떻게 극복했는가? 상품 개발에 있어 그 기업이 시장에서 선도적 역할을 하는가 아니면 추종자적인 자세를 갖는가 등의 문제를 포함한다.

분류 7 : 비전(핵심 가치, 기업 목표 등)
이러한 변수들이 기업 내에 실제로 존재하는가? 만약 있다면 어떻게 형성되었는가? 기업 역사의 일정 시점에서 그 기업만이 이런 가치들을 갖고 있었는가? 이런 변수들이 어떤 역할을 했는가? 만약 강력한 핵심 가치나 기업 목표가 있었다면, 이러한 것들이 잘 보존되어 왔는가 아니면 점차 약화되어 왔는가? 그 이유는?

분류 8 : 재무분석
기업 공개(상장) 이후의 모든 대차 대조표 및 손익 계산서 등 재무 제표의 분석(판매 및 이익 증가율, 총이익, 자산 수익률, 판매 수익률, 자본 수익률, 자기 자본에 대한 부채 비율, 현금 흐름 및 운전 자금, 유동성 비율, 배당 성향, 총매출액에 대한 고정 자산 증가 비율, 자산 회전율 등). 아울러 기업의 주식 수익률과 전체 주식 시장에서의 상대적

인 성과 등도 고려되었음.

분류 9 : 시장/환경
기업의 대외적 환경으로서 중요한 시장 상황의 변화, 중요한 국내외 사건, 정부 규제, 산업 구조적 문제, 중요한 기술적 변화 등을 포함한다.

〈표 A-2〉 본 연구에 이용된 자료의 출처

• 각 기업들로부터 직접 얻은 역사적 자료

기업의 사료, 기업이 공개·상장될 때의 프로스펙터스(prospectuses), 내부 출간물, 영상 자료, 과거 최고경영자들의 연설문, 기업의 비전에 관한 자료(과거와 현재의 기업 가치, 기업 목표, 사명 등), 직원 편람, 각종 연수 자료 등

• 산업, 기업, 최고경영자 등에 관한 사내외 출판물

객관성을 유지하기 위해 외부 전문가에 의해 쓰인 자료에 더 큰 비중을 두었다. 이러한 출판물들은 스탠퍼드대, 캘리포니아대, 하버드대, 예일대, 옥스퍼드대 등의 종합 도서 자료 목록을 통해 얻었다.

• 기업에 관한 각종 기사

기업 창업에서 현재까지의 전 기간에 걸쳐 발표되었던 거의 모든 중요한 기사들을 모두 수집했다. 〈포브스〉, 〈포춘〉, 〈비즈니스 위크〉, 〈월 스트리트 저널〉, 〈네이션스 비즈니스〉, 〈뉴욕 타임스〉, 〈U.S. 뉴스〉, 〈뉴 퍼블릭〉, 〈하버드 비즈니스 리뷰〉, 〈이코노미스트〉 등 일반적인 유수 정기 간행물뿐만 아니라 〈디스카운트 머천다이저〉, 〈마케팅〉, 〈호텔 앤드 레스토랑〉 등 분야별 전문 간행물도 이용했다.

• 기업의 연차 보고서와 재무 제표

때에 따라서는 하나의 기업을 분석하기 위해 거의 100여 개에 이르는 손익 계산서와 대차 대조표를 취합해야 하는 경우도 있었다.

• 하버드대와 스탠퍼드대의 기업 사례 연구 및 산업 분석

본 연구의 대상이 되는 기업이나 산업에 대하여 위의 기관에서 갖고 있는 모든 사

례를 참고했다.

• 파이낸셜 데이터베이스

특히 시카고 대학 주가연구소(Center For Research in Security Prices)의 시장 지수 데이터베이스(Market Index Database)를 이용하여 모든 기업의 월별 주식 수익률을 얻었다.

• 관련 인사와의 인터뷰

기업의 주요 인사, 현 종업원, 퇴직 종업원 등 기업 내부 인사뿐만 아니라 시장 분석가나 교수 등 외부 전문가들과의 면담을 통해 자료를 수집했다.

• 기업과 산업에 관한 참고 문헌

Biographical Dictionary of American Business Leaders, *the International Directory of Company Histories*, *Hoover's Handbook of Companies*, *Development of American Industries*, *Movie Industry Almanac* 등

〈표 A-3〉 기업이 형성될 때 나타난 차별 변수로서의 리더십

리더십이란 오랫동안 재직하거나, 중요한 시련기를 극복했거나, 기업에 헌신적 역할을 한 사람들을 지도했거나, 기업 목표를 달성하는 데 큰 영향을 미쳤거나, 기업 발전 방향에 결정적인 역할을 한 최고경영자들로 정의된다.

참고 : 기간의 설정에 있어서는 실제로 중요한 영향력을 발휘했던 시기를 잡았다. 그러나 경우에 따라서는 그 경영자가 사장, CEO, 회장 등 여러 직책을 갖고 있는 경우가 많아 어려움이 있었다. 다음 표는 비전 기업과 비교 기업이 모두 그 형성기에 현저한 리더십을 갖고 있었기 때문에 이상과 같이 정의된 리더십의 존재가 결코 차별 변수가 될 수 없음을 시사한다.

상대	비전 기업	비교 기업	구별 가능한가?
3M vs. 노턴	윌리엄 맥나이트 (1914~1966)	밀턴 히긴스 (1855~1912)	아니오
아메리칸 익스프레스 vs. 웰스 파고	헨리 웰스와 윌리엄 파고 (1850~1868)	헨리 웰스와 윌리엄 파고 (같은 인물) (1852~1860s)	아니오
보잉 vs. 맥도넬 더글러스	윌리엄 보잉 (1916~1934)	도널드 더글러스 (1920~1967) 제임스 맥도넬 (1939~1980)	아니오
시티코프 vs. 체이스	제임스 스틸먼 (1891~1918)	앨버트 위긴스 (1911~1933)	아니오
포드 vs. GM	헨리 포드 1세 (1899~1945)	앨프레드 슬론 (1923~1946)	아니오
GE vs. 웨스팅하우스	찰스 코핀 (1892~1922)	조지 웨스팅하우스 (1866~1909)	아니오

상대	비전 기업	비교 기업	구별 가능한가?
HP vs. TI	데이비드 패커드와 윌리엄 휼렛 (1937~)	유진 맥더못 (1930~1948) 팻 해거티 (1958~1976)	아니오
IBM vs. 버로스	토머스 왓슨 (1914~1956)	조셉 보이어 (1898~1930)	아니오
J&J vs. 브리스틀 마이어스	R.W. 존슨 (1886~1910)	윌리엄 브리스틀 (1887~1915)	아니오
마리오트 vs. 하워드 존슨	J. 윌러드 마리오트 (1927~1964)	하워드 존슨 (1925~1959)	아니오
메르크 vs. 파이저	조지 메르크 (1895~1925)	찰스 파이저 (1849~1906)	아니오
모토롤라 vs. 제니스	폴 갤빈 (1926~1956)	유진 맥도널드 2세 (1923~1958)	아니오
노드스트롬 vs. 멜빌	존 노드스트롬 (1901~1928)	프랭크 멜빌 (1892~1930)	아니오
P&G vs. 콜게이트	윌리엄 프로터와 제임스 갬블 (1837~1870s)	윌리엄 콜게이트 (1806~1857)	아니오
필립 모리스 vs. R.J. 레이놀즈	증거 없음.	R.J. 레이놀즈 (1875~1918)	비교 기업이 우월해 보임.
소니 vs. 켄우드	이부카 마사루 (1945~)	정보 불충분	정보 불충분
월마트 vs. 에임스	샘 월턴 (1945~1992)	길먼 형제 (1958~1981)	아니오
월트 디즈니 vs. 컬럼비아	월트 디즈니 (1923~1966)	해리 콘 (1920~1958)	아니오

〈표 A-4〉 핵심 이념의 증거

방법 : 비전 기업과 비교 기업의 기업 이념적 측면을 비교 평가하는 데 있어서 다음과 같은 여러 측면의 증거 자료를 고려했다.

    A : 핵심 이념의 기술
    B : 핵심 이념의 연속성
    C : 이윤에 앞선 핵심 이념의 추구
    D : 핵심 이념과 실제 행동의 일치성

다음으로 A, B, C, D 네 분야에서 **우리가 발견할 수 있는 증거에 따라** 비전 기업과 비교 기업에 각각 1~3점까지의 점수를 부여했다(H=3점, M=2점, L=1점). 그리고 최종적으로 네 분야의 점수를 합하여 총지수를 산출했다.

A : 핵심 이념의 기술

  H : 기업 이념(기업의 핵심 가치와 목표)을 기술하고 이를 기업의 방향 설정을 위한 지침으로 이용하고 있다는 충분한 증거가 있는 경우. 아울러 이러한 기업 이념이 최고경영층에 의해 자주 언급되고, 조직 전반에 파급되어 있는 경우

  M : 기업 이념을 기술하고 이를 기업의 방향 설정을 위한 지침으로 이용하고 있다는 증거가 충분하지는 않지만 어느 정도 발견되는 경우. 그리고 이러한 기업 이념이 최고경영층에 의해 자주는 아니지만 1년에 한두 번이라도 언급되고, H군에 속하는 기업보다는 약하지만 나름대로 기업 이념이 조직 전반에 전달되는 경우

  L : 기업 이념을 선언하고 이를 경영의 좌표로 이용하겠다는 증거가 거의 없는 경우

B : 핵심 이념의 연속성

H : A에서 정의된 기업 이념이 기업의 전 역사에서 별로 변하지 않고 연속적으로 강조되어 왔다는 증거가 있는 경우

M : A에서 정의된 기업 이념이 역사적으로 상당히 변화되었거나 기업 이념이 계속 강조되지는 못한 경우

L : 기업 이념의 연속성에 대한 증거가 거의 없는 경우

C : 이윤에 앞선 핵심 이념의 추구

H : 이윤이나 주주 이익의 추구가 기업의 최대 목표는 아니며, 기업 목표의 일부분에 불과하다는 점을 명시적으로 밝힌 경우. '최대의' 혹은 '최고의' 수익이라는 표현보다는 '적정한' 수익, '충분한' 수익, '다른 목적을 추구하는 데 있어 필요 조건으로서의 이윤' 등과 같은 용어를 명시적으로 자주 사용하는 경우

M : 이윤이나 주주 이익이 다른 목표나 가치보다는 최소한 같거나 더 중요하다는 증거가 있는 경우. 기업 이념이 중시되기는 하나 H군에 속한 기업에 비해서는 현저히 덜 중시되는 경우

L : 기업이 대단한 이윤 추구적 자세를 가짐으로써 기업 이념이 이윤 추구의 종속 개념으로 전락한 경우. 부를 극대화하는 것이 기업의 존재 이유라든가 다른 모든 목표에 앞선 최고의 목표라고 믿는 경우

D : 핵심 이념과 실제 행동의 일치성

H : 기업 이념이 단순히 말뿐인 구호가 아니라는 충분한 증거가 있는 경우. 기업의 전 역사에 걸쳐 중요한 전략(상품, 시장, 투자 등)이나 조직 구성(직제, 인센티브 제도, 정책 등)이 그 동안 기술된 기업 이념에 근거하여 결정되어 왔다는 증거가 있는 경우

M : 기업 이념이 단순히 말뿐인 구호가 아니라는 증거가 충분하지는 않으나 어느 정도 발견되는 경우. 기업의 중요한 전략(상품, 시장, 투자 등)이나 조직 구성(직제, 인센티브 제도, 정책 등)이 어느 정도 기업 이념에 의해 결정되어 왔으나 H군의 기업들에 비해 일관성이 없는 경우

L : 기업 이념이 기업의 발전 방향을 설정해 왔다거나 실제 기업 행동과 일치해 왔다는 증거가 거의 없는 경우

비전 기업(VC)	A	B	C	D	지수 점수	전체 차이	지수 점수	A	B	C	D	비교 기업(CC)
3M	H	H	M	H	11.00	3.00	8.00	M	M	M	M	노턴
아메리칸 익스프레스	M	M	M	M	8.00	2.00	6.00	M	L	L	M	웰스 파고
보잉	H	H	M	H	11.00	5.00	6.00	M	L	L	M	맥도넬 더글러스
시티코프	M	M	M	M	8.00	0.00	8.00	M	L	H	M	체이스 맨해튼
포드	H	M	M	H	10.00	4.00	6.00	M	L	L	M	GM
GE	H	M	M	H	9.00	2.00	7.00	M	L	M	M	웨스팅하우스
HP	H	H	H	H	12.00	6.00	6.00	M	L	L	M	TI
IBM	H	H	H	H	10.00	6.00	4.00	L	L	L	L	버로스
존슨&존슨	H	H	H	H	12.00	5.00	7.00	M	L	M	M	브리스틀 마이어스
마리오트	H	H	H	H	12.00	6.00	6.00	M	L	M	L	하워드 존슨
메르크	H	H	H	H	12.00	5.00	7.00	M	L	M	M	파이저
모토롤라	H	H	H	H	12.00	5.00	7.00	M	L	M	M	제니스
노드스트롬	H	H	M	H	11.00	3.00	8.00	M	M	M	M	멜빌
필립 모리스	M	L	M	M	8.00	1.00	7.00	M	L	M	M	RJR 내비스코
P&G	H	H	M	H	11.00	3.00	8.00	H	L	M	M	콜게이트
소니	H	H	H	H	12.00	5.00	7.00	M	L	M	M	켄우드
월마트	M	H	M	H	10.00	6.00	4.00	L	L	L	L	에임스
월트 디즈니	H	H	M	H	11.00	7.00	4.00	L	L	L	L	컬럼비아
횟수												
H 횟수	14	13	7	13				1	0	1	0	
M 횟수	4	4	11	5				14	2	10	14	
L 횟수	0	1	0	0				3	16	7	4	
종합	18	18	18	18				18	18	18	18	
VC〉CC	14	17	12	14	17							
VC=CC	4	1	5	4	1							
VC〈CC	0	0	1	0	0							
종합	18	18	18	18	18							

〈표 A-5〉 BHAGs의 증거

방법 : 비전 기업과 비교 기업이 BHAGs를 어떻게 활용해 왔는지를 평가하는 데 있어 우리는 다음과 같은 세 분야에서 증거를 찾아보았다.

- A : BHAGs의 이용
- B : BHAGs의 과감성
- C : BHAGs의 역사적 패턴

A, B, C 각 분야에서 **우리가 발견할 수 있는 증거에 따라** 비전 기업과 비교 기업에 각각 1~3점까지의 점수를 부여했다(H=3점, M=2점, L=1점). 그리고 최종적으로 이들 세 분야의 점수를 합하여 총지수를 산출했다.

A : **BHAGs의 이용**

H : 기업 발전을 촉진하기 위해 BHAGs를 이용해 왔다는 충분한 증거가 있는 경우

M : 기업 발전을 촉진하기 위해 BHAGs를 이용해 오기는 했으나, 그 정도가 H군에 있는 기업들보다 약한 경우

L : BHAGs를 이용해 왔다는 증거가 거의 없는 경우

B : **BHAGs의 과감성**

H : 이용된 BHAGs가 매우 과감했다는 충분한 증거가 있는 경우. 즉, 그 목표가 매우 달성하기 어렵고 또한 위험한 것이었다는 증거가 있는 경우

M : BHAGs가 과감하기는 했으나 H군에 비해서는 그 목표 달성의 난이도나 위험도 등이 낮았던 경우

L : 목표가 과감했다는 증거를 거의 찾아볼 수 없는 경우

C : BHAGs의 역사적 패턴

H : BHAGs를 반복적으로 이용하고 여러 세대의 최고경영진에 걸쳐 BHAGs를 이용해 왔다는 증거가 충분한 경우

M : BHAGs를 반복적으로 이용하고 여러 세대의 최고경영진에 걸쳐 BHAGs를 이용해 왔다는 증거가 H군에 비해 약한 경우

L : BHAGs의 역사적 패턴에 관한 증거가 거의 없는 경우

비전 기업	A	B	C	지수 점수	전체 차이	지수 점수	A	B	C	비교 기업
3M	M	M	L	5.00	0.00	5.00	M	M	L	노턴
아메리칸 익스프레스	M	M	L	5.00	1.00	4.00	M	L	L	웰스 파고
보잉	H	H	H	9.00	4.00	5.00	M	M	L	맥도넬 더글러스
시티코프	H	H	H	9.00	4.00	5.00	M	M	L	체이스 맨해튼
포드	H	H	M	8.00	1.00	7.00	H	H	L	GM
GE	H	H	M	8.00	1.00	7.00	H	H	L	웨스팅하우스
HP	M	H	L	6.00	-2.00	8.00	H	H	M	TI
IBM	H	H	M	8.00	5.00	3.00	L	L	L	버로스
존슨&존슨	M	M	M	6.00	0.00	6.00	M	M	M	브리스틀 마이어스
마리오트	H	M	M	7.00	3.00	4.00	M	L	L	하워드 존슨
메르크	H	H	M	8.00	2.00	6.00	M	M	M	파이저
모토롤라	H	H	H	9.00	3.00	6.00	H	M	L	제니스
노드스트롬	M	M	M	6.00	0.00	6.00	M	M	M	멜빌
필립 모리스	H	H	L	7.00	1.00	6.00	M	M	M	RJR 내비스코
P&G	H	H	M	8.00	2.00	6.00	M	M	M	콜게이트
소니	H	H	H	9.00	4.00	5.00	M	M	L	켄우드
월마트	H	H	H	9.00	4.00	5.00	M	M	L	에임스
월트 디즈니	H	H	M	8.00	3.00	5.00	M	M	L	컬럼비아
횟수										
H 횟수	13	13	5				4	3	0	
M 횟수	5	5	9				13	12	6	
L 횟수	0	0	4				1	3	12	
종합	18	18	18				18	18	18	
VC〉CC	10	12	10		14					
VC=CC	7	6	6		3					
VC〈CC	1	0	2		1					
종합	18	18	18		18					

⟨표 A-6⟩ 사교 같은 기업 문화의 증거

방법 : 비전 기업과 비교 기업의 기업 문화를 평가하는 데 있어 각 기업이 직원들의 애사심과 헌신을 유도하기 위해 얼마나 노력해 왔는가, 그리고 기업 이념에 맞는 직원들의 행동을 유도하기 위해 얼마나 노력해 왔는가를 고려했다. 그리고 다음과 같은 세 분야에서 나타난 증거에 의해 그 평가가 이루어졌다.

A : 교화
B : 적합성에 관한 엄격한 기준
C : 엘리트주의

다음으로 A, B, C 세 분야에서 우리가 발견할 수 있는 증거에 따라 비전 기업과 비교 기업에 1~3점까지의 점수를 부여했다(H=3점, M=2점, L=1점). 그리고 최종적으로 세 분야의 점수를 합하여 총지수를 산출했다.

A : 교화
H : 기업이 직원들에게 기업 문화의 교화 작업을 공식적으로 혹은 가시적으로 해 왔다는 충분한 증거가 있는 경우. 기업 문화의 교화 작업은 다음과 같은 과정들을 포함한다.
- 기업 가치, 행동 규범, 기업 이념, 역사, 전통 등을 가르치는 오리엔테이션 프로그램
- 기업 이념을 강조하는 계속적인 연수 프로그램
- 기업 이념을 강조하는 서적, 신문, 정간물 등과 같은 기업 내부 출판물
- 직무와 관련하여 동료 및 상사와의 연대 의식
- 신입 사원들에게 기업 구성원들이 가장 중요한 사회 집단이 되는지 여부

또는 직원들 상호간의 유대 정도
- 사가를 함께 부른다거나 기업의 구호를 함께 외치는 것
- 조직 내에 널리 알려져 있는 우수 직원들의 성공담
- 준거의 틀을 강화시킬 수 있는 독특한 언어나 용어의 사용
- 맹세나 선서
- 모든 직원들을 기업 이념의 틀 속에서 성장시키기 위해 젊은 사람을 고용하여 내부 승진을 시키며, 직원들의 의식을 젊은 시절부터 형성시켜 나가는 관행

M : 기업이 직원들에게 공식적인 또는 가시적인 기업 문화의 주입 작업을 장기간에 걸쳐 해 왔다는 증거가 있기는 하나 H군에 속한 기업들에 비해서는 그 정도가 약한 경우

L : 기업이 직원들에게 공식적인 혹은 가시적인 기업 문화의 주입 작업을 장기간에 걸쳐 해 왔다는 증거가 거의 없는 경우

B : 적합성에 관한 엄격한 기준

H : 기업 문화를 장기간에 걸쳐 엄격히 적용해 왔다는 충분한 증거가 있는 경우 (일반적으로 피고용자들은 기업 이념에 잘 적응하든지, 그렇지 않으면 전혀 적응을 못하는 양극단적인 경향이 있음). 기업 문화를 강력히 적용하는 데는 다음과 같은 방법이 있다.
- 기업 문화에 잘 적응하거나 적응하지 못할 경우에 적용되는 엄격하고 가시적인 상벌(잘 적응하는 사람은 조직 내에서 만족하고, 대가를 받으며, 높이 평가되는 반면 잘 적응하지 못하는 사람은 불만족스럽고, 낮게 평가받아 뒤처지는 상황)
- 기업 이념을 어기지 않는 실수에 대해서는 관대하나 기업 이념을 깨는 경우에 대해서는 엄격한 제재를 가하는 것

- 입사시 혹은 입사 후 몇 년 동안의 엄격한 심사 과정
- 충성심에 대한 강한 기대. 충성심이 결여되어 보이는 직원들에 대한 징계 그리고/또는 배신감
- 엄격한 행동 규범. 적응하지 못하는 직원들에 대한 강제적인 통제
- 직원들의 열정에 대한 기대 및 기업 이념의 신봉
- 조직에 동화하려 하지 않는 직원들에 대한 불이익

M : 기업 문화를 나름대로 강력히 적용해 왔으나 그 정도가 H군 기업들보다는 약하거나/그리고 역사적으로 일관되지 못했던 경우

L : 기업 문화를 강력히 적용해 온 증거가 거의 없는 경우

C : 엘리트주의

H : 직원들이 어떤 특별하고 우월한 집단에 속해 있다는 의식을 계속 주입시켜 온 경우(여기서 '특별한 집단'이라는 것과 '소속감' 모두가 중요한 개념이다). 이러한 의식은 다음과 같은 여러 형태로 실현될 수 있다.
- 특별한 집단, 즉 엘리트 그룹의 일원이라는 것을 말이나 글로 계속 강조하는 것
- 외부에 대해 기밀을 유지하고 정보를 통제해야 한다는 의식
- 집단에 대한 소속감을 강화하기 위해 특별한 언어나 이름('모토롤라인', '노디', '캐스팅된 배우' 등)을 쓰는 것
- 가족 의식의 강조. 즉, 크고 행복한 하나의 가족에 소속되어 있다는 느낌
- 그 집단의 실제적 독립성. 즉, 회사가 우체국, 식당, 헬스 클럽, 사교장 등의 시설을 갖추고 있어 직원들이 외부 세계에 크게 의존하지 않아도 되도록 하는 것

M : 직원들이 어떤 우월한 특수 그룹에 속해 있다는 의식을 장기적으로 심어 오기는 했으나 그 정도가 H군 기업보다 약한 경우

L : 직원들이 어떤 특수 그룹에 속해 있다는 의식을 심어 왔다는 증거가 거의 없는 경우

비전 기업	A	B	C	지수 점수	전체 차이	지수 점수	A	B	C	비교 기업
3M	M	H	H	8.00	2.00	6.00	M	M	M	노턴
아메리칸 익스프레스	L	M	M	5.00	0.00	5.00	L	M	M	웰스 파고
보잉	M	M	H	7.00	2.00	5.00	M	L	M	맥도넬 더글러스
시티코프	M	M	H	7.00	0.00	7.00	M	M	H	체이스 맨해튼
포드	M	M	H	7.00	0.00	7.00	M	M	H	GM
GE	H	M	H	8.00	4.00	4.00	L	L	M	웨스팅하우스
HP	H	H	H	9.00	2.00	7.00	H	M	M	TI
IBM	H	H	H	9.00	5.00	4.00	L	L	M	버로스
존슨&존슨	H	M	H	8.00	2.00	6.00	M	M	M	브리스틀 마이어스
마리오트	H	H	H	9.00	3.00	6.00	M	M	M	하워드 존슨
메르크	H	H	H	9.00	4.00	5.00	L	M	M	파이저
모토롤라	H	M	H	7.00	3.00	4.00	L	L	M	제니스
노드스트롬	H	H	H	9.00	4.00	5.00	L	M	M	멜빌
필립 모리스	M	M	M	6.00	0.00	6.00	M	M	M	RJR 내비스코
P&G	H	H	H	9.00	3.00	6.00	M	M	M	콜게이트
소니	H	H	H	8.00	3.00	5.00	M	L	M	켄우드
월마트	H	M	H	8.00	4.00	4.00	L	L	M	에임스
월트 디즈니	H	H	H	9.00	5.00	4.00	L	M	L	컬럼비아
횟수										
H 횟수	12	8	15				1	0	2	
M 횟수	5	10	3				9	12	15	
L 횟수	1	0	0				8	6	1	
종합	18	18	18				18	18	18	
VC 〉 CC	11	13	13	14						
VC = CC	7	5	5	4						
VC 〈 CC	0	0	0	0						
종합	18	18	18	18						

〈표 A-7〉 발전적 진화를 의도적으로 유도해 온 증거

방법 : 비전 기업과 비교 기업이 발전적 진화를 얼마나 의도적으로 유도해 왔는가를 평가하는 데 있어 다음과 같은 세 가지 측면에서 나타난 증거들을 수집, 평가했다.

A : 진화 과정을 의식적으로 이용하는 것
B : 과거의 관행에서 벗어나는 변화(variation)를 적극적으로 수용할 수 있는 운영의 자율성
C : 변화를 적극적으로 수용할 수 있는 여타의 메커니즘

A, B, C 세 분야에서 **우리가 발견할 수 있는 증거에 따라** 비전 기업과 비교 기업에 각각 1~3점까지의 점수를 부여했다(H=3점, M=2점, L=1점). 그리고 최종적으로 세 분야의 점수를 합하여 총지수를 산출했다.

A : 의식적인 이용

H : 의식적으로 '변화와 선택'이라는 진화의 과정을 통해 기업 발전을 추구했다는 충분한 증거가 장기간에 걸쳐 일관되게 발견되는 경우. 비록 BHAGs나 자기 개선 등 다른 형태를 통한 발전을 추구했다 하더라도 진화의 과정을 의식적으로 이용한 경우에 한한다. 그리고 진화 과정의 예기치 못한 기회를 이용하기 위해 전략적 전환을 했다는 증거가 있어야 한다.

M : 의식적으로 '변화와 선택'이라는 진화의 과정을 통해 기업 발전을 추구했다는 증거가 있기는 하나 H군 기업에 비해 그 증거가 약하거나 역사적으로 일관되지 못한 경우

L : '변화와 선택'이라는 진화의 과정을 의식적으로 이용했다는 증거가 거의 없는 경우

B : 운영의 자율성

H : '변화'를 발전적으로 이용하는 수단으로서 운영의 자율성을 일관되게 이용해 왔다는 충분한 증거가 있는 경우. 여기서 운영의 자율성이란 분권화된 조직 구조와 직무 구조를 통해 사원들이 자기 임무를 수행하는 데 폭넓은 재량권을 갖고 있는 것을 말한다.

M : '변화'를 발전적으로 이용하기 위해 운영의 자율성을 채택하고 있더라도 그 정도가 H군 기업들보다는 약하거나 일관성이 덜한 경우

L : '변화'를 발전적으로 이용하기 위해 운영의 자율성을 채택하고 있다는 증거가 거의 없는 경우

C : 여타의 메커니즘

H : '변화와 선택'이라는 진화의 과정을 적극적으로 이용하기 위해 운영의 자율성 이외에 다른 다양한 메커니즘을 이용하고 있다는 충분한 증거가 있는 경우. 창의력과 참신한 아이디어를 촉진하는 이러한 메커니즘에는 실험 정신, 예기치 못한 기회를 적극적으로 포착할 수 있는 임기 응변력, 실수에 대한 관용, 혁신과 새로운 아이디어에 대한 보상, 새로운 기회를 제공한 데 대한 인센티브 등이 포함될 수 있다.

M : '변화와 선택'이라는 진화의 과정을 적극적으로 이용하기 위해 여타의 메커니즘을 채택하고 있으나 그 정도가 H군에 속한 기업들보다는 약하거나 역사적으로 일관되지 못한 경우

L : '변화와 선택'이라는 진화의 과정을 적극적으로 이용하기 위해 여타의 메커니즘을 채택하고 있다는 증거가 거의 없는 경우

비전 기업	A	B	C	지수 점수	전체 차이	지수 점수	A	B	C	비교 기업
3M	H	H	H	9.00	5.00	4.00	L	M	L	노턴
아메리칸 익스프레스	H	M	M	7.00	2.00	5.00	M	M	L	웰스 파고
보잉	M	M	L	5.00	2.00	3.00	L	L	L	맥도넬 더글러스
시티코프	M	H	M	7.00	3.00	4.00	M	L	L	체이스 맨해튼
포드	M	M	M	6.00	0.00	6.00	M	M	M	GM
GE	M	M	M	6.00	1.00	5.00	M	M	L	웨스팅하우스
HP	H	H	H	9.00	3.00	6.00	M	M	M	TI
IBM	M	M	M	6.00	3.00	3.00	L	L	L	버로스
존슨&존슨	H	H	M	8.00	2.00	6.00	M	M	M	브리스틀 마이어스
마리오트	H	M	M	7.00	3.00	4.00	M	L	L	하워드 존슨
메르크	M	M	M	6.00	-2.00	8.00	H	H	M	파이저
모토롤라	H	H	H	9.00	5.00	4.00	M	L	L	제니스
노드스트롬	M	H	L	6.00	0.00	6.00	M	H	L	멜빌
필립 모리스	M	M	L	5.00	1.00	4.00	M	L	L	RJR 내비스코
P&G	M	M	L	5.00	1.00	4.00	M	L	L	콜게이트
소니	H	H	M	8.00	2.00	6.00	M	M	M	켄우드
월마트	H	H	H	9.00	6.00	3.00	L	L	L	에임스
월트 디즈니	M	L	M	5.00	1.00	4.00	M	L	L	컬럼비아
횟수										
H 횟수	8	8	4				1	2	0	
M 횟수	10	9	10				13	7	5	
L 횟수	0	1	4				4	9	13	
종합	18	18	18				18	18	18	
VC 〉 CC	10	12	10		15					
VC = CC	7	5	8		2					
VC 〈 CC	1	1	0		1					
종합	18	18	18		18					

〈표 A-8〉 경영의 연속성에 대한 증거

방법 : 비전 기업과 비교 기업의 경영의 연속성을 평가함에 있어서는 다음과 같은 네 가지 측면을 고려했다.

   A : CEO의 내부 혹은 외부 발탁 여부
   B : 강력한 지도자 이후에 나타나는 공백 현상 또는 시련기에 나타나는 외부 출신 최고경영자에 대한 의존 현상의 존재 여부
   C : 공식적인 경영자 개발 프로그램
   D : 신중한 최고경영자 승계 계획과 최고경영자 선택 메커니즘

A, B, C, D 네 분야에서 **우리가 발견할 수 있는 증거에 따라** 비전 기업과 비교 기업에 1~3점까지의 점수를 부여했다(H=3점, M=2점, L=1점). 그리고 최종적으로 네 분야의 점수를 합하여 총지수를 산출했다.

A : 내부 또는 외부 발탁
   H : CEO를 전적으로 기업 내부에서 배출해 온 경우
   M : CEO를 주로 내부 승진에 의해 배출해 왔으나 한두 번 정도는 외부 영입을 한 경우
   L : 내부 승진 원칙에서 두 번 이상 벗어난 경우

B : 강력한 지도자 이후의 공백 현상 또는 시련기에 외부 출신 경영자에 대한 의존 현상 여부
   H : 강력한 CEO가 떠난 이후 나타나는 경영 공백 현상(즉, 자격을 갖춘 후계자가 나타나지 못하는 것)이 과거에 없었고, 회사가 어려운 상황에서도 특정한 외

부인을 최고경영자로 영입하면 회사를 살릴 수 있을 것이라는 외부 의존적 자세가 없었던 경우

M : 강력한 지도자 이후의 경영 공백 현상 또는 시련기에 외부 출신 경영자에 대한 의존 현상을 한 번 정도 경험한 경우

L : 강력한 지도자 이후의 경영 공백 현상 또는 시련기에 외부 출신 경영자에 대한 의존 현상을 두 번 이상 경험한 경우

C : 경영자 개발 메커니즘

H : 내부적인 경영자 연수 프로그램, 순환 인사, 경영자 양성을 위한 직무 경험 확대, 최고경영층과의 토론 등 경영자 개발을 오랫동안 의식적으로 해 왔다는 충분한 증거가 있는 경우

M : 경영자 개발 프로그램을 오랫동안 실시해 왔으나 그 정도가 H군 기업에 비해 약하거나 일관성이 부족했던 경우

L : 의도적으로 장기간에 걸쳐 경영자 개발을 해 왔다는 증거가 거의 없는 경우

D : 승계 계획 및 최고경영자 선택 과정

H : 최고경영자 승계 계획을 신중하게 수립하고, 공식적인 최고경영자 선택 과정을 갖고 있었다는 충분한 증거가 있는 경우

M : 최고경영자 승계 계획을 수립하고, 공식적인 최고경영자 선택 과정을 갖고는 있으나 H군 기업들에 비해 그 정도가 약하거나 역사적으로 일관성이 부족했던 경우

L : 최고경영자 승계 계획을 수립하거나, 공식적인 최고경영자 선택 과정을 장기적으로 채택해 왔다는 증거가 거의 없는 경우

비전 기업(VC)	A	B	C	D	지수 점수	전체 차이	지수 점수	A	B	C	D	비교 기업(CC)
3M	H	H	M	H	11.00	3.00	8.00	M	H	L	M	노턴
아메리칸 익스프레스	H	M	M	M	9.00	3.00	6.00	L	M	M	L	웰스 파고
보잉	H	H	M	H	11.00	4.00	7.00	H	M	L	L	맥도넬 더글러스
시티코프	H	H	H	M	11.00	5.00	6.00	L	L	M	M	체이스 맨해튼
포드	H	M	M	M	9.00	0.00	9.00	M	M	H	M	GM
GE	H	H	H	H	12.00	5.00	7.00	L	M	M	M	웨스팅하우스
HP	H	H	H	H	12.00	3.00	9.00	H	M	M	M	TI
IBM	H	M	H	M	10.00	4.00	6.00	M	M	L	L	버로스
존슨&존슨	H	H	H	M	11.00	1.00	10.00	H	M	M	M	브리스틀 마이어스
마리오트	H	H	M	M	10.00	4.00	6.00	L	M	L	M	하워드 존슨
메르크	H	H	M	M	10.00	0.00	10.00	H	M	M	M	파이저
모토롤라	H	H	H	H	12.00	7.00	5.00	M	L	L	L	제니스
노드스트롬	H	H	M	M	11.00	2.00	9.00	H	M	M	M	멜빌
필립 모리스	L	M	M	M	7.00	0.00	7.00	L	M	M	M	RJR 내비스코
P&G	H	H	H	M	12.00	6.00	6.00	M	L	M	L	콜게이트
소니	H	H	M	M	10.00	2.00	8.00	M	M	M	M	켄우드
월마트	H	H	M	M	10.00	5.00	5.00	M	L	L	L	에임스
월트 디즈니	M	L	M	L	6.00	2.00	4.00	L	L	L	L	컬럼비아
횟수												
H 횟수	16	13	7	7				5	3	1	0	
M 횟수	1	4	11	10				7	10	10	11	
L 횟수	1	1	0	1				6	5	7	7	
종합	18	18	18	18				18	18	18	18	
VC〉CC	12	10	12	10		15						
VC=CC	6	8	5	8		3						
VC〈CC	0	0	1	0		0						
종합	18	18	18	18		18						

〈표 A-8 보충 데이터〉 CEO 통계(1806~1992)

비전 기업	CEO 수	평균 재임 기간	외부 영입 CEO 수	외부 영입 CEO 수	평균 재임 기간	CEO 수	비교 기업
3M	12	7.50	0	1	8.92	12	노턴
아메리칸 익스프레스	9	15.78	0	4	9.33	15	웰스 파고
보잉	8	9.63	0	0	14.40	5	맥도넬 더글러스
시티코프	20	9.00	0	4	11.50	10	체이스 맨해튼
포드	5	17.80	0	2	7.00	12	GM
GE	7	14.29	0	3	8.15	13	웨스팅하우스
HP	3	18.00	0	0	7.75	8	TI
IBM	6	13.50	0	1	10.00	10	버로스
존슨&존슨	7	15.14	0	0	21.00	5	브리스틀 마이어스
마리오트	2	32.50	0	3	13.40	5	하워드 존슨
메르크	5	20.20	0	0	13.00	11	파이저
모토롤라	3	21.33	0	1	11.50	6	제니스
노드스트롬	3	30.33	0	0	20.00	5	멜빌
필립 모리스	12	12.08	3	3	8.36	14	RJR 내비스코
P&G	9	17.22	0	1	16.91	11	콜게이트
소니	2	23.50	0	1	11.50	4	켄우드
월마트	2	23.50	0	2	8.50	4	에임스
월트 디즈니	6	11.50	1	5	9.00	8	컬럼비아
평균	6.72	17.38			11.68	8.78	평균
종합	121		4	31		158	
내·외부 데이터가 있는 회사의 CEO 숫자	113					140	
외부 영입 CEO 비율	3.54%					22.14%	

〈표 A-9〉 GE의 CEO 업적 순위

순위	GE 최고경영자 재임 기간	평균 세전 수익률[1]
1	윌슨, 1940~1949	46.72%
2	코디너, 1950~1963	40.49%
3	존스, 1973~1980	29.70%
4	보치, 1964~1972	27.52%
5	웰치, 1981~1990[2]	26.29%
6	코핀, 1915~1921[3]	14.52%
7	스워프/영, 1922~1939[4]	12.63%

순위	전체 시장 대비 GE 주식의 누적 수익률[5]	순위	웨스팅하우스 대비 GE 주식의 누적 수익률[7]
1	스워프/영, 1929~1939[6]	1	코디너, 1950~1963
2	웰치, 1981~1990[6]	2	존스, 1973~1980
3	코디너, 1950~1963	3	스워프/영, 1926~1939
4	보치, 1964~1972	4	윌슨, 1940~1949
5	윌슨, 1940~1949	5	웰치, 1981~1990[8]
6	존스, 1973~1980	6	보치, 1964~1972

주식 수익률 원래 수치

주식 누적 수익률	연수	GE 초기	GE 말기	시장 초기	시장 말기	웨스팅하우스 초기	웨스팅하우스 말기
스워프/영	13	$1.00	$2.93	$1.00	$1.69	$1.00	$2.83
윌슨	10	$2.93	$4.88	$1.69	$4.22	$2.83	$5.04
코디너	14	$4.88	$50.96	$4.22	$31.63	$5.04	$17.60
보치	9	$50.96	$108.23	$31.63	$68.18	$17.60	$56.39
존스	8	$108.23	$99.15	$68.18	$89.71	$56.39	$38.57
웰치	10	$99.15	$679.25	$89.71	$415.18	$38.57	$345.94

〈표 A-9〉의 주

1. 세전 이익을 기말 자본금으로 나누어 산출
2. 자기 자본 이익률에 대한 데이터베이스는 1990년까지의 데이터만을 포함하고 있다. 그러나 1991년과 1992년 영업 보고서상의 재무 제표를 포함하여 계산해 보더라도 웰치 시대의 자기 자본 이익률은 26.83%로 순위에 변함이 없었다 (1991년의 수치에서는 퇴직 이후 종업원 복지에 대한 회계 기준 변경을 고려치 않았음).
3. 자기 자본 이익률의 데이터베이스는 1915년 이후의 자료만을 포함하고 있음. 실제 코핀은 1892년부터 CEO로 재직했음.
4. 스워프(Swope)와 영(Young)이 함께 최고경영을 맡았음.
5. GE의 각 CEO가 재직한 기간 동안 GE 주식의 누적 수익률을 시장 전체 주식의 누적 수익률로 나누어 산출.
6. 주식 수익률에 대한 데이터베이스는 1926년 1월에서 1990년 12월까지의 데이터만을 포함한다.
7. GE의 각 CEO가 재직한 기간 동안 GE 주식의 누적 수익률을 웨스팅하우스 주식의 누적 수익률로 나누어 산출
8. 1988~1993년 동안 GE는 크게 성공을 거두고 있었고 웨스팅하우스는 어려운 상황이었던 점을 감안하면, 웰치 시대의 순위는 훨씬 더 올라갈 것으로 예상된다.

〈표 A-10〉 자기 개선의 증거

방법 : 비전 기업과 비교 기업의 자기 개선 능력을 평가하는 데 있어서는 다음과 같은 네 가지 측면을 고려했다.

A : 장기 투자(고정 자산, R&D, 수익의 재투자 등)
B : 인력 개발 투자―채용, 연수, 개발 등
C : 신기술의 조기 채택
D : 자기 개선을 촉진시키기 위한 기타 메커니즘

A, B, C, D 네 분야에서 우리가 발견할 수 있는 증거에 따라 비전 기업과 비교 기업에 1~3점까지의 점수를 부여했다(H=3점, M=2점, L=1점). 그리고 최종적으로 네 분야의 점수를 합하여 총지수를 산출했다.

A : 장기 투자

H : 매출액에 대한 고정 자산 비율, R&D 지출, 배당 성향 등에 근거하여 그 기업이 수익을 장기 성장을 위하여 충분히 재투자하고 있다는 확실한 증거가 있는 경우

M : 장기 성장을 위하여 수익을 재투자하고 있으나, 그 정도가 H군 기업보다는 약한 경우

L : 장기 성장을 위한 수익의 재투자를 경시하고 있는 경우

B : 인력 개발 투자

H : 기업이 채용, 연수, 전문성 개발 등 사원의 인력 개발에 적극적으로(불황기에도) 투자해 왔다는 충분한 증거가 있는 경우

M : 기업이 채용, 연수 등 사원의 인력 개발에 투자를 해 왔으나, 그 정도가 H군 기업에 비해 약한 경우

L : 기업이 직원의 인력 개발에 체계적인 투자를 해 온 증거가 거의 없는 경우

C : 신기술의 조기 채택

H : 신기술, 신공정, 신경영 기법 등을 다른 기업에 앞서 조기에 채택해 왔다는 충분한 증거가 있는 경우

M : 신기술을 조기 채택해 왔다는 증거가 있기는 하나 그 정도가 H군 기업들보다는 약한 경우

L : 신기술을 조기 채택해 왔다는 증거가 거의 없는 경우

D : 자기 개선을 위한 메커니즘

H : 외부로부터 변화와 개선의 요구가 있기 이전에 스스로의 변화와 개선을 촉진할 수 있는 '자기 불만의 메커니즘(Mechanism of discomfort)'을 가시적으로 작동시켜 왔다는 충분한 증거가 있는 경우

M : 외부로부터 변화와 개선의 압력이 있기 이전에 스스로의 변화와 개선을 촉진할 수 있는 '자기 불만의 메커니즘'을 갖고 있었으나 그 정도가 H군 기업들보다 약한 경우

L : 외부로부터 변화와 개선의 압력이 있기 이전에 스스로의 변화와 개선을 촉진할 수 있는 '자기 불만의 메커니즘'을 갖고 있었다는 증거를 발견할 수 없는 경우

비전 기업	A	B	C	D	지수 점수	전체 차이	지수 점수	A	B	C	D	비교 기업
3M	M	H	H	H	11.00	4.00	7.00	L	M	M	M	노턴
아메리칸 익스프레스	M	M	L	L	6.00	0.00	6.00	M	M	L	L	웰스 파고
보잉	M	M	H	H	10.00	3.00	7.00	M	L	M	M	맥도넬 더글러스
시티코프	M	H	H	M	10.00	4.00	6.00	M	M	L	L	체이스 맨해튼
포드	M	M	M	M	8.00	1.00	7.00	M	M	M	L	GM
GE	M	H	H	H	11.00	4.00	7.00	M	L	M	M	웨스팅하우스
HP	H	H	M	H	11.00	2.00	9.00	M	M	H	M	TI
IBM	H	H	M	L	9.00	4.00	5.00	M	L	L	L	버로스
존슨&존슨	M	M	H	H	9.00	2.00	7.00	M	L	M	M	브리스틀 마이어스
마리오트	H	H	M	H	11.00	4.00	7.00	M	L	M	M	하워드 존슨
메르크	H	H	H	H	11.00	3.00	8.00	M	M	M	M	파이저
모토롤라	M	H	H	H	11.00	6.00	5.00	L	L	L	M	제니스
노드스트롬	H	M	H	H	10.00	2.00	8.00	M	M	M	M	멜빌
필립 모리스	M	M	M	M	8.00	3.00	5.00	L	M	L	L	RJR 내비스코
P&G	M	H	H	H	11.00	5.00	6.00	L	M	M	L	콜게이트
소니	M	M	M	M	8.00	0.00	8.00	M	M	M	M	켄우드
월마트	M	M	H	H	10.00	5.00	5.00	M	L	L	L	에임스
월트 디즈니	H	H	H	L	10.00	6.00	4.00	L	L	L	L	컬럼비아
횟수												
H 횟수	6	10	9	10				0	0	1	0	
M 횟수	12	8	8	5				13	10	10	10	
L 횟수	0	0	1	3				5	8	7	8	
종합	18	18	18	18				18	18	18	18	
VC 〉CC	10	13	11	13	16							
VC =CC	8	5	6	5	2							
VC 〈CC	0	0	1	0	0							
종합	18	18	18	18	18							

〈표 A-10〉 보충 데이터 판매율 대비 고정자산의 연평균 증가

상대	비전 기업	비교 기업	비교 연도
3M/노턴	3.50%	1.44%	1961~1986
아메리칸 익스프레스/웰스 파고	NA	NA	NA
보잉/맥도넬 더글러스	0.70%	11.84%	1967~1986
시티코프/체이스 맨해튼	NA	NA	NA
포드/GM	2.19%	1.80%	1950~1986
GE/웨스팅하우스	1.23%	1.43%	1915~1987
HP/TI	4.13%	2.89%	1957~1990
IBM/버로스	8.03%	3.28%	1934~1988
존슨&존슨/브리스틀 마이어스	2.38%	2.23%	1943~1988
마리오트/하워드 존슨	9.29%	4.20%	1960~1978
메르크/파이저	3.59%	3.54%	1941~1990
모토롤라/제니스	2.66%	0.72%	1942~1990
노드스트롬/멜빌	5.03%	1.23%	1971~1988
필립 모리스/R.J. 레이놀즈	2.11%	1.13%	1937~1990
P&G/콜게이트	2.32%	1.15%	1928~1988
소니/켄우드	NA	NA	NA
월마트/에임스	2.53%	2.33%	1970~1989
월트 디즈니/컬럼비아	7.00%	0.34%	1939~1980

〈표 A-10〉 연평균 배당 비율

상대	비전 기업	비교 기업	비교 연도
3M/노턴	0.50	0.50	1961~1986
아메리칸 익스프레스/웰스 파고	NA	NA	NA
보잉/맥도넬 더글러스	0.27	0.17	1967~1986
시티코프/체이스 맨해튼	0.40	0.47	1954~1989
포드/GM	0.36	0.65	1950~1986
GE/웨스팅하우스	0.65	0.51	1915~1987
HP/TI	0.10	0.23	1957~1990
IBM/버로스	0.50	0.64	1934~1988
존슨&존슨/브리스틀 마이어스	0.32	0.52	1943~1988
마리오트/하워드 존슨	0.20	0.27	1960~1978
메르크/파이저	0.55	0.47	1941~1990
모토롤라/제니스	0.32	0.52	1942~1990
노드스트롬/멜빌	0.15	0.34	1971~1988
필립 모리스/R.J. 레이놀즈	0.54	0.63	1937~1990
P&G/콜게이트	0.79	0.70	1926~1988
소니/켄우드	NA	NA	NA
월마트/에임스	0.10	0.12	1970~1989
월트 디즈니/컬럼비아	0.06	0.27	1950~1980

APPENDIX 4

각 장의 주

1장

1. 1990년 11월 19일 저자 인터뷰.
2. "The Character of Procter & Gamble," text of speech by John G. Smale, November 7, 1986.
3. 우리는 주식 투자 수익에 대한 자료로 '증권 시장 지수 데이터베이스의 연구를 위한 센터(Center for Research in Securities Market Index Database : CRSP)'의 자료들을 이용했다. '일반 시장(general-market)' 포트폴리오는 NYSE(뉴욕 증권 거래소, 1926년 시작), AMEX(아메리칸 증권 거래소, 1962년 시작), NASDAQ(1972년 시작)에서 거래되고 있는 모든 주식들의 가중 평균(시장 가치에 근거하여 계산)으로 구성되어 있다.
4. 우리는 기술적 통계학, 히스토그램(histogram), 신뢰 구간법(confidence intervals), 그리고 t 테스트를 이용했다.
5. 〈포춘〉지 선정 500대 산업 기업 23%, 〈포춘〉지 선정 서비스 기업 23%, 〈Inc.〉지 선정 500대 민간 기업 27%, 〈Inc.〉지 선정 100대 공공 기업 25%.
6. Stephen J. Gould's book *The Flamingo's Smile*, "Darwin at Sea," Norton, 1985.
7. Jerry I. Porras, *Stream Analysis - A Powerful Way to Diagnose and Manage Organizational Change*(Reading, MA : Addison-Wesley, 1987).

2장

1. Schickel, Richard, *The Disney Version*(New York : Simon & Schuster, 1968), p. 44, 363.
2. Sam Walton with John Huey, *Sam Walton : Made in America*(New York : Doubleday, 1992), p. 234.

3. 이러한 분석은 지적 역사와 뉴턴 혁명(intellectual history and the Newtonian Revolution)에 관한 일련의 강의에서 그 기본적인 영감을 얻은 것이다. 그 강의의 타이틀은 '현대 사상의 기원(The Origin of the Modern Mind)'으로, 펜실베이니아 대학 역사학 교수인 앨런 찰스 코스(Alan Charles Kors)가 강의했다.
4. Hewlett-Packard Company Archives, "An Interview with Bill Hewlett," 1987, p. 4.
5. "Research Packed with Ph.Ds," *Business Week*, 22 December 1956, p. 58.
6. John McDonald, "The Men Who Made T.I.," *Fortune*, November 1961, p. 118.
7. Akio Morita, *Made in Japan*(New York : Dutton, 1986), pp. 44~57.
8. Nick Lyons, *The Sony Vision*(New York : Crown, 1976), pp. 4~5.
9. Akio Morita, *Made in Japan*(New York : Dutton, 1986), pp. 44~57.
10. *Japan Electronics Almanac*, 1988, p. 282.
11. Vance Trimble, *Sam Walton*(New York : Dutton, 1990), p. 121.
12. Sam Walton with John Huey, *Sam Walton : Made in America*(New York : Doubleday, 1992), p. 35.
13. *Hoover's Handbook of Corporations*, 1991.
14. Vance Trimble, *Sam Walton*(New York : Dutton, 1990), pp. 102~104.
15. Ibid., pp. 121~122.
16. Robert O'Brien, *Marriott : The J Willard Marriott Story*(Salt Lake City : Deseret, 1987).
17. John W. Nordstrom, *The Immigrant in 1887*(Seattle : Dogwood Press, 1950), pp. 44~50 : "Nordstrom History," company publication, 26 November 1990.
18. *Values and Visions : A Merck Century*(Rahway, NJ : Merck, 1993), pp. 13~15.
19. "Procter & Gamble Chronology," company publication : Oscar Schisgall, *Eyes on Tomorrow : The Evolution of Procter & Gamble*(New York : Doubleday, 1981), pp. 1~14 : Alfred Lief, *It Floats : The Story of Procter & Gamble*(New York : Rinehart, 1958), pp. 14~32.
20. Harry Mark Petrakis, *The Founder's Touch*(New York : McGraw-Hill, 1965), pp. 62~63.
21. *The Philip Morris History*, company publication, 1988.
22. *Our Story So Far*(St. Paul, MN : 3M Company, 1977), p. 51.
23. Charles W. Cheape, *Norton Company : a New England Enterprise*(Cambridge, MA : Harvard University Press, 1985), p. 12.
24. Robert J. Serling, *Legend and Legacy*(New York : St. Martin's Press, 1992), pp. 2~6.
25. "Take off for the Business Jet," *Business Week*, 28 September 1963.
26. René J. Francillon, *McDonnell Douglas Aircraft Since 1920*(Annapolis, MD : Naval Institute Press, 1988), pp. 1~12.

27. Richard Schickel, *The Disney Version*(New York : Simon & Schuster, 1968), pp. 106~107.
28. Clive Hirschhorn, *The Columbia Story*(New York : Crown, 1989), pp. 7~16.
29. Grover and Lagai, *Development of American Industries*, 4th Edition, 1959, p. 491.
30. Robert Lacey, *Ford : The Men and the Machine*(New York : Ballantine Books, 1986), pp. 47~110.
31. *Centennial Review*, Internal Westinghouse Document, 1986.
32. Ibid.
33. Leonard S. Reich, *The Making of American Industrial Research : Science and Business at GE and Bell, 1876-1926*(Cambridge : Cambridge University Press, 1985), pp. 69~71.
34. Bill Hewlett internal speech, 1956. Courtesy Hewlett-Packard Company Archives.
35. Dave Packard, "Industry's New Challenge : The Management of Creativity," Western Electronic Manufacturers' Association, San Diego, 23 September 1964. Courtesy Hewlett-Packard Company Archives.
36. "Hewlett-Packard Chairman Built Company by Design, Calculator by Chance," *The AMBA Executive*, September 1977, pp. 6~7.
37. Harry Mark Petrakis, *The Founder's Touch*(New York : McGraw-Hill, 1965), pp. x~63.
38. Oscar Schisgall, *Eyes on Tomorrow : The Evolution of Procter & Gamble*(New York : Doubleday, 1981), p. xii.
39. "National Business Hall of Fame Roster of Past Laureates," *Fortune*, 5 April 1993, p. 116.
40. *Hoover's Handbook, 1991*, p. 381.
41. *Our Story So Far*(St. Paul, MN : 3M Company, 1977), p. 59.
42. Mildred Houghton Comfort, *William L. McKnight, Industrialist*(Minneapolis : T.S.Denison, 1962), p. 35, 45, 182, 194, 201.
43. Akio Morita, *Made in Japan*(New York : Dutton, 1986), p. 147.
44. Oscar Schisgall, *Eyes on Tomorrow : The Evolution of Procter & Gamble*(New York : Doubleday, 1981), pp. 1~15.
45. Robert J. Serling, Legend and Legacy : *The Story of Boeing and Its People*(New York : St. Martin's Press, 1992), p. 70.
46. *Values and Visions : A Merck Century*(Rahway, NJ : Merck, 1993), p. 12.
47. Camille B. Wortman and Elizabeth F. Loftus, *Psychology*(New York : McGraw-Hill, 1992), pp. 385~418.
48. Harold van B. Cleveland and Thomas F. Huertas, *Citibank 1812-1970*(Cambridge, MA : Harvard University Press, 1985), p. 32.

49. *Citibank 1812-1970*, 301.
50. Harold van B. Cleveland and Thomas F. Huertas, *Citibank 1812-1970*(Cambridge, MA : Harvard University Press, 1985), p. 41, 301 ; and John Donald Wilson, *The Chase*(Boston : Harvard Business School Press, 1986), p. 25.
51. *Citibank 1812~1970*, p. 54.
52. Anna Robeson Burr, *Portrait of a Banker : James Stillman 1850-1918*(New York : Duffield, 1927), p. 249.
53. "Wiggin Is the Chase Bank and the Chase Bank Is Wiggin," *Business Week*, April 30, 1930.
54. Vance Trimble, *Sam Walton*(New York : Dutton, 1990), see pp. 1~45 for a good account of Walton's early life.
55. Sam Walton with John Huey, *Sam Walton : Made in America*(New York : Doubleday, 1992), pp. 78~79.
56. "America's Most Successful Merchant," *Fortune*, 23 September 1991.
57. Sam Walton with John Huey, *Made in America*(New York : Doubleday, 1992), pp. 225~232.
58. Vance H. Trimble, *Sam Walton*(New York : Dutton, 1990), p. 274.
59. Sam Walton with John Huey, *Made in America*(New York : Doubleday, 1992), p. 225.
60. Vance Trimble, *Sam Walton*(New York : Dutton, 1990), p. 121.
61. "Industry Overview," *Discount Merchandiser*, June 1977.
62. "Gremlins are Eating up the Profits at Ames," *Business Week*, 19 October, 1987.
63. "David Glass Won't Crack Under Fire," *Fortune*, 8 February 1993, p. 80.
64. "Pistner discusses Ames Strategy," *Discount Merchandiser*, July 1990.
65. "James Harmon's Two Hats," *Forbes*, May 28, 1990.
66. '2000년을 위한 목표'는 1991년 월마트의 한 관리자로부터 받은 편지에서 얻은 것이다.
67. Harry Mark Petrakis, *The Founder's Touch*(New York : McGraw-Hill, 1965), p. 49, 61.
68. Ibid., p. 69, 88.
69. Ibid., pp. 114~115.
70. Ibid., p. xi.
71. Robert W. Galvin, *The Idea of Ideas*(Schaumburg, IL : Motorola University Press, 1991), p. 45, 65.
72. "Zenith Bucks the Trend," *Fortune*, December 1960.
73. "At the Zenith and on the Spot," *Forbes*, September 1, 1961.
74. "Zenith Bucks the Trend," *Fortune*, December 1960 ; "Irrepressible Gene McDonald," *Reader's Digest*, July 1944 ; and "Commander McDonald of Zenith," *Fortune*, June 1945.

75. *International Directory of Corporate Histories*(Chicago : St. James Press, 1988), p. 123.
76. "Zenith Bucks the Trend," *Fortune*, December 1960.
77. Ibid.
78. 갤빈은 1959년 11월에 죽었고, 맥도널드는 1958년 5월에 죽었다.
79. *International Directory of Company Histories*(Chicago : St. James Press, 1988), Volume 2, p. 135.
80. *International Directory of Company Histories*(Chicago : St. James Press, 1988), Volume 2, p. 135.
81. Clive Hirschhorn, *The Columbia Story*(New York : Crown, 1989).
82. Schickel, Richard, *The Disney Version*(New York : Simon & Schuster, 1968), p. 362.
83. *The Disney Studio Story*(Hollywood : Walt Disney, 1987), p. 18.
84. *The Disney Studio Story*(Hollywood : Walt Disney, 1987) ; and Schickel, Richard, *The Disney Version*(New York : Simon & Schuster, 1968), p. 180.
85. *The Disney Studio Story*(Hollywood : Walt Disney, 1987), p. 42.
86. *Personnel*, December 1989, p. 53.
87. John Taylor, *Storming the Magic Kingdom*(New York : Ballantine Books, 1987), p. 14.
88. Ibid., p. viii.
89. 이 부분 역시 '현대 사상의 기원'이라는 강의에서 인용한 것이다.
90. 진화론을 다룬 최고의 책은 다음과 같다. *Biology*, by Norman K. Wessells and Janct L. Hopson(New York : Random House, 1988), chapters 9-15, p. 19, pp. 41~43.
91. 이들의 성격과 특질에 대한 훌륭한 자료는 다음과 같다. *Miracle at Philadelphia - The Story of the Constitutional Convention : May to September*, 1787, by Catherine Drinker Bowen(Boston : Little, Brown, 1966).

사잇글

1. F. Scott Fitzgerald, *The Crack-up*(1936).

3장

1. Author interview, 17 April 1992.
2. Merck & Company, Management Guide, Corporate Policy Statement, February 3, 1989, courtesy Merck & Company.

3. 돈 피터슨은 1994년 1월 이 책의 원고를 검토하면서 개인적으로 이 장의 서두를 위해 이 글을 썼다.
4. George W. Merck, "An Essential Partnership - The Chemical Industry and Medicine," speech presented to the Division of Medicinal Chemistry, American Chemical Society, 22 April 1935.
5. Merck & Company, 1991 Annual Report, Inside Cover.
6. David Bollier and Kirk O. Hansen, *Merk & Co. (A-D)*, Business Enterprise Trust Case, No. 90-013.
7. David Bollier and Kirk O. Hansen, *Merk & Co. (A-D)*, Business Enterprise Trust Case, No. 90-013, case D, 3.
8. George W. Merck, Speech at the Medical College of Virginia at Richmond, December 1, 1950, courtesy Merck & Company historical archives.
9. "Chas Pfizer : Successful Upstart," Forbes, 15 December 1962.
10. Akio Morita, *Made in Japan*(New York : Dutton, 1986), pp. 43~44.
11. 일본어를 영어로 정확히 번역하는 문제와 관련하여 몇 가지 논의가 있었다. 우리는 닉 라이언스의 *The Sony Vision*(New York : Crown, 1976)과 우리의 일본인 제자 이케다 추네토로부터 도움을 받았다.
12. Nick Lyons, *The Sony Vision*(New York : Crown, 1976), p. 10.
13. Akio Morita, *Made in Japan*(New York : Dutton, 1986), pp. 147~148.
14. Ibid., p. 79.
15. Ranganath Nayak and John M. Ketteringham, *Break-throughs!*(New York : Rawson Associates, 1986), 130~150 ; and Nick Lyons, *The Sony Vision*(New York : Crown, 1976), pp. xv~xvii.
16. Robert L. Shook, *Turnaround : The New Ford Motor Company*(New York : Prentice-Hall, 1990), p. 94.
17. Robert L. Shook, *Turnaround : The New Ford Motor Company*(New York : Prentice-Hall, 1990), p. 96.
18. Detroit News, November 14, 1916, cited in Lacey, p. 179.
19. Robert Lacey, *Ford - The Men and the Machine*(New York : Ballantine Books, 1986), p. 179.
20. Ibid., p. 128.
21. Ibid., p. 129.
22. Peter F. Drucker, *Concept of the Corporation*(New York : John Day, 1972), pp. 305~307.
23. Peter F. Drucker, *Management : Tasks, Responsibilities, Practices*(New York : Harper & Row, 1985), p. 808.
24. David Packard, speech given to HP's training group on 8 March 1960, courtesy of Hewlett-Packard Company archives.

25. David Packard, "A Management Code of Ethics," 1958년 1월 24일 미국 경영협회에서 행한 연설, courtesy Hewlett-Packard Company archives.
26. Ibid.
27. Watt's Current, internal employee newsletter, *From Our President's Desk*, November 1961, courtesy Hewlett-Packard Company archives.
28. Dave Packard, "Objectives of the Hewlett-Packard Company," January 1957 ; courtesy Hewlett-Packard Company archives.
29. 1992년 4월 17일 존 영(John Young)과의 저자 인터뷰.
30. John McDonald, "The Men Who Made TI," *Fortune*, November 1961, p. 123.
31. "Running Things With a Slide Rule," *Business Week*, 27 April 1968.
32. "The Men Who Made T.I.," *Fortune*, November 1961.
33. "Running Things With a Slide Rule," *Business Week*, 27 April 1968.
34. "Texas Instruments : Pushing Hard into Consumer Markets," *Business Week*, 24 August 1974.
35. "Japanese Heat on the Watch Industry," *Business Week*, 5 May 1980.
36. 데이비드 패커드가 행한 HP의 내부 연설.
37. "How TI Beat the clock on its $20 digital watch," *Business Week*, 31 May 1976 ; "Japanese Heat on the Watch Industry," *Business Week*, 5 May 1980 ; HP internal archives speech by David Packard, February 11, 1974 ; Interview with John Young, April 1992.
38. Lawrence G. Foster, *A Company that Cares* (New Brunswick, NJ : Johnson & Johnson, 1986), p. 17.
39. Ibid., pp. 64~67.
40. Ibid., p. 65.
41. R. W. Johnson, Jr., Try *Reality*.
42. Lawrence G. Foster, *A Company that Cares* (New Brunswick, NJ : Johnson & Johnson, 1986), pp. 108~109.
43. Francis J. Aguilar and Arvind Bhambri, "Johnson & Johnson (A)," Harvard Business School Case No. 384-053, p. 4.
44. Warren Bennis, *On Becoming a Leader* (Reading, MA : Addison-Wesley, 1989), p. 192.
45. Francis J. Aguilar and Arvind Bhambri, "Johnson & Johnson (A)," Harvard Business School Case No. 384-053, p. 3.
46. Francis J. Aguilar and Arvind Bhambri, "Johnson & Johnson (A)," Harvard Business School Case No. 384-053.
47. Ibid., p. 5.

48. "Bristol-Meyers Prescription for Profits," *Dun's Business Month*, December 1982.
49. E. E. Tauber, *Boeing in Peace and War* (Enumaclaw, WA : TABA, 1991) ; Robert J. Serling, *Legend and Legacy : The Story of Boeing and Its People* (New York : St. Martin's Press, 1992) ; Harold Mansfield, *Vision* (New York : Popular Press, 1966) 참고.
50. "Gamble in the Sky," *Time*, 19 July 1954, and "Accelerating the Jet Age," *Nation's Business*, August 1967.
51. Robert J. Serling, *Legend and Legacy : The Story of Boeing and Its People* (New York : St. Martin's Press, 1992), p. 285.
52. Harry Mark Petrakis, *The Founder's Touch* (New York : McGraw-Hill, 1965), p. 134, 153.
53. Ibid., p. 111.
54. Robert W. Galvin, *The Idea of Ideas* (Schaumburg, IL : Motorola University Press, 1991).
55. "For Which We Stand - A Statement of Purpose, Principles, and Ethics," Motorola Internal Publication, 1988.
56. Robert O'Brien, *Marriott : The J Willard Marriott Story* (Salt Lake City : Deseret, 1987), p. 324.
57. Ibid., p. 320.
58. "Staying Power," *Vis a Vis*, February 1981, p. 60.
59. Robert O'Brien, *Marriott : The J Willard Marriott Story* (Salt Lake City : Deseret, 1987), p. 256.
60. "Money, Talent, and the Devil by the Tail : J. Willard Marriott," *Management Review*, January 1985.
61. Ibid.
62. Marriott 1988 Annual Report, p. 3.
63. "Howard Johnson Tries a Little Harder," *Business Week*, 29 September 1973 ; "HoJos will Repaint its Roofs," *Business Week*, 13 December 1982 ; "How a Great American Franchise Lost its Way," *Forbes*, 30 December 1985 ; "The Sad Case of the Dwindling Orange Roofs," Forbes, 3 December 1985.
64. "HoJos will Repaint its Roofs," *Business Week*, 13 December 1982 ; "How a Great American Franchise Lost its Way," *Forbes*, 30 December 1985.
65. Interview with Ross Millhauser, *New York Times*, 25 January 1979, D$_1$.
66. "Voyage into the Unknown," *Forbes*, 1 December 1971, p. 41.
67. Fortune, 8 May 1989.
68. 1991년 10월 스탠퍼드 대학에서 열린 회의에서 저자들과의 토론.

69. "Philip Morris : Unconventional Wisdom," *Forbes*, 1 January 1971.
70. "How Philip Morris Diversified Right," *Fortune*, 23 October 1989.
71. "Can He Keep Philip Morris Growing," *Fortune*, 6 April 1992.
72. "How Philip Morris Diversified Right," *Fortune*, 23 October 1989.
73. 1950년대 초반 이전에 필립 모리스 사는 핵심 이념을 가지고 있지 않았다. 1950년대 중반에 이에 대한 토론이 있었다. 필립 모리스 사는 최근까지도 특별한 기업 이념을 찾아보기 힘든 유일한 비전 기업이다.
74. Mildred Houghton Comfort, *William L. McKnight, Industrialist*(Minneapolis : T. S. Denison, 1962) ; Virginia Huck, *Brand of the Tartan -The 3M Story*(New York : Appleton-Century-Crofts, 1955) ; *Our Story So Far*(St. Paul, MN : 3M Company, 1977) ; 다양한 역사적 비즈니스 논문들 ; "Getting to Know Us," 3M publication.
75. Alden Hatch, *American Express 1850-1950 : A Century of Service*(Garden City, NY : Country Life Press, 1950) ; Jon Friedman and John Meechan, *House of Cards : Inside the Troubled Empire of American Express*(New York : Putnam, 1992) ; "Eight Principles : Lou Gerstner Discusses the Staying Power of Corporate Philosophy," *TRS Express*(American Express Publication), December 1987 ; Peter Grossman, *American Express : The Unofficial History*.
76. E. E. Tauber, *Boeing in Peace and War*(Enumaclaw, WA : TABA, 1991), Robert J. Serling, *Legend and Legacy*(New York : St. Martin's Press, 1992) ; Harold MansField, *Vision*(New York : Popular Press, 1966) ; Boeing statement of mission and values, courtesy Boeing Corporation ; "Accelerating the Jet Age," *Nation's Business*, August 1967.
77. Harold van B. Cleveland and Thomas F. Huertas, *Citibank 1812-1970*(Cambridge, MA : Harvard University Press, 1985) ; Richard B. Miller, *Citicorp : The Story of a Bank in Crisis*(New York : McGraw-Hill, 1993) ; Robert B. Levering, *The 100 Best Companies to Work for in America*(New York : New American Library, 1984), p. 43 ; "Our Future" and "Ethical Choices," internal Citicorp publications.
78. Henry Ford, II, *The Human Environment and Business*(New York : Weybright & Talley, 1970) ; Robert L. Shook, *Turnaround : The New Ford Motor Company*(New York : Prentice-Hall, 1990) ; Anne Jardin, *The First Henry Ford*(Colonial Press, 1970) ; Robert Lacey, *Ford - The Men and the Machine*(New York : Ballantine Books, 1986) ; *American Legend and This is the Ford Motor Company*, Ford corporate publications ; *Ford at Fifty*(New York : Simon & Schuster, 1953).
79. Ronald G. Greenwood, *Managerial Decentralization : A study of the General Electric Philosophy*(Lexington, MA : Lexington Books, 1974) ; Robert Conot, *Thomas A. Edison -A*

Streak of Luck(New York : Da Capo Press, 1979) ; *The General Electric Story*(Schenectady, NY : Hall of History Foundation, 1981), volumes 1 & 2 ; Noel M. Tichy and Stratford Sherman, *Control Your Destiny or Someone Else Will*(New York : Doubleday Currency, 1993) ; "1956 Statement of GE's Company Objectives," courtesy General Electric Company.

80. "Objectives of the Hewlett-Packard Company," January 1957, courtesy Hewlett-Packard Company archives ; Interviews with William Hewlett and John Young ; 여러 가지 내부 출판물들.

81. Thomas J. Watson, Jr., *Father, Son & Company*(New York : Bantam Books, 1990), p. 302 ; Thomas J. Watson, Jr., *A Business and Its Beliefs*(New York : McGraw-Hill, 1963) ; "IBM Yesterday and Today," corporate publication ; Lou Mobley and Kate McKeown, "Beyond IBM : IBM 75th Anniversity," *Think*, September 1989.

82. "Our Credo," courtesy of Johnson & Johnson Company ; Francis J. Aguilar and Arvind Bhambri, "Johnson & Johnson (B)," Harvard Business School Case No. 384-054 ; James E. Burke, letter "One Hundred Years," published in *A Company that Cares*(New Brunswick, NJ : Johnson & Johnson, 1986), p. 163 ; 여러 가지 논문들과 회사의 내부 소식지들.

83. Robert O'Brien, *Marriott : The J Willard Marriott Story*(Salt Lake City : Deseret, 1987) ; Marriott 1988 Annual Report ; 여러 가지 논문들.

84. Merck & Company, "Statement of Corporate Objectives," courtesy Merck & Company ; Merck Century Celebration Videos, courtesy Merck & Company ; *Values and Visions : A Merck Century*(Rahway, NJ : Merck, 1993) ; 여러 가지 논문과 문헌들.

85. *For Which We Stand - A Statment of Purpose, Principles, and Ethics*, Motorola internal publication, 1988 ; Robert W. Galvin, *The Idea of Ideas*(Schaumburg, IL : Motorola University Press, 1991) ; Harry Mark Petrakis, *The Founder's Touch*(New York : McGraw-Hill, 1965) ; 여러 가지 논문들.

86. Drawn from "Nordstrom History," company publication, talk by Bruce Nordstrom at Stanford Business School, 1991 ; 여러 가지 논문들.

87. (Note : Prior to the early 1950s, Philip Morris appears not to have much of a coherent ideology ; this list relates to the mid-1950s on.) Sources : "How Philip Morris Diversified Right," *Fortune*, 23 October 1989 ; "Voyage into the Unknown," *Forbes*, 1 December 1971 ; "Philip Morris : Unconventional Wisdom," *Forbes*, 1 January 1971 ; "Can He Keep : Philip Morris Growing," *Fortune*, 6 April 1992 ; Interview with Ross Millhauser, *New York Times*, 25 January 1979, D1 ; "The Two Tier Market Still Lives," *Forbes*, 1 March 1974 ; "A Machine That Will Sell Anything," *Business Week*, 4 March 1967.

88. "Facts about Procter & Gamble," company publication, 1988, p. 6 ; Oscar Schisgall, *Eyes on*

Tomorrow : The Evolution of Procter & Gamble(New York : Doubleday, 1981) ; *It Floats : The Story of Procter & Gamble*(New York : Rinehart, 1958).

89. Akio Morita, *Made in Japan*(New York : Dutton, 1986), especially pages pp. 147~148 ; Nick Lyons, The Sony Vision(New York : Crown, 1976), Chapter 1 ; *Genryu - Sony Challenge 1946-1968*, special collection of Sony Management Newsletters, 40th anniversary edition(Tokyo : Sony, 1986).

90. Sam Walton with John Huey, *Sam Walton : Made in America*(New York : Doubleday, 1992) ; Vance Trimble, *Sam Walton*(New York : Dutton, 1990) ; 회사 인터뷰.

91. "The Wonderful Worlds of Walt Disney," company publication, 1966 ; Schickel, Richard, *The Disney Version*(New York : Simon & Schuster, 1968) ; John Taylor, *Storming the Magic Kingdom*(New York : Ballantine Books, 1987) ; Disney University Employee Brochure and Course Offerings ; from *In Search of Excellence Video* on Disney, the Tom Peters Group, Palo Alto, CA ; Joe Fowler, *Prince of the Magic Kingdom : Michael Eisner and the Re-Making of Disney*(New York : Wiley, 1991) ; Marc Eliot, *Walt Disney : Hollywood's Dark Prince*(New York : Birch Lane Press, 1993) ; 저자 인터뷰.

92. Robert B. Cialdini, Influence(New York : Quill, 1984) ; Philip G. Zimbardo and Michael R. Leippe, *The Psychology of Attitude Change and Social Influence*(New York : McGraw-Hill, 1991).

93. Memo from John F. Welch to GE corporate officers, October 4, 1991.

94. "Feisty P&G Profile," *Publishers Weekly*, 2 August 1993.

95. Francis J. Aguilar and Arvind Bhambri, "Johnson & Johnson (A)," Harvard Business School Case No. 384-053, p. 5.

96. Thomas J. Watson, Jr., *A Business and Its Beliefs*(New York : Columbia University Press, 1963), pp. 5~6, 72~73.

97. Sam Walton with John Huey, *Sam Walton : Made in America*(New York : Doubleday, 1992), p. 183, 233.

98. "Memorable Years in P&G History," company publication, p. 7.

99. Author interview with John Young, 17 April 1992.

100. Thomas J. Watson, Jr., *A Business and Its Beliefs*(New York : Columbia University Press, 1963), pp. 12~13.

101. 1964년 6월 1일 콜로라도 대학의 졸업식에서 데이비드 패커드가 행한 연설.

102. *Values and Visions : A Merck Century*(Rahway, NJ : Merck, 1993), p. 173.

103. "Disney's Philosophy," *New York Times Magazine*, 6 March 1938 ; Richard Schickel, *The*

Disney Version(New York : Simon & Schuster, 1968) ; Walt Disney, speech about the opening of Disneyland, 18 July 1955 ; John Taylor, *Storming the Magic Kingdom*(New York : Ballantine Books, 1987) ; Christopher Finch, *Walt Disney's America*(New York : Abbeville Press, 1978).

104. Formal/Explicit : H-P, J&J, Merck, Motorola, Sony, Walt Disney ; Implicit/Informal : 3M, Boeing, Ford, GE, Marriott, Philip Morris, Wal-Mart.

105. Lawrence G. Foster, *A Company that Cares*(New Brunswick, NJ : Johnson & Johnson, 1986), p. 17.

4장

1. Paraphrased from Robert W. Galvin, *The Idea of Ideas*(Schaumburg, IL : Motorola University Press, 1991), pp. 16~34.
2. Oscar Schisgall, *Eyes on Tomorrow : The Evolution of Procter & Gamble*(New York : Doubleday, 1981), p. 269.
3. Sam Walton with John Huey, *Sam Walton : Made in America*(New York : Doubleday, 1992), p. 249.
4. Thomas J. Watson, Jr., *A Business and Its Beliefs*(New York : McGraw-Hill, 1963), pp. 5~6, 72~73.
5. Robert O'Brien, *Marriott : The J Willard Marriott Story*(Salt Lake City : Deseret, 1987), p. 307, 326.
6. Robert W. Galvin, *The Idea of Ideas*(Schaumburg, IL : Motorola University Press, 1991), pp. 165~166.
7. 보잉 사 본사의 담장에 걸려 있는 동판(銅版).
8. 헨리 포드의 공책에 적혀 있는 메모.
9. "Nordstrom Gets the Cold," *Stores*, January 1990.
10. 저자들 중 한 사람은 휼렛 패커드의 이 마케팅 매니저와 함께 일했다.

5장

1. *Bartlett's Familiar Quotations*, Fifteenth Edition, p. 686.

2. Tsueneto Ikeda, *"Masaru Ibuka,"* Stanford University Graduate School of Business, November 1992. 발표되지 않은 연구 논문.

3. Schickel, Richard, *The Disney Version*(New York : Simon & Schuster, 1968), p. 171.

4. "How Boeing Bet the Company and Won," *Audacity*, Winter 1993.

5. Robert J. Serling, Legend and Legacy : *The Story of Boeing and Its People*(New York : St. Martin's Press, 1992), pp. 72~79.

6. 이 프로젝트에는 대략 1천5백만~1천6백만 달러가 소요될 예정이었다.

7. "How Boeing Bet the Company and Won," *Audacity*, Winter 1993.

8. H. Ingells, *The McDonnell Douglas Story*, p. 121.

9. "Zooming Airlines Grab for New Jets," *Business Week*, 22 May 1964.

10. Robert J. Serling, *Legend and Legacy : The Story of Boeing and its People*(New York : St. Martin's Press, 1992), p. 31.

11. Ibid., pp. 180~192.

12. Ibid., pp. 285~290.

13. Daniel J. Boorstin, *The Americans : The Democratic Experience*(New York Vintage Books, 1974), pp. 593~597.

14. Ibid., p. 596.

15. Noel M. Tichy and Stratford Sherman, *Control Your Destiny or Someone Else Will*(New York : Doubleday Currency, 1993), pp. 245~246.

16. Robert Slater, *The New GE*(Homewood, IL : Richard D. Irwin, 1993), pp. 77~93.

17. Ibid., pp. 77~93.

18. 웨스팅하우스 사의 1989년 연례 보고서.

19. "Reynolds Gets a Bang out of the Cigarette Brand Explosion," *Fortune*, October 1976.

20. "Bad News Can Mean Good Growth," *Forbes*, 15 November 1968.

21. Daniel J. Boorstin, *The Americans : The Democratic Experience*(New York : Vintage Books, 1974), p. 548.

22. Robert Lacey, *Ford : The Men and the Machine*(New York : Ballantine Books, 1986), pp. 89~100.

23. Ibid., pp. 89~100.

24. *Genryu - Sony Challenge 1946-1968*, Special collection of Sony Management Newsletters, 40th Anniversary edition(Tokyo : Sony, 1986), p. 131.

25. Akio Morita, *Made in Japan*(New York : Dutton, 1986), p. 74.

26. Akio Morita, *Made in Japan, Genryu - Sony Challenge 1946-1968, and The Sony Vision*.

27. Akio Morita, *Made in Japan*(New York : Dutton, 1986), pp. 66~69.
28. *Genryu-Sony Challenge 1946-1968*, special collection of Sony Management Newsletters, 40th anniversary edition(Tokyo : Sony, 1986), p. 98.
29. Ibid., p. 98.
30. Ibid., p. 98.
31. Sam Walton & John Huey, *Sam Walton : Made in America*(New York : Doubleday, 1992), p. 22.
32. Ibid., p. 29.
33. Vance Trimble, *Sam Walton*(New York : Penguin Books, 1990).
34. Ibid., p. 306.
35. E. E. Bauer, *Boeing in Peace and War*(Enumclaw, WA : TABA, 1991), p. 288.
36. John Taylor, *Storming the Magic Kingdom*(New York : Ballantine Books, 1987), pp. 8~12.
37. 월트 디즈니 사 연례 보고서(1992년 1월).
38. "Close Encounters at Columbia Pictures," *Fortune*, 1 December 1978.
39. T. A. Heppenheimer, "How IBM Did It," *Audacity*, Winter 1994, p. 59.
40. Thomas J. Watson, Jr., *Father, Son & Company*(New York : Bantam, 1990), pp. 346~351.
41. "Anatomy of a Turnaround," *Forbes*, 1 November 1968, p. 28.
42. Thomas J. Watson, Jr., *Father, Son & Company*(New York : Bantam, 1990), p. 16.
43. IBM 75th Anniversary, *Think*, September 1989, p. 23.
44. Thomas J. Watson, Jr., *Father, Son & Company*(New York : Bantam, 1990), p. 28.
45. Oscar Schisgall, *Eyes on Tomorrow : The Evolution of Procter & Gamble*(New York : Doubleday, 1981), pp. 87~98.
46. Ibid., p. 98.
47. Ibid., p. 200.
48. "Where Management Style Sets the Strategy," *Business Week*, 23 October 1978.
49. Nick Lyons, *The Sony Vision*(New York : Crown, 1976), p. 150.
50. Ibid., p. 152.
51. Harold van B. Cleveland and Thomas F. Huertas, *Citibank 1812-1970*(Cambridge, MA : Harvard University Press, 1985), p. 32.
52. "James Stillman," *Cosmopolitan*, July 1903, p. 334.
53. Richard B. Miller, *Citicorp : The Story of a Bank in Crisis*(New York : McGraw-Hill, 1993), p. 1.
54. Harold van B. Cleveland and Thomas F. Huertas, *Citibank 1812-1970*(Cambridge, MA :

Harvard University Press, 1985), p. 89.
55. Richard B. Miller, *Citicorp : The Story of a Bank in Crisis*(New York : McGraw-Hill, 1993), p. 59.
56. Ibid., p. 80.
57. Ibid., p. 4.
58. Harold van B. Cleveland and Thomas F. Huertas, *Citibank 1812-1970*(Cambridge, MA : Harvard University Press, 1985), p. 88.
59. Richard B. Miller, *Citicorp : The Story of a Bank in Crisis*(New York : McGraw-Hill, 1993), p. 82.
60. Harry Mark Petrakis, *The Founder's Touch*(New York : McGraw-Hill, 1965), pp. 170~171.
61. Robert W. Galvin, *The Idea of Ideas*(Schaumburg, IL : Motorola University Press, 1991), entire booklet.
62. Ibid., p. 24.
63. "Motorola Gets Closer to Orbit," *Business Week*, 6 August 1993, p. 36.
64. "Zenith Corporation (C)," *Harvard Business School Case Study*, No. 9-674-095, Rev. 8/77, p. 14.
65. GE 혁신에 대한 자료. 이 자료는 저자의 요구에 따라 비밀을 유지하기로 했다.

6장

1. Sam Walton with John Huey, *Sam Walton : Made in America*(New York : Doubleday, 1992), p. 223.
2. *In Search of Excellence Video* on IBM, Tom Peters Group, Palo Alto, CA.
3. Robert Levering, Milton Moskowitz, and Michael Katz, *The 100 Best Companies to Work for in America*(New York : New American Library, 1985), pp. 243~245.
4. "Nordstrom's Push East Will Test its Renown For the Best Service," *Wall Street Journal*, 1 August 1979, A1.
5. "Nordstrom," Harvard Business School Case No. 9-191-002 and 1-192-027, Rev. 9/6/91.
6. "Why Rivals as Quaking as Nordstrom Heads East," *Business Week*, 15 June 1987.
7. William Davidow and Bro Utall, *Total Customer Service*(New York : Harper & Row, 1989), p. 91
8. *The Reporter*, Stanford Graduate School of Business, 1991.

9. 1993년 5월 노드스트롬 매니저와의 저자 인터뷰.
10. *60 Minutes*, CBS television interview, 6 May 1990.
11. Robert Levering and Milton Moskowitz, *The 100 Best Companies to Work for in America*(New York : Doubleday Currency, 1993), pp. 327~332.
12. "The Secrets Behind Nordstrom's Service," *San Francisco Chronicle*, 24 December 1992.
13. 노드스트롬 오리엔테이션 자료.
14. Robert Levering and Milton Moskowitz, *The 100 Best Companies to Work for in America*(New York : Doubleday Currency, 1993), pp. 327~332.
15. "At Nordstrom Stores, Service Comes First - But at a Big Price," *Wall Street Journal*, 20 February 1990.
16. "The Other Nordstrom," *Los Angeles Times*, 4 February 1990, Business Section.
17. Ron Zemke and Dick Schaaf, *The Service Edge*(New York : New American Library, 1989), pp. 352~355 ; William Davidow and Bro Utall, *Total Customer Service*(New York : Harper & Row, 1989), pp. 86~87.
18. "Nordstrom's Push East Will Test its Renown For the Best Service," *Wall Street Journal*, 1 August 1979, A₁ ; William Davidow and Bro Utall, *Total Customer Service*(New York : Harper & Row, 1989), p. 130.
19. 1993년 5월 노드스트롬 매니저와의 저자 인터뷰.
20. "Nordstrom," *Harvard Business School Case* No. 9-191-002 and 1-192-027, Rev. 9/6/91.
21. Ron Zemke and Dick Schaaf, *The Service Edge*(New York : New American Library, 1989), pp. 352~355.
22. Robert Levering, Milton Moskowitz, and Michael Katz, *The 100 Best Companies to Work for in America*(New York : New American Library, 1985), pp. 243~245.
23. Robert Levering, Milton Moskowitz, and Michael Katz, *The 100 Best Companies to Work for in America*(New York : New American Library, 1985), pp. 243~245.
24. *Wall Street Journal*, 20 February 1990.
25. "Nordstrom," Harvard Business School Case No. 9-191-002 and 1-192-027, Rev. 9/6/91.
26. *Wall Street Journal*, 20 February 1990.
27. 1993년 5월 노드스트롬 매니저와의 저자 인터뷰.
28. *Wall Street Journal*, 20 February 1990.
29. 1993년 5월 노드스트롬 매니저와의 저자 인터뷰.
30. 1990 Nordstrom Annual Report, p. 12.
31. *Wall Street Journal*, February 20, 1990.

32. 1988 Nordstrom Annual Report, p. 9.
33. *Wall Street Journal*, 1 August 1989.
34. Nordstrom 1988 Annual Report, p. 5.
35. *Wall Street Journal*, 1 August 1989.
36. Ibid.
37. 노드스트롬의 비밀스러운 면들은 다양한 자료를 통해 밝혀졌다.
38. *Wall Street Journal*, 20 February 1990.
39. Ibid.
40. Robert Levering, Milton Moskowitz, and Michael Katz, *The 100 Best Companies to Work for in America*(New York : New American Library, 1985), pp. 243~245.
41. Ibid., pp. 318~322.
42. "How Disney Does It," *Newsweek*, 3 April 1989.
43. 우리는 컬트에 대해 다음과 같은 문헌들에 의존했다.

- John J. Collins, *The Cult Experience : An Overview of Cults, Their Traditions, and Why People Join Them*(Springfield, IL : Thomas Books, 1991).
- Marc Galanter, M.D., *Cults and the New Religious Movements*(Washington, DC American Psychiatric Association, 1989).
- Marc Galanter, M.D., "Cults and Zealous Self-Help Movements : A Psychiatric Perspective," *American Journal of Psychiatry*, May 1990.
- Willa Appel, *Cults in America*(New York : Holt, Rinehart, 1983).
- Robert B. Cialdini, *Influence - The New Psychology of Modern Persuasion*(New York : Quill Press, 1984).
- Susan Landa, "Children and Cults : A Practical Guide," *Journal of Family Law*, Volume 29, 1990-91.
- Literature from the International Cult Education Program, Gracie Station, NY.
- Literature from Cult Awareness Network, Chicago.

44. Thomas J. Watson, Jr., *Father, Son & Company*(New York : Bantam Books, 1990), p. 82.
45. Robert Sobel, *IBM : Colossus in Transition*(New York : Truman Talley Books, 1981), pp. 58~69.
46. Robert Sobel, *IBM : Colossus in Transition*(New York : Truman Talley Books, 1981), pp. 58~69.

47. Thomas J. Watson, Jr., *Father, Son & Company*(New York : Bantam Books, 1990), p. 68.
48. Ibid., pp. 68~71.
49. "IBM : A Special Company," special issue of *Think*, September 1989, IBM Corporation.
50. Robert Levering, Milton Moskowitz, and Michael Katz, *The 100 Best Companies to Work for in America*(New York : New American Library, 1985), pp. 163~168.
51. Ibid.
52. Ibid., p. 165.
53. F.G. "Buck" Rodgers with Robert L. Shook, *The IBM Way*(New York : Harper & Row, 1986), p. 48.
54. Robert Sobel, *IBM : Colossus in Transition*(New York : Truman Talley Books, 1981), p. 59.
55. "IBM : A Special Company," special issue of *Think*, September 1989, IBM Corporation, pp. 78~79.
56. *Training*, August 1989, p. 38.
57. Disney University Employee Brochure and Course Offerings.
58. Ron Zemke and Dick Schaaf, *The Service Edge*(New York : New American Library, 1989), pp. 526~533.
59. Schickel, Richard, *The Disney Version*(New York : Simon & Schuster, 1968), p. 319.
60. "How Disney Does It," *Newsweek*, 3 April 1989.
61. Marc Eliot, *Walt Disney : Hollywood's Dark Prince*(New York : Birch Lane Press, 1993), p. 89.
62. Schickel, Richard, *The Disney Version*(New York : Simon & Schuster, 1968), p. 319.
63. From *In Search of Excellence Video* on Disney, Tom Peters Group, Palo Alto, CA.
64. Ibid.
65. Schickel, Richard, *The Disney Version*(New York : Simon & Schuster, 1968), p. 318.
66. Ron Zemke and Dick Schaaf, *The Service Edge*(New York : New American Library, 1989), pp. 526~533.
67. *Training*, August 1989, p. 38.
68. 월트 디즈니 사에 대한 한 대학원생의 논문. 스탠퍼드 경영대학원에서 구함. 저자의 이름은 그녀의 요청에 따라 밝히지 않음.
69. 13년 동안 디즈니 사에서 일한 이미지니어링 부문 베테랑과의 인터뷰.
70. Walt Disney Company annual reports, 1987-1992.
71. Joe Flower, *Prince of the Magic Kingdom : Michael Eisner and the Re-Making of Disney*(New York : Wiley, 1991), p. 3.

72. 저자의 목격.
73. Joe Flower, *Prince of the Magic Kingdom : Michael Eisner and the Re-Making of Disney* (New York : Wiley, 1991), p. 3.
74. Marc Eliot, *Walt Disney : Hollywood's Dark Prince* (New York : Birch Lane Press : 1993).
75. Marc Eliot, *Walt Disney : Hollywood's Dark Prince* (New York : Birch Lane Press, 1993), p. 85.
76. Ibid., p. 89.
77. Ibid., Chapter ten and page xviii ; Schickel, chapter eight.
78. Richard Schickel, *The Disney Version* (New York : Simon & Schuster, 1968), p. 319.
79. Robert Levering and Milton Moskowitz, *The 100 Best Companies to Work for in America* (New York : Doubleday Currency, 1993), pp. 372~376.
80. Robert Levering, Milton Moskowitz, and Michael Katz, *The 100 Best Companies to Work for in America* (New York : New American Library, 1985), pp. 286~290.
81. P&G 신입 사원들과의 저자 인터뷰. Oscar Schisgall, *Eyes on Tomorrow : The Evolution of Procter & Gamble* (New York : Doubleday, 1981), introduction and 165.
82. P&G에 의해 제공된 서류.
83. Oscar Schisgall, *Eyes on Tomorrow : The Evolution of Procter & Gamble* (New York : Doubleday, 1981), p. 116.
84. Robert Levering, Milton Moskowitz, and Michael Katz, The 100 Best Companies to Work for in America (New York : New American Library, 1985), p. 288.
85. Alecia Swasy, Soap Opera : *The Inside Story of Procter & Gamble* (New York : Times Books, 1993), p. 21.
86. "Memorable Years in P&G History," P&G corporate publication, pp. 17~19 ; Robert Levering and Milton Moskowitz, *The 100 Best Companies to Work for in America* (New York : Doubleday Currency, 1993), p. 375 ; Alecia Swasy, *Soap Opera : The Inside Story of Procter & Gamble* (New York : Times Books, 1993), pp. 6~7.
87. "Memorable Years in P&G History," P&G corporate publication, pp. 17~19.
88. Ibid.
89. 1993년 10월 저자 인터뷰.
90. "The Character of Procter & Gamble," speech by John G. Smale, 7 November 1986.
91. Alecia Swasy, *Soap Opera : The Inside Story of Procter & Gamble* (New York : Times Books, 1993), chapter 1 ; author interviews with P&G brand managers graduated from Standford Business School.

92. "The Character of Procter & Gamble," text of speech by John G. Smale, 7 November 1986 ; Oscar Schisgall, *Eyes on Tomorrow : The Evolution of Procter & Gamble*(New York : Doubleday, 1981).
93. 릭 트란퀼리(Rick Tranquilli)의 언급.
94. "A Policy that Guided 118 Years of Steady Growth," *System - The Magazine of Business*, December 1924, pp. 717~720.
95. "How to Be Happy Thought # 2," *Forbes*, 15 July 1976 ; "The Morning After," *Forbes*, 22 January 1979.
96. Sam Walton with John Huey, *Sam Walton : Made in America*(New York : Doubleday, 1992), p. 157.
97. 7장을 보라.
98. 스탠퍼드 경영대학원을 방문한 존 노드스트롬.

7장

1. Darwin, Charles, *The Origin of Species*(Buffalo, NY : Prometheus Books, 1991), p. 222.
2. This is more of a motto than a quote and appears in various forms throughout materials of 3M. We paraphrased this version from *Our Story So Far*(St. Paul, MN : 3M Company, 1977), p. 107.
3. Lawrence G. Foster, *A Company that Cares*(New Brunswick, NJ : Johnson & Johnson, 1986), p. 116.
4. Ibid., p. 32.
5. Elyse Tanouye, "Johnson & Johnson Stays Fit by Shuffling Its Mix of Businesses," *Wall Street Journal*, 22 December 1992, A1.
6. Lawrence G. Foster, *A. Company that Cares*(New Brunswick, NJ : Johnson & Johnson, 1986), p. 82.
7. Robert O'Brian, *Marriott : The J. Willard Marriott Story*(Salt Lake City : Deseret, 1987), p. 182.
8. Ibid., pp. 180~184.
9. Alden Hatch, *American Express 1850-1950 : A Century of Service*(Garden City, NY : Country Life Press, 1950), chapter 6 ; Jon Friedman and John Meechan, *House of Cards : Inside the Troubled Empire of American Express*(New York : Putnam, 1992), chapter 3 ; "About American Express," company historical publication.

10. Alden Hatch, *American Express 1850-1950 : A Century of Service*(Garden City, NY : Country Life Press, 1950), p. 93.
11. Jon Friedman and John Meechan, *House of Cards : Inside the Troubled Empire of American Express*(New York : Putnam, 1992), p. 52.
12. Ibid., p. 106.
13. "About American Express," company historical publication ; Alden Hatch, *American Express 1850-1950 : A Century of Service*(Garden City : Country Life Press, 1950), pp. 96~108.
14. Alden Hatch, *American Express 1850-1950 : A Century of Service*(Garden City, NY : Country Life Press, 1950), p. 106.
15. 저자 인터뷰.
16. "How Hewlett-Packard Entered the Computer Business," Hewlett-Packard Company archives document.
17. 저자 인터뷰.
18. "Riding the Electronics Boom," *Business Week*, 27 February 1960 ; Harry Mark Petrakis, *The Founder's Touch*(New York : McGraw-Hill, 1965), pp. 215~218.
19. Jon Friedman and John Meechan, *House of Cards : Inside the Troubled Empire of American Express*(New York : Putnam, 1992), p. 53.
20. *International Directory of Corporate Histories*(Chicago : St. James Press, 1988), p. 395 ; Alden Hatch, *American Express 1850-1950 : A Century of Service*(Garden City, NY : Country Life Press, 1950), p. 133.
21. "About American Express," company historical publication ; Alden Hatch, *American Express 1850-1950 : A Century of Service*(Garden City, NY : Country Life Press, 1950), chapter 11.
22. Elyse Tanyoue, "Johnson & Johnson Stays Fit by Shuffling Its Mix of Businesses," *Wall Street Journal*, 22 December 1992, A1.
23. Ibid.
24. Sam Walton with John Huey, *Made in America*(New York : Doubleday, 1992), p. 70.
25. Darwin quote from *Origin of Species*.
26. Author interview with Wal-Mart operations executive that attended Standford Executive Program in Organization Change.
27. Noel M. Tichy and Stratford Sherman, *Control Your Own Destiny or Someone Else Will*(New York : Doubleday, 1993), p. 52.
28. Virginia Huck, *Brand of the Tartan—The 3M Story*(New York : Appleton-Century-Crofts, 1955), p. 23.

29. Mildred Houghton Comfort, *William L. McKnight, Industrialist*(Minneapolis : T. S. Denison, 1962), chapter 5 ; *Our Story So Far*(St. Paul, MN : 3M Company, 1977), p. 60.
30. Virginia Huck, *Brand of the Tartan - The 3M Story*(New York, Appleton-Century-Crofts, 1955), chapter 3~8.
31. "Product Directory 1990," 3M Corporation, p. 261.
32. *Our Story So Far*(St. Paul, MN : 3M Company, 1977), p. 58.
33. Virginia Huck, *Brand of the Tartan - The 3M Story*(New York : Appleton-Century-Crofts, 1955), chapter 12.
34. Ibid.
35. *Our Story So Far*(St. Paul, MN : 3M Company, 1977), pp. 56~58.
36. Mildred Houghton Comfort, *William L. McKnight, Industrialist*(Minneapolis : T. S. Denison, 1962), p. 127.
37. From all sources on 3M, with particular emphasis on *William L. McKnight, Industrialist*, and Our Story So Far.
38. *Our Story So Far*(St. Paul, MN : 3M Company, 1977), p. 12.
39. Virginia Huck, *Brand of the Tartan - The 3M Story*(New York, Appleton-Century-Crofts, 1955), chapter 15.
40. Ibid., p. 134 ; *Our Story So Far*, 70 ; Comfort, p. 138.
41. Virginia Huck, *Brand of the Tartan - The 3M Story*(New York, Appleton-Century Crofts, 1955), pp. 189~190.
42. *Our Story So Far*(St. Paul, MN : 3M Company, 1977), pp. 113~115.
43. Ibid., p. 112
44. Robert Levering and Milton Moskowitz, *The 100 Best Companies to Work for in America*(New York : Doubleday Currency, 1993), p. 299.
45. *Our Story so Far*(St. Paul, MN : 3M Company, 1977), p. 93.
46. P. Ranganth Nayak and John M. Ketteringham, *Break-throughs!*(New York : Rawson Associates, 1986), pp. 55~56.
47. "Keeping the Fire Lit Under the Innovators," *Fortune*, 28 March 1988, p. 45 ; 1992 3M Annual Report, p. 3.
48. "Masters of Innovation," *Business Week*, 10 April 1989, p. 58.
49. *Our Story So Far*(St. Paul, MN : 3M Company, 1977), p. 5.
50. "Masters of Innovation," *Business Week*, 10 April 1989, p. 62.
51. *Our Story So Far*(St. Paul, MN : 3M Company, 1977), p. 12.

52. Ibid., p. 101.
53. "Masters of Innovation," *Business Week*, 10 April 1989, p. 60.
54. *Getting to Know Us*, 3M corporate publication.
55. Robert Levering and Milton Moskowitz, *The 100 Best Companies to Work for in America*(New York : Doubleday Currency, 1993), p. 299.
56. Virginia Huck, *Brand of the Tartan - The 3M Story*(New York, Appleton-Century-Crofts, 1955), pp. 115~118.
57. *Our Story So Far*(St. Paul, MN : 3M Company, 1977), p. 4.
58. Ibid., p. 7.
59. 1992 3M Annual Report, p. 3.
60. 3M Annual Report, 1989 ; Robert Levering and Milton Moskowitz, *The 100 Best Companies to Work for in America*(New York : Doubleday Currency, 1993), p. 299.
61. P. Ranganth Nayak and John M. Ketteringham, *Break-throughs!*(New York : Rawson Associates, 1986), p. 63.
62. Ibid. p. 57.
63. Ibid., p. 54.
64. Charles W. Cheape, *Family Firm to Modern Multinational : Norton Company, A New England Enterprise*(Boston : Harvard University Press, 1985), chapter 2.
65. A phrase Tom Peters has often used to describe 3M.
66. Charles W. Cheape, *Family Firm to Modern Multinational : Norton Company, A New England Enterprise*(Boston : Harvard University Press, 1985), chapter 2.
67. Ibid., p. 145.
68. Ibid., p. 159.
69. Ibid., p. 145.
70. Ibid., p. 235.
71. Ibid., p. 264.
72. Ibid., p. 291.
73. "It's no Longer Just Grind, Grind at Norton," *Fortune*, August 1963, p. 120.
74. Charles W. Cheape, *Family Firm to Modern Multinational : Norton Company, A New England Enterprise*(Boston : Harvard University Press, 1985), p. 264.
75. Ibid., p. 263.
76. Paul B. Brown, "See Spot Run," *Forbes*, 10 May 1982, p. 140.
77. Charles W. Cheape, *Family Firm to Modern Multinational : Norton Company, A New England*

Enterprise(Boston : Harvard University Press, 1985), p. 313.
78. P. Ranganth Nayak and John M. Ketteringham, *Break-throughs!*(New York : Rawson Associates, 1986), p. 72.
79. Charles W. Cheape, *Family Firm to Modern Multinational : Norton Company, A New England Enterprise*(Boston : Harvard University Press, 1985), p. 307.
80. P. Ranganth Nayak and John M. Ketteringham, *Break-throughs!*(New York : Rawson Associates, 1986), 65 : Paul B. Brown, "See Spot Run," *Forbes*, 10 May 1982, p. 140.
81. Charles W. Cheape, *Family Firm to Modern Multinational : Norton Company, A New England Enterprise*(Boston : Harvard University Press, 1985), p. 356.
82. *Our Story So Far*(St. Paul, MN : 3M Company, 1977), p. 23.
83. Nick Lyons, *The Sony Vision*(New York : Crown, 1976), pp. 147~149.
84. "The Three Year Deadline at David's Bank," *Fortune*, July 1977 : 저자 인터뷰.
85. Suzanna Andrews, "Deconstructing the Mind of America's Most Powerful Businessman," *Manhattan Inc.*, 1989.
86. "Things Are Adding Up Again at Burroughs," *Business Week*, 11 March 1967 : "Anatomy of a Turnaround," *Forbes*, 1 November 1968 : "Burroughs's Wild Ride with Computers," *Business Week*, 1 July 1972 : "How Ray McDonald's Growth Theory Created IBM's Toughest Competitor," *Fortune*, January 1977.
87. "Texas Instruments Cleans up Its Act," *Business Week*, 19 September 1983.
88. Bro Uttal, "Texas Instruments Regroups," *Fortune*, 9 August 1982.
89. Thomas J. Peters and Robert H. Waterman, *In Search of Excellence*(New York : Harper & Row, 1982), p. 15.
90. *Our Story So Far*(St. Paul, MN : 3M Company, 1977), p. 7.

8장

1. Robert Slater, *The New GE*(Homewood, IL : Irwin, 1993), p. 268.
2. Robert W. Galvin, *The Idea of Ideas*(Schaumburg, IL : Motorola University Press, 1991), pp. 51~52.
3. "A Master Class in Radical Change," *Fortune*, 13 December 1993.
4. 웰치는 1935년 11월 19일 태어났다. 1960년 10월 17일 GE에서 근무를 시작했다. 1980년 12월 19일 이사회는 그를 CEO 후보로 지명했다. 넉 달 후 웰치는 CEO 자리에 올랐다.

5. Robert Slater, *The New GE*(Homewood, IL : Irwin, 1993), p. 24.
6. *The General Electric Story*(Schenectady, NY : Hall of History Foundation, General Electric Company, 1981), volume 4, 81 ; Robert Slater, *The New GE*(Homewood, IL : Irwin, 1993), p. 25.
7. 존스의 지휘하에 GE는 세전 이익률이 연평균 14.06% 성장했고, 웰치의 지휘하에서는 8.49% 올랐다. 자기 자본 이익률, 매출액 이익률, 총자산 이익률과 같은 지수들을 종합하면 존스는 평균 17.32%, 웰치는 평균 16.03%를 기록했다.
8. *The General Electric Story*(Schenectady, NY : Hall of History Foundation, General Electric Company, 1981), volume 4, pp. 28~31.
9. Noel M. Tichy and Stratford Sherman, *Control Your Own Destiny or Someone Else Will*(New York : Doubleday, 1993), p. 256.
10. *The General Electric Story*(Schenectady : Hall of History Foundation, General Electric Company, 1981), volume 4, p. 23.
11. Noel M. Tichy and Stratford Sherman, *Control Your Own Destiny or Someone Else Will*(New York : Doubleday, 1993), p. 39.
12. 세전 이익률을 연말 주식 보유자들의 자산으로 나누어 측정.
13. CEO 재임 기간 동안 GE의 누적 주식 수익률을 일반 주식 혹은 웨스팅하우스의 누적 주식 수익률로 나누어 측정.
14. Noel M. Tichy and Stratford Sherman, *Control Your Own Destiny or Someone Else Will*(New York : Doubleday, 1993), p. 42.
15. Robert Slater, *The New GE*(Homewood, IL : Irwin, 1993), chapter 4.
16. Noel M. Tichy and Stratford Sherman, *Control Your Own Destiny or Someone Else Will*(New York : Doubleday, 1993), pp. 56~58.
17. Robert Slater, *The New GE*(Homewood, IL : Irwin, 1993), chapter 4.
18. Noel M. Tichy and Stratford Sherman, *Control Your Own Destiny or Someone Else Will*(New York : Doubleday, 1993), p. 44.
19. *Centennial Review*, Internal westinghouse document, 1986.
20. 그윌림 프라이스(Gwilym Price)는 군수 물자 계약 협상을 진행하기 위해 2년 전에 고용되었던 인물이다.
21. "Westinghouse's New Warrior," *Business Week*, 12 July 1993, p. 38 ; Westinghouse 1992 Annual Report.
22. '외부인'이란 최고 간부직에 오르기 전에 그 회사 내부에서 일한 적이 없는 사람을 말한다.
23. Sidney M. Colgate, "A Policy that Guided 118 Years of Steady Growth," *System : The Magazine*

of Business, December 1924, p. 717.
24. "Colgate-Palmolive-Peet," Fortune, April 1936, pp. 120~144.
25. Ibid.
26. Shields T. Hardin, The Colgate Story (New York : Vantage Press, 1959), pp. 71~75.
27. 피어스 재임 첫 세 해(1928~1930) 동안 두 회사의 평균 매출 이익률과 두 번째 세 해(1931~1933) 동안의 평균 매출 이익률을 비교한 것이다.
28. 피어스 이전에 콜게이트 사의 핵심 이념은 Sidney M. Colgate's "A Policy that Guided 118 Years of Steady Growth," System : The Magazine of Business, December 1924, p. 717에 잘 정리되어 있다.
29. "Colgate-Palmolive-Peet," Fortune, April 1936, pp. 120~144.
30. Ibid.
31. 1934~1943년 동안의 P&G의 매출은 178.58% 성장했고, 콜게이트의 매출은 87.52% 성장했다. 1934~1943년 동안 누적된 세전 이익은 P&G가 2억8천5백만 달러, 콜게이트가 7천4백만 달러였다.
32. Business Week, 4 May 1957, p. 120.
33. "Colgate vs. P&G," Forbes, 1 February 1966.
34. "More for Lesch?" Forbes, 1 March 1969.
35. Hugh D. Menzies, "The Changing of the Guard," Fortune, 24 September 1979.
36. Ibid.
37. Oscar Schisgall, Eyes On Tomorrow : The Evolution of Procter & Gamble (New York : Doubleday, 1981), pp. 76~78, 108~109.
38. "The Character of Procter & Gamble," speech by John G. Smale, 7 November 1986.
39. 'P&G : We Grow our Own Managers,' Dun's Review, December 1975, p. 48.
40. "Neil McElroy of Procter & Gamble," Nation's Business, August 1970, p. 61.
41. Ibid.
42. Richard Hammer, "Zenith Bucks the Trend," Fortune, December 1960.
43. Ibid.
44. "Zenith Radio Corporation (C)," Harvard Business School Case No. 9-674-095, Rev. 8/77, p. 3.
45. Bob Tamarkin, "Zenith's New Hope," Forbes, 31 March 1980.
46. "Underpromise, Overperform," Forbes, 30 January 1984.
47. "Bob Galvin's Angry Campaign Against Japan," Business Week, 15 April 1985.
48. Robert W. Galvin, The Idea of Ideas (Schaumburg, IL : Motorola University Press, 1991), p.

63.
49. Harry Mark Petrakis, *The Founder's Touch*(New York : McGraw-Hill, 1965), chapters 17-18.
50. Robert W. Galvin, *The Idea of Ideas*(Schaumburg, IL : Motorola University Press, 1991), p. 45.
51. Robert W. Galvin, *The Idea of Ideas*(Schaumburg, IL : Motorola University Press, 1991), pp. 64~65.
52. Barnaby J. Feder, "Motorola Will Be Just Fine, Thanks," *New York Times* 31 October 1993, section 3.
53. "Melville Show," *Forbes*, 1 February 1969, p. 22.
54. Roger Beardwood, "Melville Draws a Bead on the $50-Billion Fashion Market," *Fortune*, December 1969.
55. Wilbur H. Morrison, *Donald Douglas - A Heart With Wings*(Ames, IA : Iowa State University Press, 1991), p. 252.
56. "Remarkable Revival of RJR Industries," *Business Week*, 17 January 1977.
57. "When Marketing Takes Over at R.J. Reynolds," *Business Week*, 13 November 1978.
58. "The Burroughs Syndrome," *Business Week*, 12 November 1979 ; "A 'tough street kid' steps in at Burroughs," *Business Week*, 29 October 1979.
59. John Taylor, *Storming the Magic Kingdom*(New York : Ballantine Books, 1987), p. 203.
60. 저자 인터뷰.
61. Vance H. Trimble, *Sam Walton*(New York : Dutton, 1990), p. 118.
62. "Employee Development, 1958," Internal HP document, courtesy Hewlett-Packard Company archives.

9장

1. George Plimpton, *The Writer's Chapbook*(New York : Viking Penguin, 1989), p. 31.
2. *Business Month*, December 1987, p. 46.
3. Robert O'Brian, *Marriott*(Salt Lake city : Deseret, 1987), p. 10, 11, 315.
4. Oscar Schisgall, *Eyes on Tomorrow : The Evolution of Procter & Gamble*(New York : Doubleday, 1981), chapter 1.
5. 우리는 콜게이트 사가 이 경쟁 프로세스를 언제 도입했는지 구체적인 날짜를 찾아낼 수 없었다. 1960년대까지 이와 유사한 어떤 언급도 발견할 수 없었다.

6. Louis Galambos and Jeffrey L. Sturchio, "The Origins of an Innovative Organization : Merck & Co., Inc., 1891-1960," seminar paper delivered at Johns Hopkins University, 5 October 1992, pp. 34~35.
7. Itzkik Goldberger, unpublished research study on Motorola, ALZA Corporation Organization Design Project, summer 1992.
8. Jill Bettner, "Underpromise, Overperform," *Forbes*, 30 January 1984.
9. Itzkik Goldberger, unpublished research study on Motorola, ALZA Corporation Organization Design Project, summer 1992.
10. Robert Slater, *The New GE*(Homewood, IL : Irwin, 1993), chapter 13.
11. Robert J. Serling, *Legend & Legacy*(New York : St. Martin's Press, 1992), p. 448.
12. Sam Walton with John Huey, *Made in America*(New York : Doubleday, 1992), p. 240(photograph).
13. "Nordstrom," Harvard Business School Case No. 9-191-002 and 1-192-027, Rev. 9/6/91.
14. *The Reporter*, Stanford Graduate School of Business, 1991.
15. HP의 한 종업원으로서 저자의 개인적 경험에 근거.
16. "Human Resources at Hewlett-Packard," Harvard Business School Case No. 482-125, p. 5.
17. Hewlett-Packard Videotape session with Bill Hewlett and Dave Packard, August-March 1980-1981. Transcript courtesy Hewlett-Packard Company archives, part 3, pp. 3~4.
18. Ibid., pp. 13~14.
19. Ibid., pp. 3~4.
20. Ibid.
21. 1976년 2월 24일 회사의 연례 주주 모임에서 데이비드 패커드가 언급.
22. "On Managing HP for the Future," David Packard, contained in 18 March 1975 memo from Dave Kirby regarding "HP Executive Seminars" ; courtesy Hewlett Packard Company archives.
23. "Perspectives on HP," David Packard, general manager's meeting, 17 January 1989, courtesy Hewlett Packard Company archives.
24. "The Men Who Made TI," *Fortune*, November 1961, p. 121.
25. "Texas Instruments Wrestles with the Consumer Market," *Fortune*, 3 December 1979.
26. "Texas Instruments : Pushing Hard into the Consumer Markets," *Business Week*, 24 August 1974 ; "The Great Digital Watch Shakeout," *Business Week*, 2 May 1977 ; "Texas Instruments Wrestles with the Consumer Market," *Fortune*, 3 December 1979 ; "When Marketing Failed at Texas Instruments," *Business Week*, 22 June 1981 ; "Texas Instruments Regroups," *Fortune*, 9 August 1982 ; "TI : Shot Full of Holes and Trying to Recover," *Business Week*, 5 October 1984.

27. 보잉, IBM, 존슨&존슨, 메르크 등 4개 회사는 직접적인 자료를 구했고, HP, 3M, 모토롤라, P&G 등 4개 회사는 여러 문헌을 종합하여 결론을 내렸다.
28. 재무 분석 자료와 의약 산업에 대한 광범위한 논문들에 기초.
29. Itzkik Goldberger, unpublished research study on Motorola, ALZA Corporation Organization Design Project, summer 1992.
30. Ibid.
31. *Values & Visions : A Merck Century*(Rahway, NJ : Merck, 1991), p. 121.
32. Nancy A. Nichols, "Scientific Management at Merck," *Harvard Business Review*, January 1994.
33. Bryan Burrough and John Helyar, *Barbarians at the Gate*(New York : Harper-Perennial, 1991), chapters 2-3.
34. Schickel, Richard, *The Disney Version*(New York : Simon & Schuster, 1968), p. 107.
35. Bryan Burrough and John Helyar, *Barbarians at the Gate*(New York : Harper-Perennial, 1991), chapters 2-3.
36. Ibid.
37. "Where Management Style Sets the Strategy," *Business Week*, 23 October 1978.
38. "Colgate vs. P&G," *Forbes*, 1 February 1966.
39. "More for Lesch?," *Forbes*, 1 March 1969.
40. Hugh D. Menzies, "The Changing of the Guard," *Fortune*, 24 September 1979.
41. John A. Byrne, "Becalmed," *Forbes*, 20 December 1982.
42. H. John Steinbreder, "The Man Brushing Up Colgate's Image," *Fortune*, 11 May 1987.
43. Gretchen Morgenson, "Is Efficiency Enough?," *Forbes*, 18 March 1991.
44. *Business Week*, 2 July 1966, p. 46.
45. John Merwin, "The Sad Case of the Dwindling Orange Roofs," *Forbes*, 30 December 1985, p. 76.
46. "The Individual Star Performer is in Trouble," *Forbes*, 15 May 1975.
47. John Merwin, "The Sad Case of the Dwindling Orange Roofs," *Forbes*, 30 December 1985, p. 79.
48. Ibid., p. 75.
49. "HoJo's Will Repaint Its Roofs," *Business Week*, 13 December 1982, p. 109.
50. John Merwin, "The Sad Case of the Dwindling Orange Roofs," *Forbes*, 30 December 1985, p. 75.
51. "Howard Johnson Tries a Little harder," *Business Week*, 29 September 1973, p. 82.
52. John Merwin, "The Sad Case of the Dwindling Orange Roofs," *Forbes*, 30 December 1985, p.

79.
53. S. M. Sullivan, "Money, Talent, and the Devil by the Tail," *Management Review*, January 1985, p. 21.
54. Ron Zemke and Dick Schaaf, *The Service Edge*(New York : New American Library, 1989), pp. 117~120.
55. S. M. Sullivan, "Money, Talent and the Devil by the Tail : J. Willard Marriott" *Management Review*, January 1985.
56. "The Marriott Story," *Forbes*, 1 February 1971, p. 22.
57. Ibid.
58. Ron Zemke and Dick Schaaf, *The Service Edge*(New York : New American Library, 1989), pp. 117~120 : company documents.
59. 1971년 2월 〈포브스〉의 기사에 따르면 마리오트는 경영진의 능력 개발에 매년 100만 달러를 지출해야 한다고 주장했다. 당시 1970년의 세전 수익은 2천만 달러를 밑돌았다.
60. "The Marriott Story," *Forbes*, 1 February 1971, p. 23.
61. *Success*, October, 1989, p. 10.
62. "Ames Has a Plan," *Discount Merchandiser*, July 1991, p. 10
63. Harvard Business School Case No. 9-384-024, p. 12.

10장

1. Speech given November 10, 1942.
2. Robert L. Shook, Turnaround : *The New Ford Motor Company*(New York : Prentice-Hall, 1990), p. 131.
3. Ibid., pp. 99~100
4. Ibid., p. 90, 193.
5. Ibid., p. 207.
6. Ibid., p. 123.
7. Ibid., p. 136.
8. Ibid., chapter 6.
9. Ibid., chapter 7.
10. Welcoming address by George W. Merck at dedication of the Merck Research Laboratory, 25 April 1933, courtesy Merck & Co. archives.

11. Goal clearly evident in early 1930s. The quote comes from George Merck speech, 22 April 1935, courtesy Merck & Co. archives.
12. Laboratories created in the 1930s. Quote from George W. Merck talk at the Medical College of Virginia, 1 December 1950, courtesy Merck & Co. archives.
13. *Values and Visions : A Merck Century*(Rahway, NJ : Merck, 1991), 23.
14. Louis Galambos and Jeffrey L. Sturchio, "The Origins of an Innovative Organization : Merck & Co., Inc., 1891-1960," p. 19, 27.
15. Many references to this throughout internal and external documents. Although we could not confirm the actual date of this practice, we believe it dates back at least to the 1960s, perhaps earlier.
16. "Profiles : Scientists in Basic Biology and Chemistry, Merck Sharp & Dohme Research Laboratories," courtesy Merck & Co. archives.
17. Welcoming address by George W. Merck at dedication of the Merck Research Laboratory, 25 April 1933, courtesy Merck & Co., archives : *Values & Visions : A Merck Century*(Rahway, NJ : Merck, 1991) ; Louis Galambos and Jeffrey L. Sturchio, "The Origins of an Innovative Organization : Merck & Co.," *Inc.*, 1891~1960.
18. Welcoming address by George W. Merck at dedication of the Merck Research Laboratory, 25 April 1933, courtesy Merck & Co., archives.
19. Quote from Vagelos, *MIT Management*, Fall 1988 ; almost identical to a comment he made during a visit to Stanford Business School faculty in 1990.
20. We're not exactly sure when this practice began. It might have been much earlier than the 1970s. Quote from "The Miracle Company," *Business Week*, 19 October 1987.
21. "Merck has Made Biotech Work," *Fortune* reprint from 1987 article.
22. *Business Week*, 19 October 1987, p. 87.
23. Goal clearly evident in early 1930s. The quote comes from George Merck speech, 22 April 1935, courtesy Merck & Co. archives.
24. *Values & Visions : A Merck Century*(Rahway, NJ : Merck, 1991), p. 29.
25. *Forbes*, 26 November 1979.
26. *Wall Street Journal*, 23 June 1989.
27. Nancy A. Nichols, "Scientific Management at Merck," *Harvard Business Review*, January 1994, pp. 90~91.
28. *Values & Visions : A Merck Century*(Rahway, NJ : Merck, 1991), p. 51.
29. Ibid., p. 41.

30. Ibid., p. 51.
31. Ibid.
32. Nancy A. Nichols, "Scientific Management at Merck," *Harvard Business Review*, January 1994, p. 89.
33. David Bollier and Kirk O. Hansen, Merck & Co. (A-D), Business Enterprise Trust Case No. 90-013.
34. Ibid.
35. *Values & Visions : A Merck Century*(Rahway, NJ : Merck, 1991), p. 168.
36. Again, not clear when the practice began exactly. We, as faculty at Stanford, have had to write some of these recommendations ; they are unlike any other we've found in industry.
37. Many references to this throughout internal and external documents. The turnover rate comes from *Merck World*, July 1989.
38. Author interview.
39. David Packard memo to employees from "Watt's Current," November 1961, courtesy Hewlett-Packard Company archives.
40. Letter to IEEE Awards Board, 23 May 1972, courtesy Hewlett-Packard Company archives.
41. Courtesy Hewlett-Packard Company archives.
42. Documents courtesy Hewlett-Packard Company archives ; quote from Packard on 22 March 1982.
43. Memo to HP employees that went with HP prospectus in 1957.
44. Speech by David Packard on 25 March 1982. Confirmed by other documents, courtesy Hewlett-Packard Company archives.
45. Began as a outgrowth of the 1945 layoffs at the end of World War II.
46. First articulated during the transfer of the Oscilloscope Division from Palo Alto to Colorado Springs in 1964, courtesy Hewlett-Packard Company archives.
47. HP implemented this with the recession in the early 1970s.
48. Packard speech, 25 March 1982, courtesy Hewlett-Packard Company archives.
49. 1991년 빌 휴렛과의 저자 인터뷰.
50. Letter to IEEE Awards Board, 23 May 1972, courtesy Hewlett-Packard Company archives.
51. Speech by Bill Hewlett, 1956, courtesy Hewlett-Packard Company archives.
52. Personal author experience.
53. Speech by David Packard, 23 September 1964, courtesy Hewlett-Packard Company archives ; "Turning R&D Into Real Products," *Fortune*, 2 July 1990.

54. Runs throughout H-P's history. Quote from Bill Hewlett, 20 April 1977, courtesy Hewlett-Packard Company archives.
55. Direct author experience.
56. Runs throughout HP's history. Quote from Bill Hewlett, 20 April 1977, courtesy Hewlett packard Company archives.
57. Speech by David Packard, 23 September 1964, courtesy Hewlett-Packard Company archives.
58. Courtesy Hewlett-Packard Company archives.
59. Ibid.
60. Speech by David Packard, 8 October 1959, and description by David Packard on 19 September 1963, courtesy Hewlett-Packard Company archives.
61. Runs throughout HP's history. Quote from Bill Hewlett, 20 April 1977, courtesy Hewlett-Packard Company archives.
62. Bill Hewlett, 20 April 1977, courtesy Hewlett-Packard Company archives.
63. "Human Resources at Hewlett-Packard," Harvard Business School Case No. 482-125, p. 5.
64. Karl Schwarz, HP general manager, "HP Grenoble, a Case Study in Technology Transfer," May 1988, courtesy Hewlett-Packard Company archives.
65. From HP video transcripts of Bill Hewlett and David Packard, 1980-1981, courtesy Hewlett-Packard Company archives.
66. Based on David Packard's remarks at the beginning of new management program on 17 March 1985, courtesy Hewlett-Packard Company archives.
67. Author interview with John Young, 1992.
68. Speech by Dave Packard, 1974, courtesy Hewlett-Packard Company archives.
69. First published versions appear around 1958. Quote from Packard on 25 March 1982, courtesy Hewlett-Packard Company archives.
70. Quote from interview with David Packard, 20 August 1981. Other sources indicate that the program began in the early 1960s, courtesy Hewlett-Packard Company archives.
71. Author interview with Bill Hewlett, 1990.
72. Letter to IEEE Awards Board, 23 May 1972, courtesy Hewlett-Packard Company archives.

11장

1. Charles Burres and Mark Simon, "David Packard Dies," *San Francisco Chronicle*, March 27,

1996, p. 1.
2. Author interview, New Brunswick, NJ, Februrary 1995.
3. Akio Morita, *Made in Japan*(New York, NY : E.P. Dutton, 1986), pp. 147~148.
4. 저자와의 인터뷰.
5. William Manchester, *The Last Lion*(Boston, MA : Little Brown, 1988), p. 686.

POSTSCRIPT

옮기고 나서

이 책은 스탠퍼드 경영대학원의 두 교수가 6년 동안 연구한 결과를 정리한 것이다. 처음 원서를 접했을 때는 《초우량 기업을 찾아서(In Search of Excellence)》와 유사하다고 생각했다. 그러나 곧 많은 차이점을 발견하게 되었다. 가장 큰 차이점은 비전 기업(visionary company)의 특징을 파악하기 위해 비교 기업(comparison company)을 선정해서 연구했다는 점이다. 일류 회사와 이에 필적하는 회사를 상대적으로 비교하여 어떤 경영(management practice)상의 차이가 있는지 확인한 연구였다. 이러한 연구 방법은 발견한 조직의 습관에 현실성을 더해 주는 것이었다.

또 현재 성공하고 있는 회사들만이 아니라 설문을 통하여 과거에도 최고의 성적을 올렸고 앞으로도 꾸준할 것으로 예상되는 회사들을 선정함으로써, 과연 그 회사들이 우수한 기업인가라는 일반의 문제 제기 가능성을 최소화했다.

여기에 선정된 기업들이 성공한 비전 기업임에는 틀림없다. 하지만 독자들에게 덧붙이고 싶은 말이 한 가지 있다. 과연 이 회사들이 앞으로도 계속 비전 기업으로 남을 것인지는 더 지켜보아야 한다는 것이다. 저자들이 찾아낸 비전 기업들의 습관이나 문화가 잘못되었다는 것은 아니다. 이 습관들이 현재까지의 성공을 가져다 준 습관이고, 앞으로도 성공을 가져다 줄 수 있는 습관인지 불확실하기 때문이다. 경제·정치 등 급변하는 경영 환경과 조직 구조의 변화, 일하는 방법의 변화 등 기업과 관련된 많은 부분들이 변하고 있다. 5년 후 비전 기업의 리스트를 다시 만들 때 이 책에서 선정한 비전 기업들 중 변화에 적절히 대응하지 못한 기업들이 있다면 그 기업들은 이 리스트에서 빠지게 될 것이다.

이 책을 번역한 '워튼 포럼(The Wharton Forum)'은 펜실베이니아 대학 워튼 스쿨의 MBA 과정을 1994년에 마친 한국 학생들로 구성되어 있다. 당시에 함께 공부한 15명은 대부분 5~10년 동안 직장 생활을 하다가 경영학 석사 과정을 밟게 되었으며, 공부를 마친 후에는 각 분야에서 활동하고 있다.

강병철, 김철기, 나홍렬은 많게는 10년 이상 차이 나는 후배들과 함께 공부하면서도 철저한 자기 관리의 모범을 보여 주었고, 이번 번역에서도 마감일을 가장 확실히 지켜 주었다. 이준하, 김홍곤, 장철수는 매끈한 글솜씨로 좋은 번역이란 이런 것이다라는 점을 보여 주었으며, 박유경은 결혼과 함께 미국으로 직장을 옮기는 와중에도 작업에 참여해 주었다. 김호철, 윤웅진, 정영석은 바쁜 회사일에도 원고를 완성시켜 주었고, 김동연은 까다로운 영어 표현을 해석하는 데 큰 역할을 했다. 결국 최종 마무리를 맡은 송인규, 박찬구의 게으름이 이 책의 번역 지연에 가장 큰 원인(?)이었다. 번역을 시작할 때 미국에 있어서 참가하지는 못했지만 멀리서 성원해 준 최세훈과 이명기에게도 고마움을 전한다.

편집자가 갖추어야 할 덕목에 인내심이 들어간다면 김영사의 김재광 과장이야 말로 여기에 해당한다. 감사함과 함께 번역 지연에 대한 죄송함을 함께 전한다. 바쁜 회사 생활에다 번역까지 하느라 많은 시간을 같이하지 못했으나 이를 이해해 준 가족, 직장 동료, 상사들에게 특히 고마움을 전한다.

워튼 포럼
대표역자 박찬구

워튼 포럼(The Wharton Forum) 번역자 명단

강병철 : 부산대학교 경제학과 졸업. 현재 (주)선경.
김동연 : 버지니아 대학교 영문과 졸업. 현재 LG 전자.
김철기 : 고려대학교 경영학과 졸업. 현재 아시아개발은행.
김호철 : 연세대학교 경영학과 졸업. 현재 삼성증권 국제금융팀.
김홍곤 : 서강대학교 경제학과 졸업. 현재 대우증권 런던 지사.
나홍렬 : 서울대학교 법학과 졸업. 현재 장기신용은행 뉴욕 지점.
박유경 : 연세대학교 신문방송학과 졸업. 현재 미국 필립 모리스 사.
박찬구 : 한양대학교 섬유공학과 졸업. 현재 아서 D. 리틀 컨설팅 사.
송인규 : 서울대학교 국제경제학과 졸업. 현재 한국개발리스 홍콩 법인.
윤웅진 : 남캘리포니아 대학교 경영학과 졸업. 현재 보스턴 컨설팅 그룹.
이준하 : 연세대학교 사회학과 졸업. 현재 현대자동차.
장철수 : 전남대학교 경영학과 졸업. 현재 홍콩 아시아나 파이낸스 사.
정영석 : 서울대학교 경제학과 졸업. 현재 동화은행 뉴욕 지점.